图解
彩色版

新能源汽车原理与构造

张金柱　主编

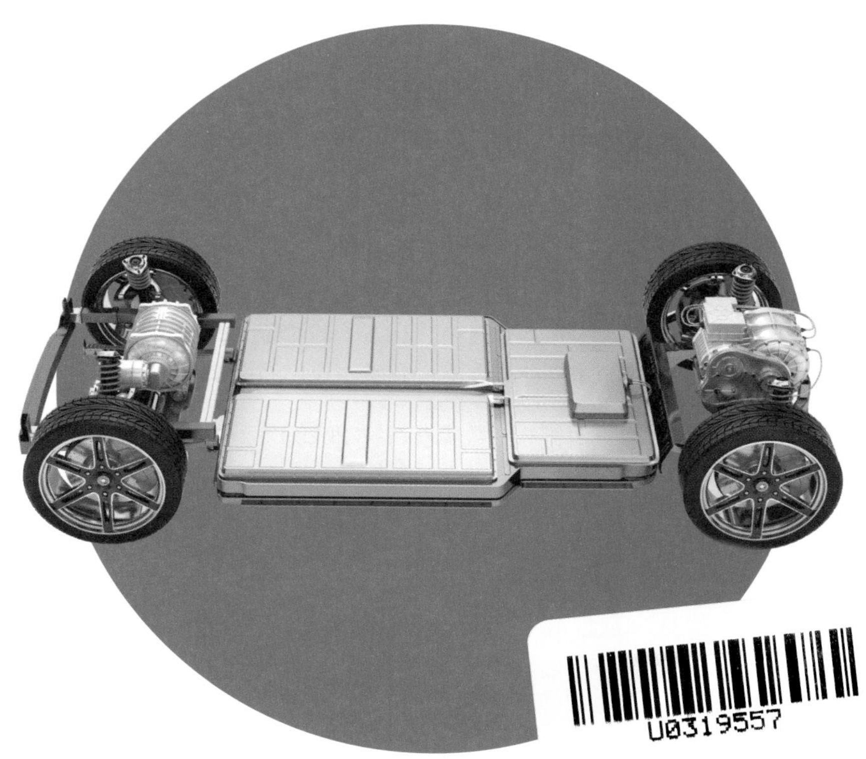

化学工业出版社
·北京·

内容简介

本书采用图解的方式系统地介绍新能源汽车的原理与构造。全书分8章，分别介绍了新能源汽车的分类、电机、电池，以及纯电动汽车、混合动力汽车、燃料电池汽车、天然气汽车和液化石油气汽车的典型结构和原理。

本书内容系统全面，条理清晰，插图直观精美，语言简明，实用性强，可作为学习新能源汽车技术的参考书、工具书，适合汽车行业的工程技术人员及相关专业的师生参考，还可供新能源汽车爱好者阅读。

图书在版编目（CIP）数据

图解新能源汽车原理与构造/张金柱主编. —北京：化学工业出版社，2023.4

ISBN 978-7-122-43014-4

Ⅰ.①图… Ⅱ.①张… Ⅲ.①新能源-汽车-理论-图解②新能源-汽车-构造-图解 Ⅳ.①U469.7-64

中国国家版本馆CIP数据核字（2023）第036869号

责任编辑：周 红　　文字编辑：郑云海 温潇潇
责任校对：边 涛　　装帧设计：王晓宇

出版发行：化学工业出版社
（北京市东城区青年湖南街13号 邮政编码100011）
印 装：北京缤索印刷有限公司
787mm×1092mm 1/16 印张14¾ 字数367千字
2023年6月北京第1版第1次印刷

购书咨询：010-64518888
售后服务：010-64518899
网 址：http://www.cip.com.cn

定 价：99.00元

A1 e-tron

前言

FOREWORD

WOB ID 41E

自2015年起，我国新能源汽车产销量已连续7年位居世界第一。新能源汽车种类繁多，结构复杂。电子技术、数字技术等的广泛应用，使新能源汽车与传统汽车有较大的差别。为帮助读者在短时间内全面掌握新能源汽车基础知识，本书采用图解的方式介绍新能源汽车的组成、结构和工作原理等。本书选取广受欢迎的新能源车型作为实例，如特斯拉纯电动汽车、ID.4纯电动汽车、etron纯电动汽车、卡罗拉双擎汽车、雅阁混合动力汽车、Mirai燃料电池汽车、奥迪A4天然气汽车和高尔夫液化石油气汽车等。

《图解新能源汽车原理与构造》是作者编写的《图解汽车原理与构造》一书的姊妹篇。本书保留了《图解汽车原理与构造》的以下特色：

1.完整性。按照新能源汽车的分类，讲解纯电动汽车、混合动力汽车、燃料电池汽车、天然气汽车和液化石油气汽车等各种新能源汽车的结构特点。

2.直观性。以简图、原理图、解剖图、分解图等形式详细介绍新能源汽车的组成系统、总成和零部件，使复杂的新能源汽车结构、原理一目了然。

3.典型性。精心挑选典型新能源车型的典型结构，如特斯拉纯电动汽车、卡罗拉双擎、Mirai燃料电池汽车等车型的结构。

4.对应性。插图和专业词汇相对应，以插图引导专业词汇，以令人赏心悦目、色彩绚丽的图片搭配简明、精准的专业词汇解释；英汉专业术语相对应，为读者更好地学习和运用专业英语打下基础。

5.通俗性。本书以图解形式讲述新能源汽车的原理与构造，即使无任何基础也同样可以学习，通俗直观、易于掌握。

全书共分8章，分别介绍了新能源汽车的分类、电机、电池和纯电动汽车、混合动力汽车、燃料电池汽车、天然气汽车、液化石油气汽车。

本书可作为学习汽车技术的参考书、工具书，适合广大汽车爱好者、汽车专业的师生、汽车从业人员以及汽车驾驶员阅读。

本书由三亚理工职业学院张金柱主编。编写成员及分工为：三亚理工职业学院孙占周（第1章）、三亚学院孙文福（第2章）、三亚理工职业学院张振祥（第3章）、三亚理工职业学院何声望（第4.1、4.2节）、三亚理工职业学院黎川林（第4.3、4.4节）、三亚理工职业学院张金柱（第5章）、三亚理工职业学院黎元江（第6章）、哈尔滨技师学院李鹏（第7章）、龙岩学院王悦新（第8章）。

本书的编写得到三亚理工职业学院教育教学改革与课程建设项目（课程思政示范课专项）“新能源汽车技术（项目标号SGE202225）”的支持，在此表示感谢。

在编写过程中曾参考多种国内外出版的有关图书资料，在此谨向各书作者表示衷心的感谢。

由于本书所涉及的技术内容较新，范围较广，且作者水平有限，因此书中难免有不妥之处，恳请读者不吝指正。

编　者

第1章 新能源汽车分类
Chapter 1

第2章 新能源汽车电机
Chapter 2

第3章 新能源汽车电池
Chapter 3

目录

CONTENTS

第4章 纯电动汽车

Chapter 4

第5章 混合动力汽车

Chapter 5

第6章 燃料电池汽车
Chapter 6

第7章 天然气汽车
Chapter 7

第8章 液化石油气汽车
Chapter 8

第1章 新能源汽车分类

Chapter 1

新能源汽车是指采用非常规车用燃料作为动力来源（或使用常规的车用燃料、采用新型车载动力装置），综合车辆动力控制和驱动方面的先进技术，形成技术原理先进、具有新技术、新结构的汽车。新能源汽车从燃料方面，可以分为电动汽车、燃气汽车、醇类汽车和生物柴油汽车等。

1.1 电动汽车

电动汽车分为纯电动汽车、混合动力电动汽车和燃料电池电动汽车等。电动汽车的一个共同特点是汽车完全或部分由电机驱动。

1.1.1 纯电动汽车

（1）纯电动汽车简介

纯电动汽车（Battery Electric Vehicle，BEV）是全部采用电力驱动的汽车，利用驱动电机来驱动车辆（图1-1）。

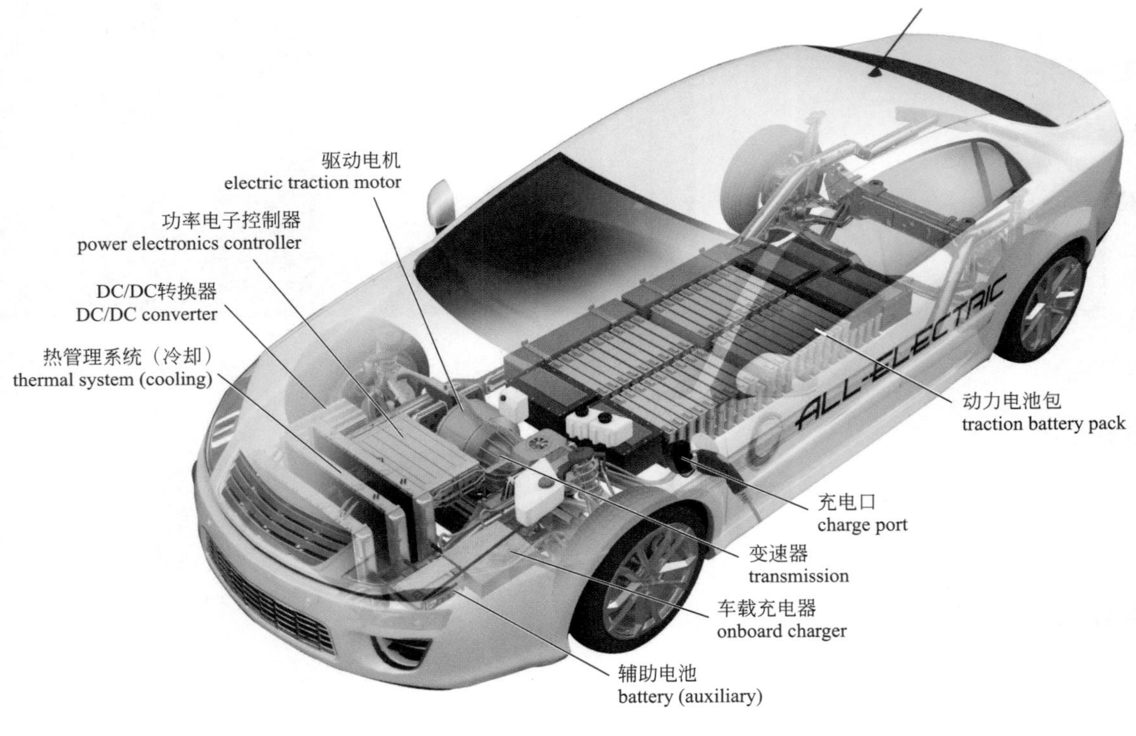
驱动电机
electric traction motor
功率电子控制器
power electronics controller
DC/DC转换器
DC/DC converter
热管理系统（冷却）
thermal system (cooling)
ALL-ELECTRIC
动力电池包
traction battery pack
充电口
charge port
变速器
transmission
车载充电器
onboard charger
辅助电池
battery (auxiliary)

图1-1 纯电动汽车

（2）纯电动汽车实例

大众高尔夫blue-e-motion是无内燃机的纯电动汽车。除了通过能量回收为电池充电以外，高压电池通过充电站（220V电网接口）或通过充电缆线用公共充电柱充电。除了高压电网之外，汽车还具有一个12V车载电池。85kW的电机通过减速器和差速器直接将动力传递给驱动轮。

汽车的操作与带自动变速器或双离合器变速器的汽车操作一样。此外，电机的热量不足以给车内部空间供暖，所以blue-e-motion具有一个高压暖风装置（图1-2）。

图1-2　高尔夫blue-e-motion纯电动汽车

高尔夫blue-e-motion纯电动汽车结构　动力总成和高压组件如图1-3所示。

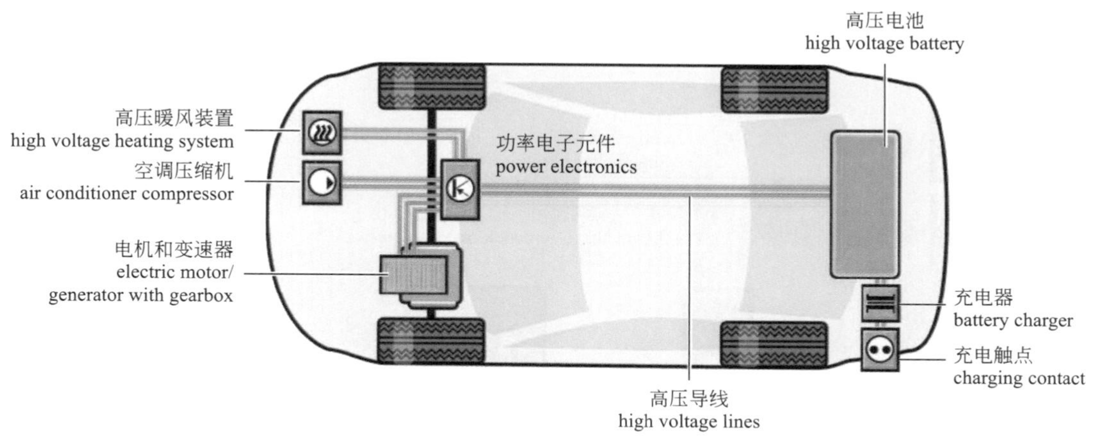
高压电池
high voltage battery
高压暖风装置
high voltage heating system
空调压缩机
air conditioner compressor
功率电子元件
power electronics
电机和变速器
electric motor/
generator with gearbox
充电器
battery charger
充电触点
charging contact
高压导线
high voltage lines

图1-3　动力总成和高压组件

高尔夫blue-e-motion纯电动汽车工作原理

a. 电力行驶。高压电池为功率电子元件提供能量。功率电子元件将直流电压转换为交流电压，用来驱动电机（图1-4）。

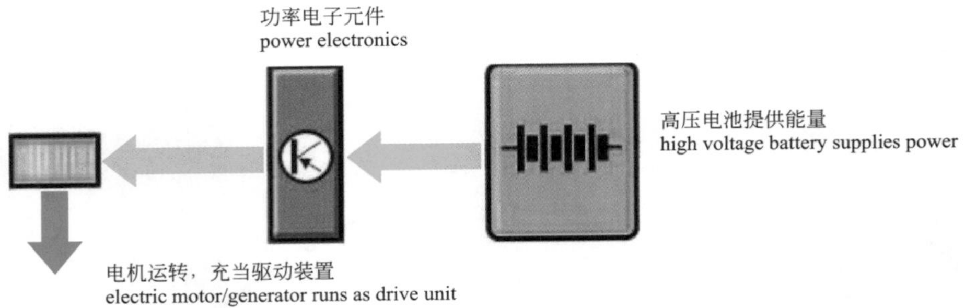
功率电子元件
power electronics
高压电池提供能量
high voltage battery supplies power
电机运转，充当驱动装置
electric motor/generator runs as drive unit

图1-4 电力行驶

b.制动能量回收。当电动汽车滑行时（汽车在无驱动力矩的情况下自行行驶），电机充当发电机，将一部分动能储存在高压电池中（图1-5）。

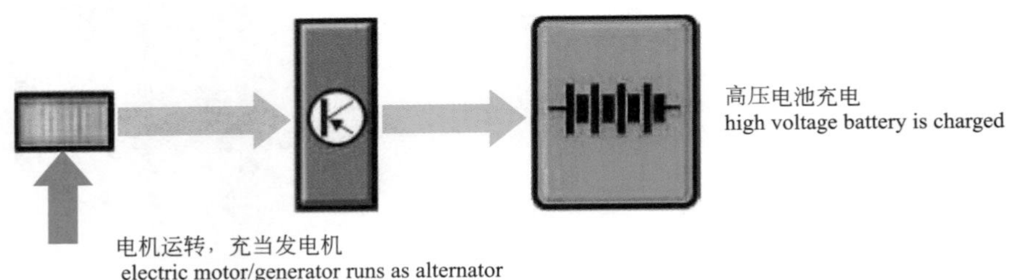
高压电池充电
high voltage battery is charged
电机运转，充当发电机
electric motor/generator runs as alternator

图1-5 制动能量回收

c.汽车静止时的温度调节。如果遇上堵车，电动汽车不会要求电机输送动力。乘员的舒适意愿将通过高压暖风装置和高压空调压缩机得到满足（图1-6）。

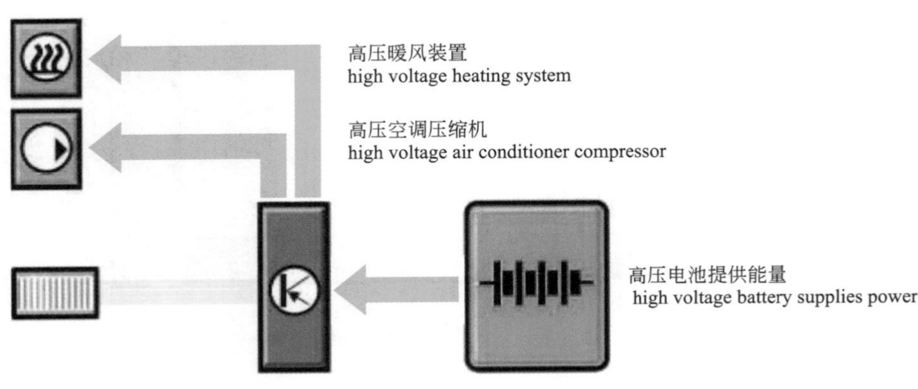
高压暖风装置
high voltage heating system
高压空调压缩机
high voltage air conditioner compressor
高压电池提供能量
high voltage battery supplies power

图1-6 汽车静止时的温度调节

d.外部充电。高压电池通过汽车上的充电接头充电。如果连接了外部电源，那么汽车就会自动地充电至预设的数值，之后自动结束充电过程。如果在充电过程中使用用电器，那么会由外部电源为它们供电（图1-7）。

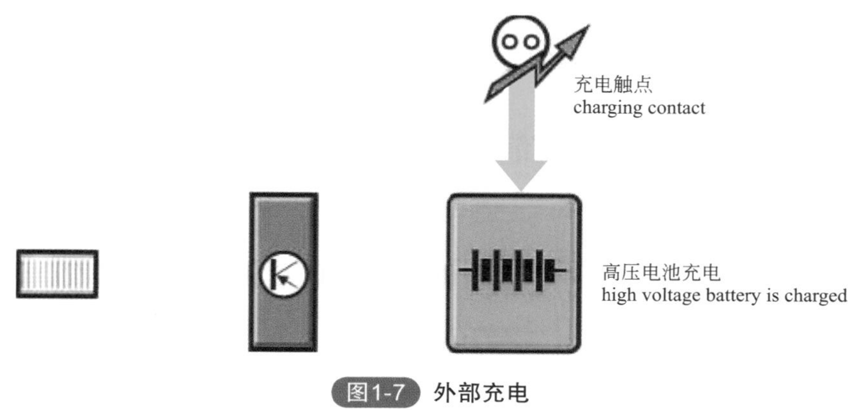
充电触点
charging contact
高压电池充电
high voltage battery is charged

图1-7 外部充电

1.1.2 混合动力电动汽车

（1）混合动力电动汽车简介

混合动力电动汽车（Hybrid Electric Vehicle，HEV）一般为油电混合，就是利用燃油发动机和电机共同为汽车提供动力。混合动力车上的装置可以在车辆减速、制动、下坡时回收能量，并通过电机为汽车提供动力（图1-8）。

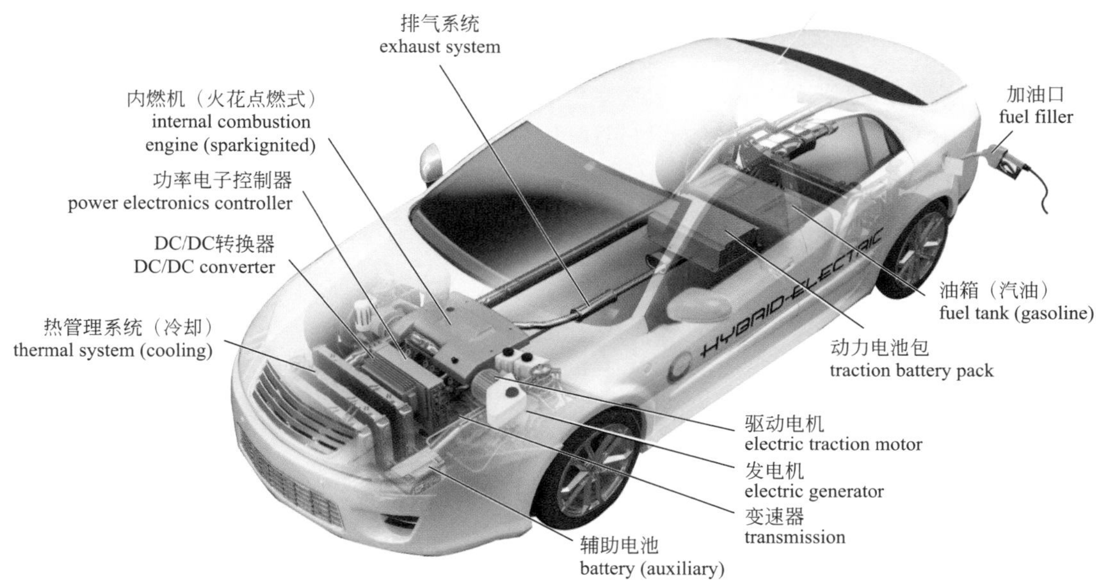
排气系统
exhaust system
内燃机（火花点燃式）
internal combustion
engine (sparkignited)
功率电子控制器
power electronics controller
DC/DC转换器
DC/DC converter
热管理系统（冷却）
thermal system (cooling)
加油口
fuel filler
HYBRID-ELECTRIC
油箱（汽油）
fuel tank (gasoline)
动力电池包
traction battery pack
驱动电机
electric traction motor
发电机
electric generator
变速器
transmission
辅助电池
battery (auxiliary)

图1-8 混合动力电动汽车

（2）混合动力电动汽车类型

混合动力系统主要分为四类：并联式混合动力系统、串联式混合动力系统、串并联（混联）式混合动力系统和插电式混合动力系统。

❶ 并联式混合动力系统：并联式混合动力系统有两套驱动系统，传统的内燃机系统和电机驱动系统，两个系统既可以同时协调工作，也可以各自单独工作驱动汽车（图1-9）。

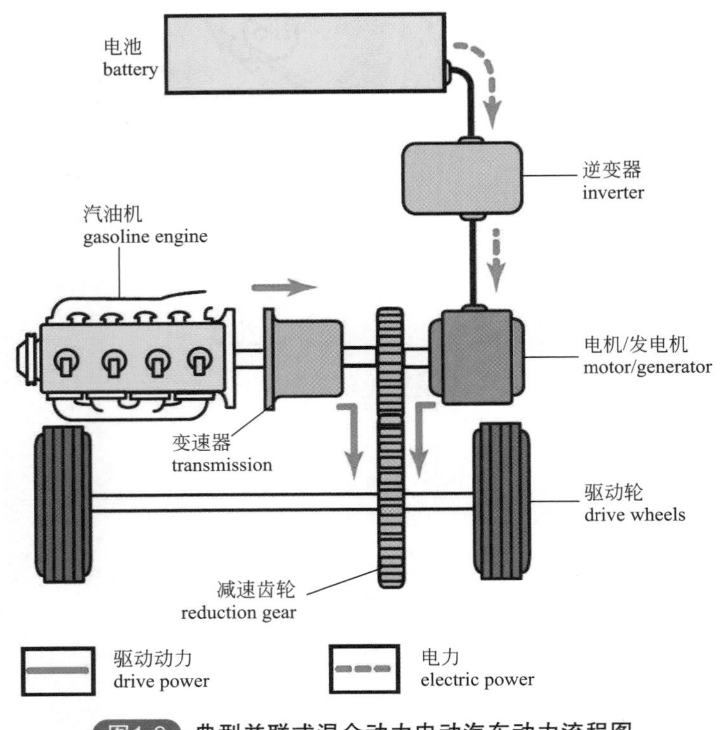
电池
battery
逆变器
inverter
汽油机
gasoline engine
电机/发电机
motor/generator
变速器
transmission
驱动轮
drive wheels
减速齿轮
reduction gear
驱动动力
drive power
电力
electric power

图1-9 典型并联式混合动力电动汽车动力流程图

❷ 串联式混合动力系统。由内燃机直接带动发电机发电，产生的电能通过控制单元传到电池，再由电池传输给电机转化为动能，最后通过变速机构来驱动汽车（图1-10）。

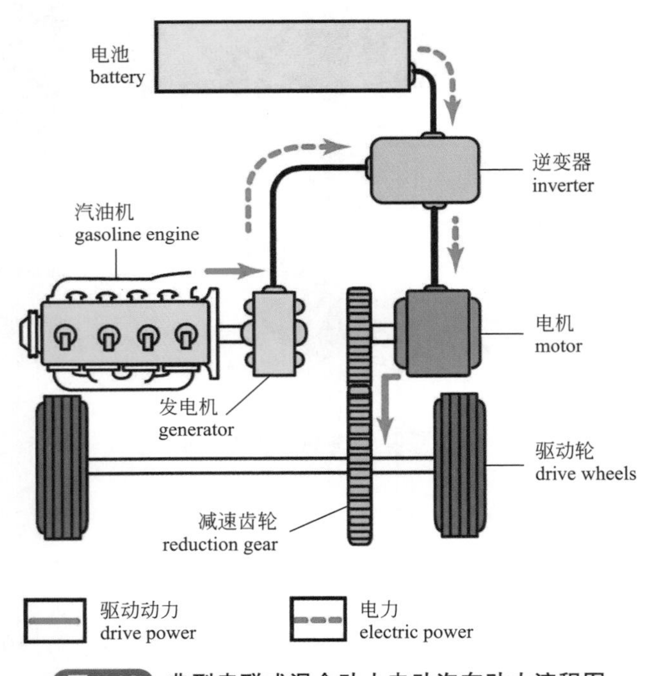
电池
battery
逆变器
inverter
汽油机
gasoline engine
电机
motor
发电机
generator
驱动轮
drive wheels
减速齿轮
reduction gear
驱动动力
drive power
电力
electric power

图1-10 典型串联式混合动力电动汽车动力流程图

❸ 串并联（混联）式混合动力系统。内燃机系统和电机驱动系统各有一套机械变速机构，两套机构或通过齿轮系，或采用行星轮式结构结合在一起，从而综合调节内燃机与电机之间的转速关系（图1-11）。

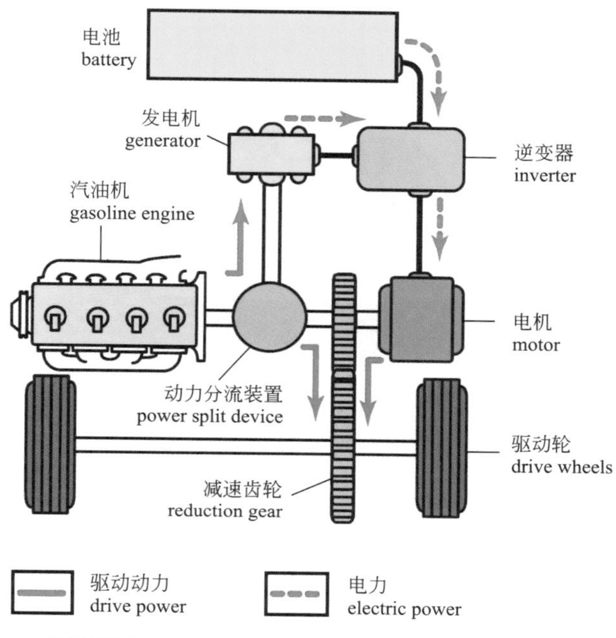
电池
battery
发电机
generator
逆变器
inverter
汽油机
gasoline engine
电机
motor
动力分流装置
power split device
驱动轮
drive wheels
减速齿轮
reduction gear
驱动动力
drive power
电力
electric power

图1-11　串并联式混合动力电动汽车动力流程图

❹ 插电式混合动力系统。插电式混合动力电动汽车（Plug-in Hybrid Electric Vehicle，PHEV）是可以实现外部充电的混合动力电动汽车，电池比较大，可选择纯电动模式行驶，续航里程较长（图1-12）。

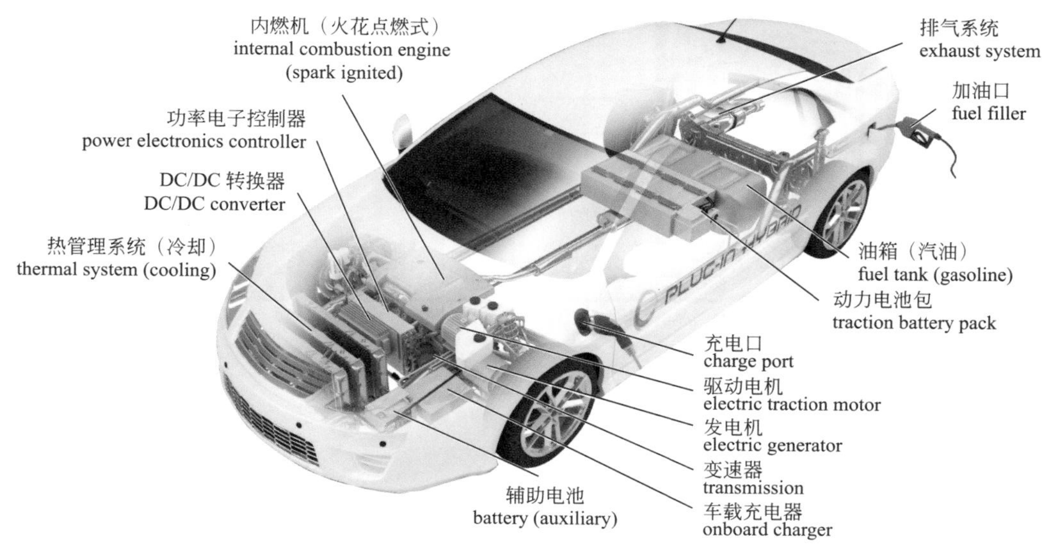
内燃机（火花点燃式）
internal combustion engine
(spark ignited)
排气系统
exhaust system
加油口
fuel filler
功率电子控制器
power electronics controller
DC/DC 转换器
DC/DC converter
热管理系统（冷却）
thermal system (cooling)
油箱（汽油）
fuel tank (gasoline)
动力电池包
traction battery pack
充电口
charge port
驱动电机
electric traction motor
发电机
electric generator
变速器
transmission
车载充电器
onboard charger
辅助电池
battery (auxiliary)
PLUG-IN HYBRID

图1-12　插电式混合动力电动汽车

（3）混合动力汽车实例

❶ 大众途锐并联式混合动力汽车。混合动力汽车由传统内燃机和电机组成，电机可以充当发电机、动力总成或起动机。各种运行状态取决于各种因素，例如高压电池的电量、加速踏板值、制动踏板值。内燃机和电机单独或共同通过离合器和共用的变速器将动力传到驱动桥上。除了高压电网外，汽车还配有12V车载电池。车内暖风功能通过经过加热的内燃机冷却水来实现（图1-13）。

Touareg Hybrid

图1-13 途锐并联式混合动力汽车

途锐并联式混合动力汽车结构　动力总成和高压组件见图1-14。

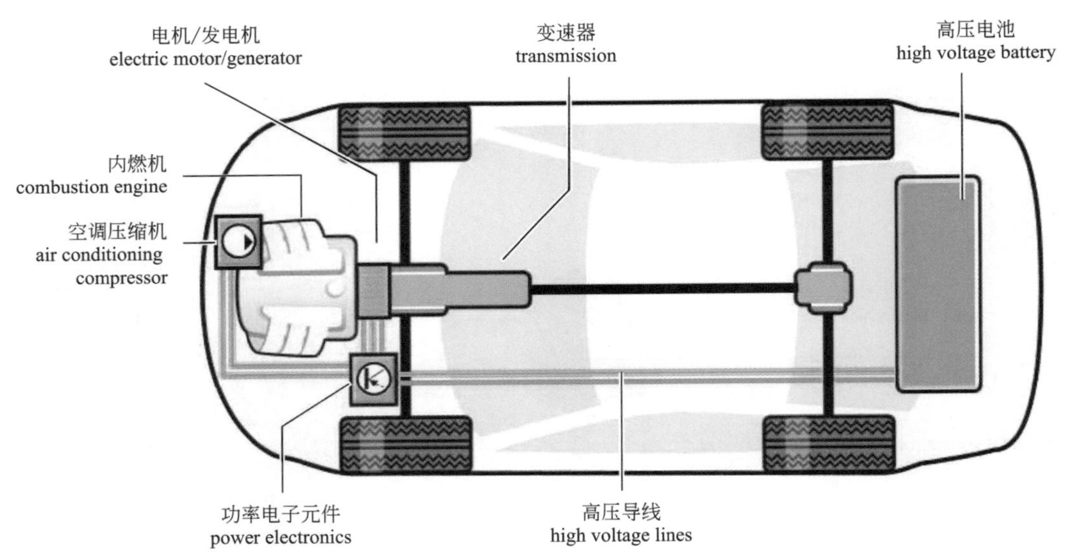
电机/发电机
electric motor/generator
变速器
transmission
高压电池
high voltage battery
内燃机
combustion engine
空调压缩机
air conditioning compressor
功率电子元件
power electronics
高压导线
high voltage lines

图1-14 动力总成和高压组件

途锐并联式混合动力汽车工作原理

a. 电力行驶。内燃机关闭，电机驱动汽车行驶，所有由内燃机完成的工作全部由电机和高压电池完成（图1-15）。

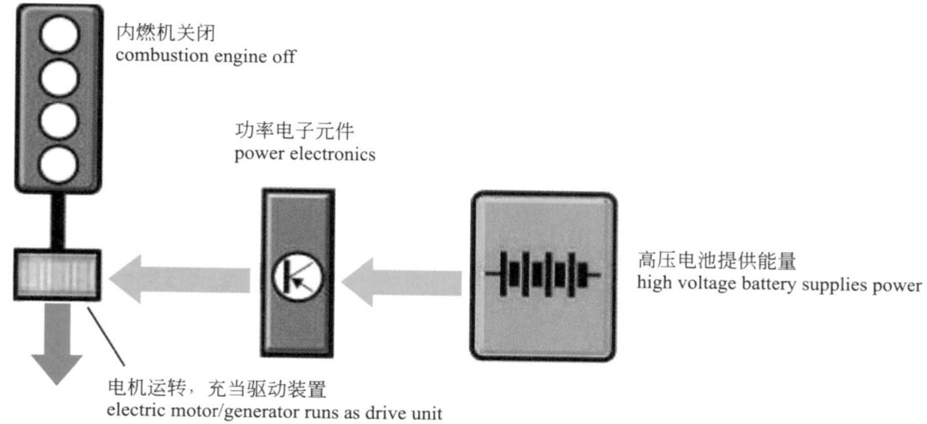
内燃机关闭
combustion engine off
功率电子元件
power electronics
高压电池提供能量
high voltage battery supplies power
电机运转，充当驱动装置
electric motor/generator runs as drive unit

图1-15 电力行驶

b. 内燃机驱动。内燃机驱动汽车行驶，高压电池充电（取决于充电状态）的工作点提高到高效率范围（图1-16）。

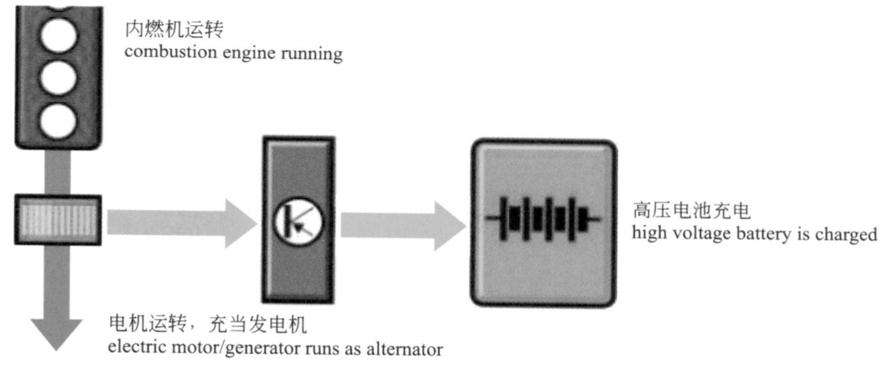
内燃机运转
combustion engine running
高压电池充电
high voltage battery is charged
电机运转，充当发电机
electric motor/generator runs as alternator

图1-16 内燃机驱动

c. 电动助动。若需要大负荷时，电机会为内燃机提供支持。内燃机和电机的动力会叠加（图1-17）。

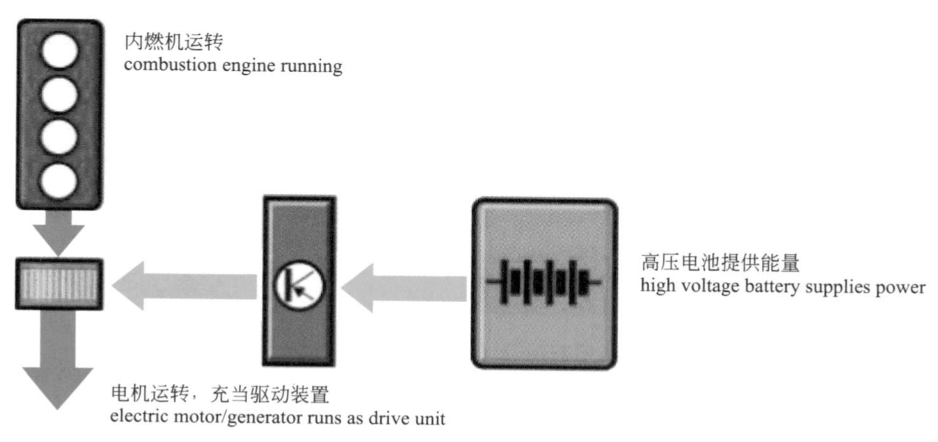
内燃机运转
combustion engine running
高压电池提供能量
high voltage battery supplies power
电机运转，充当驱动装置
electric motor/generator runs as drive unit

图1-17 电动助动

d.制动能量回收。内燃机关闭，制动能量通过电机（充当发电机）转换为电能，并储存在高压电池中（图1-18）。

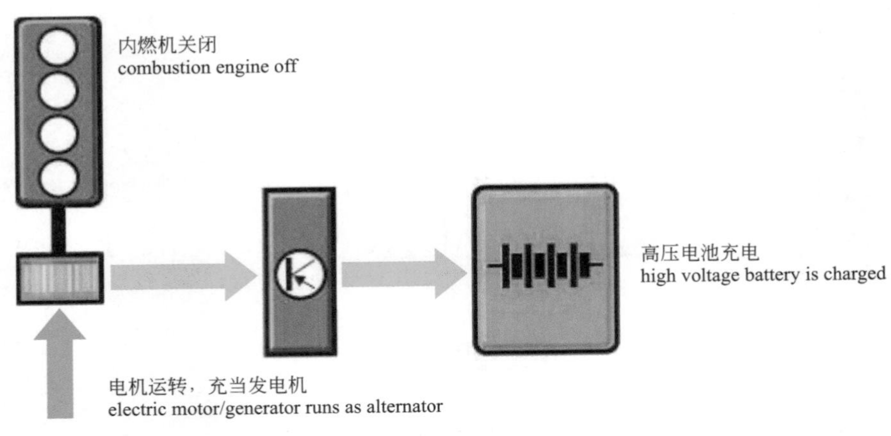
内燃机关闭
combustion engine off
高压电池充电
high voltage battery is charged
电机运转，充当发电机
electric motor/generator runs as alternator

图1-18 制动能量回收

❷ 奥迪A1 e-tron串联式混合动力汽车。串联式混合动力汽车也称为增程式混合动力汽车。A1 e-tron串联式混合动力汽车的驱动系统具有一个内燃机和两个电机（图1-19）。内燃机与驱动轴没有机械连接，所以，汽车仅通过电动驱动来行驶。内燃机驱动其中的1个电机，将其用作发电机，在行驶过程中为高压电池充电。内燃机可以以其最佳的特性曲线组工作，具有高功率、低油耗的特点。这种结构可以延长汽车的最大行驶距离。高压电池主要通过充电接头从外部充电。除了高压电网之外，汽车还具有一个12V车载电池。

A1 e-tron
IN B 2165

图1-19 奥迪A1 e-tron串联式混合动力汽车

奥迪A1 e-tron串联式混合动力汽车结构 动力总成和高压组件如图1-20所示。

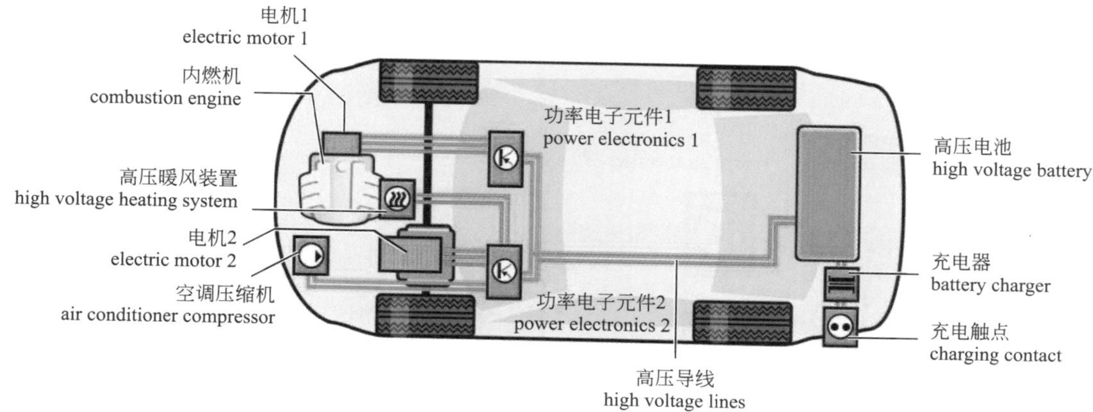
电机1
electric motor 1
内燃机
combustion engine
高压暖风装置
high voltage heating system
电机2
electric motor 2
空调压缩机
air conditioner compressor
功率电子元件1
power electronics 1
功率电子元件2
power electronics 2
高压电池
high voltage battery
充电器
battery charger
充电触点
charging contact
高压导线
high voltage lines

图1-20 动力总成和高压组件

奥迪A1 e-tron串联式混合动力汽车运行状态

a.电力行驶。如果高压电池已充电，那么汽车通过电机2供电行驶。舒适用电器（高压暖风装置、高压空调压缩机等）和12V车载电池通过功率电子元件2供电（图1-21）。

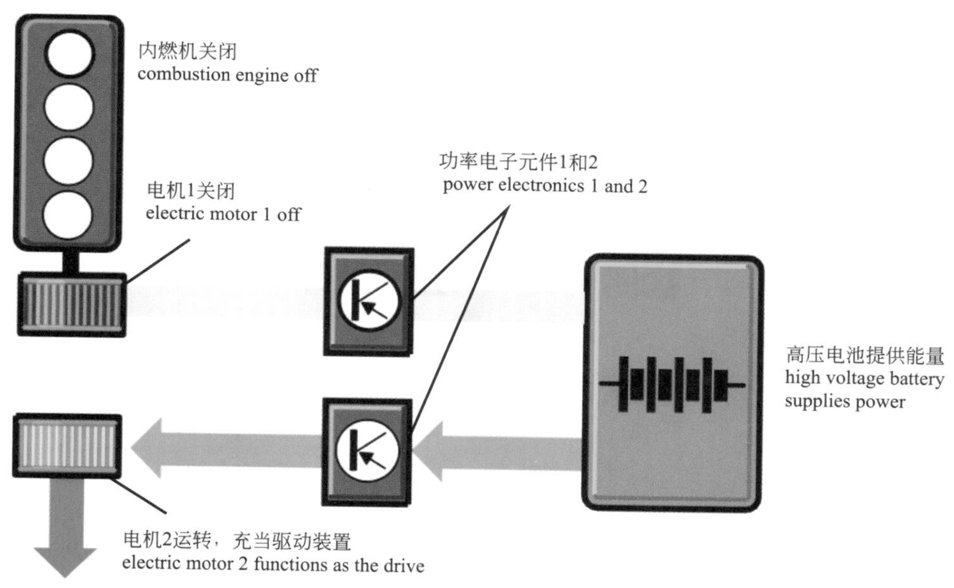
内燃机关闭
combustion engine off
电机1关闭
electric motor 1 off
功率电子元件1和2
power electronics 1 and 2
高压电池提供能量
high voltage battery
supplies power
电机2运转，充当驱动装置
electric motor 2 functions as the drive

图1-21 电力行驶

b.电力行驶，同时充电。高压电池已无电，为了继续行驶，内燃机启动，驱动电机1为高压电池充电，只通过电机2驱动汽车和回收能量（图1-22）。

c.在汽车静止时为电池充电。内燃机可在汽车静止状态下通过电机1为高压电池充电（图1-23）。

d.外部充电。通过汽车上的充电接口、高压充电器和充电保护继电器为高压电池充电，由系统自动监控并结束充电过程（图1-24）。

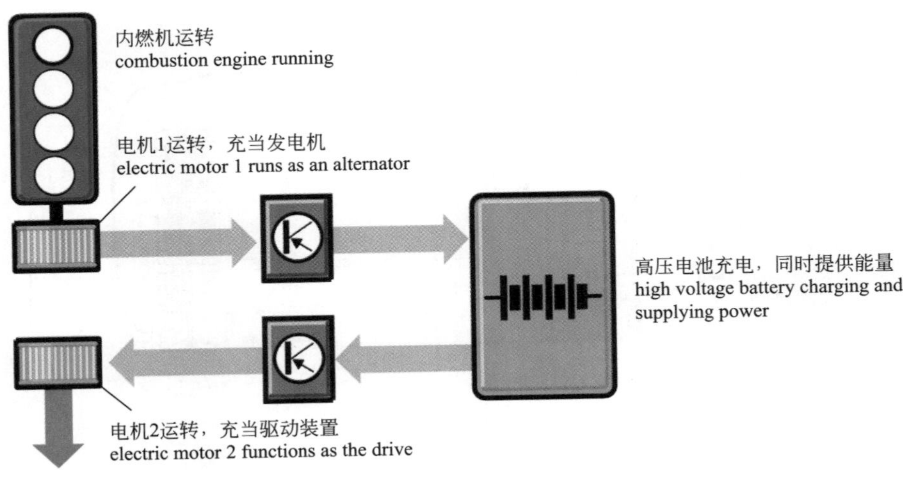
内燃机运转
combustion engine running
电机1运转，充当发电机
electric motor 1 runs as an alternator
高压电池充电，同时提供能量
high voltage battery charging and supplying power
电机2运转，充当驱动装置
electric motor 2 functions as the drive

图1-22 电力行驶，同时充电

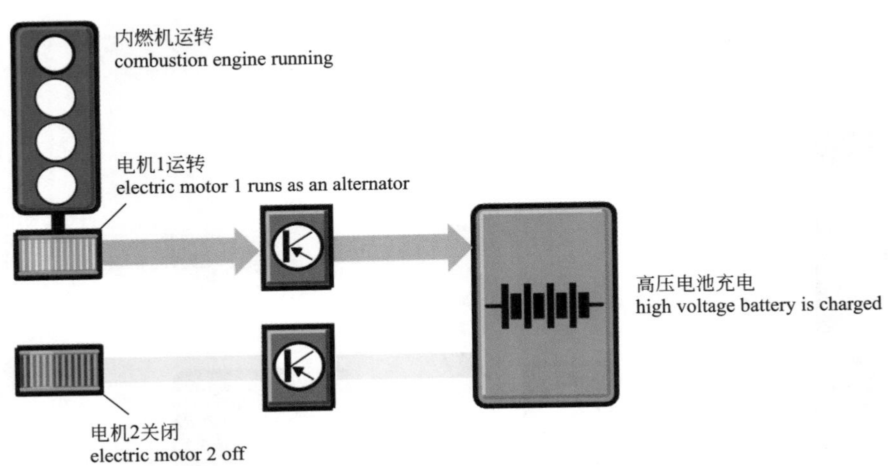
内燃机运转
combustion engine running
电机1运转
electric motor 1 runs as an alternator
高压电池充电
high voltage battery is charged
电机2关闭
electric motor 2 off

图1-23 在汽车静止时为电池充电

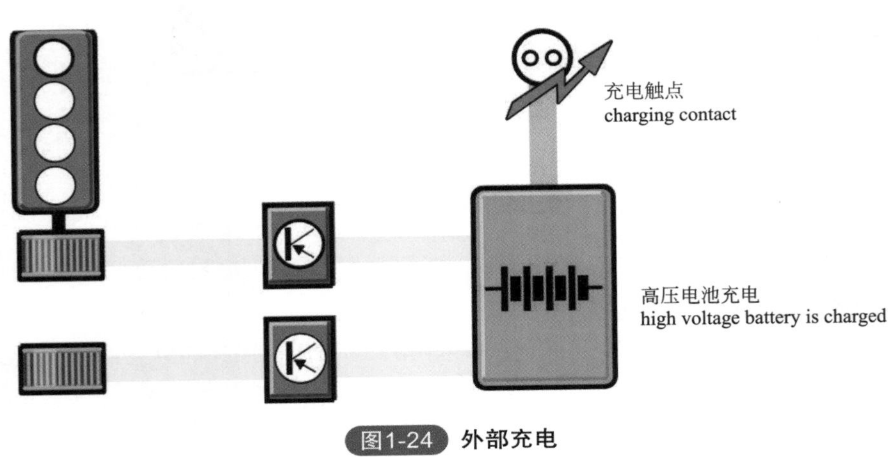
充电触点
charging contact
高压电池充电
high voltage battery is charged

图1-24 外部充电

❸ 大众高尔夫插电式混合动力电动汽车。高尔夫TwinDrive插电式混合动力电动汽车的高压电池也可以通过外部220V电网接口充电，甚至可以通过充电导线将电流输入到220V公共电网。除了高压电网外，这种汽车还有一个独立的12V车载电网和12V车载电池（图1-25）。

WOB VB 77
TWIN DRIVE
TWIN DRIVE

图1-25 高尔夫TwinDrive插电式混合动力电动汽车

高尔夫TwinDrive插电式混合动力电动汽车结构 动力总成和高压组件如图1-26所示。

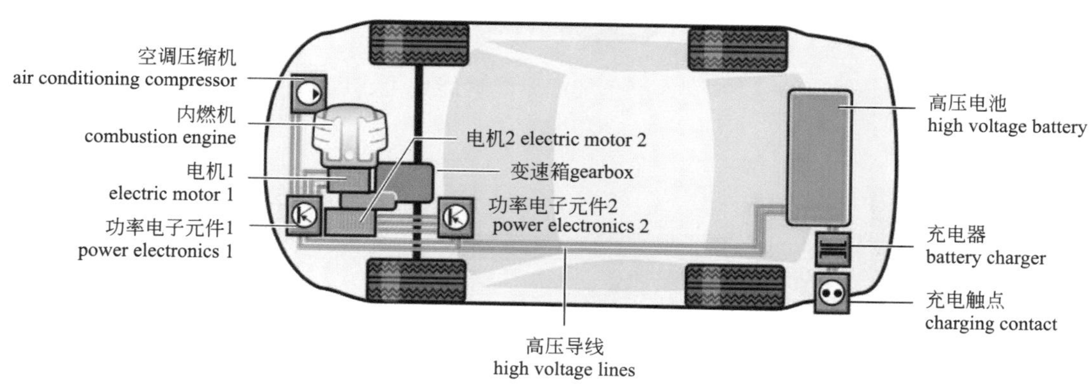
空调压缩机
air conditioning compressor
内燃机
combustion engine
电机1
electric motor 1
功率电子元件1
power electronics 1
电机2 electric motor 2
变速箱gearbox
功率电子元件2
power electronics 2
高压导线
high voltage lines
高压电池
high voltage battery
充电器
battery charger
充电触点
charging contact

图1-26 动力总成和高压组件

高尔夫TwinDrive插电式混合动力电动汽车运行状态

a. 电力行驶。内燃机关闭，由电机1驱动，高压电池通过功率电子元件1提供能量（图1-27）。

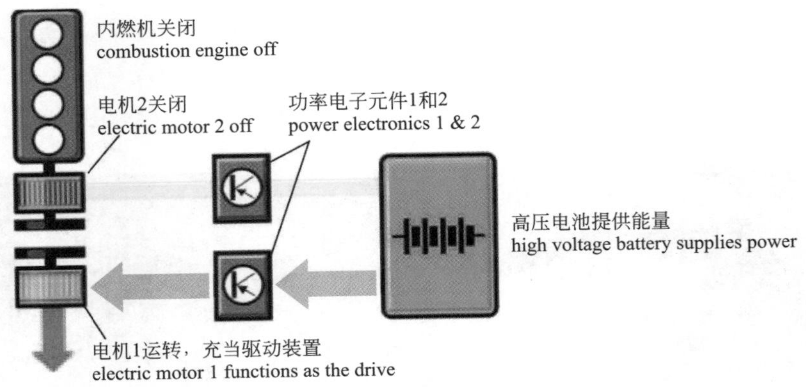
内燃机关闭
combustion engine off
电机2关闭
electric motor 2 off
功率电子元件1和2
power electronics 1 & 2
高压电池提供能量
high voltage battery supplies power
电机1运转，充当驱动装置
electric motor 1 functions as the drive

图1-27 电力行驶

b.串联行驶。启动内燃机，然后电机2充当发电机为高压电池供电。高压电池通过电机1为汽车的电动驱动装置提供能量。这种运行状态是一种例外情况（图1-28）。

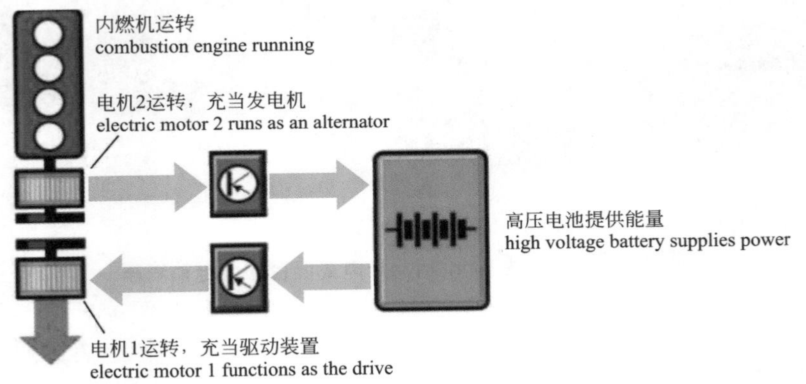
内燃机运转
combustion engine running
电机2运转，充当发电机
electric motor 2 runs as an alternator
高压电池提供能量
high voltage battery supplies power
电机1运转，充当驱动装置
electric motor 1 functions as the drive

图1-28 串联行驶

c.助力行驶。内燃机和电机共同为汽车加速。此功能是否启用取决于高压电池的充电状态（图1-29）。

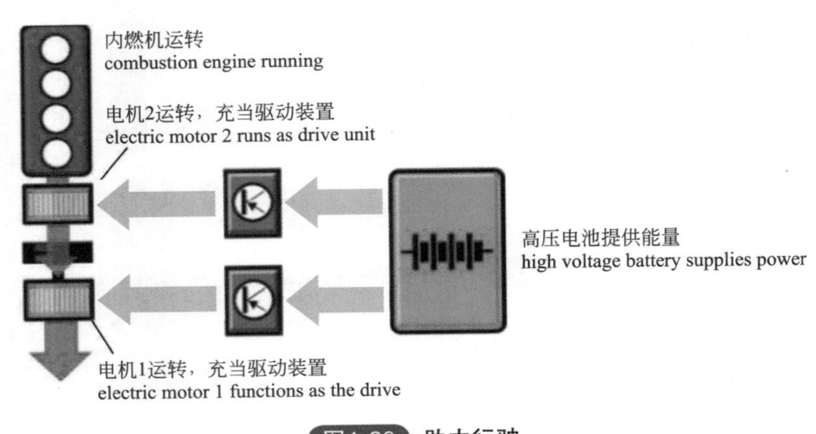
内燃机运转
combustion engine running
电机2运转，充当驱动装置
electric motor 2 runs as drive unit
高压电池提供能量
high voltage battery supplies power
电机1运转，充当驱动装置
electric motor 1 functions as the drive

图1-29 助力行驶

d. 内燃机驱动行驶。如果高压电池无电，就不可以电力行驶。在这种情况下，通过内燃机驱动汽车，同时借助电机2用剩余的动力为高压电池充电（图1-30）。

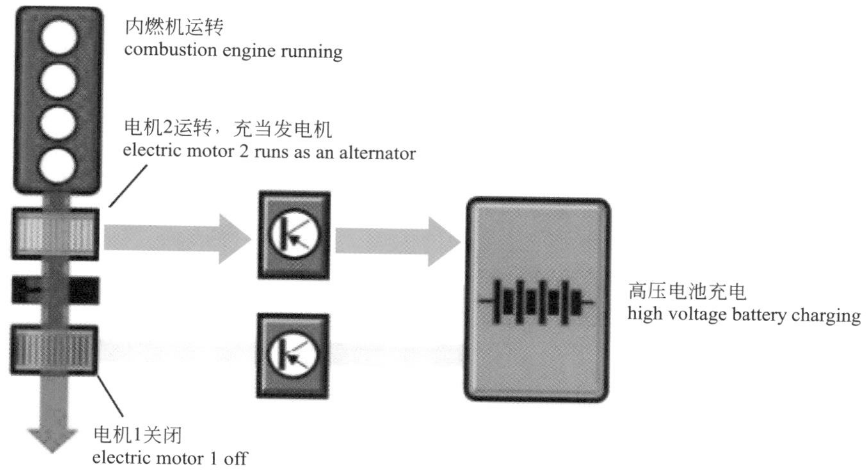
内燃机运转
combustion engine running
电机2运转，充当发电机
electric motor 2 runs as an alternator
高压电池充电
high voltage battery charging
电机1关闭
electric motor 1 off

图1-30　内燃机驱动行驶

e. 制动能量回收。在离合器接合状态下，可以使用两个电机进行制动能量回收。汽车滑行产生的能量可以通过两个功率电子元件转换成直流电压，并立即储存在高压电池中（图1-31）。

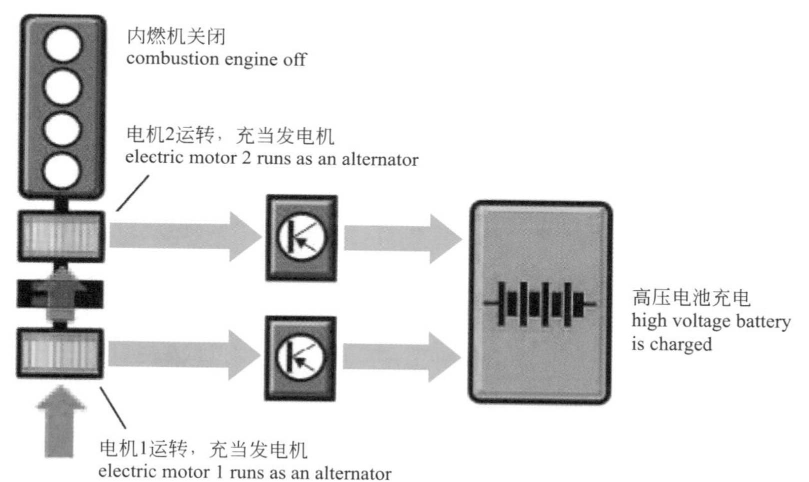
内燃机关闭
combustion engine off
电机2运转，充当发电机
electric motor 2 runs as an alternator
高压电池充电
high voltage battery
is charged
电机1运转，充当发电机
electric motor 1 runs as an alternator

图1-31　制动能量回收

f. 外部充电。在用外部电源充电过程中，高压电网处于静默模式，电机和功率电子元件关闭，充电电缆通过充电接头与汽车连接。如果控制单元识别到为高压电池充电的电源，就会闭合两个充电保护继电器，充电过程开始。达到所需的容量后，充电过程结束，由外部电源为充电过程中工作的用电器供电（图1-32）。

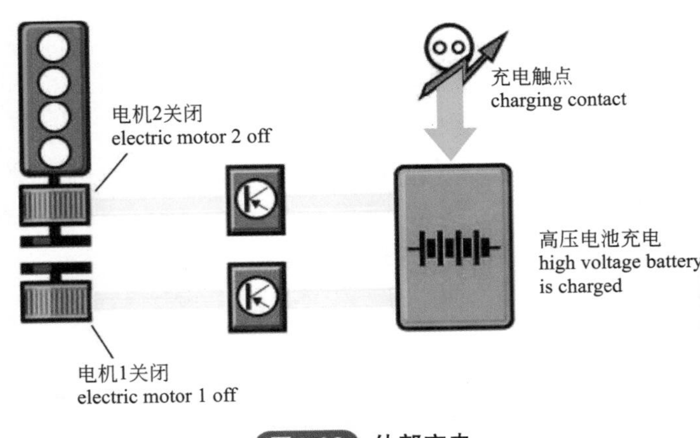
充电触点
charging contact
电机2关闭
electric motor 2 off
高压电池充电
high voltage battery
is charged
电机1关闭
electric motor 1 off

图1-32 外部充电

1.1.3 燃料电池电动汽车

（1）燃料电池电动汽车简介

燃料电池电动汽车（Fuel Cell Electric Vehicle，FCEV），又称燃料电池汽车（Fuel Cell Vehicle，FCV），通过氢气和氧气的化学作用产生电能，而不是通过燃烧。燃料电池的化学反应过程不会产生有害产物，因此燃料电池汽车是无污染汽车（图1-33）。

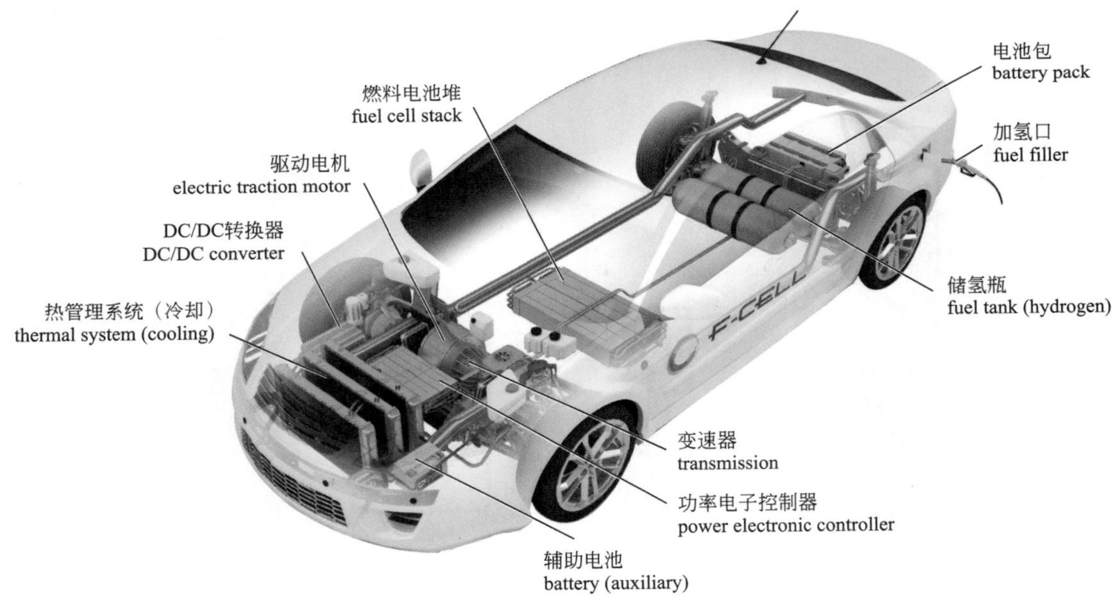
电池包
battery pack
燃料电池堆
fuel cell stack
加氢口
fuel filler
驱动电机
electric traction motor
DC/DC转换器
DC/DC converter
储氢瓶
fuel tank (hydrogen)
热管理系统（冷却）
thermal system (cooling)
F-CELL
变速器
transmission
功率电子控制器
power electronic controller
辅助电池
battery (auxiliary)

图1-33 燃料电池电动汽车

（2）燃料电池汽车实例

大众途观Hy Motion燃料电池汽车采用燃料电池驱动。汽车加注氢气，从燃料电池模块获取电能，为电机供电。氢气在这个模块中被转化成水，由此获得电能，根据运行状态给高压电池充电，用于驱动汽车。该车没有额外装配内燃机。除了高压电网之外，汽车还具有一个12V车载电网及12V车载电池（图1-34）。

HY MOTION
WOB HY 302

图1-34 途观Hy Motion燃料电池汽车

途观Hy Motion燃料电池汽车结构 动力总成和高压组件如图1-35所示。

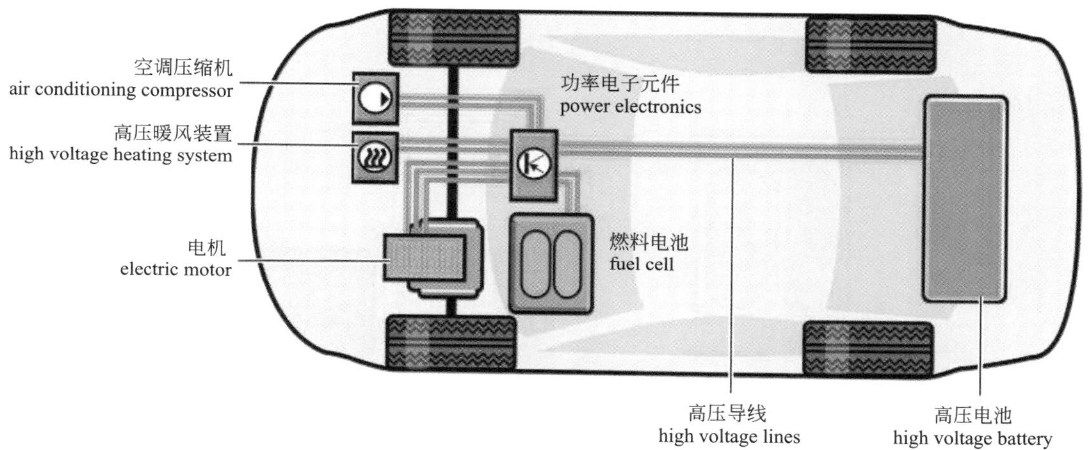
空调压缩机
air conditioning compressor
高压暖风装置
high voltage heating system
电机
electric motor
功率电子元件
power electronics
燃料电池
fuel cell
高压导线
high voltage lines
高压电池
high voltage battery

图1-35 动力总成和高压组件

途观Hy Motion燃料电池汽车原理

a. 电力行驶。如果高压电池已充电，那么可以电力行驶。在这种情况下，燃料电池不提供能量，不消耗氢气（图1-36）。

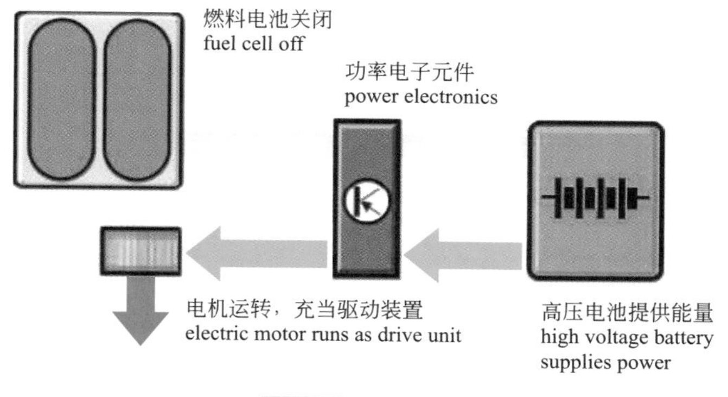
燃料电池关闭
fuel cell off
功率电子元件
power electronics
电机运转，充当驱动装置
electric motor runs as drive unit
高压电池提供能量
high voltage battery
supplies power

图1-36 电力行驶

b.电力行驶，同时充电。如果高压电池需要充电，燃料电池就会开始工作，借助空气中的氧气，通过已加注的氢气来产生电能，用于汽车行驶，并为高压电池充电（图1-37）。

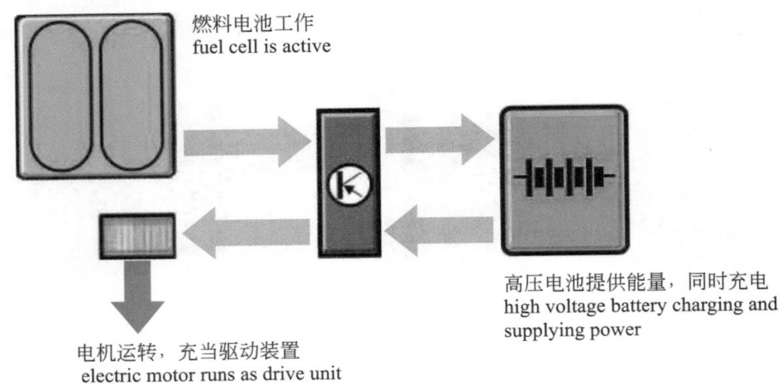
燃料电池工作
fuel cell is active
高压电池提供能量，同时充电
high voltage battery charging and supplying power
电机运转，充当驱动装置
electric motor runs as drive unit

图1-37 电力行驶，同时充电

c.制动能量回收。回收制动时的能量。在汽车滑动时输送给发电机，通过功率电子元件为高压电池充电（图1-38）。

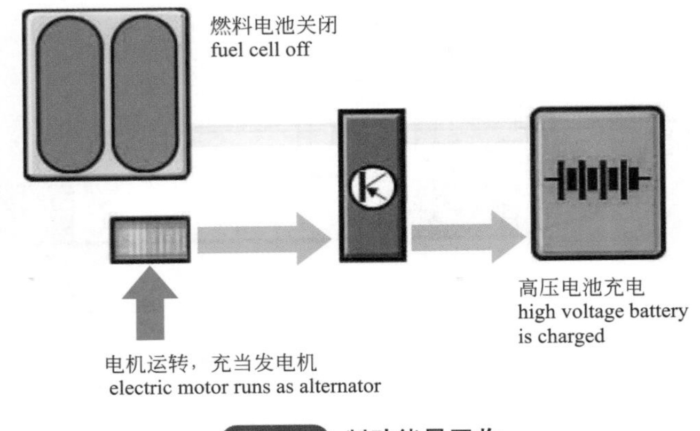
燃料电池关闭
fuel cell off
高压电池充电
high voltage battery is charged
电机运转，充当发电机
electric motor runs as alternator

图1-38 制动能量回收

1.2 燃气汽车

燃气汽车主要分为液化石油气汽车和压缩天然气汽车两种。燃气汽车主要以压缩天然气（CNG）、液化天然气（LNG）、液化石油气（LPG）为燃料。

1.2.1 压缩天然气汽车

（1）压缩天然气汽车简介

压缩天然气汽车（Compressed Natural Gas Vehicle，CNGV）是以压缩天然气（CNG）作为汽车燃料的车辆。对在用车来讲，可在保留原车供油系统的情况下，增加一套专用压缩天然气装置，形成压缩天然气汽车，燃料的转换仅需拨动开关（图1-39）。

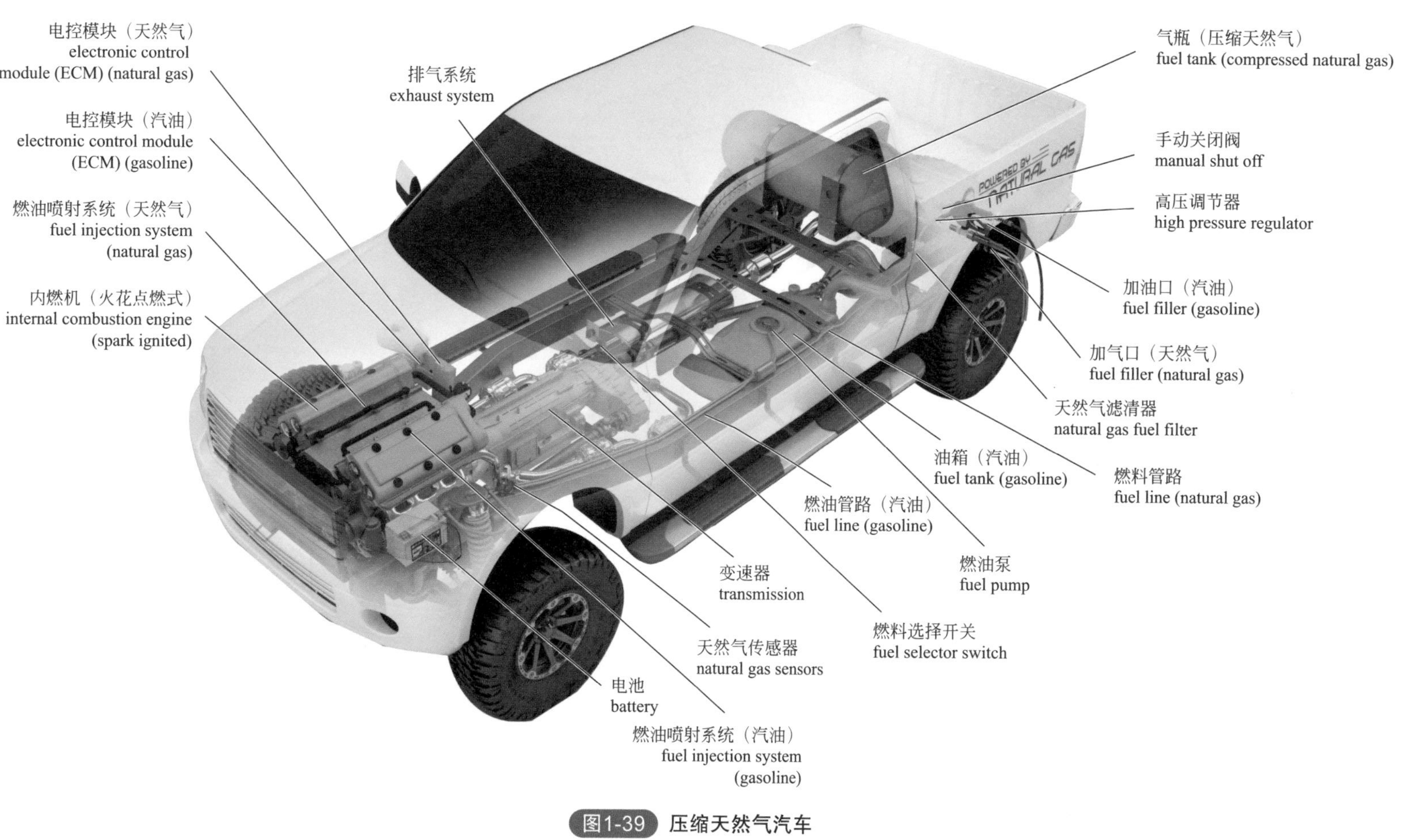
气瓶（压缩天然气）
fuel tank (compressed natural gas)
手动关闭阀
manual shut off
高压调节器
high pressure regulator
加油口（汽油）
fuel filler (gasoline)
加气口（天然气）
fuel filler (natural gas)
天然气滤清器
natural gas fuel filter
燃料管路
fuel line (natural gas)
油箱（汽油）
fuel tank (gasoline)
燃油泵
fuel pump
燃油管路（汽油）
fuel line (gasoline)
燃料选择开关
fuel selector switch
变速器
transmission
天然气传感器
natural gas sensors
燃油喷射系统（汽油）
fuel injection system
(gasoline)
电池
battery
排气系统
exhaust system
电控模块（天然气）
electronic control
module (ECM) (natural gas)
电控模块（汽油）
electronic control module
(ECM) (gasoline)
燃油喷射系统（天然气）
fuel injection system
(natural gas)
内燃机（火花点燃式）
internal combustion engine
(spark ignited)
POWERED BY
NATURAL GAS

图1-39　压缩天然气汽车

（2）压缩天然气汽车实例

本田思域CNG轿车采用1.8L直列四缸发动机，在车的尾部带有蓝色菱形CNG标签和天然气徽章（图1-40）。

Natural Gas
CNG

图1-40 思域CNG轿车

思域CNG轿车动力系统主要部件如图1-41所示。

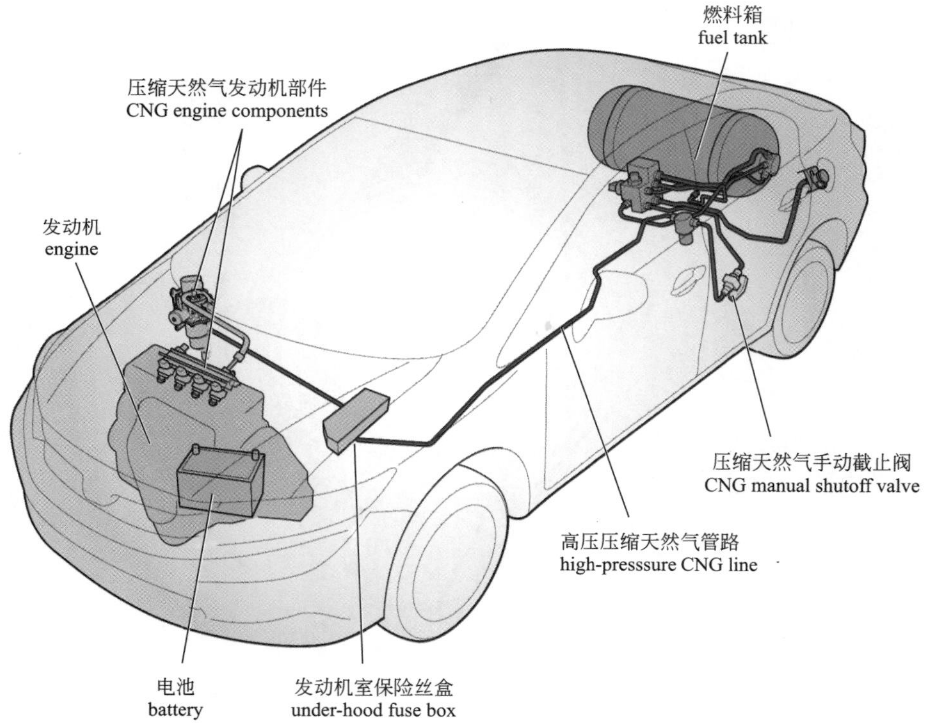
燃料箱
fuel tank
压缩天然气发动机部件
CNG engine components
发动机
engine
压缩天然气手动截止阀
CNG manual shutoff valve
高压压缩天然气管路
high-presssure CNG line
电池
battery
发动机室保险丝盒
under-hood fuse box

图1-41 思域CNG动力系统布置

1.2.2 液化天然气汽车

（1）液化天然气汽车简介

液化天然气（Liquefied Natural Gas，LNG）是天然气经净化处理，在常压下深冷至–162℃，由气态变成液态而形成。液化天然气汽车（Liquefied Natural Gas Vehicle，LNGV）是以低温液态天然气为燃料的天然气汽车。LNG能量密度大（约为CNG的3倍），一般适用于大型货运汽车（图1-42）。

电子控制模块
electronic control module (ECM)
电池
battery
内燃机（火花点燃式）
internal combustion engine (spark ignited)
燃油喷射系统
fuel injection system
排气系统
exhaust system
加气口fuel filler
气瓶（液化天然气）
fuel tank(liqujfied natural gas)
变速器
transmission
燃料管路
fuel line

图1-42 液化天然气货车

（2）液化天然气汽车实例

江铃卫龙HV5搭载的13L天然气发动机最大功率460hp❶，最大转矩2300Nm，配有1000L容量的气瓶（图1-43）。

图1-43 江铃卫龙HV5 LNG重卡

❶ 1hp=745.6999W。

1.2.3 液化石油气汽车

（1）液化石油气汽车简介

液化石油气汽车（Liquefied Petroleum Gas Vehicle，LPGV）是以液化石油气（LPG）为燃料的汽车（图1-44）。液化石油气是丙烷和丁烷的混合物，通常伴有少量的丙烯和丁烯。液化石油气是在提炼原油或石油、天然气开采过程中产生的气体。

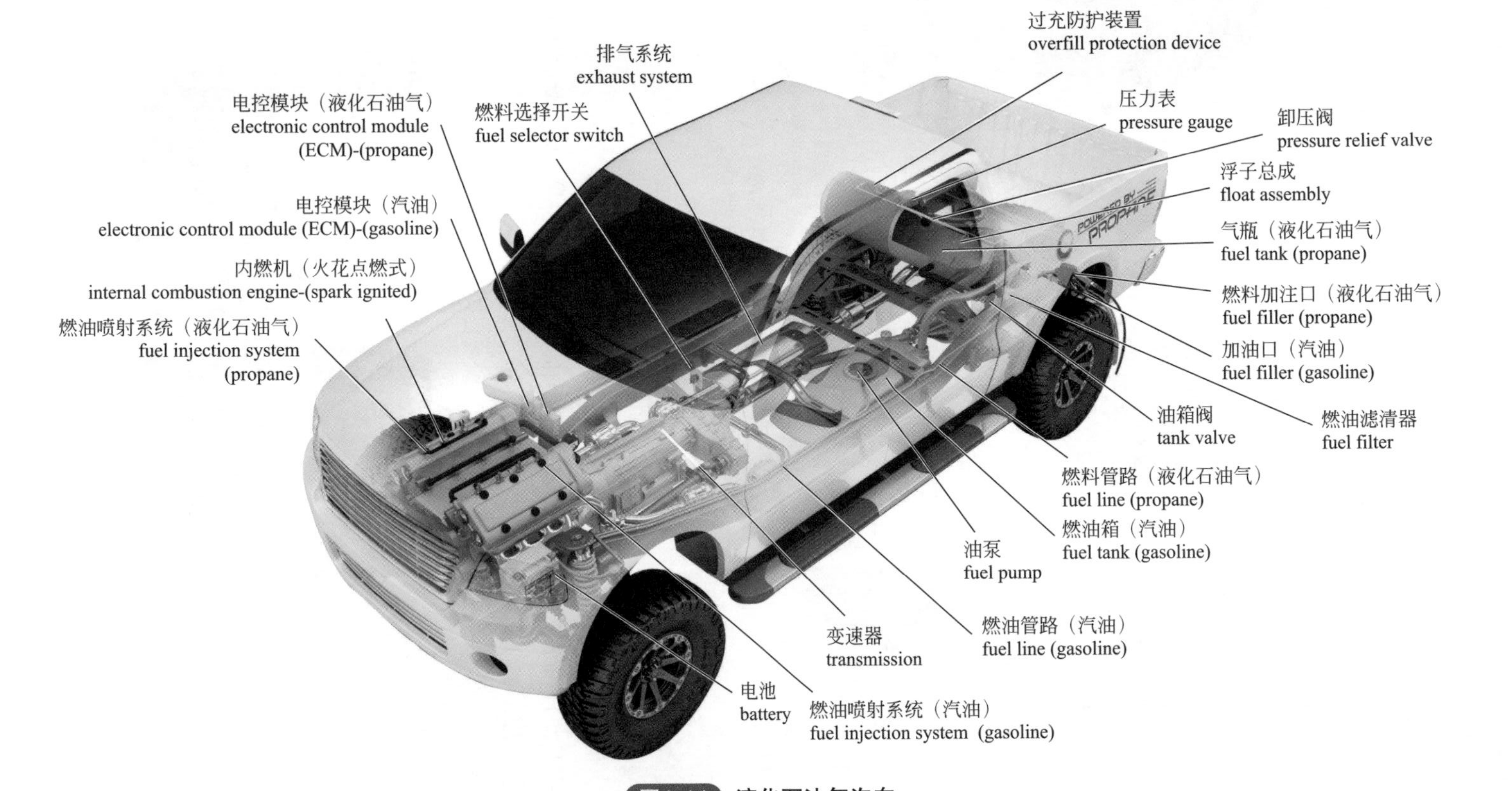
过充防护装置
overfill protection device
排气系统
exhaust system
电控模块（液化石油气）
electronic control module
(ECM)-(propane)
燃料选择开关
fuel selector switch
压力表
pressure gauge
卸压阀
pressure relief valve
浮子总成
float assembly
电控模块（汽油）
electronic control module (ECM)-(gasoline)
气瓶（液化石油气）
fuel tank (propane)
内燃机（火花点燃式）
internal combustion engine-(spark ignited)
燃料加注口（液化石油气）
fuel filler (propane)
燃油喷射系统（液化石油气）
fuel injection system
(propane)
加油口（汽油）
fuel filler (gasoline)
油箱阀
tank valve
燃油滤清器
fuel filter
燃料管路（液化石油气）
fuel line (propane)
燃油箱（汽油）
fuel tank (gasoline)
油泵
fuel pump
变速器
transmission
燃油管路（汽油）
fuel line (gasoline)
电池
battery
燃油喷射系统（汽油）
fuel injection system (gasoline)

图1-44 液化石油气汽车

（2）液化石油气汽车实例

丰田JPN出租车使用液化石油气（LPG）和电动传动系统，其油耗19.4km/L，是一款前驱车，发动机安装在汽车前面，液化石油气罐安置在汽车后面（图1-45）。

JPN TAXI

图1-45 丰田液化石油气（LPG）出租车

1.3 醇类汽车

（1）醇类汽车简介

醇类汽车是利用醇类燃料作为能源的汽车。醇类燃料主要指甲醇和乙醇，二者都属于含氧燃料。以甲醇为燃料的汽车称为甲醇汽车，以乙醇为燃料的汽车称为乙醇汽车（图1-46）。

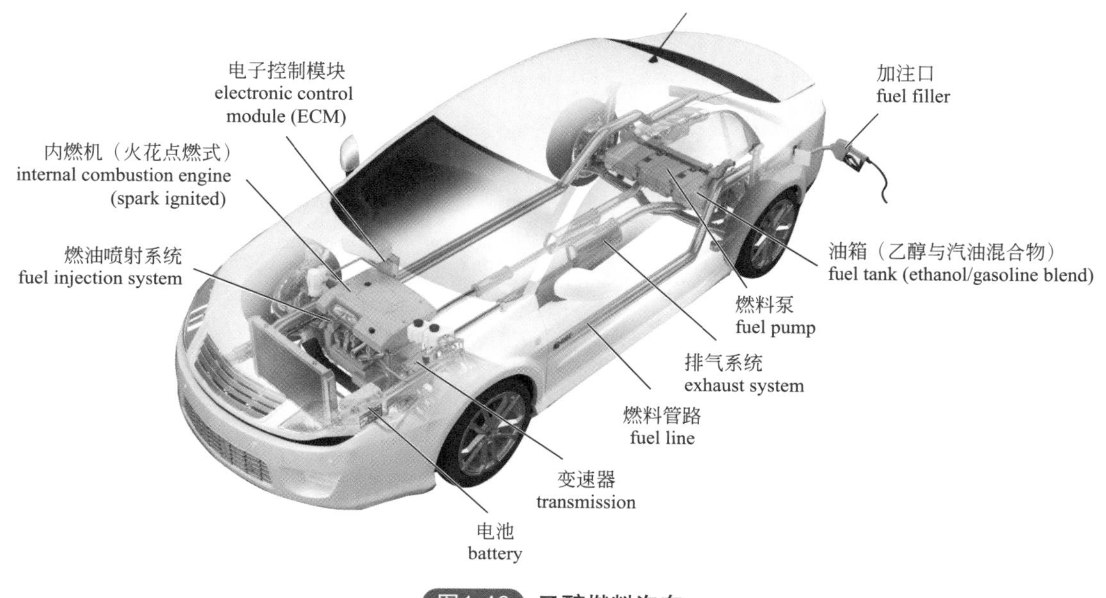
电子控制模块
electronic control
module (ECM)
内燃机（火花点燃式）
internal combustion engine
(spark ignited)
燃油喷射系统
fuel injection system
加注口
fuel filler
油箱（乙醇与汽油混合物）
fuel tank (ethanol/gasoline blend)
燃料泵
fuel pump
排气系统
exhaust system
燃料管路
fuel line
变速器
transmission
电池
battery

图1-46 乙醇燃料汽车

（2）醇类汽车实例

吉利帝豪甲醇轿车配备以甲醇为燃料的1.8L自然吸气发动机，最大输出功率100kW，峰值转矩168Nm，匹配5速手动变速器，其最高车速175km/h，燃料箱容量为53L（图1-47）。

吉利汽车
甲醇新能源汽车

图1-47 吉利帝豪甲醇动力轿车

1.4 生物柴油汽车

（1）生物柴油汽车简介

生物柴油（Biodiesel）是指以油料作物、野生油料植物和工程微藻等水生植物油脂以及动物油脂、餐饮垃圾油等为原料油，通过酯交换工艺制成的可代替石化柴油的再生性柴油燃料。生物柴油汽车就是指使用全部或部分生物柴油作为燃料的汽车（图1-48）。

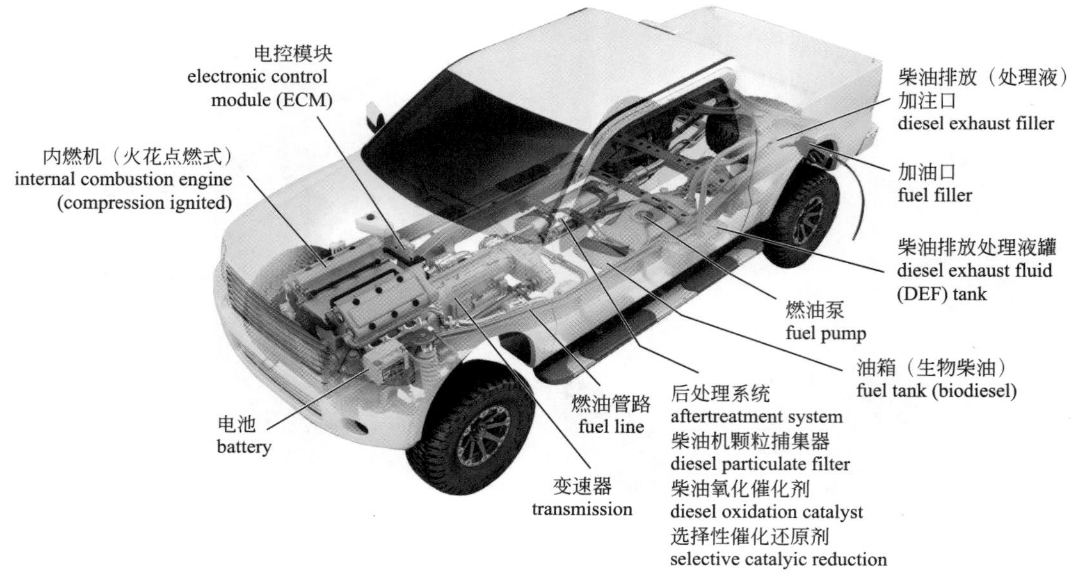
电控模块
electronic control
module (ECM)
内燃机（火花点燃式）
internal combustion engine
(compression ignited)
柴油排放（处理液）
加注口
diesel exhaust filler
加油口
fuel filler
柴油排放处理液罐
diesel exhaust fluid
(DEF) tank
燃油泵
fuel pump
油箱（生物柴油）
fuel tank (biodiesel)
后处理系统
aftertreatment system
柴油机颗粒捕集器
diesel particulate filter
柴油氧化催化剂
diesel oxidation catalyst
选择性催化还原剂
selective catalyic reduction
燃油管路
fuel line
变速器
transmission
电池
battery

图1-48 生物柴油汽车

（2）生物柴油汽车实例

马自达生物柴油汽车以微藻类油脂和食用油为燃料，没有生态破坏等问题，并且可以构筑从生物柴油燃料的原料制造、供给到利用的价值链（图1-49）。

BIOFUEL
NEW GENERATION

图1-49 马自达生物柴油轿车

Chapter 2

第2章 新能源汽车电机

新能源汽车常用电机有直流电机、交流异步电机、永磁同步电机和开关磁阻电机等。

2.1 直流电机

2.1.1　直流电机结构

直流电机可以将直流电流形式的电能转化为动能。它由一个固定部件——定子和一个转动支承部件——转子（电枢）组成，主要部件如图2-1所示。

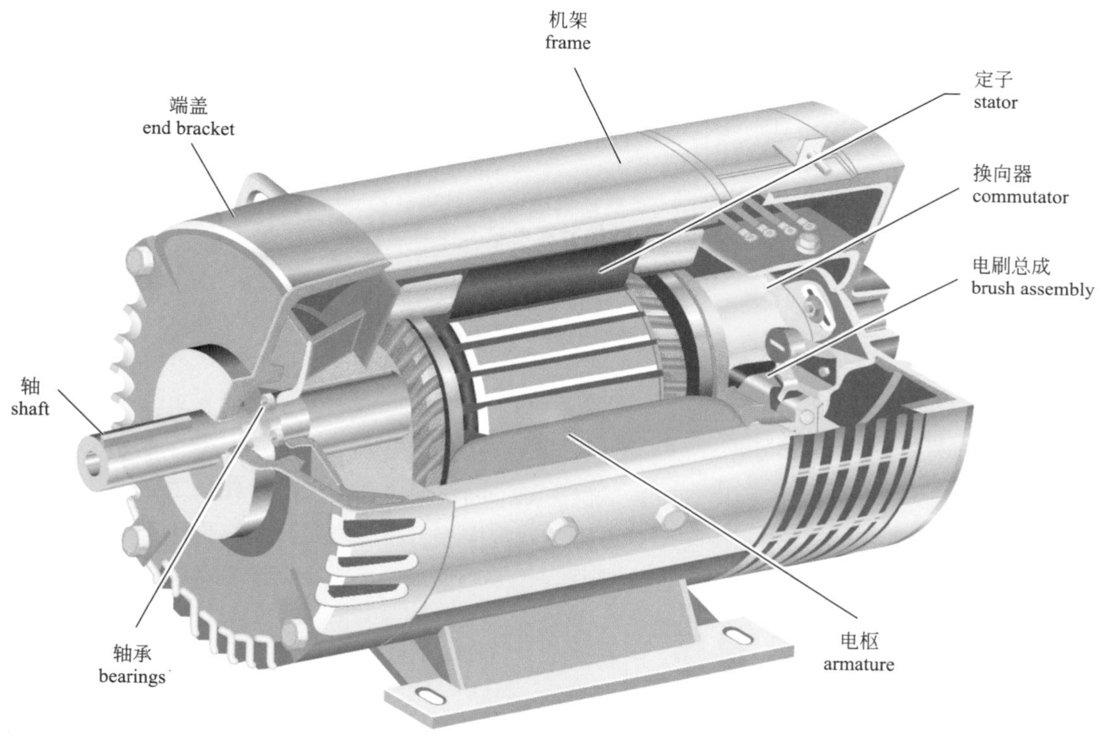
机架
frame
端盖
end bracket
定子
stator
换向器
commutator
电刷总成
brush assembly
轴
shaft
轴承
bearings
电枢
armature

图2-1　直流电机主要部件

2.1.2　直流电机工作原理

直流电机的定子有一对N、S极，电枢绕组的末端分别接到两个换向片上，电刷与两个换向片接触。如果给两个电刷加上直流电源，则有直流电流从电刷流入，经过线圈从电刷流出。根据电磁力定律，载流导体受到电磁力的作用，形成了一个转矩，使得转子逆时针转动，如图2-2（a）所示，电枢极被吸引到极性相反的励磁极上，电枢磁极与相反极性的磁场磁极相吸。转子转到图2-2（b）所示的位置，在换向片空隙位置时无电流流过。转子转到图2-2（c）所示的位置，直流电流换向，电流以反方向流经电枢线圈，载流导体产生的转矩使得转子继续转动。

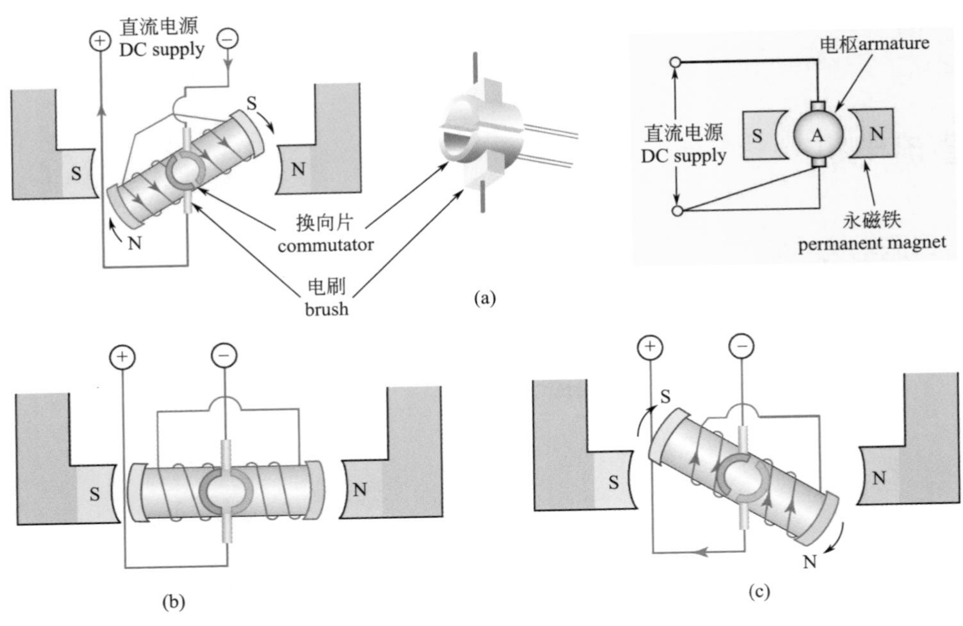
直流电源
DC supply
S
N
S
N
换向片
commutator
电刷
brush
(a)
电枢armature
直流电源
DC supply
S
A
N
永磁铁
permanent magnet
S
N
(b)
S
S
N
N
(c)

图2-2 永磁直流电机工作原理

2.2 交流异步电机

2.2.1 交流异步电机结构

交流异步电机的特点是不为转子直接提供电流，而是通过与定子旋转磁场的磁场感应产生转子磁场。因为转子使用了定子旋转磁场产生的感应电流，所以通常异步电机也被称为感应式电机（Induction Motor）。转子绕组不是由绝缘导线绕制而成，而是铝条或铜条与端环焊接而成或铸造而成（图2-3）。

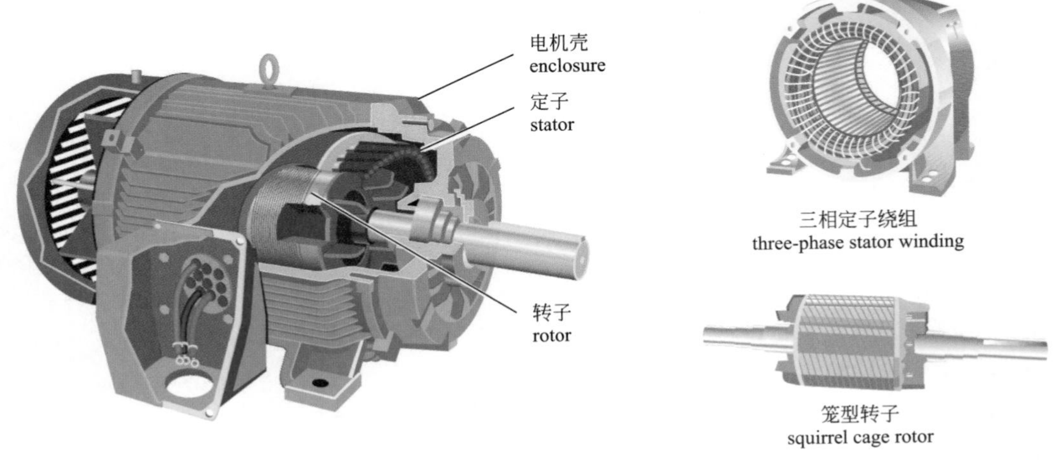
电机壳
enclosure
定子
stator
转子
rotor
三相定子绕组
three-phase stator winding
笼型转子
squirrel cage rotor

图2-3 笼型感应电机

2.2.2 交流异步电机工作原理

当异步电机的三相定子绕组通入三相交流电后，将产生一个旋转磁场（图2-4）。该旋转磁场切割转子绕组，从而在转子绕组中产生感应电动势，电动势的方向由右手定则来确定。由于转子绕组是闭合通路，转子中便有电流产出，电流方向与电动势方向相同，而载流的转子导体在定子旋转磁场作用下将产生电磁力，电磁力的方向可用左手定则确定。由电磁力进而产生电磁转矩，驱动电机旋转，并且电机旋转方向与旋转磁场方向相同。

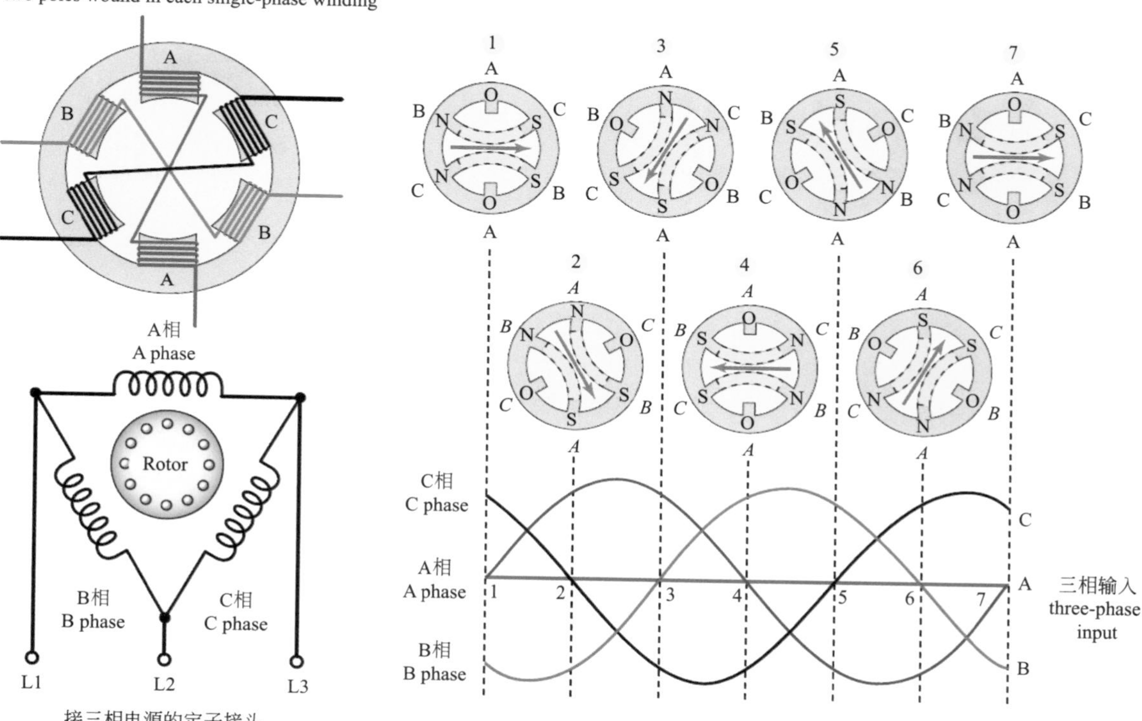
每一单相绕组的两极绕线
two poles wound in each single-phase winding
A相
A phase
Rotor
B相
B phase
C相
C phase
L1
L2
L3
接三相电源的定子接头
stator connection to three-phase supply
C相
C phase
A相
A phase
B相
B phase
三相输入
three-phase
input

图2-4 旋转磁场

A表示A相；B表示A相；C表示A相；

O表示线圈电流为零；1 ~ 6表示旋转磁场转动的位置

2.3 永磁同步电机

2.3.1 永磁同步电机结构

永磁同步电机（Permanent Magnet Synchronous Motor，PMSM）结构如图2-5所示。转子采用径向永久磁铁做成的磁极，转子上安装铷铁硼磁钢。转子与旋转磁场同步旋转，旋转磁场的速度取决于电源频率。

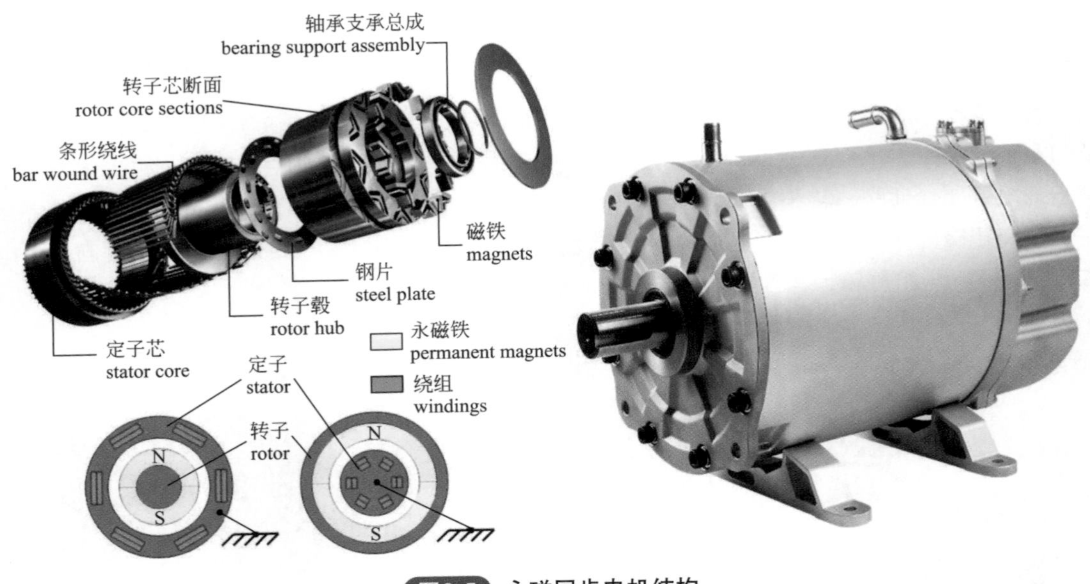
轴承支承总成
bearing support assembly
转子芯断面
rotor core sections
条形绕线
bar wound wire
磁铁
magnets
钢片
steel plate
转子毂
rotor hub
定子芯
stator core
永磁铁
permanent magnets
绕组
windings
定子
stator
转子
rotor
N
S
N
S

图2-5 永磁同步电机结构

2.3.2 永磁同步电机工作原理

如果在定子的绕组上施加一个三相电流，就会产生相应的旋转磁场。转子的磁极随着该旋转磁场的方向进行相应的转动（图2-6）。转子转动的速度与旋转磁场的转速相同，该转速也被称为同步转速，同步电机也因此得名。通过三相电流的频率和极点数量可精确地确定同步电机的转速。

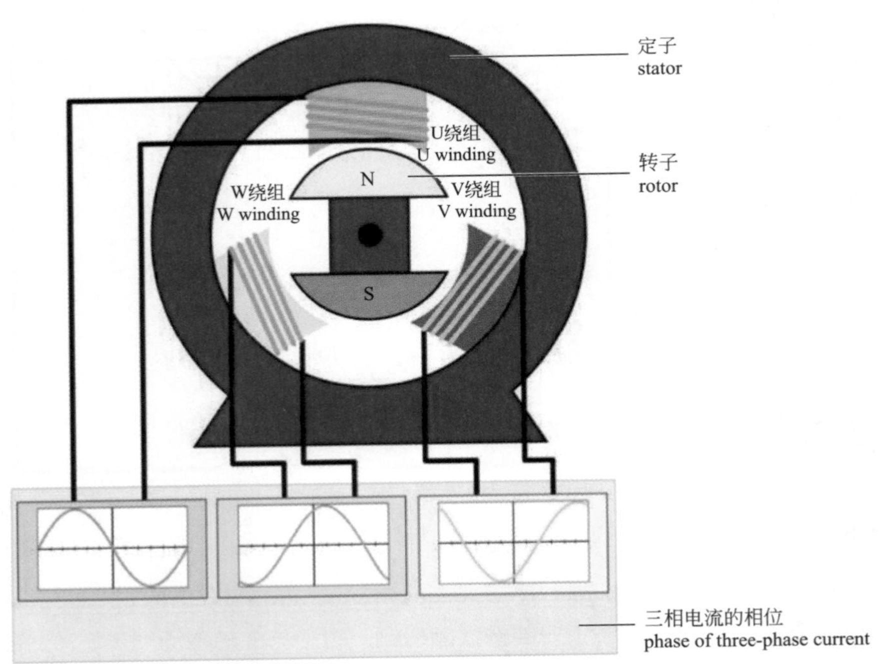
定子
stator
U绕组
U winding
转子
rotor
N
W绕组
W winding
V绕组
V winding
S
三相电流的相位
phase of three-phase current

图2-6 永磁同步电机工作原理

2.4 开关磁阻电机

2.4.1 开关磁阻电机结构

开关磁阻电机（Switched Reluctance Motor，SRM）结构如图2-7所示。定子和转子均为凸极结构，定子和转子的齿数不等，定子齿上套有线圈，两个空间位置相对的定子齿线圈相串联，形成一相绕组。转子由铁芯叠片而成，其上无绕组。

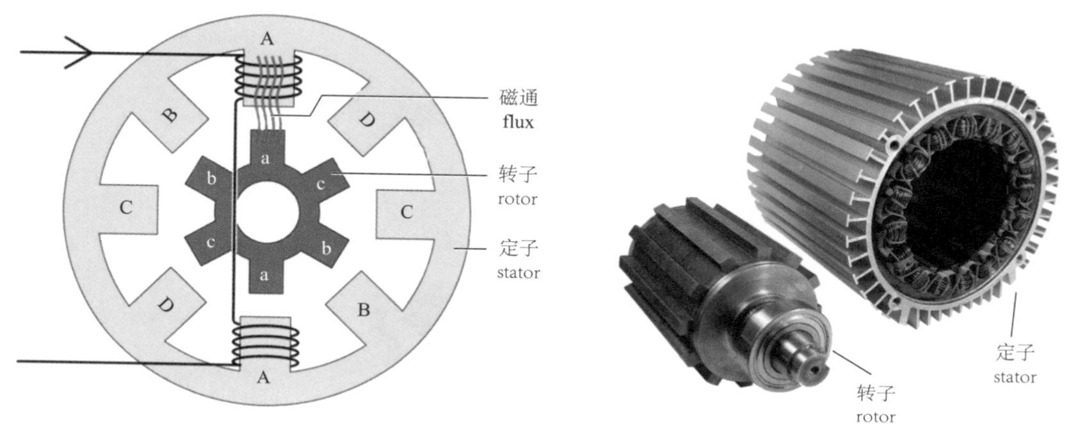
A
B
D
C
C
D
B
A
a
b
c
c
b
a
磁通
flux
转子
rotor
定子
stator
定子
stator
转子
rotor

图2-7 开关磁阻电机结构

2.4.2 开关磁阻电机工作原理

开关磁阻电机的工作原理遵循“磁阻最小原理”——磁通总是沿着磁阻最小的路径闭合，随磁场扭曲会产生磁性引力，促使电机转动。当给其中一相绕组励磁时，所产生的磁场力使离该定子极最近的一对转子极旋转到其轴线与励磁定子极轴线重合的位置上，并使该相励磁绕组的电感最大。按照定子绕组的分布，以一个方向依次给各相绕组通电，转子齿会和所通电的定子齿依次吸合而连续旋转（图2-8）。

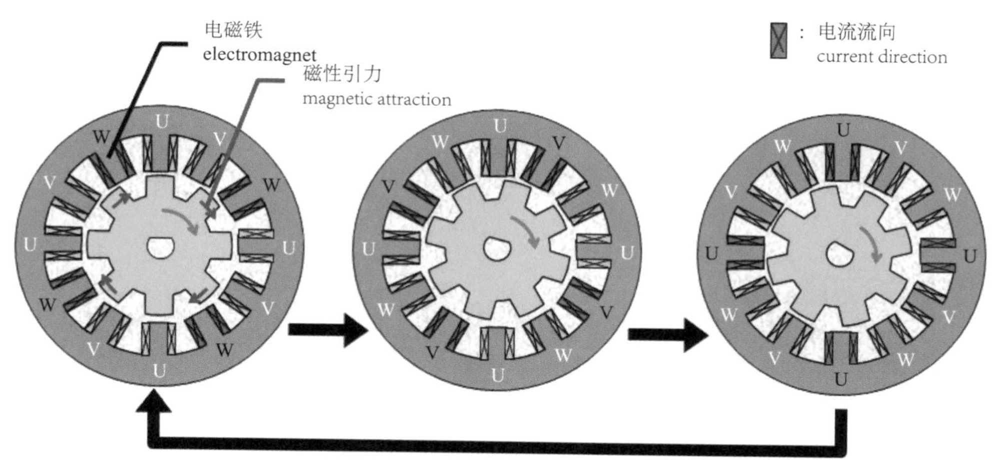
电磁铁
electromagnet
磁性引力
magnetic attraction
：电流流向
current direction
U
V
W

图2-8 开关磁阻电机工作原理

2.5 轮毂电机

轮毂电机又称车轮内装电机（In-Wheel Motor），将动力装置、传动装置和制动装置都整合到轮毂内，使电动车辆的机械部分大为简化（图2-9）。多数轮毂电机采用永磁同步电机结构，基本原理与永磁同步电机相同。

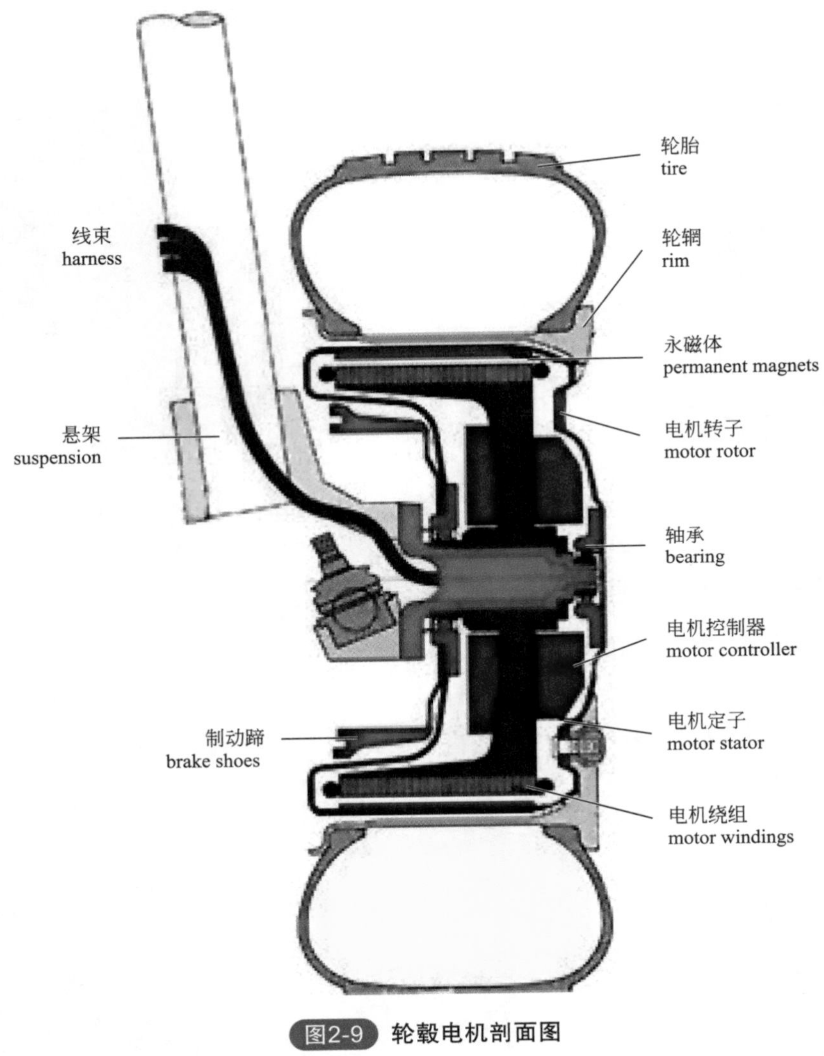
轮胎
tire
轮辋
rim
线束
harness
永磁体
permanent magnets
悬架
suspension
电机转子
motor rotor
轴承
bearing
电机控制器
motor controller
制动蹄
brake shoes
电机定子
motor stator
电机绕组
motor windings

图2-9 轮毂电机剖面图

2.6 电机冷却系统

电动汽车驱动电机与控制器的冷却系统主要有电动泵、散热器、冷却管道等。冷却液带走驱动电机、逆变器、DC/DC转换器、充电器等产生的热量，冷却水泵带动冷却液在冷却管道中循环流动，通过散热器散热（图2-10）。为使散热器热量散发更充分，通常还在散热器后方设置风扇。

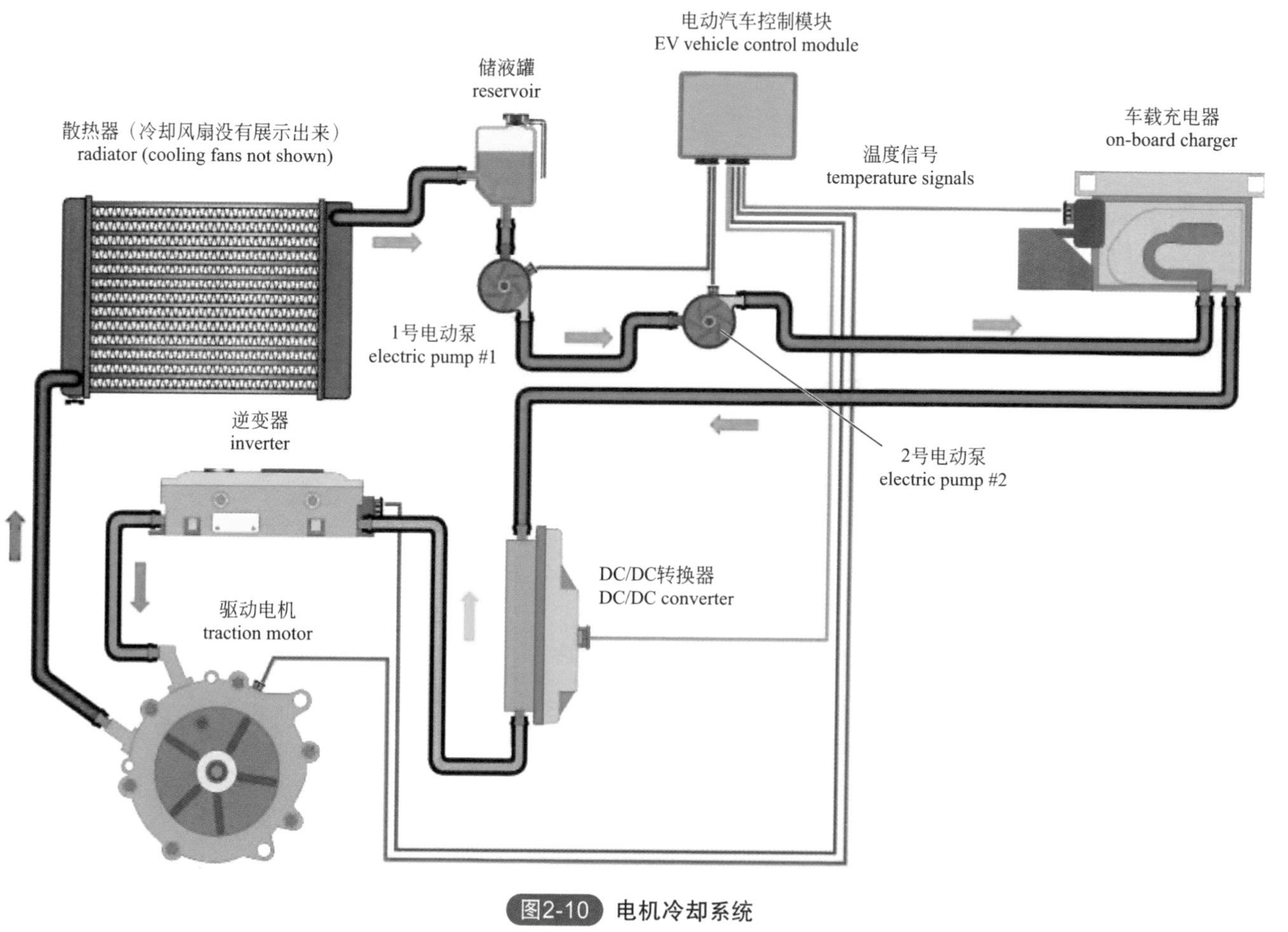
电动汽车控制模块
EV vehicle control module
储液罐
reservoir
车载充电器
on-board charger
散热器（冷却风扇没有展示出来）
radiator (cooling fans not shown)
温度信号
temperature signals
1号电动泵
electric pump #1
逆变器
inverter
2号电动泵
electric pump #2
DC/DC转换器
DC/DC converter
驱动电机
traction motor

图2-10 电机冷却系统

Chapter 3

第3章 新能源汽车电池

新能源汽车常用电池有锂离子电池、镍氢电池、超级电容器和飞轮电池等。

3.1 锂离子电池

3.1.1　锂离子电池的结构

锂离子电池由正极、负极、隔板、电解液和安全阀等组成。圆柱形锂离子电池结构如图3-1所示。

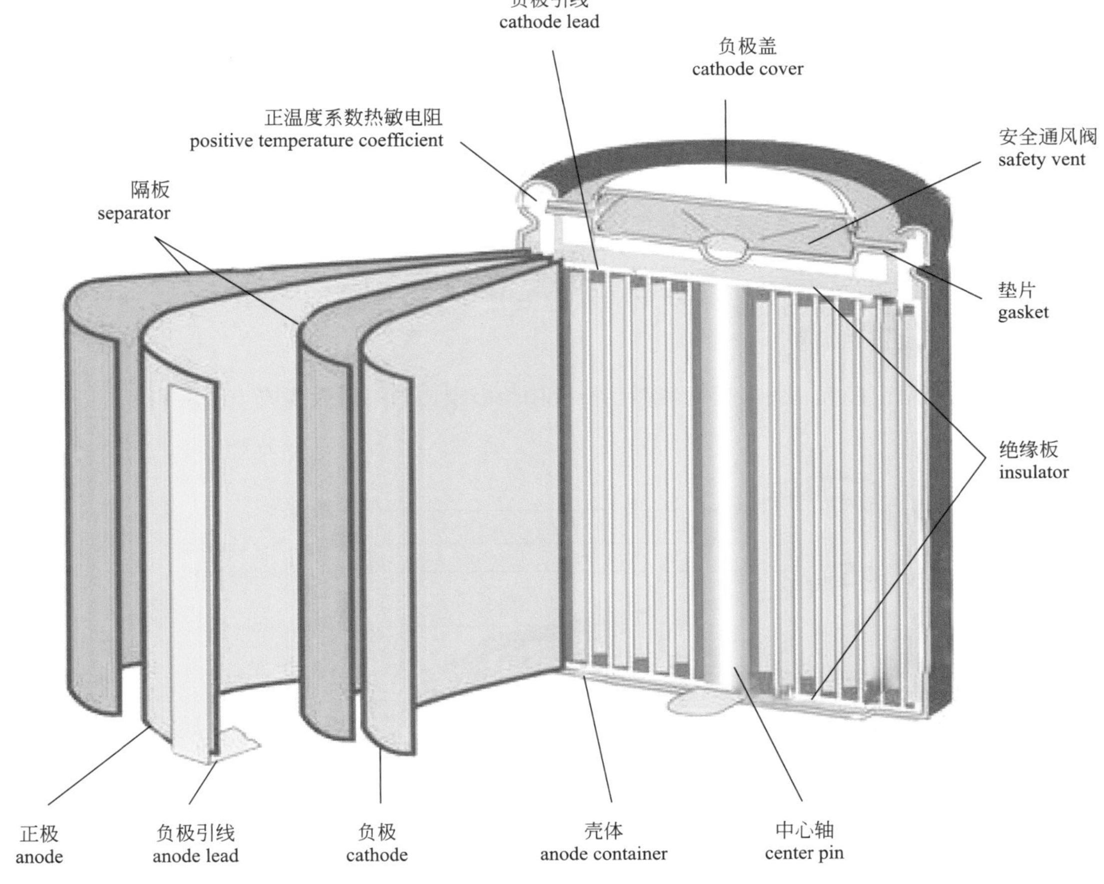
负极引线
cathode lead
负极盖
cathode cover
正温度系数热敏电阻
positive temperature coefficient
安全通风阀
safety vent
隔板
separator
垫片
gasket
绝缘板
insulator
正极
anode
负极引线
anode lead
负极
cathode
壳体
anode container
中心轴
center pin

图3-1　圆柱形锂离子电池结构示意图

3.1.2　锂离子电池的工作原理

电池充电时，锂离子从正极材料的晶格中脱出，通过电解质溶液和隔板嵌入到负极中（图3-2）。放电时，锂离子从负极中脱出，通过电解质溶液和隔板嵌入到正极材料晶格中。在整个充、放电过程中，锂离子往来于正、负极之间。

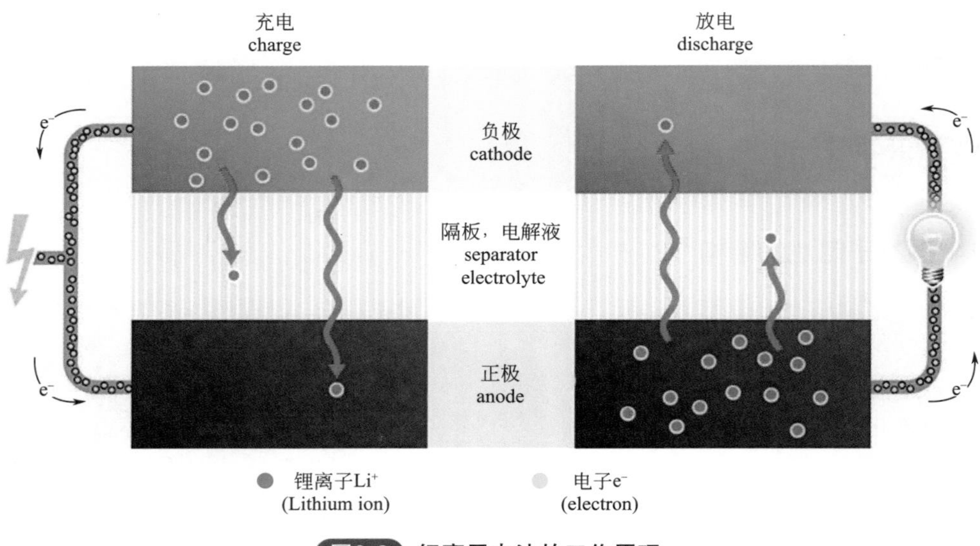
充电
charge
放电
discharge
负极
cathode
隔板，电解液
separator
electrolyte
正极
anode
e⁻
锂离子Li⁺
(Lithium ion)
电子e⁻
(electron)

图3-2 锂离子电池的工作原理

3.2 镍氢电池

3.2.1 镍氢电池的结构

单体电池都由正极板、负极板和装在正极板和负极板之间的隔板组成（图3-3）。

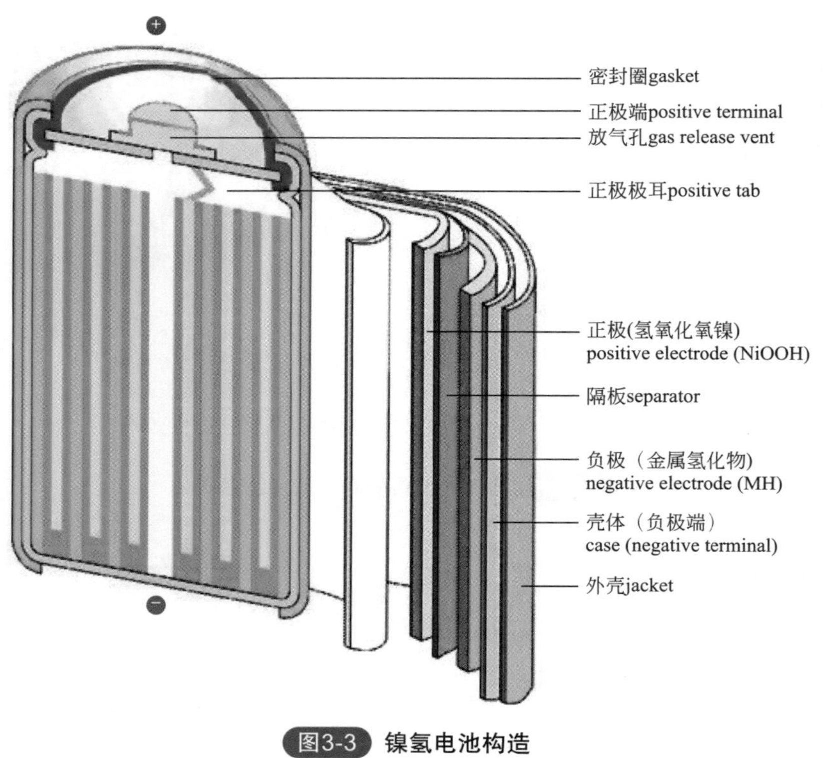
+
密封圈gasket
正极端positive terminal
放气孔gas release vent
正极极耳positive tab
正极(氢氧化氧镍)
positive electrode (NiOOH)
隔板separator
负极（金属氢化物)
negative electrode (MH)
壳体（负极端）
case (negative terminal)
外壳jacket
−

图3-3 镍氢电池构造

3.2.2　镍氢电池的工作原理

镍氢电池正极的活性物质为氢氧化氧镍（NiOOH，放电时）和氢氧化镍[$Ni(OH)_2$，充电时]，负极板的活性物质为氢（H_2，放电时）和水（H_2O，充电时），电解液为氢氧化钾溶液（图3-4）。充电时，水（H_2O）在电解质溶液中分解为氢离子（H^+）和氢氧离子（OH^-），氢离子被负极吸收，负极从金属转化为金属氢化物。正极由氢氧化镍[$Ni(OH)_2$]变成氢氧化氧镍（NiOOH）和水（H_2O）；放电时，氢离子（H^+）离开负极，氢氧离子（OH^-）离开正极，氢离子和氢氧离子在电解质中结合成水（H_2O）并释放电能。正极由氢氧化氧镍（NiOOH）变成氢氧化镍[$Ni(OH)_2$]。

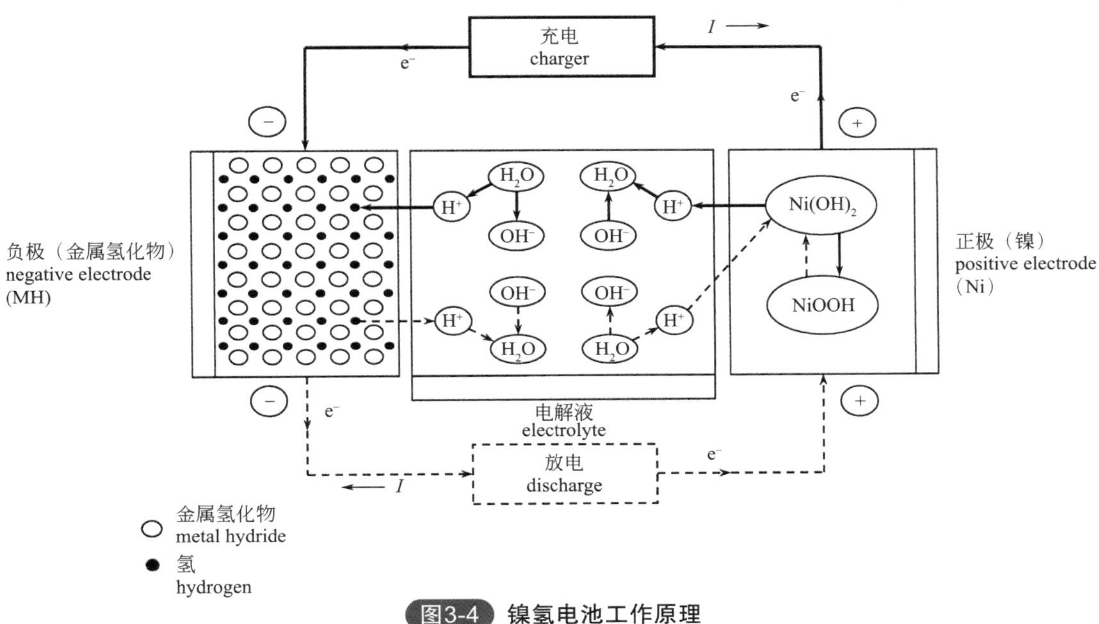

充电
charger
I
e⁻
e⁻
−
+
H₂O
H₂O
H⁺
H⁺
OH⁻
OH⁻
Ni(OH)₂
NiOOH
负极（金属氢化物）
negative electrode
(MH)
正极（镍）
positive electrode
（Ni）
OH⁻
OH⁻
H⁺
H⁺
H₂O
H₂O
−
+
e⁻
电解液
electrolyte
e⁻
放电
discharge
I
金属氢化物
metal hydride
氢
hydrogen

图3-4　镍氢电池工作原理

3.3 燃料电池

3.3.1　燃料电池结构

氢气通过燃料电池的阳极催化剂分解成电子和氢离子（质子）。其中质子通过质子交换膜到达负极和氧气反应变成水和热量。对应的电子则从正极通过外电路流向负极产生电能（图3-5）。气体扩散层为参与反应的气体和生成的水提供传输通道、支承催化剂。双极板又叫流场板，起到分隔氧化剂和还原剂的作用。

3.3.2　燃料电池工作原理

在质子交换膜燃料电池中，电解质和质子能够在薄的聚合物膜之间渗透但不导电。氢流入燃料电池到达阳极，裂解成氢离子（质子）和电子。氢离子通过电解质渗透到阴极，而电子通过外部回路流动，提供电力。以空气形式存在的氧供应到阴极，与电子和氢离子结合形成水（图3-6）。

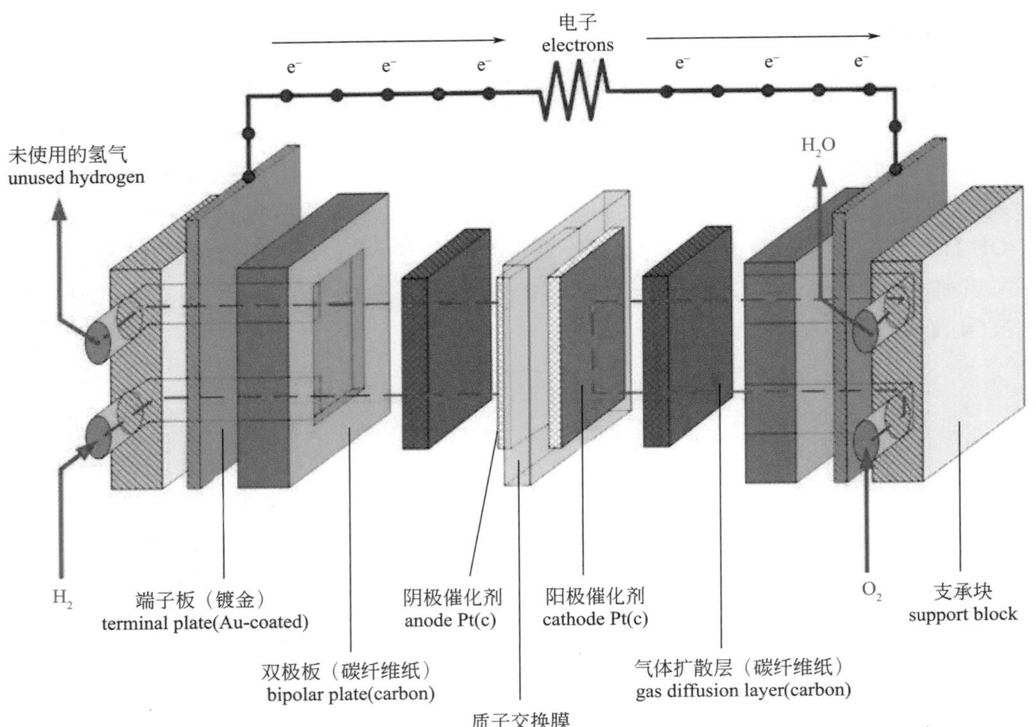
电子
electrons
e⁻
未使用的氢气
unused hydrogen
H_2O
H_2
端子板（镀金）
terminal plate(Au-coated)
双极板（碳纤维纸）
bipolar plate(carbon)
阴极催化剂
anode Pt(c)
质子交换膜
proton-exchange membrane (PEM)
阳极催化剂
cathode Pt(c)
气体扩散层（碳纤维纸）
gas diffusion layer(carbon)
O_2
支承块
support block

图3-5 燃料电池结构

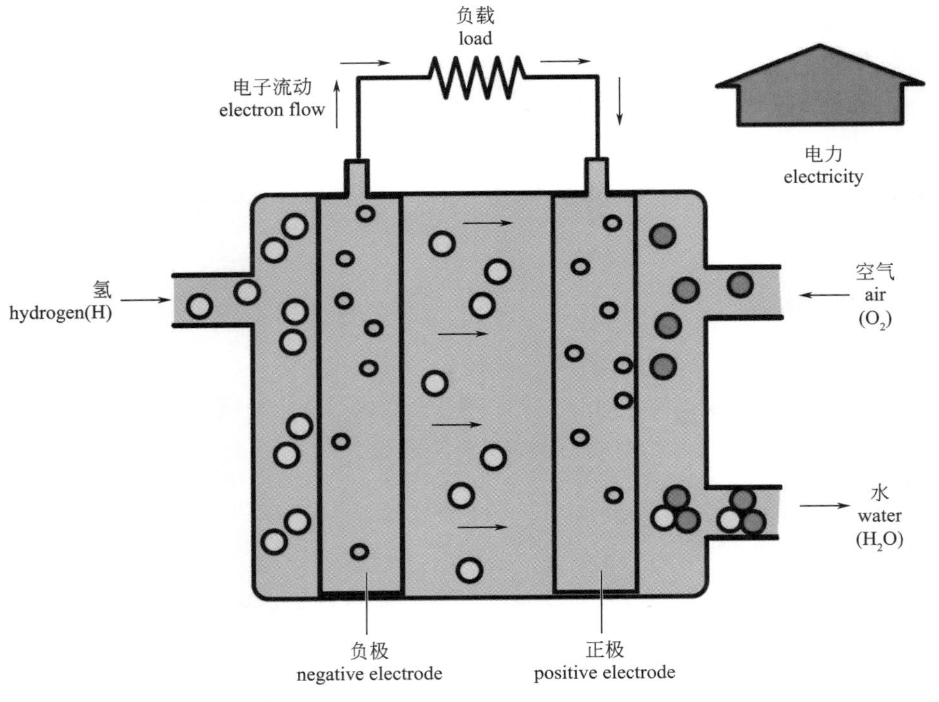
负载
load
电子流动
electron flow
电力
electricity
氢
hydrogen(H)
空气
air
(O_2)
水
water
(H_2O)
负极
negative electrode
正极
positive electrode

图3-6 燃料电池工作原理

3.4 超级电容

3.4.1　超级电容器结构

超级电容器（Supercapacitor，Ultracapacitor）是指相对传统电容器而言具有更高容量的一种电容器，通过极化电解质来储存能量。超级电容器是介于电容器和电池之间的储能器件，它既具有电容器可以快速充放电的特点，又具有电池的储能特性（图3-7）。

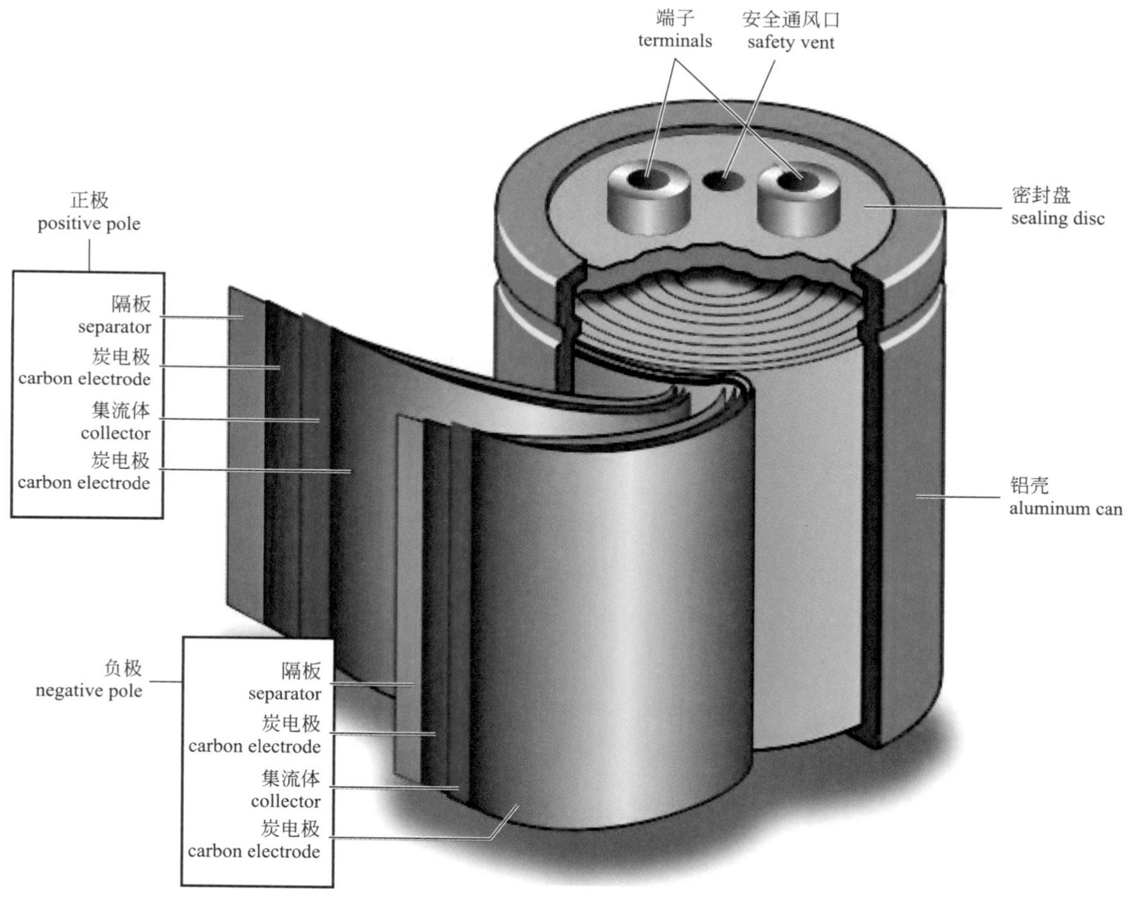
端子
terminals
安全通风口
safety vent
密封盘
sealing disc
正极
positive pole
隔板
separator
炭电极
carbon electrode
集流体
collector
炭电极
carbon electrode
铝壳
aluminum can
负极
negative pole
隔板
separator
炭电极
carbon electrode
集流体
collector
炭电极
carbon electrode

图3-7　缠绕式超级电容器构造示意图

3.4.2　超级电容器工作原理

当电压加载到两电极上时，加在正极板上的电势吸引电解质中的负离子，负极板吸引正离子，从而在两电极的表面形成了一个双电层电容器。随着超级电容的放电，正、负极板上的电荷被外电路释放，电解液界面上的电荷相应减少（图3-8）。

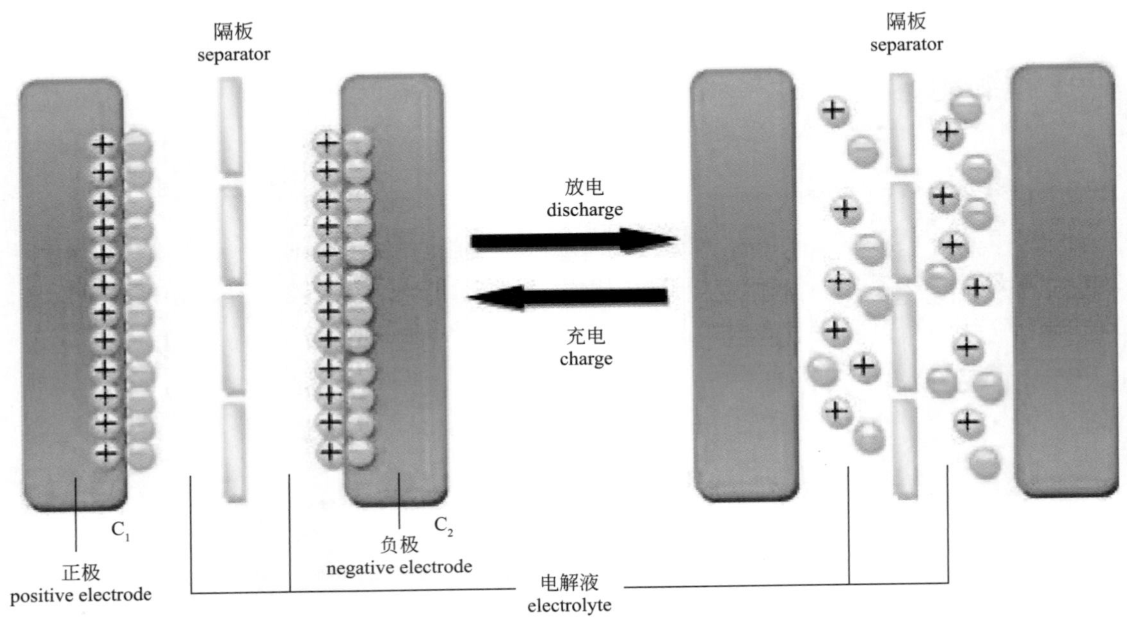
隔板
separator
隔板
separator
放电
discharge
充电
charge
C_1
C_2
负极
negative electrode
正极
positive electrode
电解液
electrolyte

图3-8 双电层超级电容工作原理

3.5 飞轮电池

3.5.1 飞轮电池结构

飞轮电池实际是一种机电能量转换和储存装置。根据飞轮能够储存和释放能量的特性研制的机械式蓄电池，就是飞轮蓄电池。在飞轮的内部镶有永久性磁铁，外壳上装有感应线圈，这样飞轮就具有电机和发电机的双重功能（图3-9）。

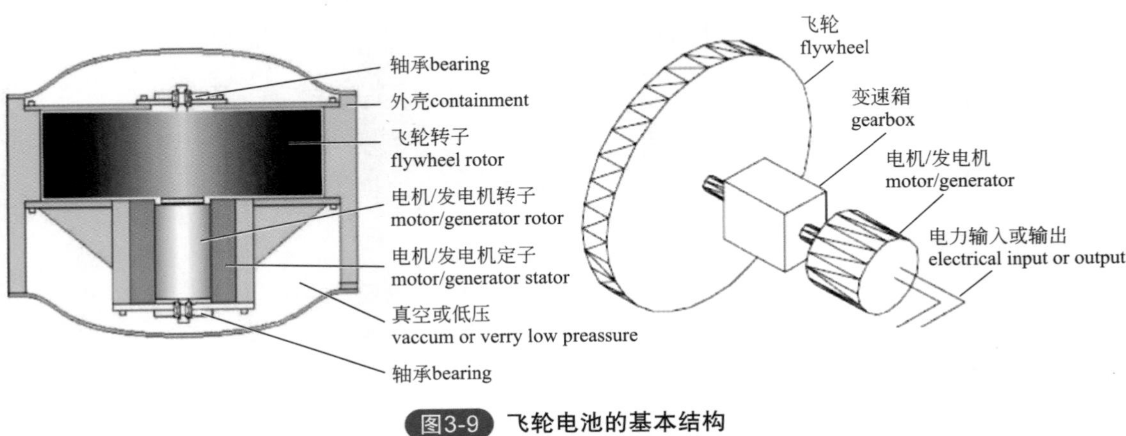
轴承bearing
外壳containment
飞轮转子
flywheel rotor
电机/发电机转子
motor/generator rotor
电机/发电机定子
motor/generator stator
真空或低压
vaccum or verry low preassure
轴承bearing
飞轮
flywheel
变速箱
gearbox
电机/发电机
motor/generator
电力输入或输出
electrical input or output

图3-9 飞轮电池的基本结构

3.5.2 飞轮电池工作原理

充电时，电机作为电机运行，电机带动飞轮加速储能，能量以机械形式储存在高速旋转的飞轮中。放电时，电机作为发电机运行，高速旋转的飞轮利用其惯性作用带动电机减速运行，电机释放的电能通过电力电子转换器转换为负载所需的频率和电压，机械能转换为电能（图3-10）。

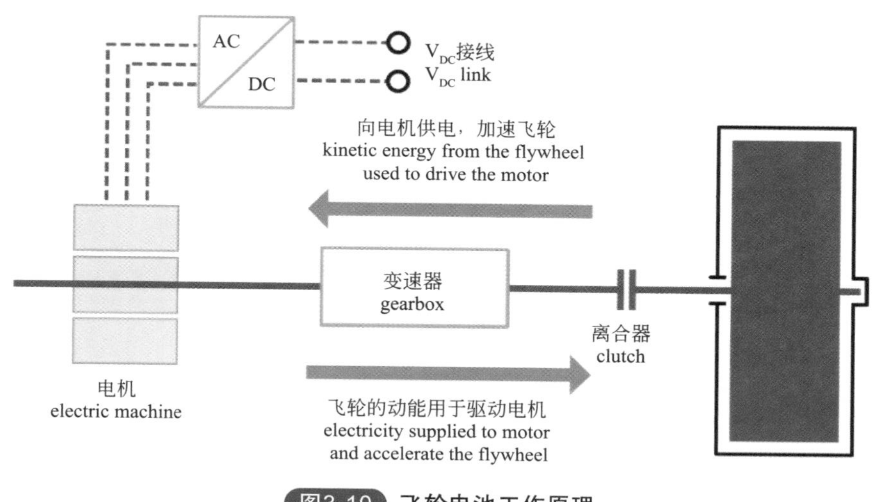
AC
DC
V_{DC}接线
V_{DC} link
向电机供电，加速飞轮
kinetic energy from the flywheel
used to drive the motor
变速器
gearbox
离合器
clutch
电机
electric machine
飞轮的动能用于驱动电机
electricity supplied to motor
and accelerate the flywheel

图3-10　飞轮电池工作原理

3.5.3　飞轮混合动力电动汽车

飞轮混合动力电动汽车包括飞轮储能系统和电机驱动系统（图3-11）。飞轮能够在汽车频繁加减速时回收能量。

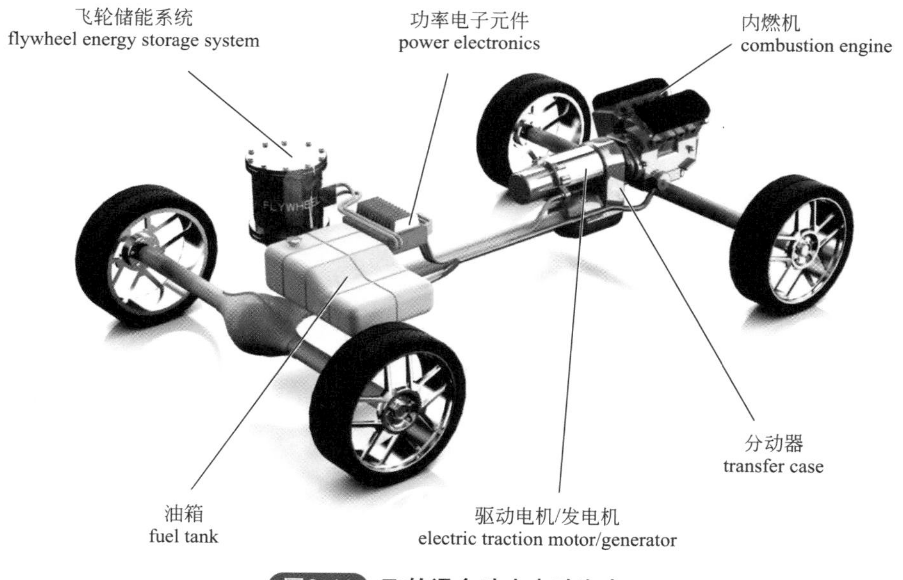
飞轮储能系统
flywheel energy storage system
功率电子元件
power electronics
内燃机
combustion engine
FLYWHEEL
分动器
transfer case
油箱
fuel tank
驱动电机/发电机
electric traction motor/generator

图3-11　飞轮混合动力电动汽车

Chapter 4

第4章 纯电动汽车

4.1 概述

4.1.1 纯电动汽车组成

纯电动汽车（Battery Electric Vehicle，BEV）是指以车载电源为动力，用电机驱动车轮行驶的车辆。纯电动汽车将存储在电池中的电能高效地转化为车轮的动能，并能够在汽车减速制动时，将车轮的动能转化为电能充入电池。典型纯电动汽车主要部件如图4-1所示。

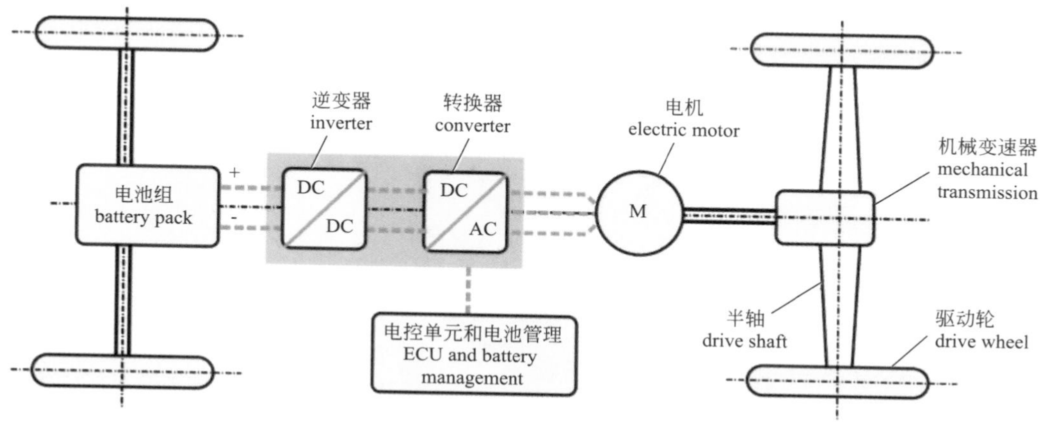
逆变器
inverter
转换器
converter
电机
electric motor
机械变速器
mechanical
transmission
电池组
battery pack
+
-
DC
DC
DC
AC
M
电控单元和电池管理
ECU and battery
management
半轴
drive shaft
驱动轮
drive wheel

图4-1 纯电动汽车主要部件

纯电动汽车除了电力驱动控制系统，其他部分的功能及其结构组成基本上与传统汽车相同（图4-2）。

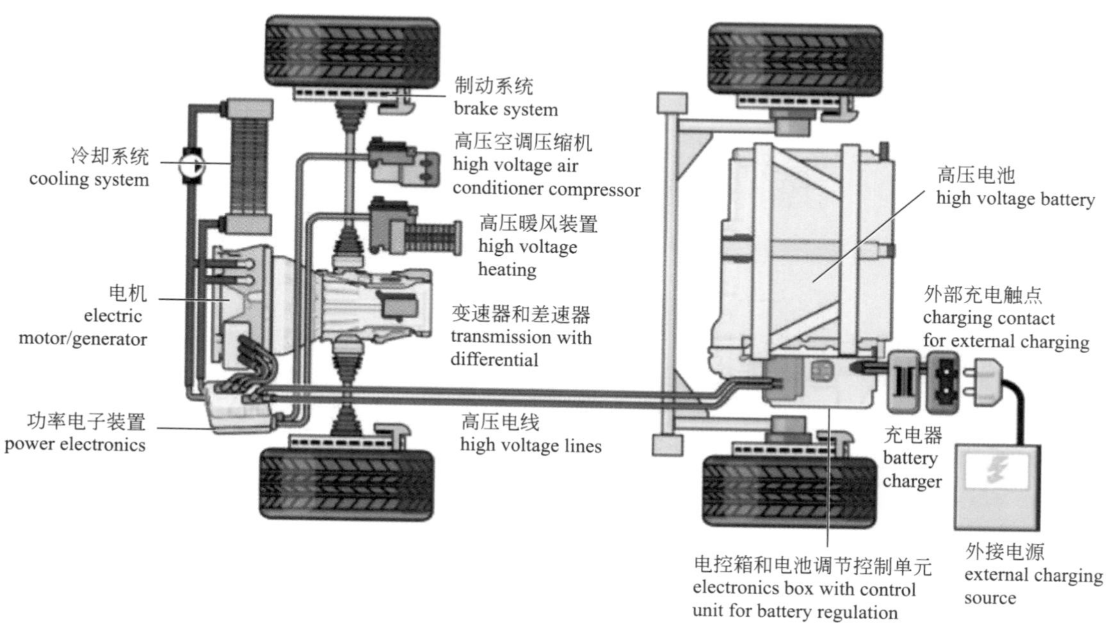
制动系统
brake system
高压空调压缩机
high voltage air
conditioner compressor
高压暖风装置
high voltage
heating
变速器和差速器
transmission with
differential
高压电线
high voltage lines
冷却系统
cooling system
电机
electric
motor/generator
功率电子装置
power electronics
高压电池
high voltage battery
外部充电触点
charging contact
for external charging
充电器
battery
charger
外接电源
external charging
source
电控箱和电池调节控制单元
electronics box with control
unit for battery regulation

图4-2 纯电动汽车的主要组件

4.1.2 纯电动汽车充电系统

纯电动汽车充电系统主要分为常规充电（俗称慢充）和快速充电（俗称快充）两种方式。

（1）慢充系统

慢充系统是使用普通的交流220V单相民用电，通过车载充电机将交流电变换为高压直流电，从而给动力电池充电。车载充电机采用高频开关电源技术，由BMS控制智能充电，无需人工看守，保护功能齐全，具有过压、欠压、过流、过热、输出短路、反接等多种保护功能，当充电系统出现异常时会及时切断供电。电动汽车慢充电插孔端子如图4-3所示。

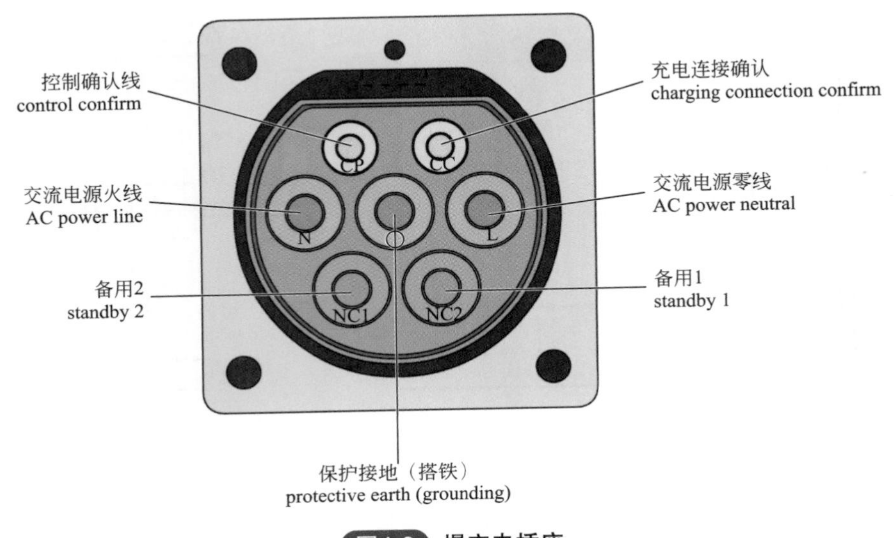
控制确认线
control confirm
充电连接确认
charging connection confirm
CP
CC
交流电源火线
AC power line
交流电源零线
AC power neutral
N
L
备用2
standby 2
备用1
standby 1
NC1
NC2
保护接地（搭铁）
protective earth (grounding)

图4-3 慢充电插座

车载充电机内部可分主电路、控制电路、线束及标准件三部分。主电路前端将交流电转换为恒定电压的直流电，主电路后端为DC/DC转换器，将前端输出的直流高压电变换为合适的电压及电流供给动力电池（图4-4）。

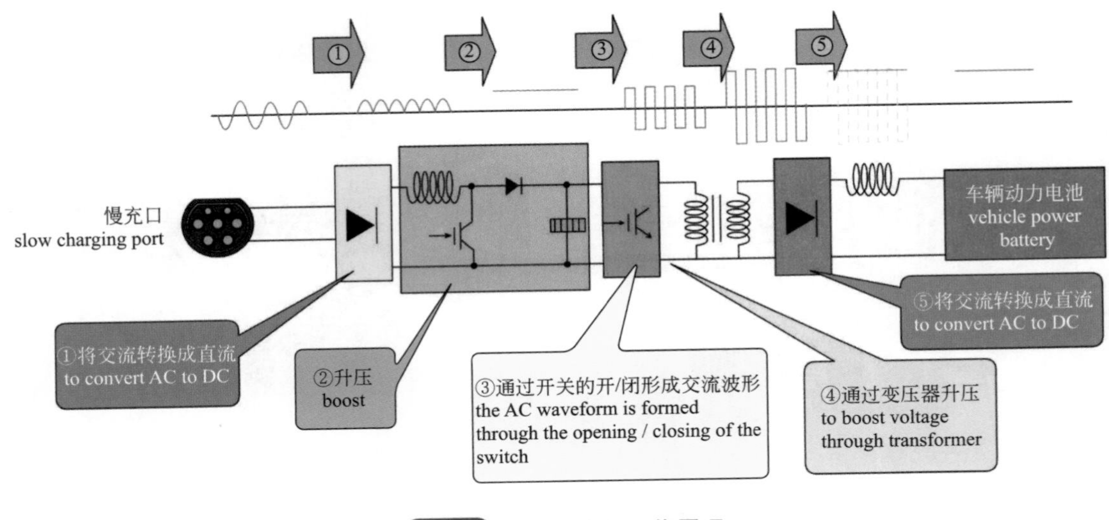
①
②
③
④
⑤
慢充口
slow charging port
车辆动力电池
vehicle power
battery
①将交流转换成直流
to convert AC to DC
②升压
boost
③通过开关的开/闭形成交流波形
the AC waveform is formed
through the opening / closing of the
switch
④通过变压器升压
to boost voltage
through transformer
⑤将交流转换成直流
to convert AC to DC

图4-4 车载充电机工作原理

（2）快充系统

快充系统使用工业380V三相电，通过功率变换后，将直流高压大电流通过高压动力电缆直接向动力电池进行充电，在快充过程中电流显示值通常在13.2 ~ 46.2A之间。快充系统主要部件包括快充桩、快充电插孔、车内高压线束、高压配电盒以及动力电池等。快充桩安装在固定的充电场所，与380V交流电源连接。电流经过PFC功率因数模块、DC/AC逆变模块、高频变压器、AC/DC整流器后，与电动汽车快充电插孔相连接（图4-5）。

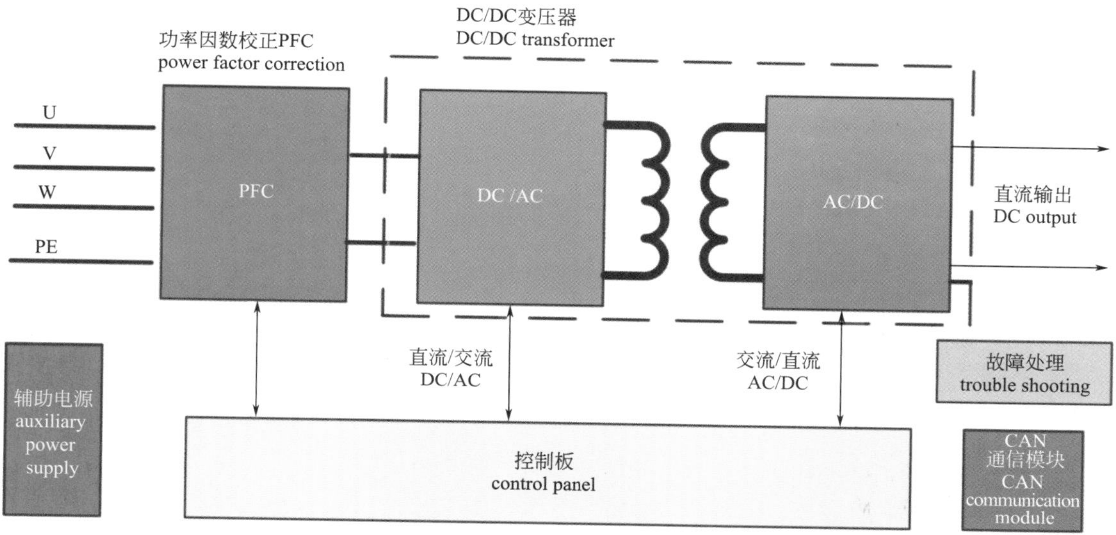
DC/DC变压器
DC/DC transformer
功率因数校正PFC
power factor correction
U
V
W
PE
PFC
DC /AC
AC/DC
直流输出
DC output
辅助电源
auxiliary
power
supply
直流/交流
DC/AC
交流/直流
AC/DC
故障处理
trouble shooting
控制板
control panel
CAN
通信模块
CAN
communication
module

图4-5　快充桩工作原理

电动汽车快充电插孔端子如图4-6所示。

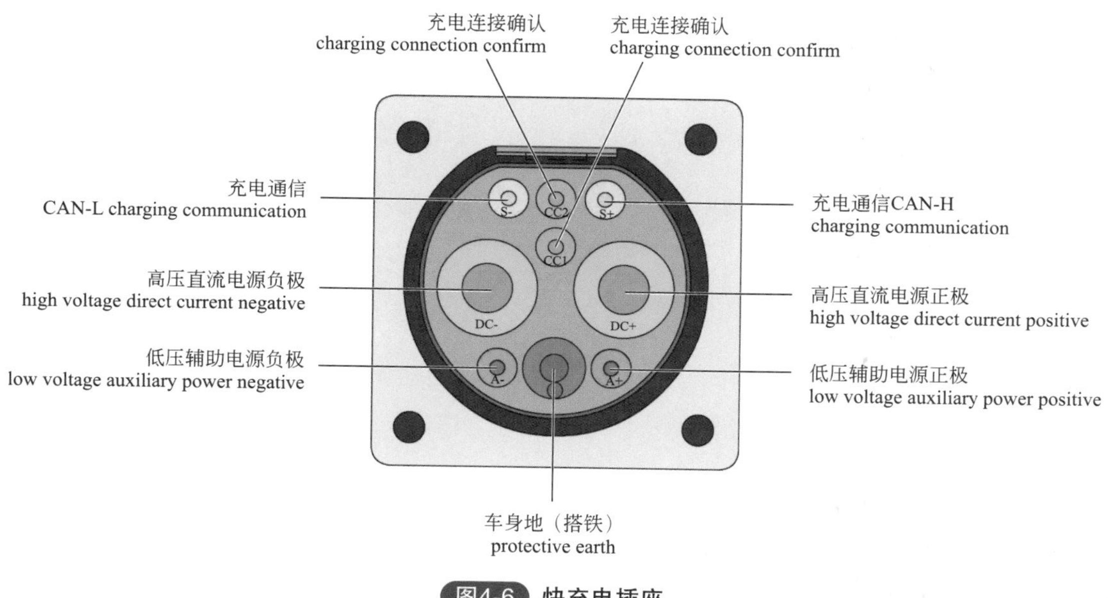
充电连接确认
charging connection confirm
充电连接确认
charging connection confirm
充电通信
CAN-L charging communication
充电通信CAN-H
charging communication
高压直流电源负极
high voltage direct current negative
高压直流电源正极
high voltage direct current positive
低压辅助电源负极
low voltage auxiliary power negative
低压辅助电源正极
low voltage auxiliary power positive
S-
CC2
S+
CC1
DC-
DC+
A-
A+
车身地（搭铁）
protective earth

图4-6　快充电插座

4.2 特斯拉纯电动汽车

特斯拉（Tesla）2008年发布第一款两门运动型跑车Roadster之后，陆续发布了Model S、Model X、Model Y和Model 3等多款车型。下面介绍特斯拉Model S和Model 3纯电动汽车。Model S是特斯拉旗舰款高级电动轿车，拥有更长的续航里程、更好的加速性能以及更多的显示屏和更多的个性化配置。Model 3是一款面向大众、拥有门槛更低的纯电动车。

4.2.1 特斯拉纯电动汽车Model S

（1）特斯拉Model S传动系

特斯拉Model S传动系组成如图4-7所示。

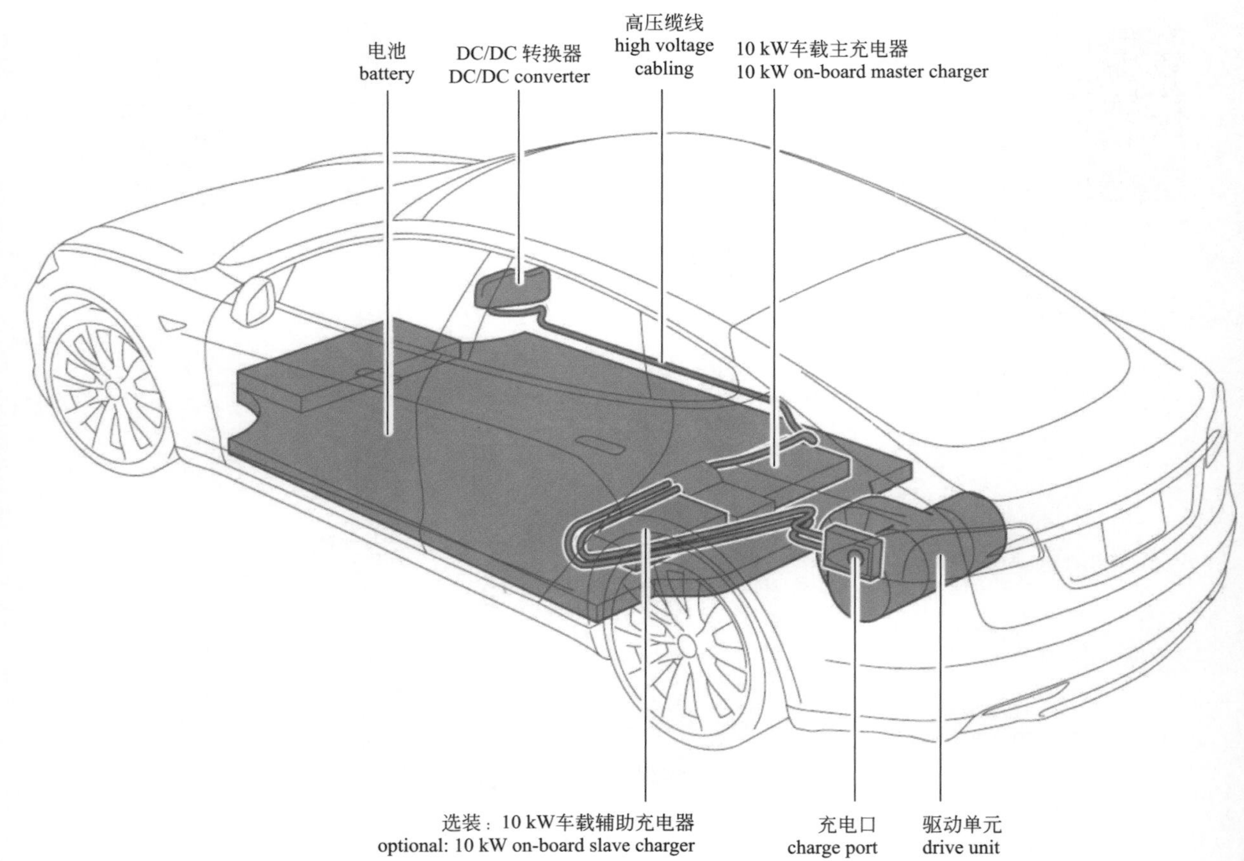
电池
battery
DC/DC 转换器
DC/DC converter
高压缆线
high voltage
cabling
10 kW车载主充电器
10 kW on-board master charger
选装：10 kW车载辅助充电器
optional: 10 kW on-board slave charger
充电口
charge port
驱动单元
drive unit

图4-7 特斯拉Model S传动系

（2）特斯拉Model S高压系统

特斯拉Model S高压系统部件如图4-8所示。

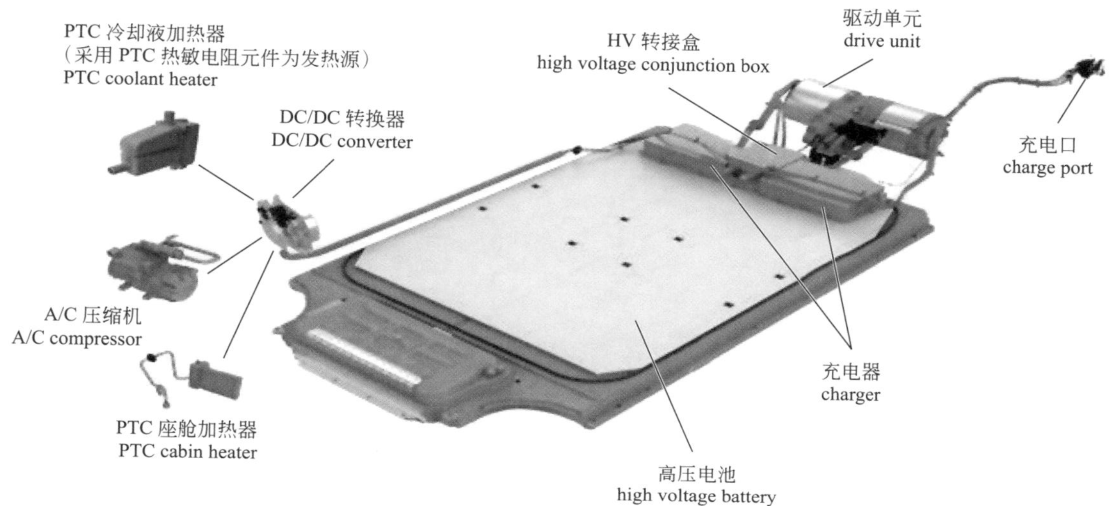
PTC冷却液加热器
（采用PTC热敏电阻元件为发热源）
PTC coolant heater
DC/DC转换器
DC/DC converter
HV转接盒
high voltage conjunction box
驱动单元
drive unit
充电口
charge port
A/C压缩机
A/C compressor
PTC座舱加热器
PTC cabin heater
充电器
charger
高压电池
high voltage battery

图4-8　特斯拉Model S高压系统

（3）特斯拉Model S驱动总成

特斯拉Model S驱动总成由3部分组成，分别为三相交流感应电机、单级变速器、逆变器。这3个部分集成一体（图4-9）。

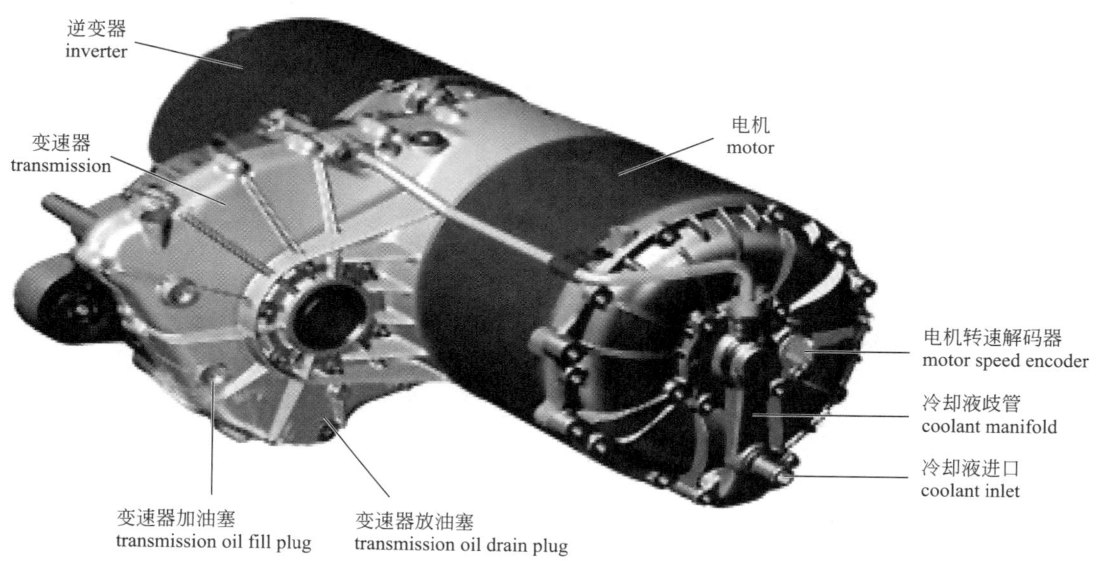
逆变器
inverter
变速器
transmission
电机
motor
电机转速解码器
motor speed encoder
冷却液歧管
coolant manifold
冷却液进口
coolant inlet
变速器加油塞
transmission oil fill plug
变速器放油塞
transmission oil drain plug

图4-9　特斯拉Model S驱动总成

（4）特斯拉Model S电机冷却系统

特斯拉Model S电机采用液冷方式，定子周围布置冷却水套（图4-10）。

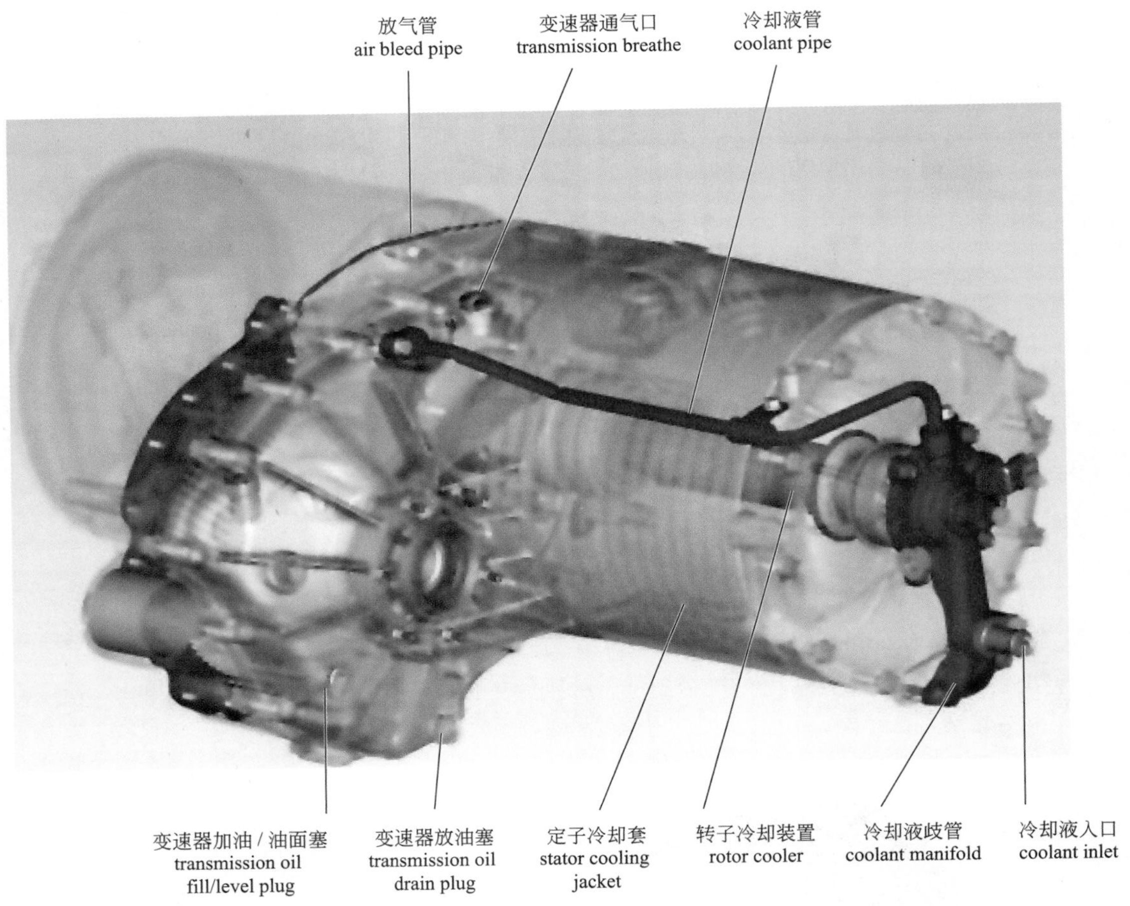
放气管
air bleed pipe
变速器通气口
transmission breathe
冷却液管
coolant pipe
变速器加油/油面塞
transmission oil
fill/level plug
变速器放油塞
transmission oil
drain plug
定子冷却套
stator cooling
jacket
转子冷却装置
rotor cooler
冷却液歧管
coolant manifold
冷却液入口
coolant inlet

图4-10 特斯拉Model S电机冷却系统

4.2.2 特斯拉纯电动汽车Model 3

特斯拉Model 3传动系组成如图4-11所示。高压电池安装于车身底部，负责能量的输出和储存。驱动总成包括三相交流感应电机、单级变速器、逆变器。

（1）特斯拉Model 3驱动总成

Model 3同样采用三合一电驱动系统，电机+逆变器+变速箱（Motor+Inverter+Gearbox）。其中电机作为整车的动力来源，为车辆的行驶提供动力；变速箱将电机的旋转传输到驱动轴；逆变器将直流电转换成交流电（图4-12）。

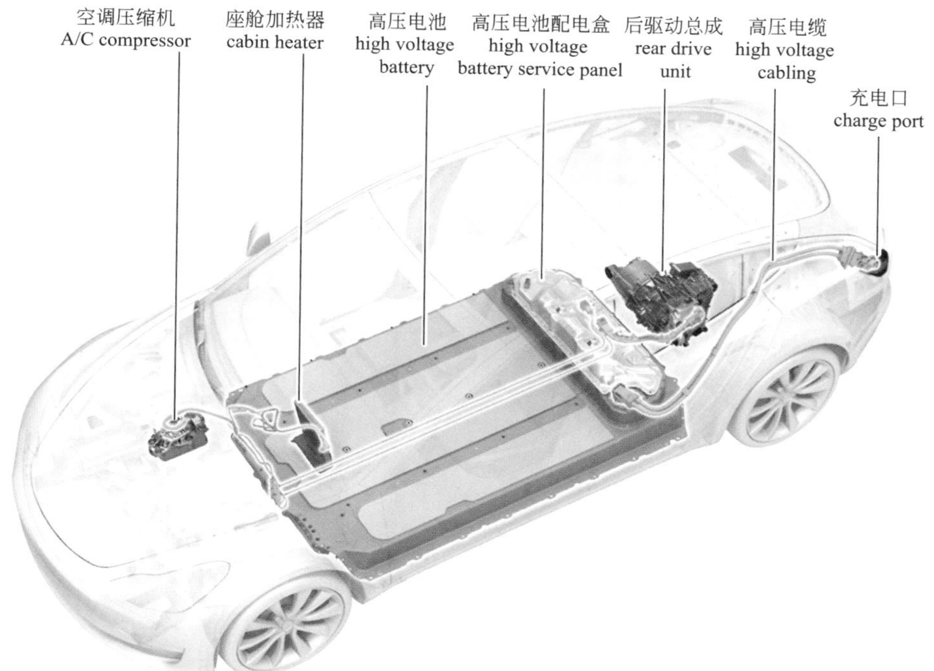
空调压缩机
A/C compressor
座舱加热器
cabin heater
高压电池
high voltage
battery
高压电池配电盒
high voltage
battery service panel
后驱动总成
rear drive
unit
高压电缆
high voltage
cabling
充电口
charge port

图4-11 特斯拉Model 3传动系

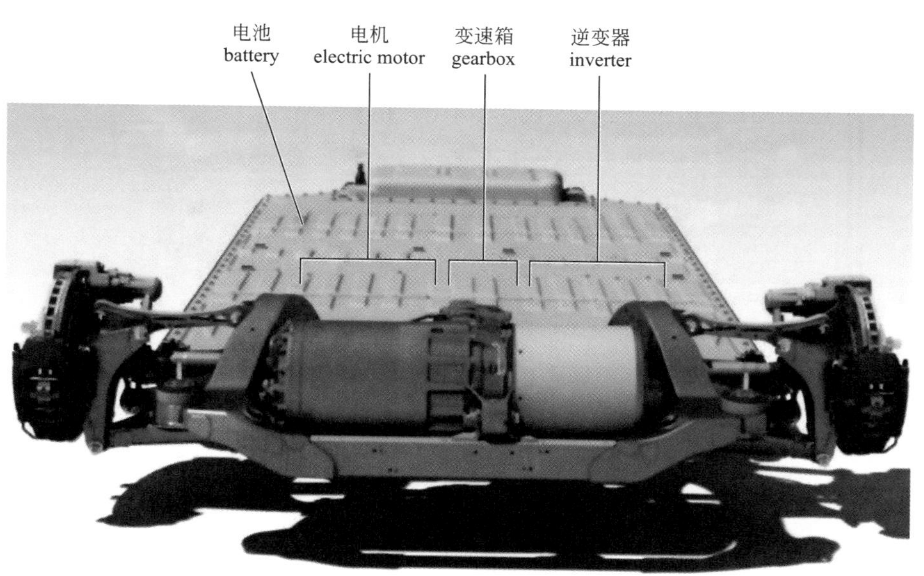
电池
battery
电机
electric motor
变速箱
gearbox
逆变器
inverter

图4-12 特斯拉Model 3驱动总成

❶ 电机。特斯拉的Roadster、Model S、Model X都采用感应电机，但Model 3首次采用嵌入式永磁同步电机（图4-13）。永磁同步电机在体积上更有优势，低中速领域效率更高，而感应电机则侧重于高速运转时的效率和大转矩。Model 3定位为量产型乘用车，更侧重于低中速效率，故采用嵌入式永磁同步电机。

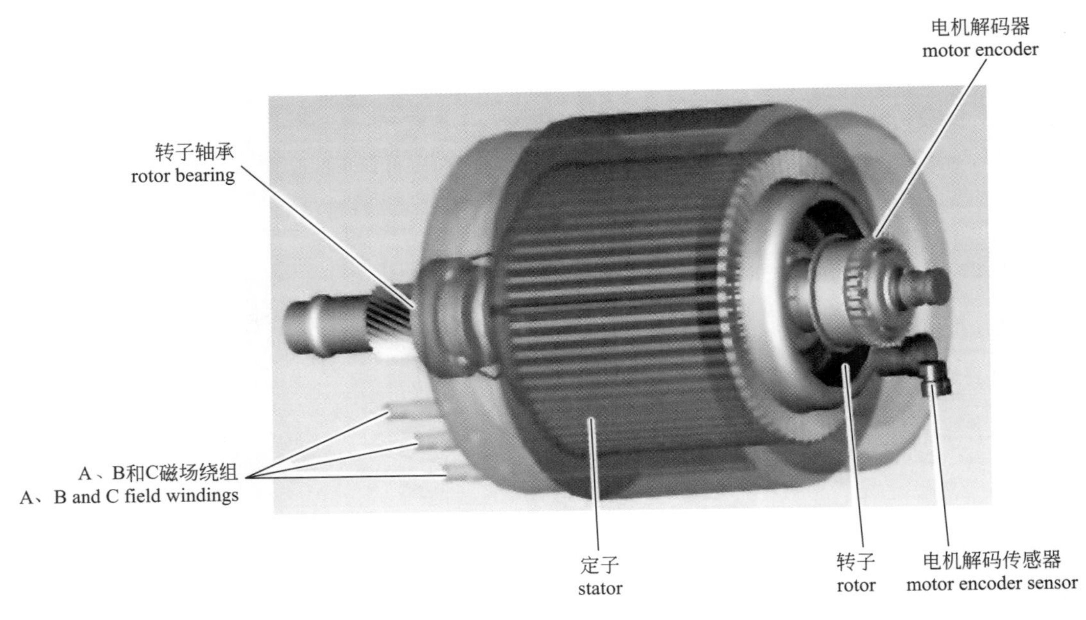
电机解码器
motor encoder
转子轴承
rotor bearing
A、B和C磁场绕组
A、B and C field windings
定子
stator
转子
rotor
电机解码传感器
motor encoder sensor

图4-13 特斯拉Model3电机

❷ 单级变速器。特斯拉Model 3的电机转速范围很宽，故采用单级变速器，将电机的转速降低、转矩增大（图4-14）。

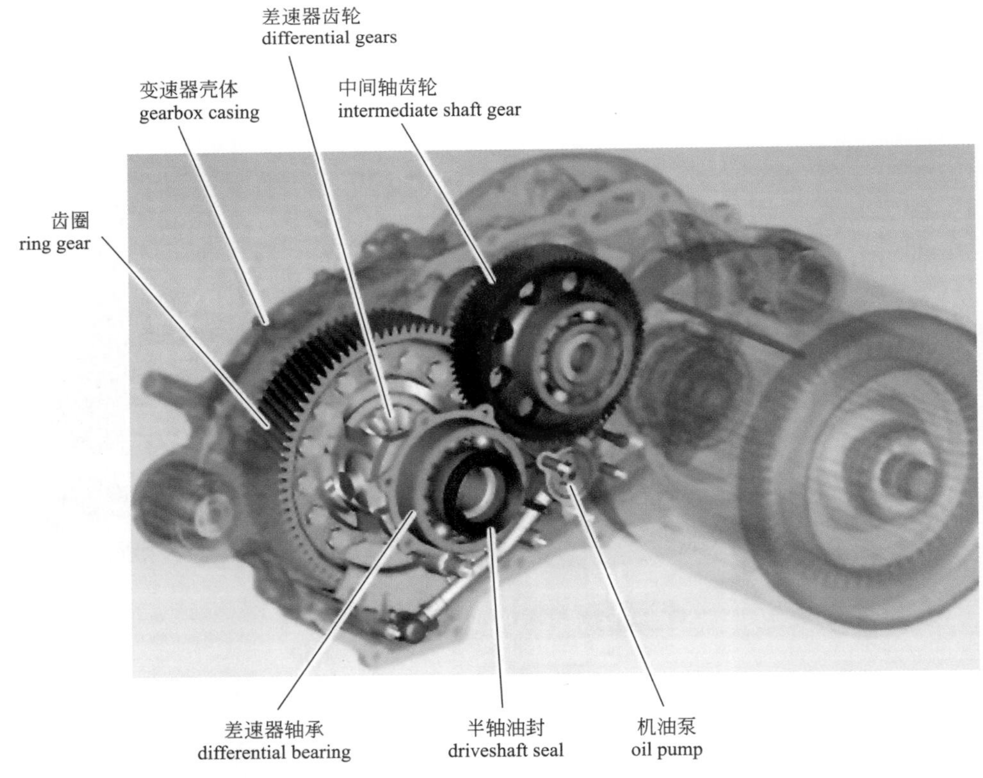
差速器齿轮
differential gears
变速器壳体
gearbox casing
中间轴齿轮
intermediate shaft gear
齿圈
ring gear
差速器轴承
differential bearing
半轴油封
driveshaft seal
机油泵
oil pump

图4-14 特斯拉Model 3单级变速器

❸ 逆变器。逆变器的作用是将电池的直流电转换为三相交流电，实现电机的驱动和制动能量回收控制。Model 3逆变器通过采用SiC（碳化硅）的新电源模块实现小型化（图4-15）。

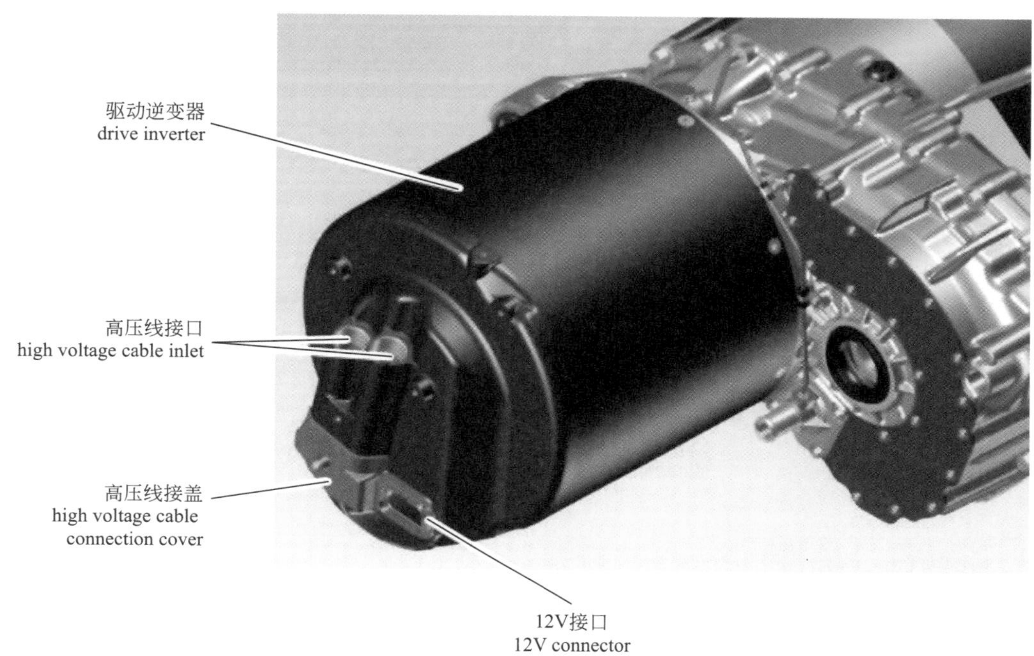
驱动逆变器
drive inverter
高压线接口
high voltage cable inlet
高压线接盖
high voltage cable
connection cover
12V接口
12V connector

图4-15 特斯拉Model 3逆变器

（2）特斯拉Model 3高压电池

Model 3电池电压为350V，容量为230Ah，由四个模组构成（图4-16）。其中两个模组各由25个电池模块构成，另外两个模组各由23个电池模块构成。每个电池模块又由46个电芯组成，整个电池共有4416个电芯。

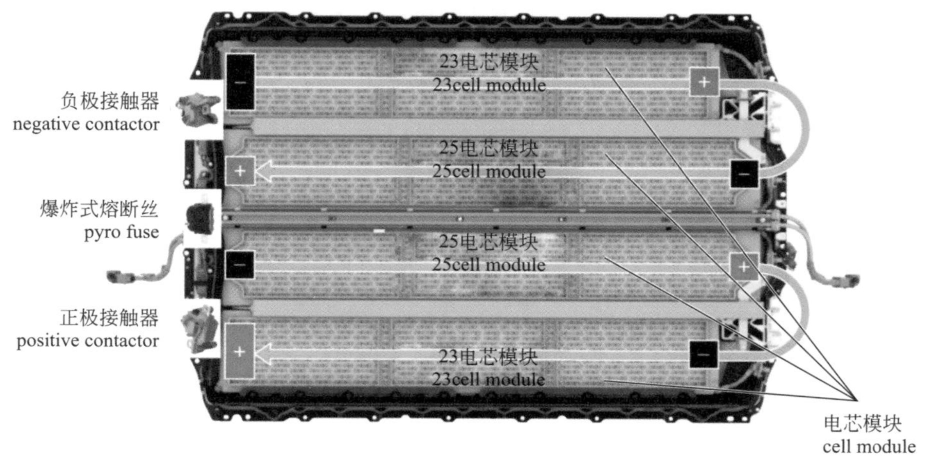
负极接触器
negative contactor
爆炸式熔断丝
pyro fuse
正极接触器
positive contactor
23电芯模块
23cell module
25电芯模块
25cell module
25电芯模块
25cell module
23电芯模块
23cell module
电芯模块
cell module

图4-16 特斯拉Model3电池组排列

❶ 电池冷却。冷却液沿着电池的4个模块组均匀分布，每个模块组有7个平行通道（1个通道又由28个微通道组成），从而确保电池均匀冷却（图4-17）。

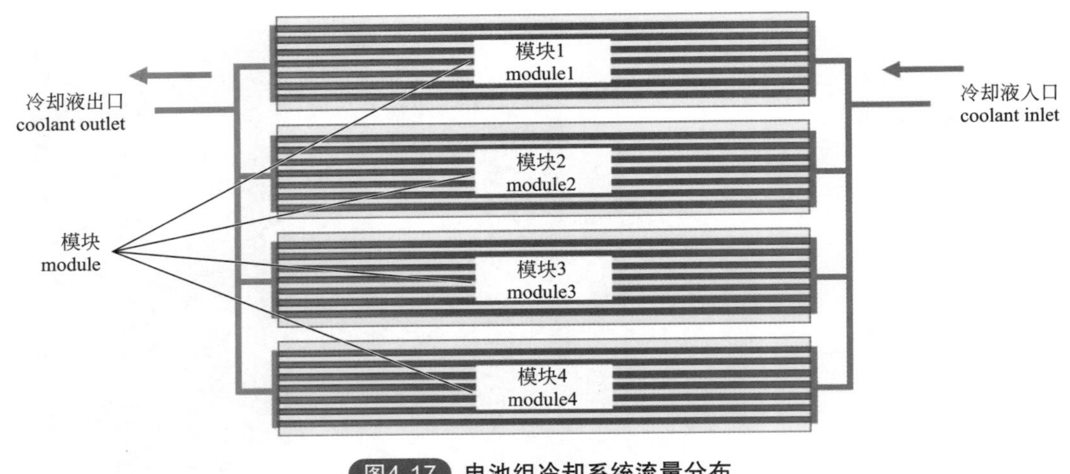
冷却液出口
coolant outlet
冷却液入口
coolant inlet
模块
module
模块1
module1
模块2
module2
模块3
module3
模块4
module4

图4-17 电池组冷却系统流量分布

❷ 高压电池配电盒。特斯拉Model 3电池配电盒内集成了电池管理系统（BMS）、充电系统、控制器、保险丝和DC/DC转换器等高压部件（图4-18）。

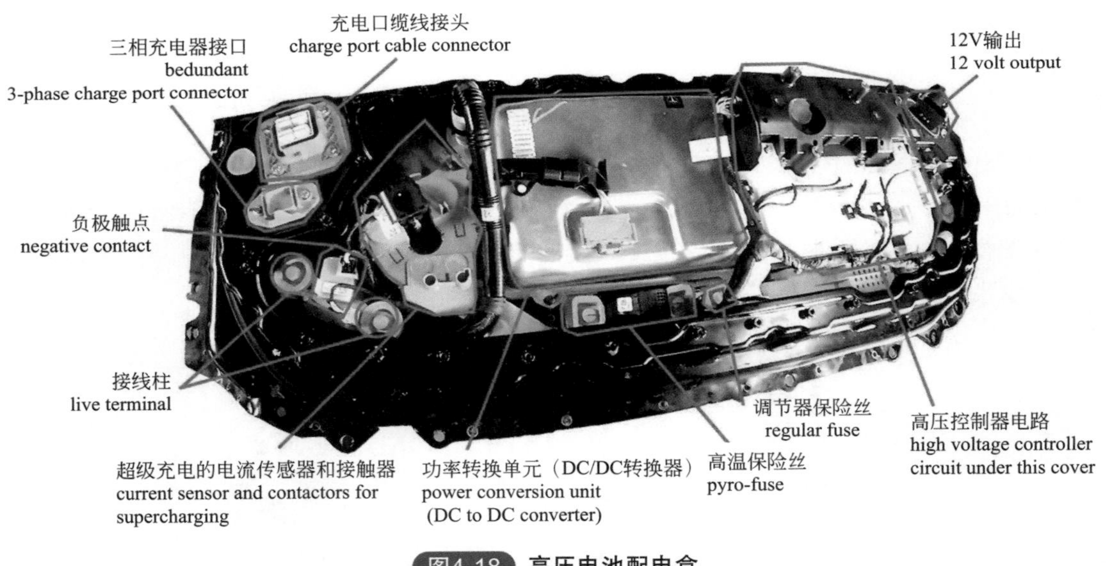
三相充电器接口
bedundant
3-phase charge port connector
充电口缆线接头
charge port cable connector
12V输出
12 volt output
负极触点
negative contact
接线柱
live terminal
超级充电的电流传感器和接触器
current sensor and contactors for
supercharging
功率转换单元（DC/DC转换器）
power conversion unit
(DC to DC converter)
调节器保险丝
regular fuse
高温保险丝
pyro-fuse
高压控制器电路
high voltage controller
circuit under this cover

图4-18 高压电池配电盒

4.3 大众ID.4纯电动SUV

4.3.1 ID.4简介

ID代表着智能设计、身份认同和前瞻科技。ID.4是基于模块化电驱动（Modular Electrification Toolkit，MEB）平台的量产车型（图4-19）。MEB可以根据不同的车型，实现330km到600km

不同范围的纯电续航里程，兼容从7模块到12模块不同容量的电池兼容设计。大众ID.4在中国正式发布，与传统车型的分配一致，一汽大众拿到了全球版本的ID.4 Crozz，而上汽大众则在此基础上进行了修改，推出了ID.4 X。

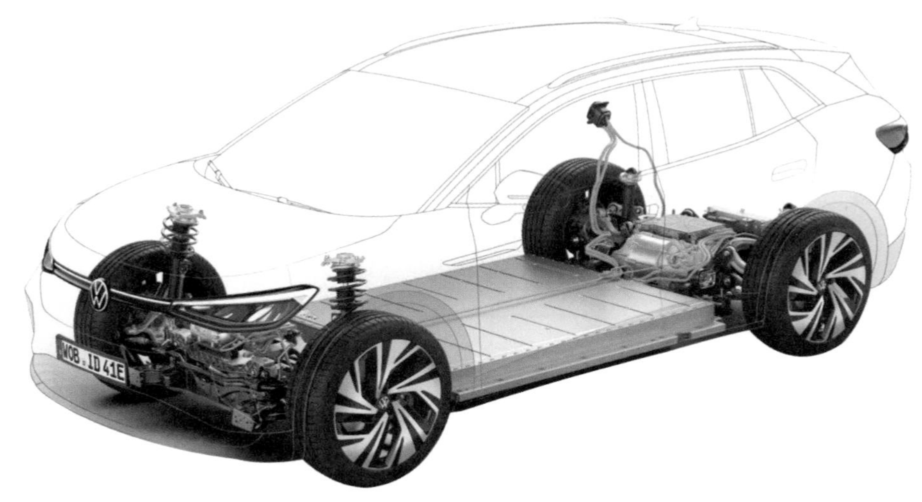

图4-19 大众ID.4纯电动SUV

4.3.2 ID.4动力系统

大众ID.4纯电动力总成包括位于前桥的DC/DC转换器、空调压缩机、PTC加热器（电池加热器）和高压加热器（暖风加热器），位于车身底部的高压电池及位于后桥的充电插口、车载充电单元、功率和控制电子装置、驱动电机等（图4-20）。

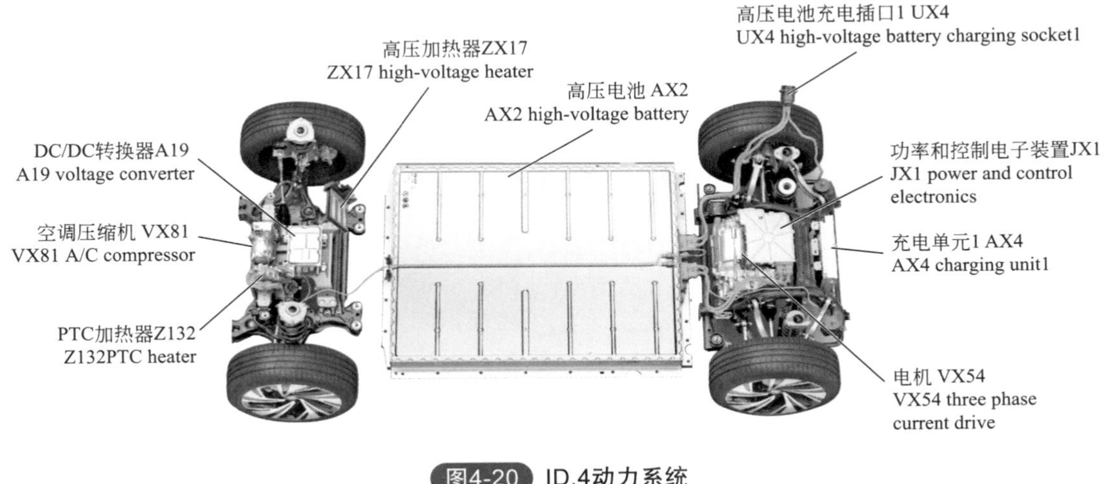
高压电池充电插口1 UX4
UX4 high-voltage battery charging socket1
高压加热器ZX17
ZX17 high-voltage heater
高压电池 AX2
AX2 high-voltage battery
DC/DC转换器A19
A19 voltage converter
功率和控制电子装置JX1
JX1 power and control electronics
空调压缩机 VX81
VX81 A/C compressor
充电单元1 AX4
AX4 charging unit1
PTC加热器Z132
Z132PTC heater
电机 VX54
VX54 three phase current drive

图4-20 ID.4动力系统

4.3.3 ID.4高压线路

ID.4的高压部件之间的电气连接方式如图4-21所示，由于EMC滤波器（电磁兼容性滤波器）的使用，电气连接没有采用屏蔽电缆。另外高压单元之间的连接没有采用配电板。车辆后部的接线接点将高压电池充电器1 AX4与高压电池1 AX2以及车辆前方的高压元件连接起来。车辆前部的接线接头将PTC加热器3 Z132、空调压缩机VX81、DC/DC转换器A19和高压加热器ZX17连接到车辆后部的部件。

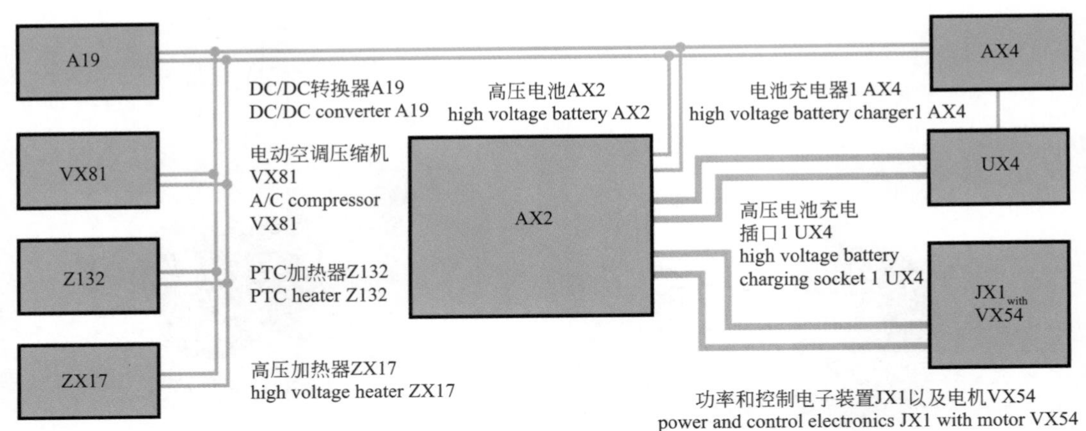
A19
VX81
Z132
ZX17
DC/DC转换器A19
DC/DC converter A19
高压电池AX2
high voltage battery AX2
电池充电器1 AX4
high voltage battery charger1 AX4
AX4
UX4
AX2
电动空调压缩机
VX81
A/C compressor
VX81
高压电池充电
插口1 UX4
high voltage battery
charging socket 1 UX4
PTC加热器Z132
PTC heater Z132
JX1 with VX54
高压加热器ZX17
high voltage heater ZX17
功率和控制电子装置JX1以及电机VX54
power and control electronics JX1 with motor VX54

图4-21 高压线路

4.3.4 ID.4驱动电机

驱动电机VX54位于汽车的后部，为三相永磁同步电机。电机主要参数为：最大输出转矩310Nm、最大输出功率150kW、最大转速16000r/min、最大电流450A、电压范围150 ~ 475V；单速变速器减速比12.976 ： 1（图4-22）。

图4-22 电机位置

驱动电机总成包括定子、转子、带温度传感器的旋转变压器（即转速传感器）、电机控制器、单速变速器、差速器、壳体（电机壳体、电机后端盖、变速器前壳、变速器后壳）等主要部件。定子和转子安装在一个铸造外壳内，定子靠液体冷却。两个深沟球轴承安装在转子轴两端。在电机轴后端安装有旋转变压器转子，低压接线端子包括绕组温度的传感器和旋转变压器信号，通过电机盖板封闭。变速器减速增扭，变速器的前壳体与电机前端盖集成化设计，降低重量和尺寸（图4-23）。

电机定子主要由叠片和三相发卡线绕组组成。叠片组由单个焊接且分层的金属板叠片组成。叠片具有较高的磁导率，在两面涂有一层电绝缘层。绕组插入到定子槽，焊接三相端部。定子浸渍树脂，以增加绝缘，改善热传导和加强绕组（图4-24）。

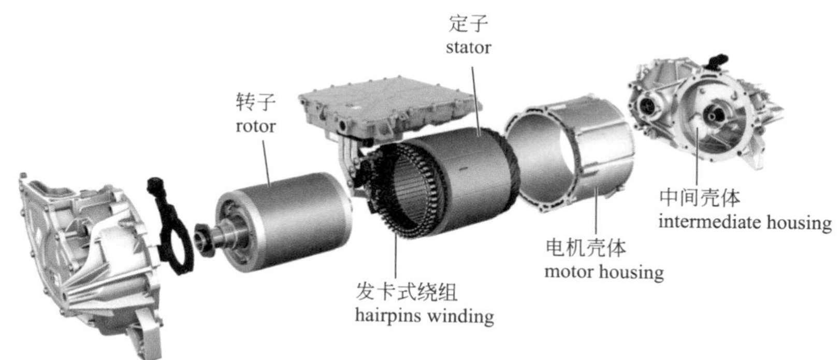
定子
stator
转子
rotor
中间壳体
intermediate housing
电机壳体
motor housing
发卡式绕组
hairpins winding

图4-23 电机总成分解图

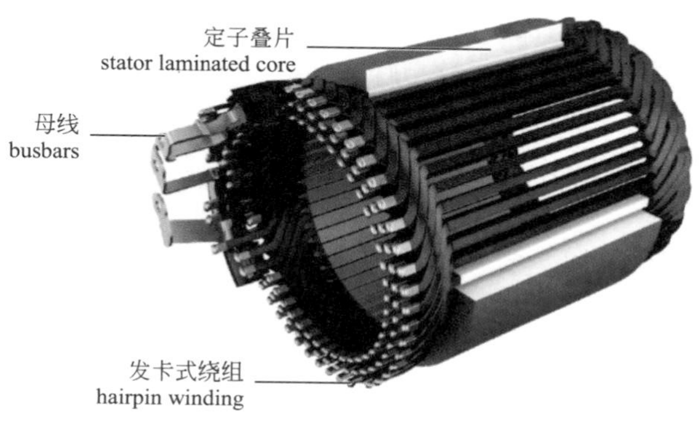
定子叠片
stator laminated core
母线
busbars
发卡式绕组
hairpin winding

图4-24 定子结构

电机转子由转子轴、嵌入V形永磁体的叠片、压板和旋转变压器转子组成。转子端面用压板压紧。转子永磁体被磁性涂层保护着，目的是提升电机NVH性能。叠片是由相同材料的金属片冲切而成。转子轴设计为空心轴，由两部分焊接而成，它通过纵向内花键连接到变速器的输入轴上。整个电机轴和变速器输入轴三轴承支承，轴承为低摩擦深沟球轴承，降低机械损失（图4-25）。

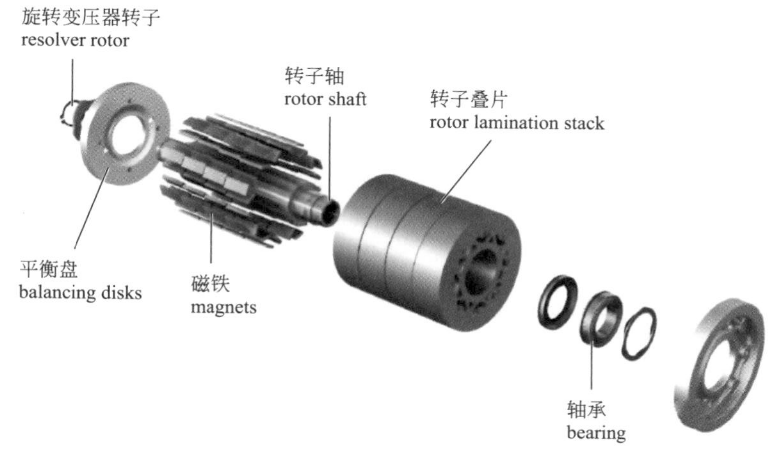
旋转变压器转子
resolver rotor
转子轴
rotor shaft
转子叠片
rotor lamination stack
平衡盘
balancing disks
磁铁
magnets
轴承
bearing

图4-25 转子分解图

旋转变压器（转速传感器）安装于电机壳体侧面，由转子轴上的转子和固定在电机后轴承盖的定子组成。温度传感器安装在定子绕组上的两个发夹绕组中间位置，是一种负热系数（NTC）传感器，可将温度信号传给功率和控制电子装置JX1，用来防止电机过热（图4-26）。

母线
busbars
温度传感器
temperature sensor
旋转变压器转子
resolver rotor
旋转变压器定子
resolver stator
防护架
crash element

图4-26 转速和温度传感器的安装位置

图4-27 电驱动力与控制装置JX1

4.3.5 ID.4功率和控制电子装置

功率和控制电子装置（即电机控制器）JX1位于电机上侧，向电机提供三相交流电（图4-27）。

功率和控制电子装置主要部件如图4-28所示。功率和控制电子装置驱动板直接插到电源模块的接线脚上，驱动板和控制板之间加装有屏蔽罩。

功率和控制电子装置JX1的所有部件均由电驱控制模块J841控制，电机逆变器A37用于DC/AC、AC/DC转换。DC/DC转换器A19将高压直流转变为低压直流，中间电路电容1 C25的任务是保持电压恒定并平整电压峰值（图4-29）。

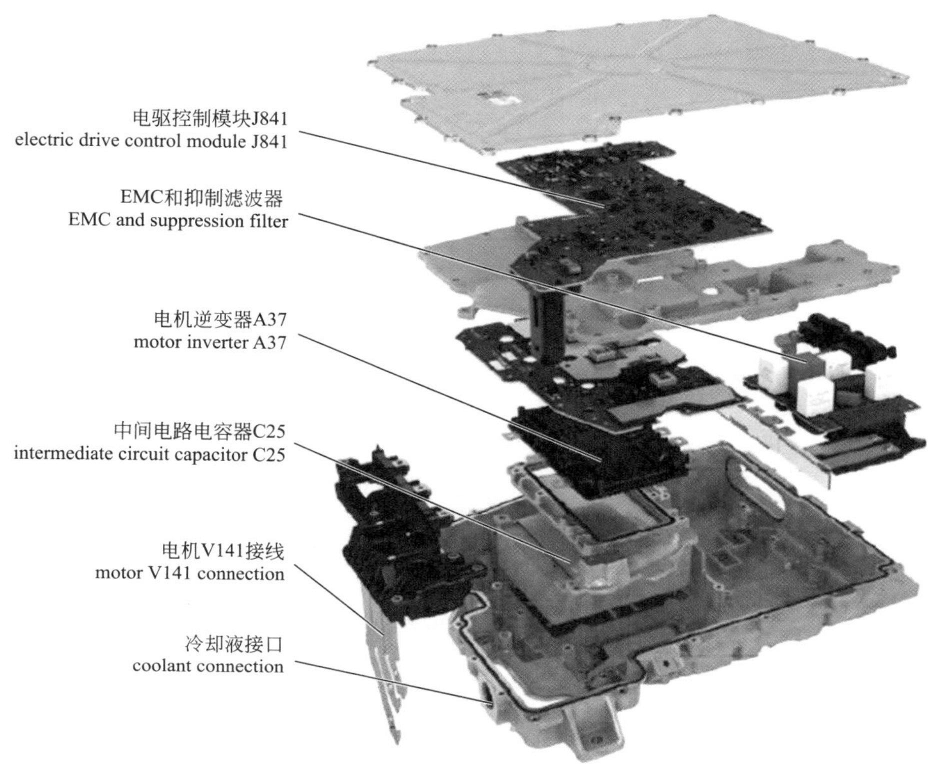
电驱控制模块J841
electric drive control module J841
EMC和抑制滤波器
EMC and suppression filter
电机逆变器A37
motor inverter A37
中间电路电容器C25
intermediate circuit capacitor C25
电机V141接线
motor V141 connection
冷却液接口
coolant connection

图4-28　功率和控制电子装置结构

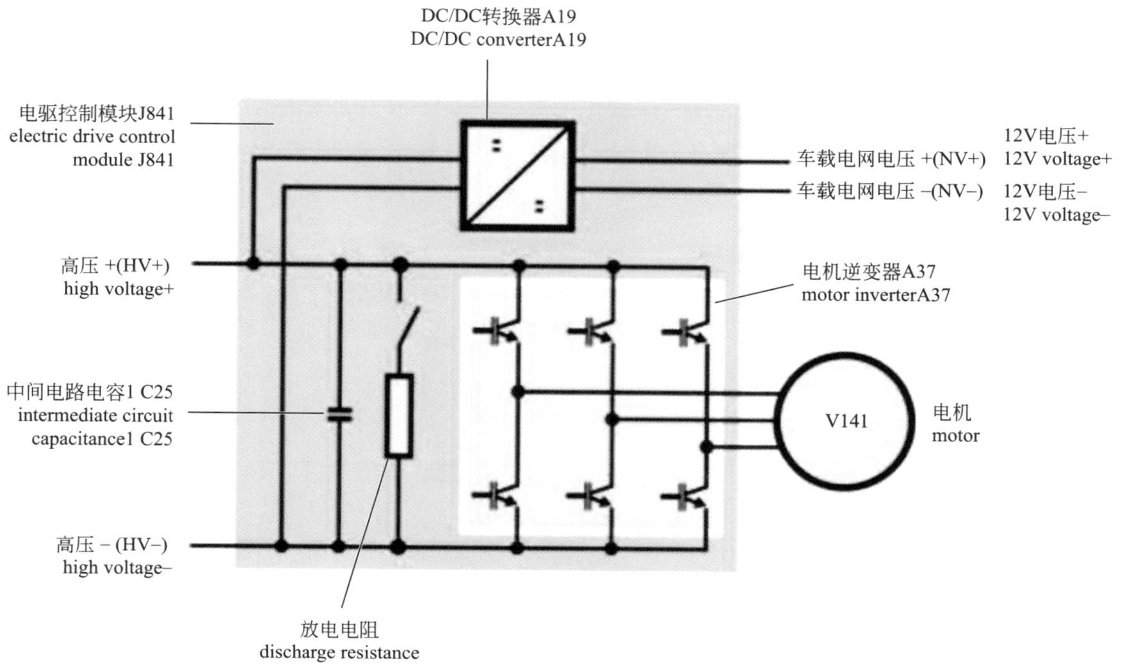
DC/DC转换器A19
DC/DC converterA19
电驱控制模块J841
electric drive control
module J841
车载电网电压 +(NV+)
12V电压+
12V voltage+
车载电网电压 −(NV−)
12V电压−
12V voltage−
高压 +(HV+)
high voltage+
电机逆变器A37
motor inverterA37
中间电路电容1 C25
intermediate circuit
capacitance1 C25
V141
电机
motor
高压 − (HV−)
high voltage−
放电电阻
discharge resistance

图4-29　功率和控制电子装置电路图

❶ 电驱控制模块J841。电驱控制模块J841位于功率和控制电子装置JX1内，调节和监控电机逆变器A37，获得三相交流电（图4-30）。电驱控制模块J841使用电机转子位置传感器1 G713来确定电机转子的速度和位置，用于准确控制电机。

电驱控制模块 J841
electric drive control module J 841

图4-30 电驱控制模块J841

❷ 电机逆变器。电机逆变器A37将直流电转换为交流电，通过由脉冲宽度调制（Pulse Width Modulation，PWM）控制的高效晶体管实现（图4-31）。电驱控制模块J841发送PWM信号，通过晶体管的调制形成一个正弦交流电。这个正弦交流电促使三相电流驱动电机形成电机或发电机的转矩。

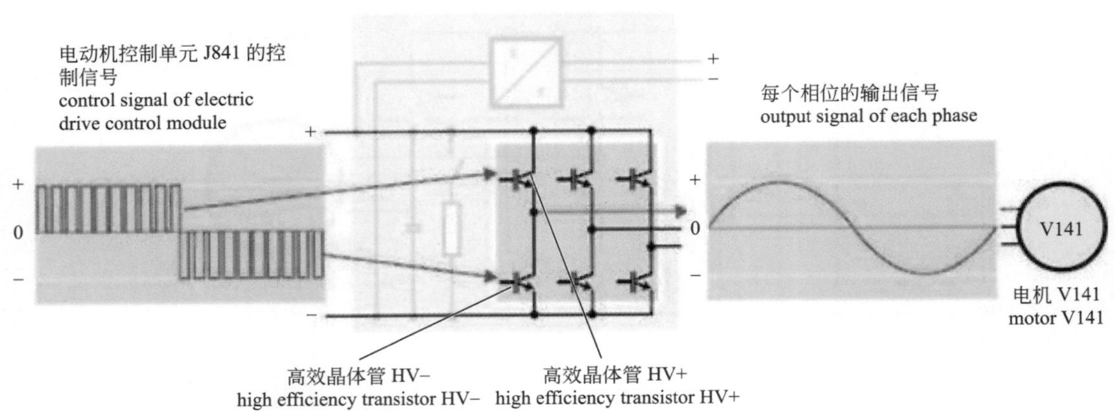
电动机控制单元 J841 的控制信号
control signal of electric drive control module
+
0
–
+
–
+
–
每个相位的输出信号
output signal of each phase
+
0
–
V141
电机 V141
motor V141
高效晶体管 HV–
high efficiency transistor HV–
高效晶体管 HV+
high efficiency transistor HV+

图4-31 逆变器工作原理

❸ 电机及功率和控制电子装置的冷却。电机及功率和控制电子装置采用液体冷却，冷却液流入功率和控制电子装置后，进入电机外壳的冷却水套。热量主要是由定子铜绕组的电阻损耗产生的。冷却液通过周围冷却通道进入定子，并在冷却通道的末端通过冷却连接软管进入车辆的外部冷却回路（图4-32）。

图4-32 电机及功率和控制器的冷却装置

4.3.6 ID.4单速变速器

单速变速器OMH为二级齿轮减速机构，用于降低电机转速，提升转矩输出（图4-33）。电机轴和变速器输入轴采用3轴承支承，减少摩擦。总传动比为11.5 ：1，最高速度为160km/h。变速器中没有驻车锁，该功能由机电驻车制动器（EMPB）实现。

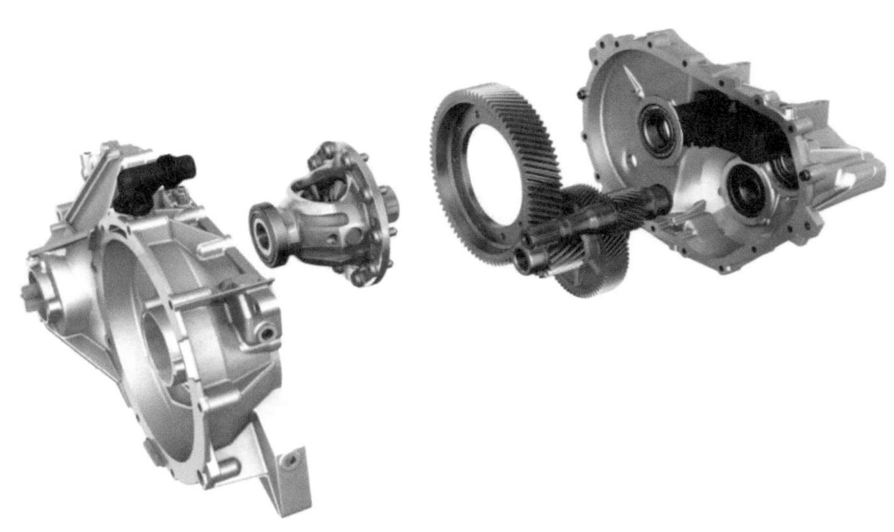

图4-33 后驱动桥单速变速箱

单速变速器OMH连接到后桥驱动电机VX54。变速器内有输入轴、输出轴、差速器等（图4-34）。

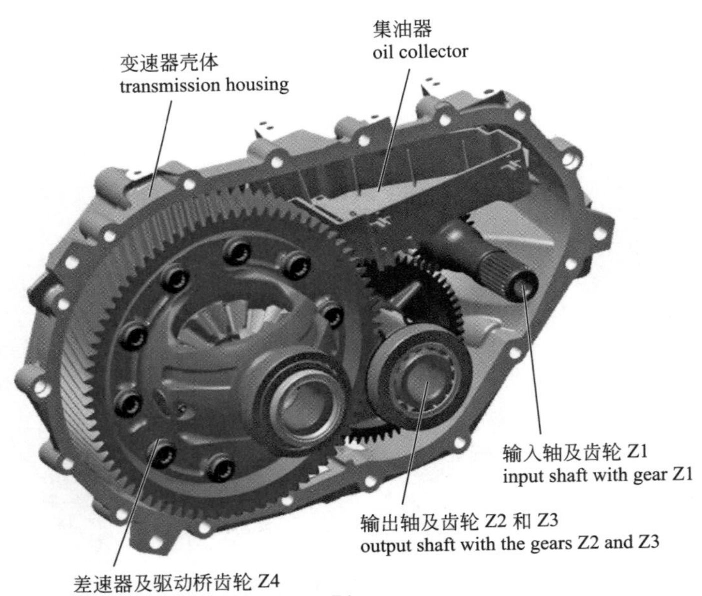
集油器
oil collector
变速器壳体
transmission housing
输入轴及齿轮 Z1
input shaft with gear Z1
输出轴及齿轮 Z2 和 Z3
output shaft with the gears Z2 and Z3
差速器及驱动桥齿轮 Z4
differential with axle drive gear Z4

图4-34 单速变速器

4.3.7 ID.4高压电池

ID.4电池包中主要器件的布置如图4-35所示。电池调节控制模块J840和安全切断开关都集成在电池组内。

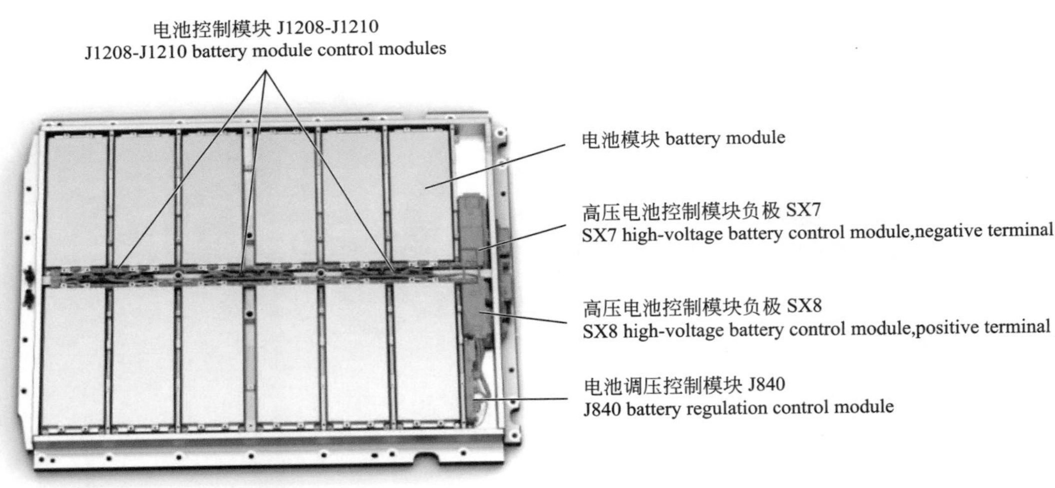
电池控制模块 J1208-J1210
J1208-J1210 battery module control modules
电池模块 battery module
高压电池控制模块负极 SX7
SX7 high-voltage battery control module,negative terminal
高压电池控制模块负极 SX8
SX8 high-voltage battery control module,positive terminal
电池调压控制模块 J840
J840 battery regulation control module

图4-35 电池包总体图

电池外壳由铝制成，外壳内部安装加强件，以便在发生事故时在纵向和横向上为电池模块提供最佳保护。外壳下方有额外的横向加强件。电池组下壳体使用铝合金型材焊接。下壳体底部护板也使用了高强度铝冲压件，来减少底部磕碰带来的影响。电池组配备液冷系统，循环系统位于电池底板内，采用流道并联的设计，在底板与电池之间有高热导率导热胶，可以让电芯温度差异小于3℃，工作更加稳定（图4-36）。

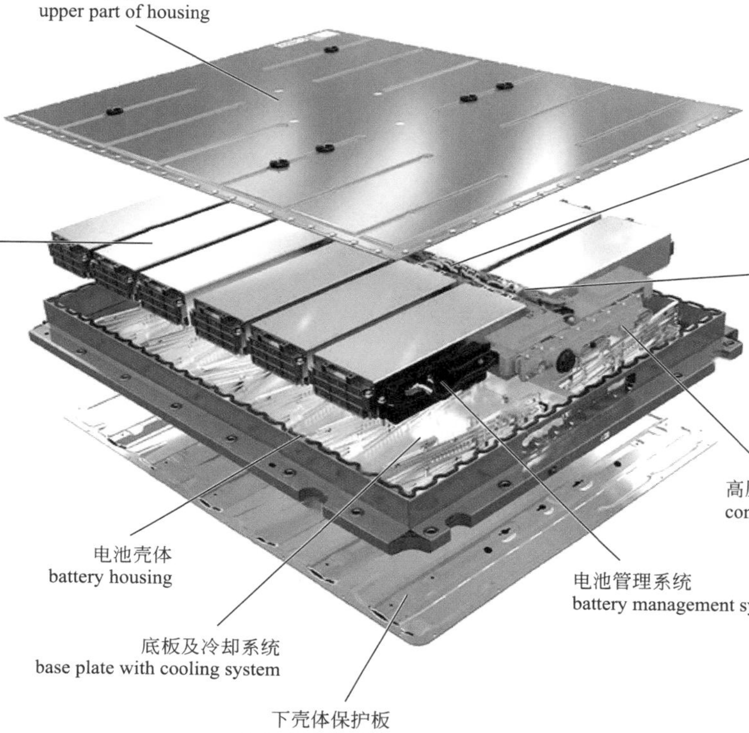

上盖
upper part of housing
电芯管理控制器
cell management controller
电池模块
cell module
高压连接器
high-voltage connector
高压插座
connector strip
电池壳体
battery housing
电池管理系统
battery management system
底板及冷却系统
base plate with cooling system
下壳体保护板
underbody protection

图4-36　电池分解图

电池包的接口布置如图4-37所示，包括电机控制器接口、高压电池插座、低压接口、线束接口等。电池包上还有防爆卸压平衡阀等被动安全系统，保证极端情况下电池组的安全。

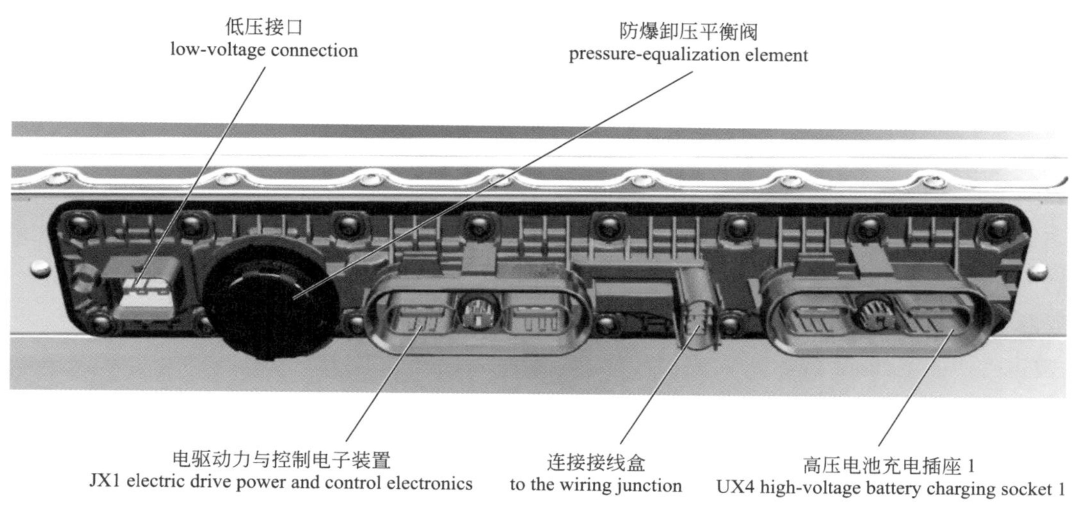
低压接口
low-voltage connection
防爆卸压平衡阀
pressure-equalization element
电驱动力与控制电子装置
JX1 electric drive power and control electronics
连接接线盒
to the wiring junction
高压电池充电插座 1
UX4 high-voltage battery charging socket 1

图4-37　电池接口

（1）电池模块

ID.4的电池模块为方形电池或软包电池（图4-38）。

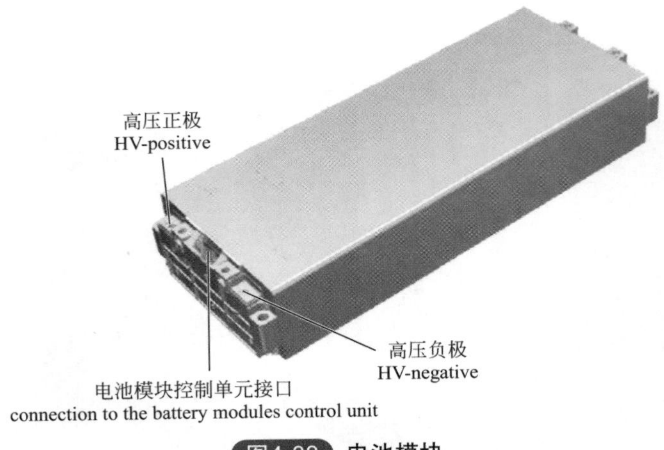
高压正极
HV-positive
高压负极
HV-negative
电池模块控制单元接口
connection to the battery modules control unit

图4-38 电池模块

电池模块内的电芯排布方式如图4-39所示。

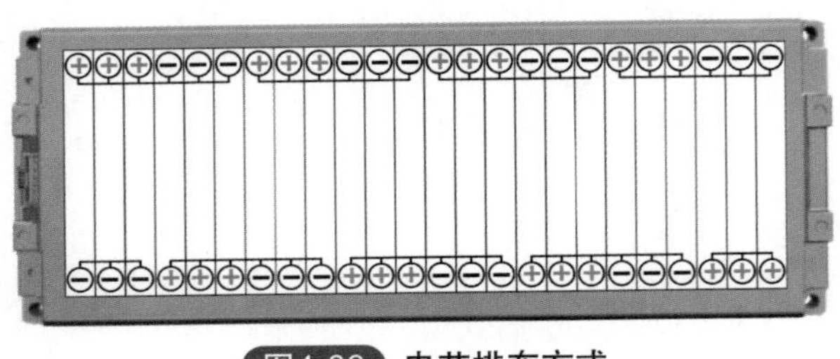

图4-39 电芯排布方式

（2）高压电池开关盒

高压电池开关盒名字有很多，如接线盒、分线盒、高压保险盒、高压控制盒、高压分配盒、高压配电盒、高压配电单元（Power Distribution Unit，PDU）等，一般包括继电器、电流传感器、保险、预充电电阻等。高压开关盒的主要作用是负责将高压电池内的能量转移或传递到其他高压系统。这里的继电器可以看作是大电流开关，可以切断流经母线的电流、将高压电池与其他高压部分进行电隔离。电流传感器用于检测流经回路的电流。预充电电阻用于保护系统免受浪涌电源的破坏。

ID.4的高压电池开关盒由正极和负极开关盒组成，方便适配不同的电池组，通过母线（Bus-Bar）跨接。两个开关盒都有熔断器，用于故障状态下快速切断电源，并通过高压保护器和接线端子连接高压DC/DC转换器、高压空调、PTC加热器、高压车载充电单元和电机控制器等（图4-40）。

❶ 负极开关盒。负极开关盒SX7内的熔断器S415，是一种烟火式保险丝（也称爆炸熔断丝PyroFuse，Pyrotechnic Fuse），在发生故障时，它可以比高压继电器更快地跳闸。负极开关盒上的接口由电池调节控制模块J840监控（图4-41）。

❷ 正极开关盒。正极开关盒SX8上的S352高压系统保险丝2用于保护以下高压组件：电池充电器1 AX4、加热元件3Z132、高压加热器ZX17、空调压缩机VX81、DC/DC转换器A19等（图4-42）。

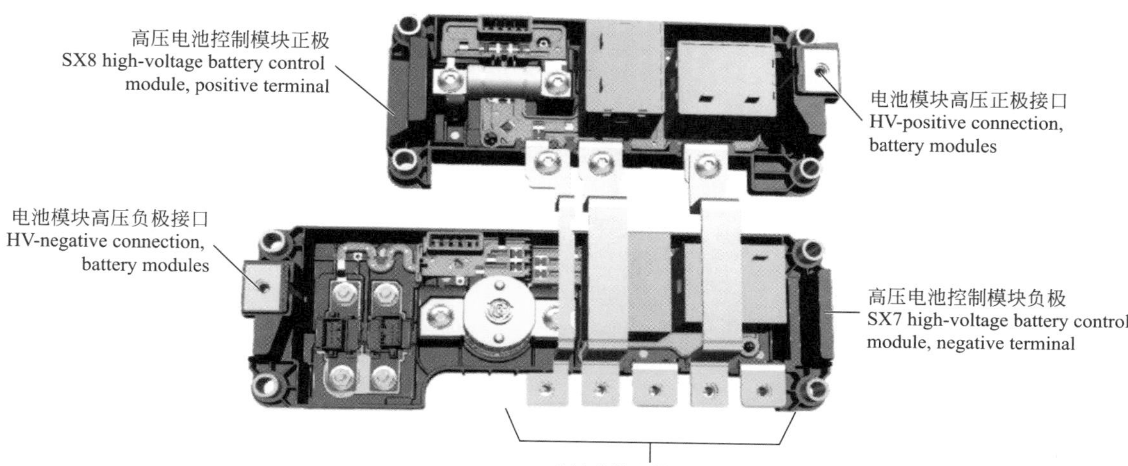
高压电池控制模块正极
SX8 high-voltage battery control module, positive terminal
电池模块高压正极接口
HV-positive connection, battery modules
电池模块高压负极接口
HV-negative connection, battery modules
高压电池控制模块负极
SX7 high-voltage battery control module, negative terminal
电池壳体上的高压接口
to the high-voltage connections on the battery housing

图4-40　正极和负极高压电池控制模块的连接

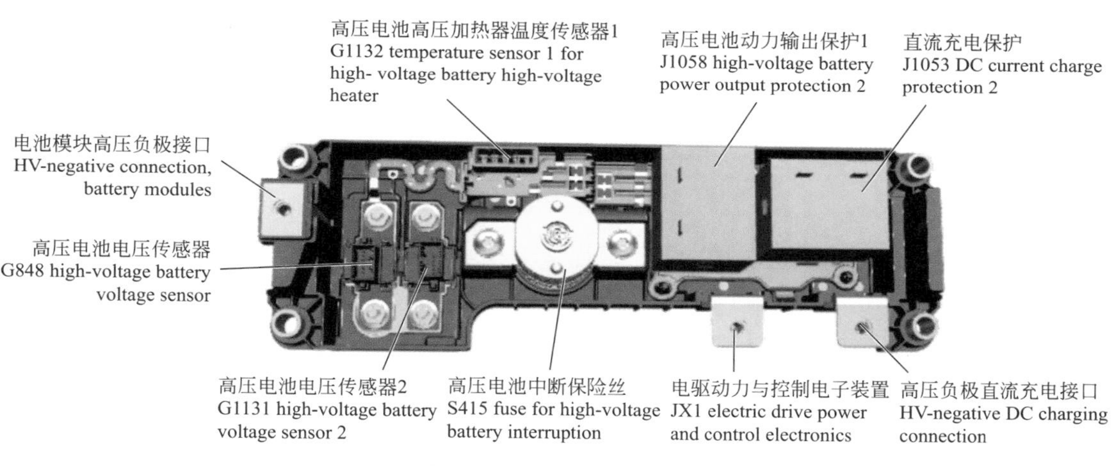
高压电池高压加热器温度传感器1
G1132 temperature sensor 1 for high- voltage battery high-voltage heater
高压电池动力输出保护1
J1058 high-voltage battery power output protection 2
直流充电保护
J1053 DC current charge protection 2
电池模块高压负极接口
HV-negative connection, battery modules
高压电池电压传感器
G848 high-voltage battery voltage sensor
高压电池电压传感器2
G1131 high-voltage battery voltage sensor 2
高压电池中断保险丝
S415 fuse for high-voltage battery interruption
电驱动力与控制电子装置
JX1 electric drive power and control electronics
高压负极直流充电接口
HV-negative DC charging connection

图4-41　负极开关盒SX7

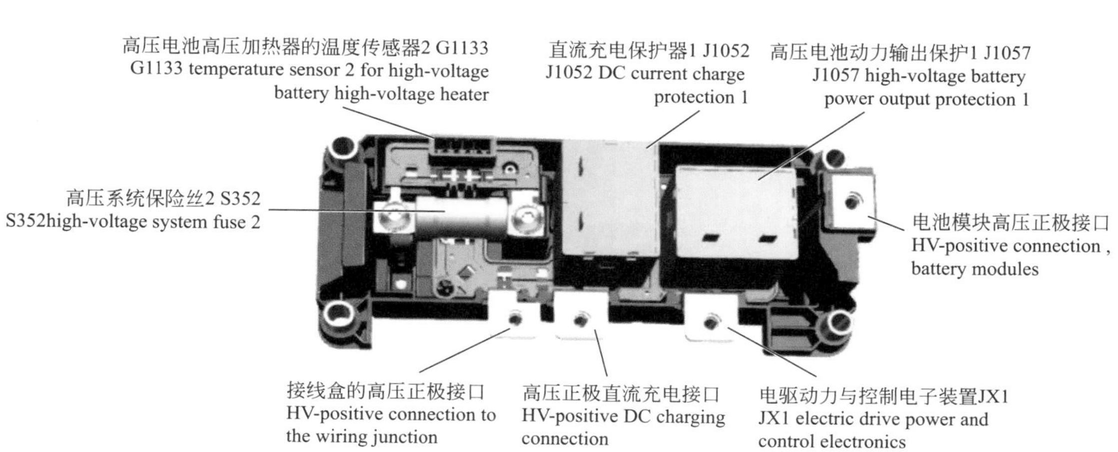
高压电池高压加热器的温度传感器2 G1133
G1133 temperature sensor 2 for high-voltage battery high-voltage heater
直流充电保护器1 J1052
J1052 DC current charge protection 1
高压电池动力输出保护1 J1057
J1057 high-voltage battery power output protection 1
高压系统保险丝2 S352
S352high-voltage system fuse 2
电池模块高压正极接口
HV-positive connection , battery modules
接线盒的高压正极接口
HV-positive connection to the wiring junction
高压正极直流充电接口
HV-positive DC charging connection
电驱动力与控制电子装置JX1
JX1 electric drive power and control electronics

图4-42　正极开关盒SX8

（3）电池调节控制模块

电池调节控制模块（即电池管理系统）J840的功能包括：确定并分析高压电池电压，确定并分析每个电芯的电压，检测高压电池的温度等。电池调节控制模块的端子分配：32针连接到电池外壳上的低压连接器、J1208 ~ J1210模块控制单元（CAN总线和LIN总线）、电池外壳的附加接地；12针连接高压电池开关单元中高压连接器前后的电压信号；40针连接到高压电池中断的S415保险丝（图4-43）。

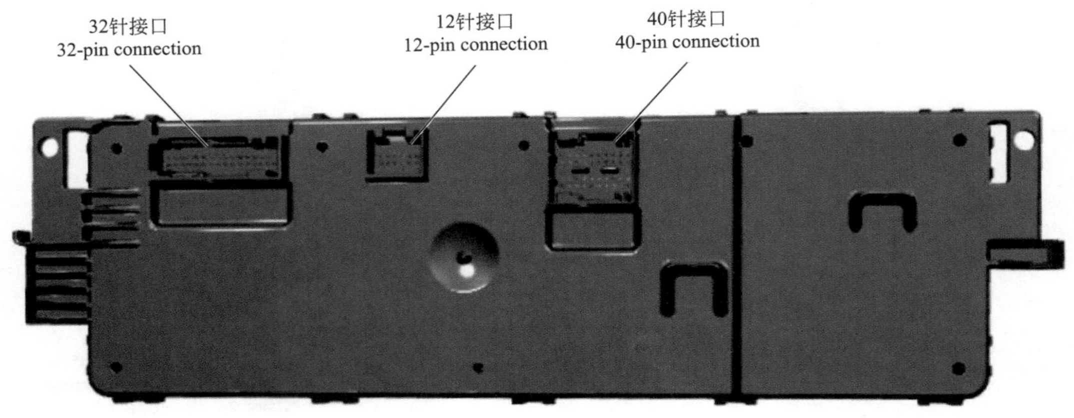
32针接口
32-pin connection
12针接口
12-pin connection
40针接口
40-pin connection

图4-43 电池管理系统J840

（4）电池模块控制单元

电池模块控制单元J1208 ~ J1210用于测量单个模块的电压和温度，并将这些数据发送给电池管理系统J840。每个模块控制单元最多连接四个电池模块。根据电池的大小，使用两个或三个模块控制单元。22针连接将模块控制单元连接到各个电池模块。12针连接用于连接其他模块控制单元或J840（图4-44）。

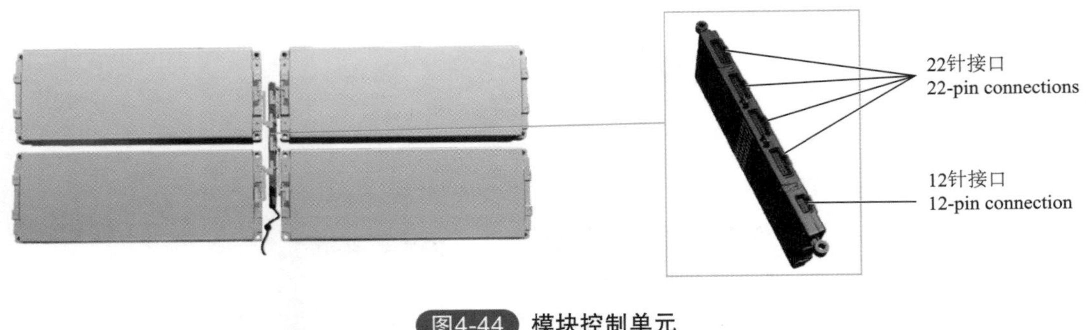
22针接口
22-pin connections
12针接口
12-pin connection

图4-44 模块控制单元

（5）电池热管理系统

ID.4中的所有高压电池都有主动式热管理系统。铝制散热器位于电池外壳外部，可以防止冷却液与电池外壳内的高压部件接触。高压电池模块通过导热膏连接到电池外壳的底部。铝制散热器也通过导热膏连接到外壳底座，坚固的铝制底部防护罩可保护散热器免受机械损坏（图4-45）。

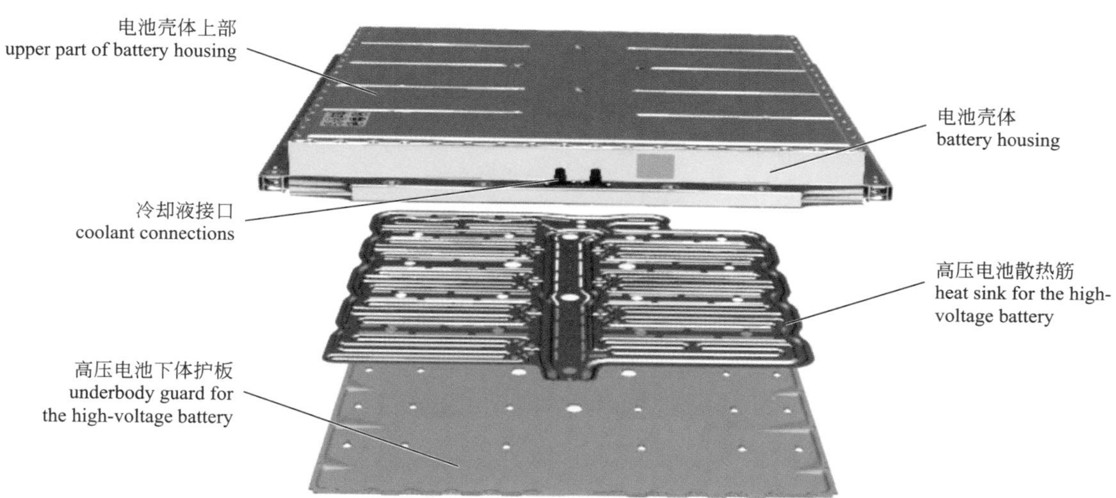
电池壳体上部
upper part of battery housing
电池壳体
battery housing
冷却液接口
coolant connections
高压电池散热筋
heat sink for the high-voltage battery
高压电池下体护板
underbody guard for the high-voltage battery

图4-45　电池铝制散热器

电池调节控制模块J840根据冷却液温度传感器信息调节高压电池冷却液泵。电池冷却不仅发生在车辆行驶时，也可以在充电过程中激活，可显著降低电池温度，尤其是在使用直流充电时。这允许更快的充电速率，即使对重复充电过程也是如此。高压电池可以主动冷却和加热（图4-46）。

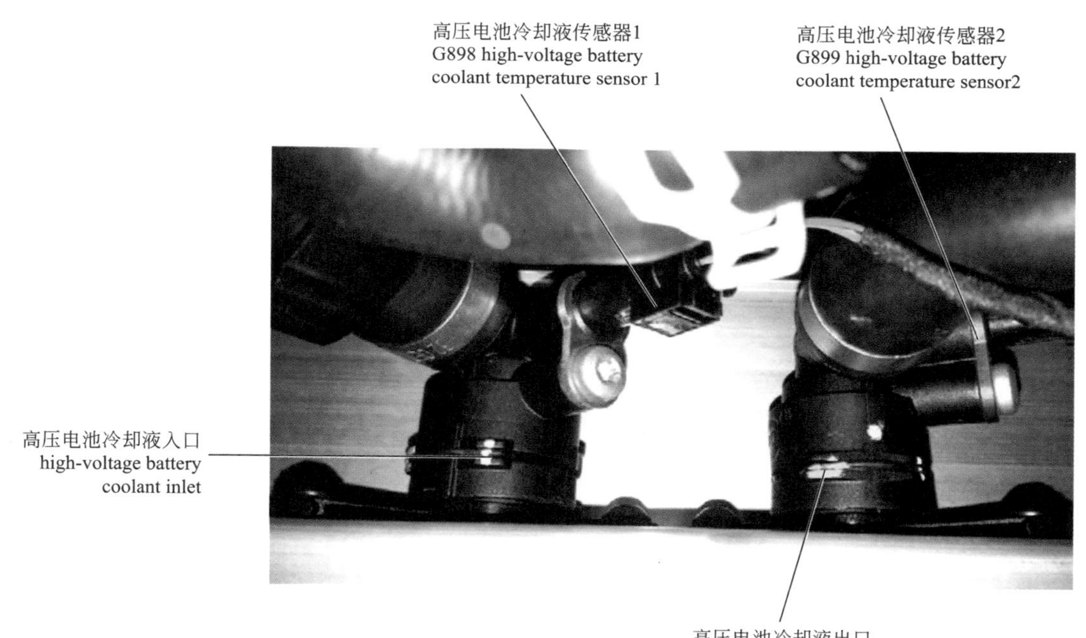
高压电池冷却液传感器1
G898 high-voltage battery coolant temperature sensor 1
高压电池冷却液传感器2
G899 high-voltage battery coolant temperature sensor2
高压电池冷却液入口
high-voltage battery coolant inlet
高压电池冷却液出口
high-voltage battery coolant outlet

图4-46　电池冷却液进出口

4.3.8 ID.4高压充电器

高压充电器AX4位于车辆后部，将交流电（AC）转换为高压电池的直流电（DC）（图4-47）。高压电池充电器控制模块J1050监控和调节充电过程。

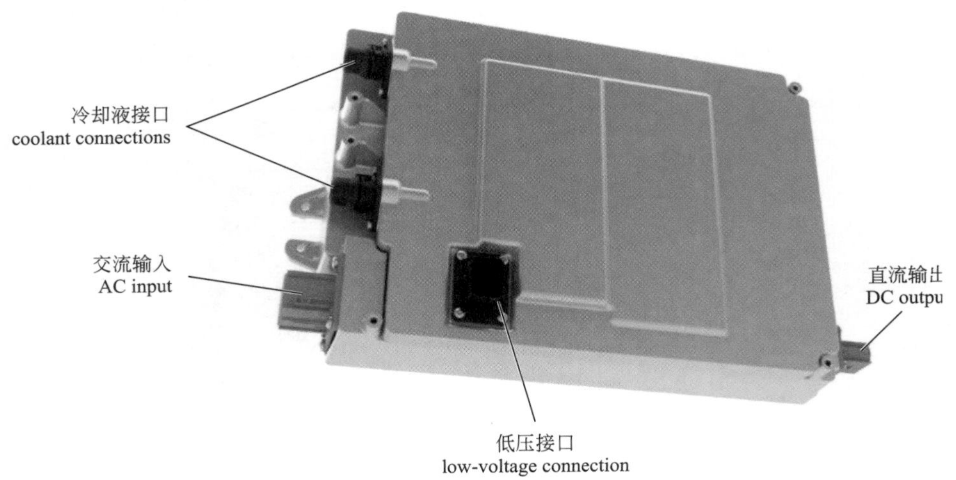
冷却液接口
coolant connections
交流输入
AC input
直流输出
DC outpu
低压接口
low-voltage connection

图4-47 高电压充电器

4.3.9 ID.4 DC/DC转换器

DC/DC转换器A19位于汽车前部，用于将266V的直流电压转换成较低的车载电器用直流电压（12V），也能将较低的12V电压转换成266V的高电压，该功能用于跨接启动（给高压电池充电）（图4-48）。

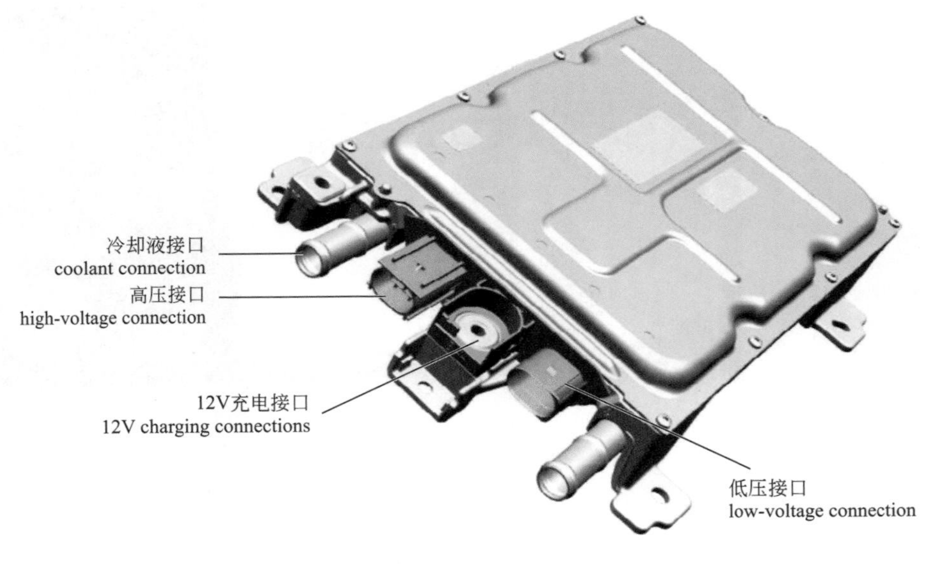
冷却液接口
coolant connection
高压接口
high-voltage connection
12V充电接口
12V charging connections
低压接口
low-voltage connection

图4-48 DC/DC转换器

4.3.10 ID.4电动空调压缩机

电动空调压缩机VX81位于汽车的前部，为涡旋式压缩机（图4-49）。

4.3.11 ID.4 PTC加热器

PTC加热器（冷却液加热器）Z132位于汽车的前端，用于加热高压电池的冷却液，使用脉宽调制（PWM）方式无级调节。温度传感器位于冷却液入口和出口处。PTC加热器Z132通过LIN-Bus总线连接到电池调节控制模块J840（图4-50）。

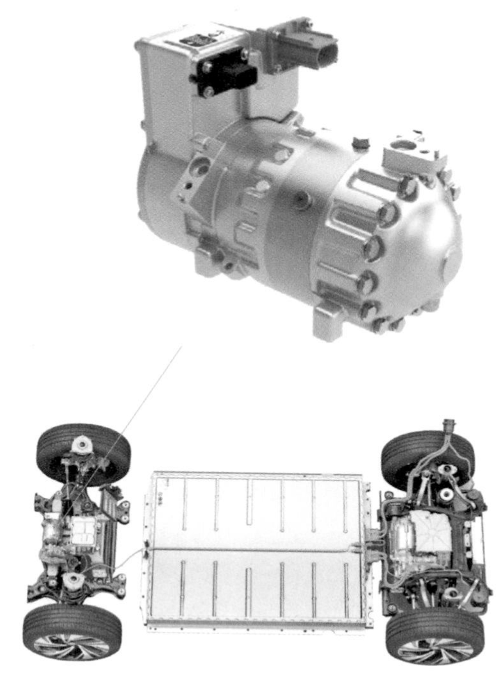

图4-49 电动空调压缩机

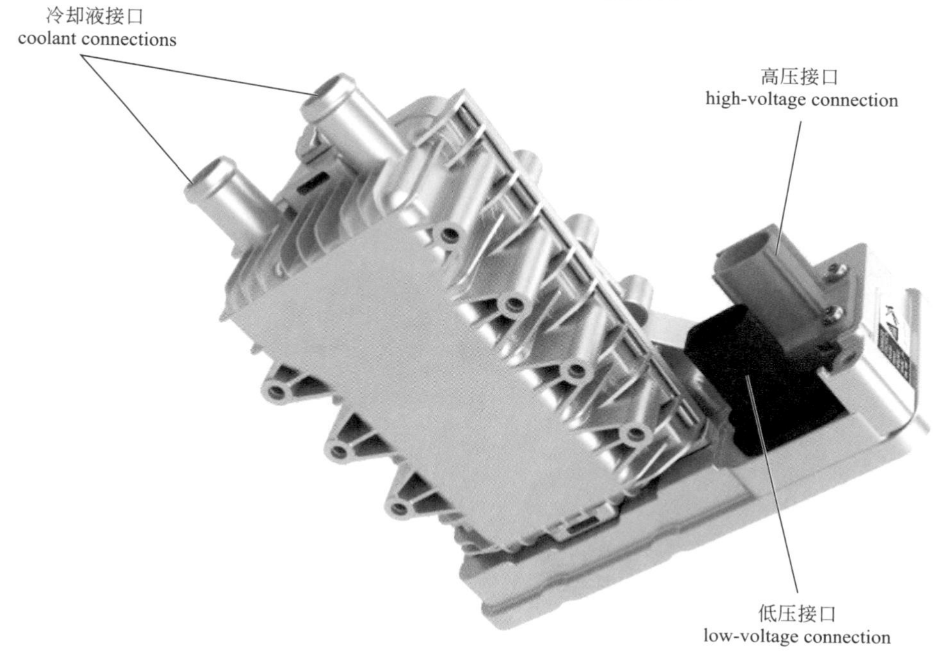
冷却液接口
coolant connections
高压接口
high-voltage connection
低压接口
low-voltage connection

图4-50 PTC加热器

4.3.12 ID.4高压加热器

高压加热器（暖风加热器）ZX17安装在汽车空调内，加热车内空气，并使用脉宽调制（PWM）方式无级调节。高压加热器ZX17同PTC加热器Z132一样，也通过LIN-Bus总线连接到电池调节控制模块J840（图4-51）。

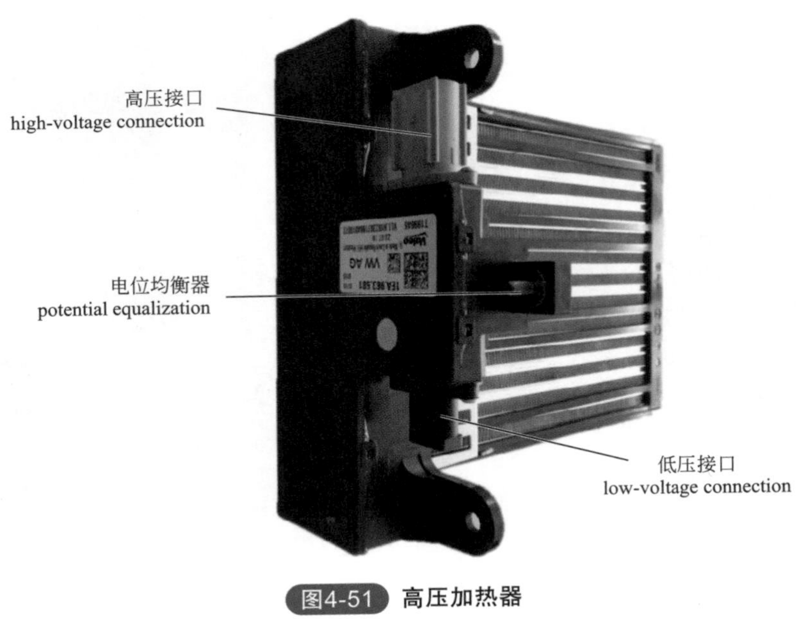
高压接口
high-voltage connection
电位均衡器
potential equalization
低压接口
low-voltage connection

图4-51 高压加热器

4.3.13 ID.4底盘

ID.4的底盘采用电动助力转向机和五连杆悬架，并可选装动态底盘控制系统（DCC）（图4-52）。

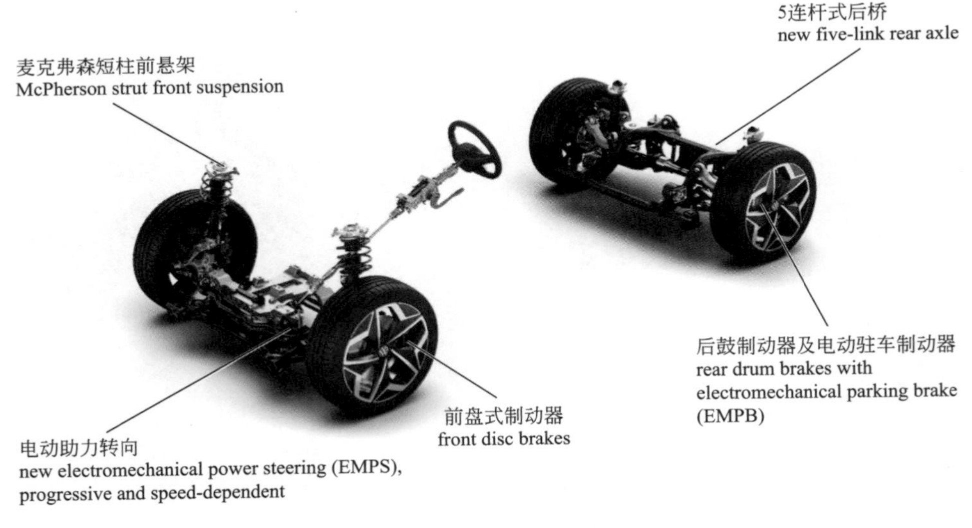
5连杆式后桥
new five-link rear axle
麦克弗森短柱前悬架
McPherson strut front suspension
后鼓制动器及电动驻车制动器
rear drum brakes with
electromechanical parking brake
(EMPB)
前盘式制动器
front disc brakes
电动助力转向
new electromechanical power steering (EMPS),
progressive and speed-dependent

图4-52 ID.4底盘组成

4.3.14 ID.4制动系统

（1）制动助力类型

传统燃油汽车采用真空泵助力式的制动系统，真空系统的真空源来自发动机的进气歧管处（图4-53）。

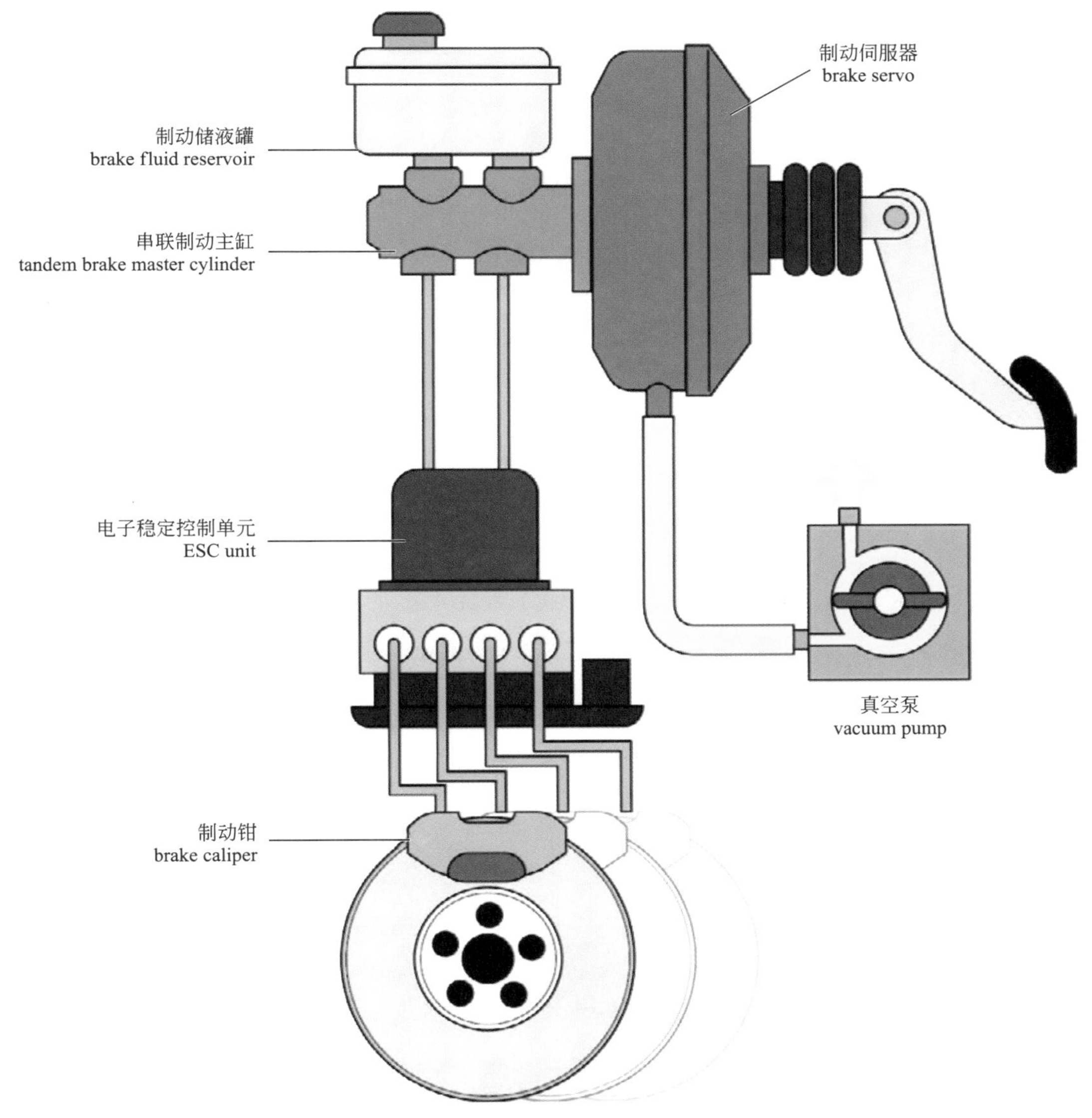
制动伺服器
brake servo
制动储液罐
brake fluid reservoir
串联制动主缸
tandem brake master cylinder
电子稳定控制单元
ESC unit
真空泵
vacuum pump
制动钳
brake caliper

图4-53 传统燃油车真空助力制动系统

纯电动汽车由于没有发动机，传统的真空泵无法工作，故采用电动助力制动系统。大众第一代电动助力制动系统设有分立的蓄压器，与制动主缸通过管路相连。蓄压器作为制动过程的直接动力源为制动提供高压制动油液（图4-54）。

大众第二代电动助力制动系统将蓄能器与ESC单元集成为一体。压力损失更小，响应更快，整个制动系统的集成度、重量、成本都有相应的降低（图4-55）。

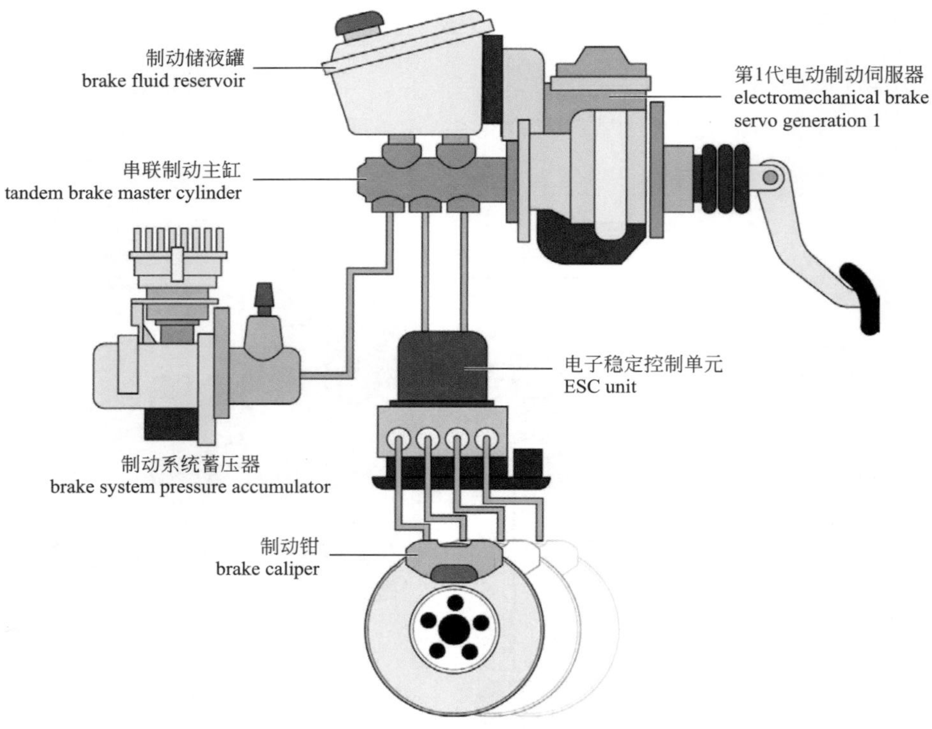
制动储液罐
brake fluid reservoir
第1代电动制动伺服器
electromechanical brake
servo generation 1
串联制动主缸
tandem brake master cylinder
电子稳定控制单元
ESC unit
制动系统蓄压器
brake system pressure accumulator
制动钳
brake caliper

图4-54 大众第一代电动助力制动系统

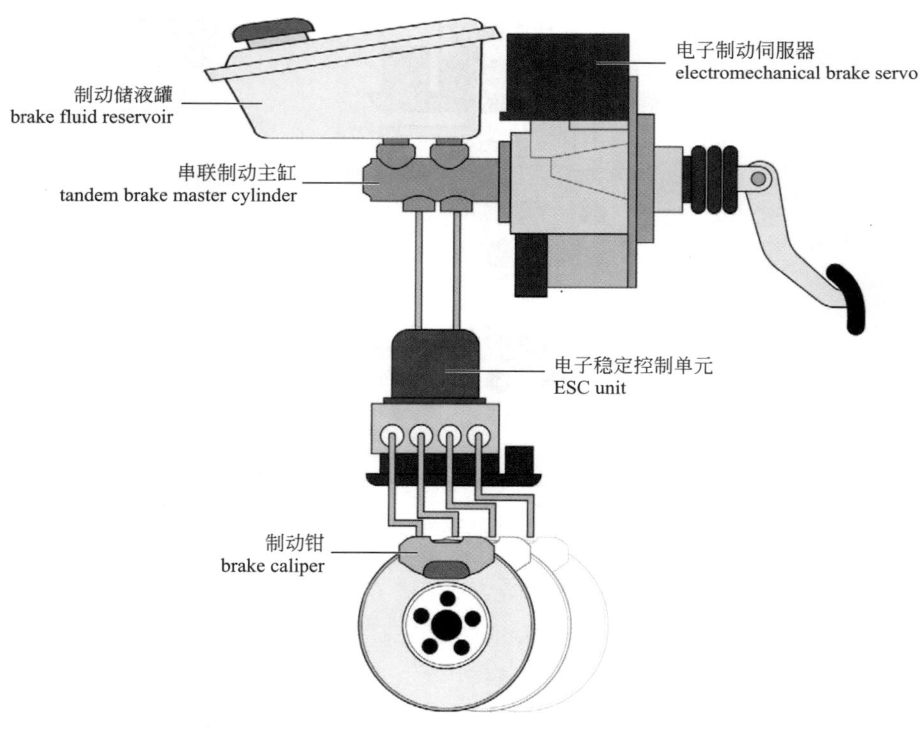
电子制动伺服器
electromechanical brake servo
制动储液罐
brake fluid reservoir
串联制动主缸
tandem brake master cylinder
电子稳定控制单元
ESC unit
制动钳
brake caliper

图4-55 大众第二代电动助力制动系统

（2）ID.4制动系统主要部件

❶ ID.4电动制动助力器（eBKV）。ID.4采用大众第二代电动制动助力器（Electromechanical Brake Servo，eBKV），由博世（Bosch）公司生产，亦称为iBooster，可在短时间内产生所需制动力。eBKV包括制动助力器控制单元J539、电机/齿轮单元、串联式制动主缸、推杆、壳体等（图4-56）。

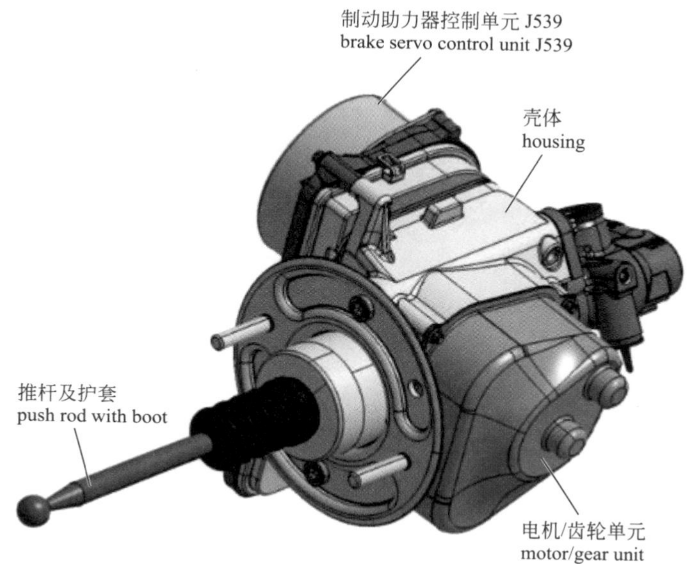
制动助力器控制单元J539
brake servo control unit J539
壳体
housing
推杆及护套
push rod with boot
电机/齿轮单元
motor/gear unit

图4-56 电动制动助力器总成

电动制动助力器结构如图4-57所示，G840为电机位置传感器，与制动助力电机连在一起。G100为制动踏板位置传感器。推杆与制动踏板相连。

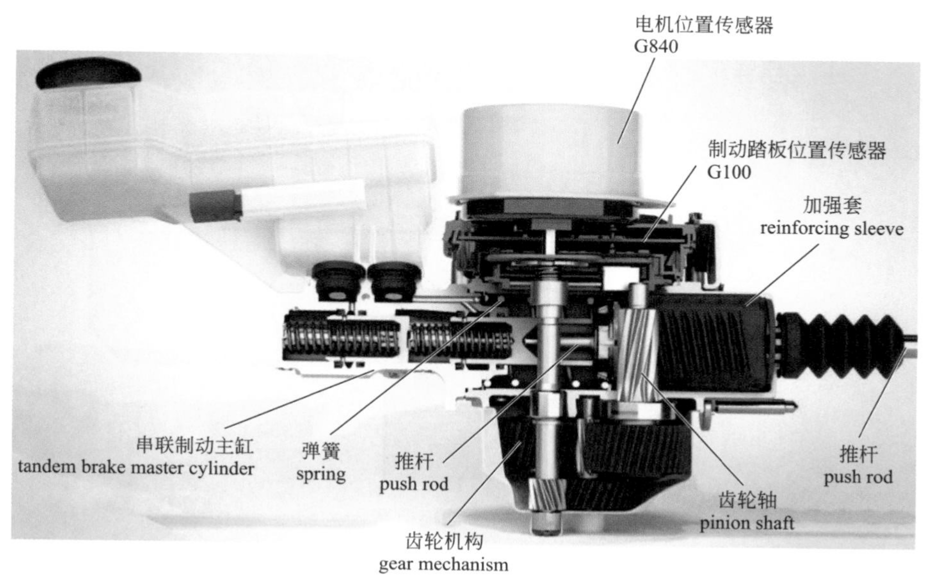
电机位置传感器
G840
制动踏板位置传感器
G100
加强套
reinforcing sleeve
串联制动主缸
tandem brake master cylinder
弹簧
spring
推杆
push rod
齿轮轴
pinion shaft
推杆
push rod
齿轮机构
gear mechanism

图4-57 电动制动助力器结构

电动制动助力器工作原理如图4-58所示。

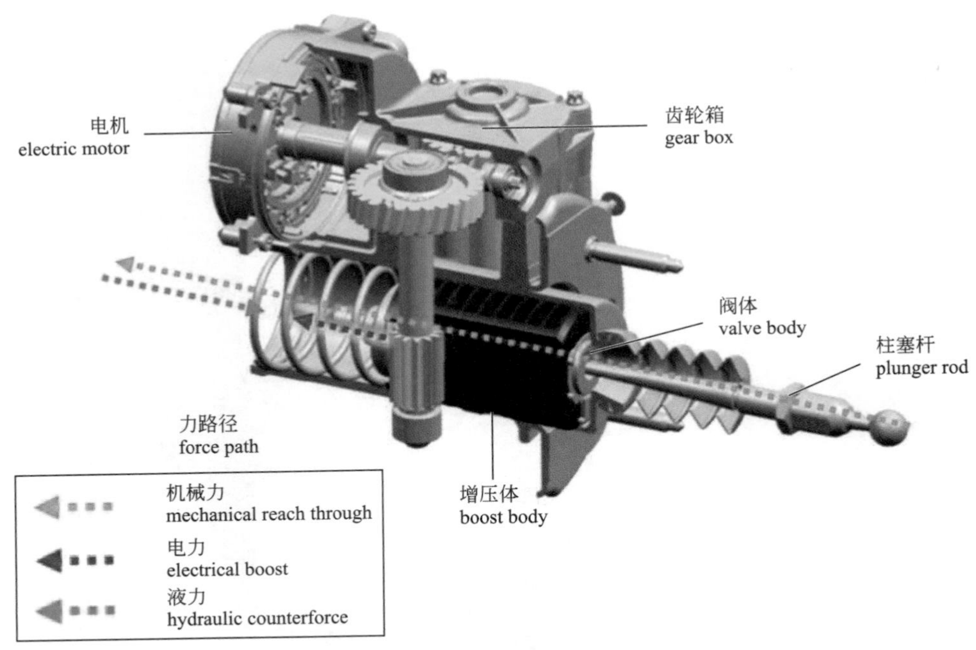
电机
electric motor
齿轮箱
gear box
阀体
valve body
柱塞杆
plunger rod
力路径
force path
增压体
boost body
机械力
mechanical reach through
电力
electrical boost
液力
hydraulic counterforce

图4-58 电动制动助力器示意图

制动踏板位置传感器G100位于电动制动助力器内，由两个霍尔传感器元件和一个带有四个霍尔磁铁的滑块组成，霍尔磁铁连接到输入推杆。当驾驶员踩下制动踏板时，霍尔磁铁在霍尔传感器上方移动。该运动表明制动需求的大小（图4-59）。

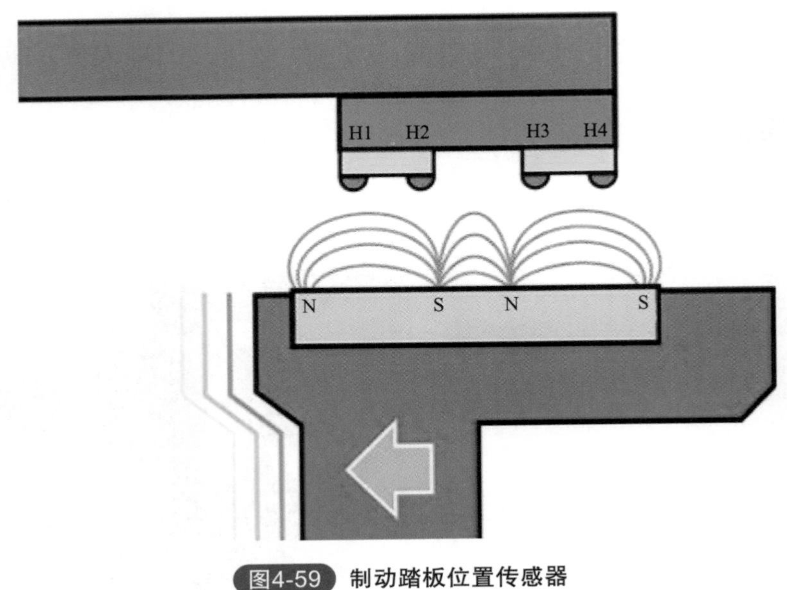
H1
H2
H3
H4
N
S
N
S

图4-59 制动踏板位置传感器

❷ ESC单元与蓄压器。ID.4的蓄压器集成到电子稳定性控制（Electronic Stability Control，ESC）单元中，如图4-60所示。

电子稳定控制单元
ESC unit
ABS控制模块
J104 ABS control module
蓄压器
accumulator

图4-60 集成蓄能器的ESC单元

（3）电动制动助力器工作过程

❶ 未施加制动。驾驶员未踩下制动踏板时，加强套在弹簧的作用下，处于初始平衡位置。制动主缸内的两个活塞也在各自的弹簧力作用下，处于关闭位置，此时制动系统不工作（图4-61）。

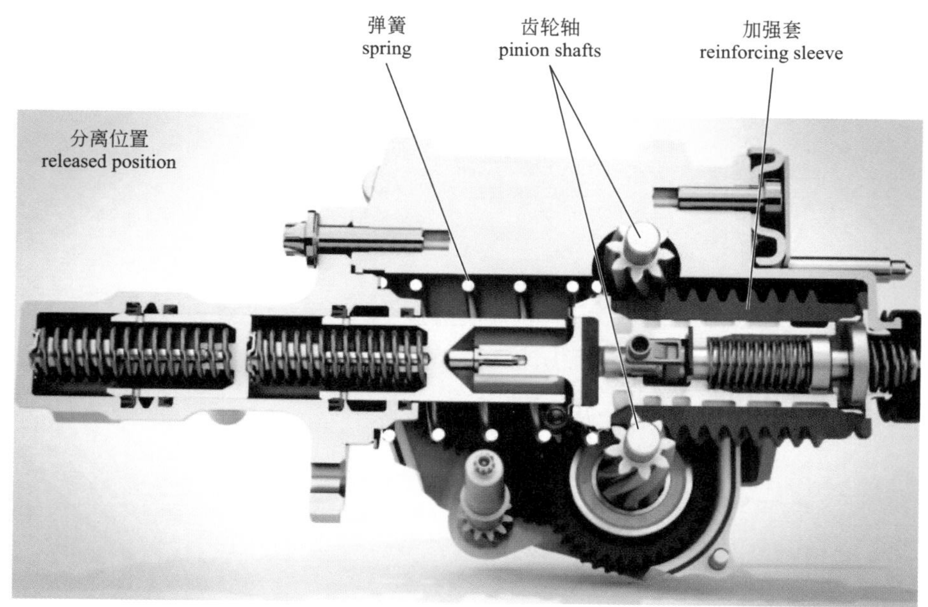
弹簧
spring
齿轮轴
pinion shafts
加强套
reinforcing sleeve
分离位置
released position

图4-61 未制动状态

❷ 施加制动。驾驶员踩下制动踏板，推杆向左移动。推杆的移动量经制动踏板位置传感器G100传送至制动助力控制单元J539（图4-56），同时电机位置传感器也将位置信息送至制动助力控制单元J539，制动助力控制单元J539根据驾驶员的制动请求和电机位置信息计算所需增加的制动力，并控制电机。电机通过减速齿轮驱动与加强套啮合的两个小齿轮。加强套向左移动，在压缩弹簧的同时推动制动主缸内的两个活塞左移，可将制动力放大6倍（图4-62）。

啮合位置
engaged position

图4-62 制动状态

（4）制动能量回收

可实现制动能量回收的制动系统是专为纯电动汽车开发的。回收的能量将提供给高压蓄电池。

❶ 能量回收制动。如果高压电池的电量和温度合适，可以采用电机发电的方式回收制动能量，如图4-63所示。

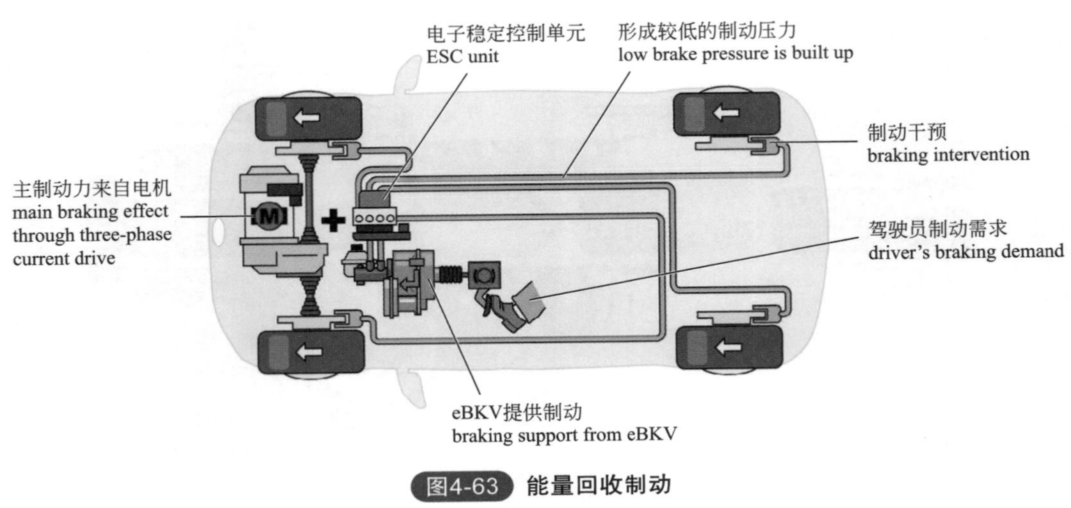
电子稳定控制单元
ESC unit
形成较低的制动压力
low brake pressure is built up
制动干预
braking intervention
主制动力来自电机
main braking effect
through three-phase
current drive
驾驶员制动需求
driver's braking demand
eBKV提供制动
braking support from eBKV

图4-63 能量回收制动

❷ 液压制动。如果高压电池的充电水平和它的温度不允许使用电机制动减速，则须使用液压制动来使车辆减速。液压制动系统将制动衬片压靠在制动盘上，产生摩擦制动力。汽车的动能转化为热能，并散发出去，造成能量损失（图4-64）。

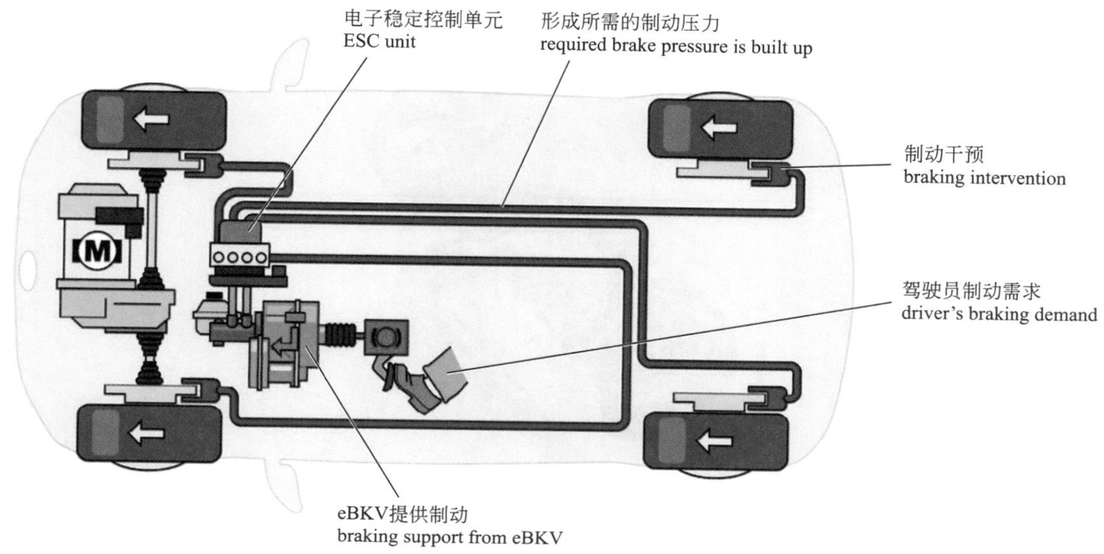
电子稳定控制单元
ESC unit
形成所需的制动压力
required brake pressure is built up
制动干预
braking intervention
驾驶员制动需求
driver's braking demand
eBKV提供制动
braking support from eBKV

图4-64 液压制动

❸ 联合制动。在发电运行模式下，电机会根据转速、高压蓄电池的温度及电量产生制动效果。必要时需要通过液压制动进行补充。这种电机制动和液压制动之间的交替变化被称为联合制动（Brake Blending），目的是使制动踏板上的力和行程始终相同。电动制动助力器中的制动助力器控制单元J539（图4-56）自动调节电子制动和车轮制动器制动，驾驶员不会注意到这种变化，因为eBKV会自动运行，并且会在没有驾驶员干预的情况下自动建立制动压力（图4-65）。

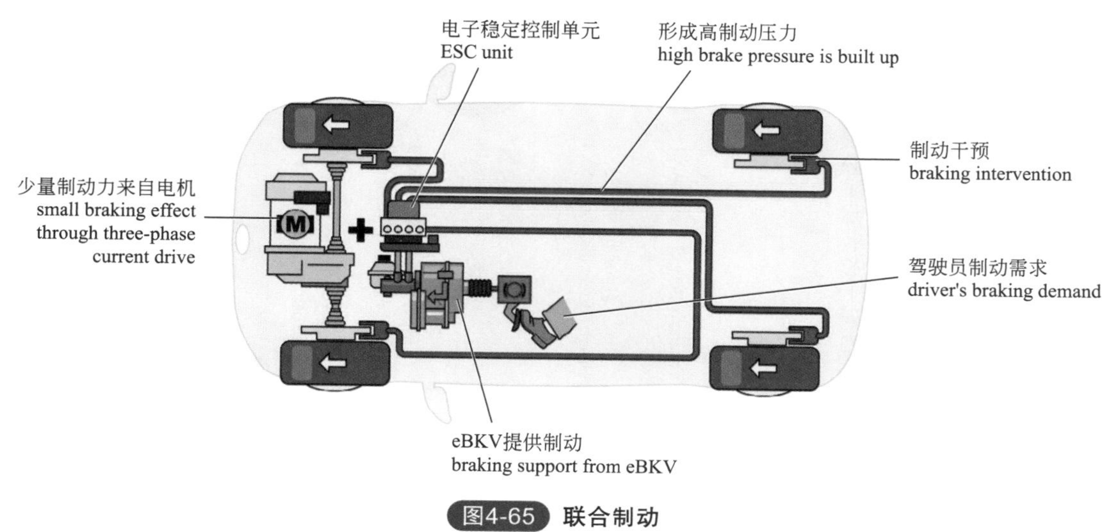
电子稳定控制单元
ESC unit
形成高制动压力
high brake pressure is built up
少量制动力来自电机
small braking effect
through three-phase
current drive
制动干预
braking intervention
驾驶员制动需求
driver's braking demand
eBKV提供制动
braking support from eBKV

图4-65 联合制动

4.4 奥迪e-tron纯电动SUV

4.4.1 e-tron电驱动系统

e-tron是奥迪的第一台纯电SUV，基于纯电动平台PPE（Premium Platform Electric）开发。PPE平台是大众纯电动平台MEB（Modular Electrification Toolkit）的升级版，在大众集团内供给奥迪、保时捷、宾利等豪华品牌使用。e-tron采用电池底部布局，配备容量95kWh的动力锂电池组。前后桥各配一台大功率驱动电机，组成双电机纯电动力总成（图4-66）。

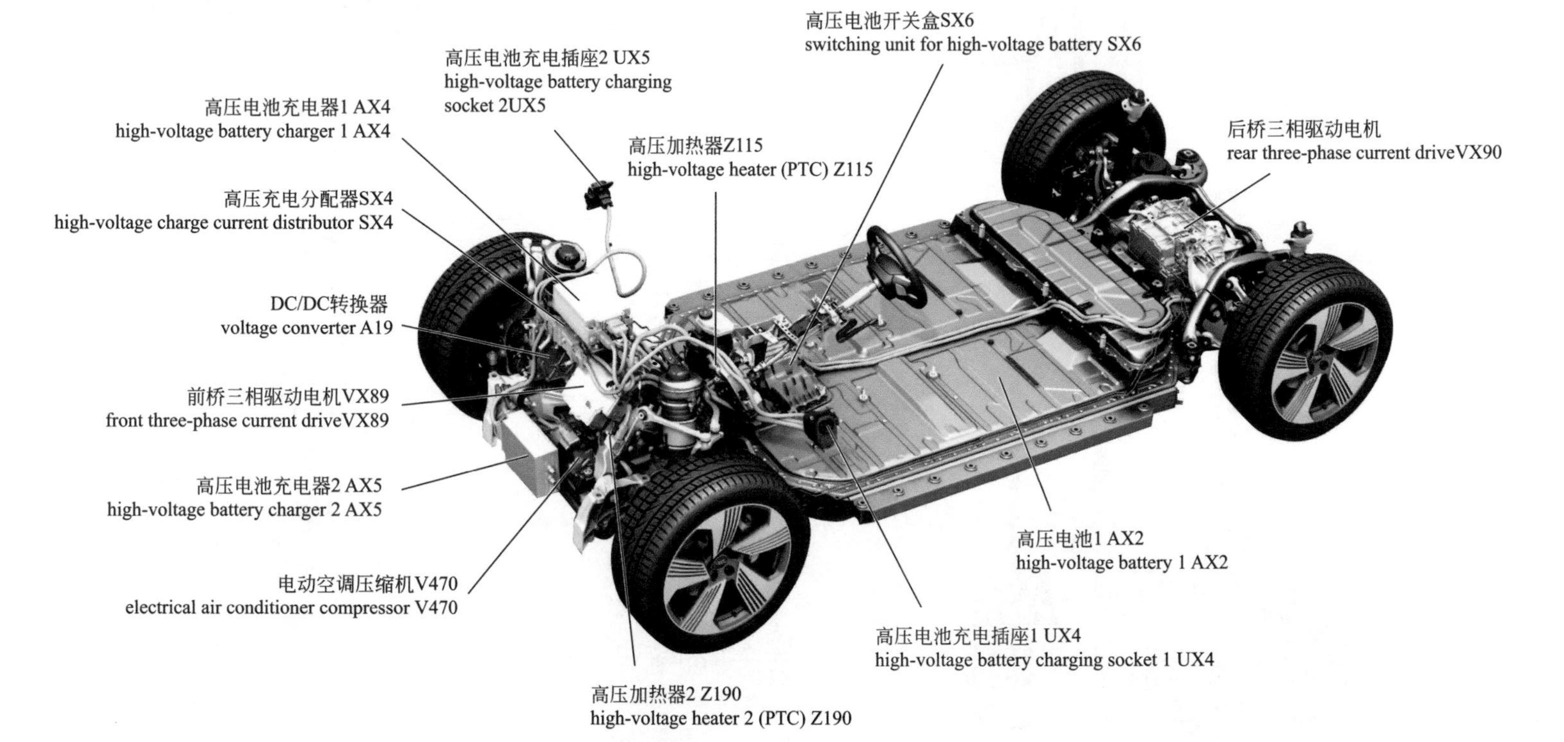
高压电池开关盒SX6
switching unit for high-voltage battery SX6
高压电池充电插座2 UX5
high-voltage battery charging
socket 2UX5
高压电池充电器1 AX4
high-voltage battery charger 1 AX4
高压加热器Z115
high-voltage heater (PTC) Z115
后桥三相驱动电机
rear three-phase current driveVX90
高压充电分配器SX4
high-voltage charge current distributor SX4
DC/DC转换器
voltage converter A19
前桥三相驱动电机VX89
front three-phase current driveVX89
高压电池充电器2 AX5
high-voltage battery charger 2 AX5
高压电池1 AX2
high-voltage battery 1 AX2
电动空调压缩机V470
electrical air conditioner compressor V470
高压电池充电插座1 UX4
high-voltage battery charging socket 1 UX4
高压加热器2 Z190
high-voltage heater 2 (PTC) Z190

图4-66 奥迪e-tron电驱动系统

4.4.2 e-tron驱动电机

e-tron采用高度集成的三相驱动电机（图4-67），能够随行驶状况的变化连续调节前后桥分配的动力。在日常行驶中，车辆由后桥驱动电机提供动力；当车辆在爬坡、全力加速或者传感器检测到后轮打滑时，车辆的ECU将在0.03s内让前桥电机完全介入，变成四驱系统。奥迪e-tron在电机方面也是采用前后双异步电机的布局，也就是电动quattro四驱。前后双异步电机的优势就是长期使用一直性较好，同时也不存在高温退磁的问题。

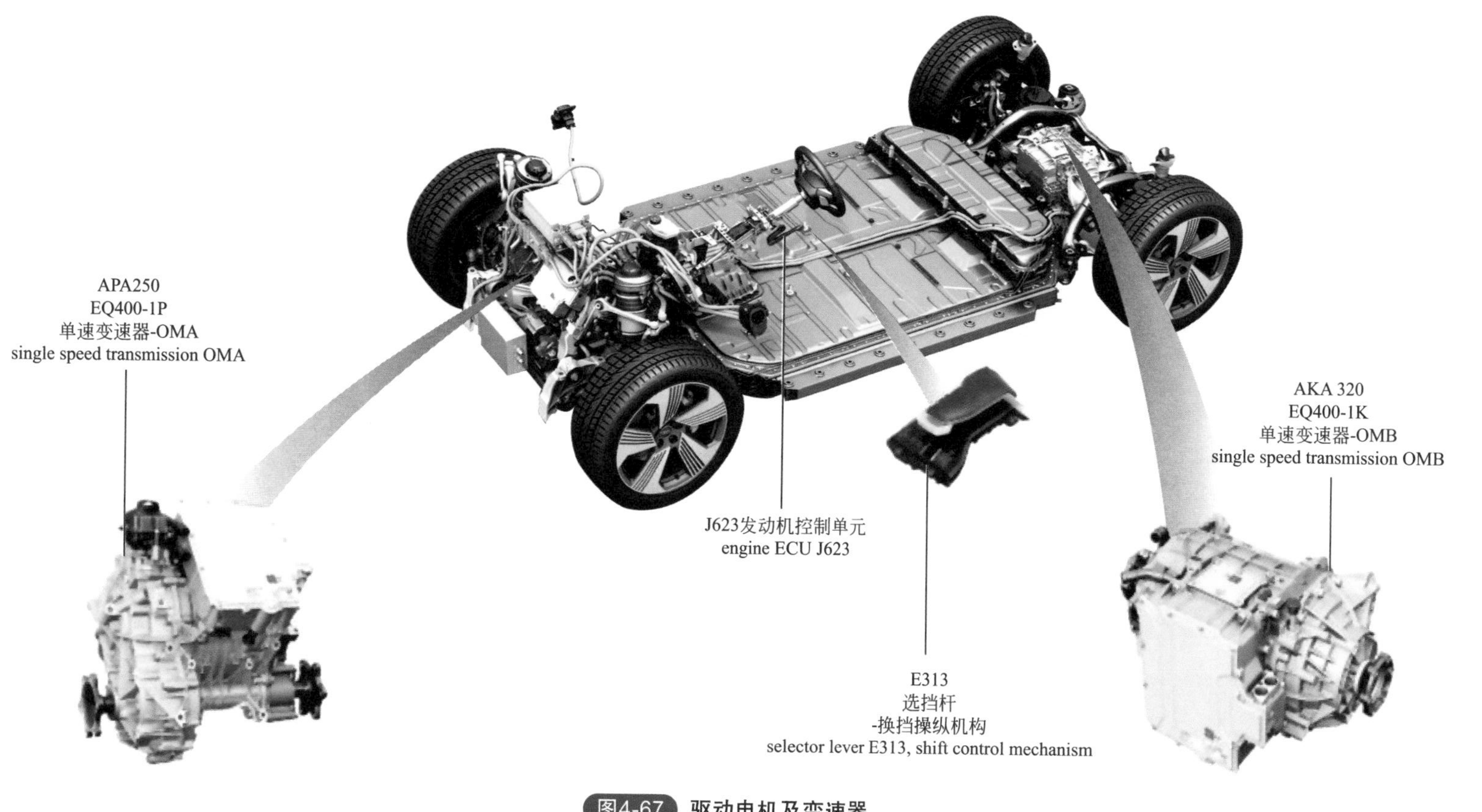
APA250
EQ400-1P
单速变速器-OMA
single speed transmission OMA
J623发动机控制单元
engine ECU J623
E313
选挡杆
-换挡操纵机构
selector lever E313, shift control mechanism
AKA 320
EQ400-1K
单速变速器-OMB
single speed transmission OMB

图4-67 驱动电机及变速器

针对双电机布局如何做到不过多侵占车内空间的问题，e-tron采用前平行轴和轻量化差速器结构，将前驱动电机和减速器共用同一壳体（图4-68）；后驱动电机则采用同轴结构设计，加上轻量化差速器结构，e-tron电机结构更紧凑，占用空间更小（图4-69）。

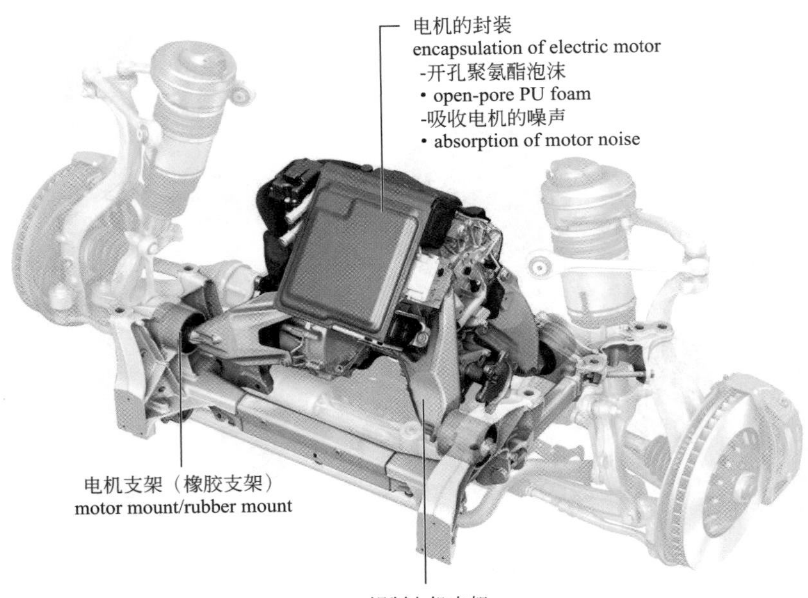
电机的封装
encapsulation of electric motor
-开孔聚氨酯泡沫
• open-pore PU foam
-吸收电机的噪声
• absorption of motor noise
电机支架（橡胶支架）
motor mount/rubber mount
铝制电机支架
motor support made from aluminum

图4-68 前桥驱动电机总成的布置

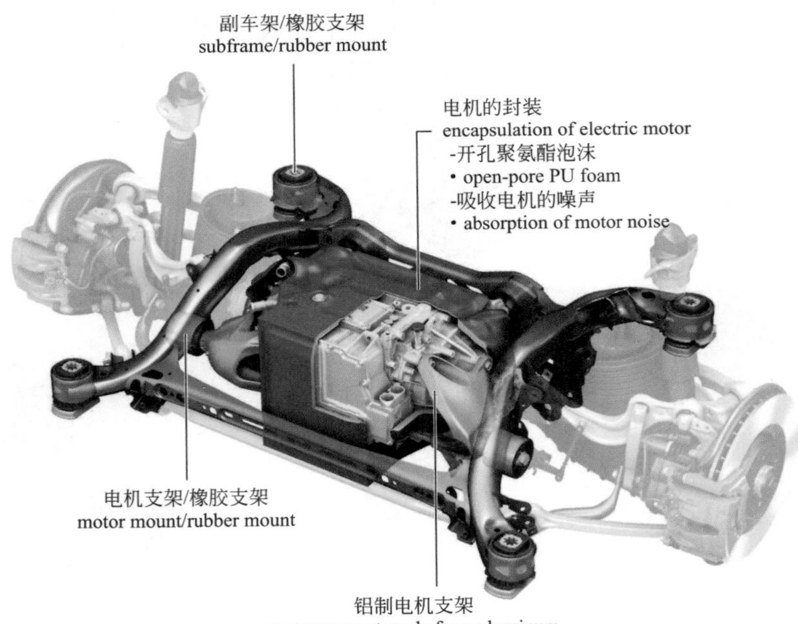
副车架/橡胶支架
subframe/rubber mount
电机的封装
encapsulation of electric motor
-开孔聚氨酯泡沫
• open-pore PU foam
-吸收电机的噪声
• absorption of motor noise
电机支架/橡胶支架
motor mount/rubber mount
铝制电机支架
motor support made from aluminum

图4-69 后桥驱动电机总成的布置

(1) 前桥驱动电机

前桥驱动电机总成VX89包括电机、变速器和功率电子装置，这三个装置集成在一起（图4-70）。功率电子装置外部加装金属防护罩，防止碰撞后高压短路起火。

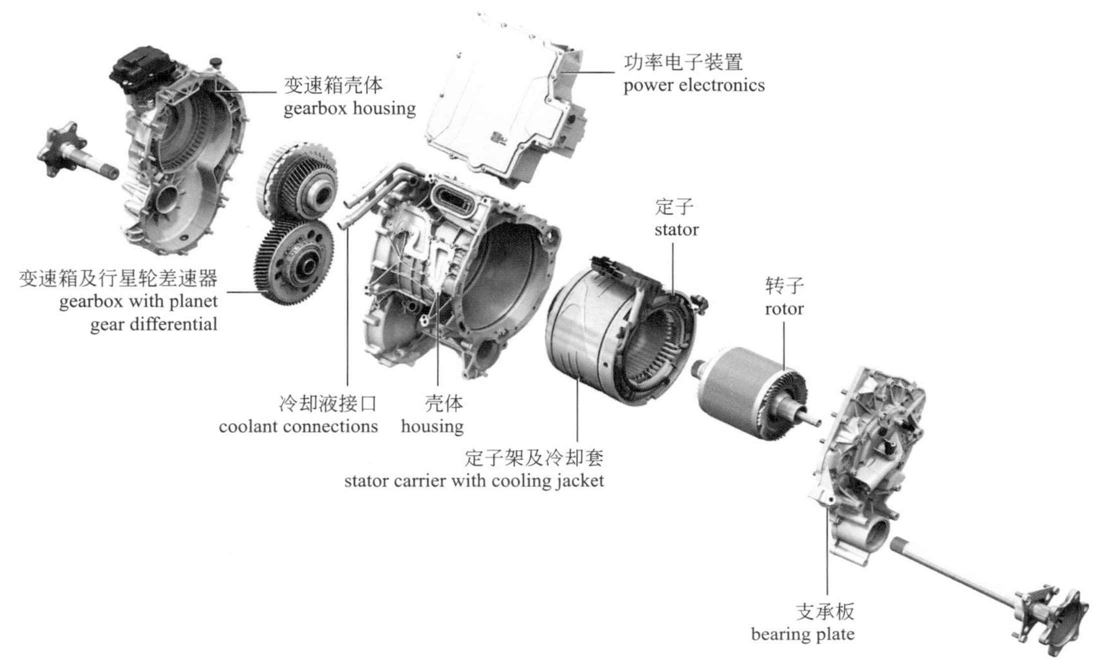
变速箱壳体
gearbox housing
功率电子装置
power electronics
定子
stator
转子
rotor
变速箱及行星轮差速器
gearbox with planet
gear differential
冷却液接口
coolant connections
壳体
housing
定子架及冷却套
stator carrier with cooling jacket
支承板
bearing plate

图4-70 前驱动电机分解图

前桥驱动电机最大输出功率可达135kW，最大转矩为309Nm。驱动电机与变速器连成一体（图4-71）。

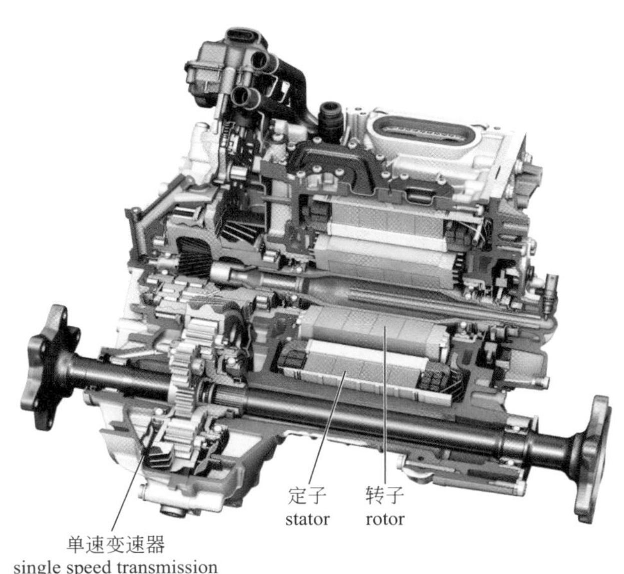
定子
stator
转子
rotor
单速变速器
single speed transmission

图4-71 前桥驱动电机和变速器剖面图

e-tron驱动电机转子轴为空心轴，冷却液可进入电机轴，以便冷却。由于采用交流异步驱动方式，转子采用铝合金笼型结构（图4-72）。

图4-72 前桥驱动电机定子和转子结构

❶ 转速传感器。电机转速传感器（亦称旋转变压器）是根据坐标转换原理工作的，可以检测到转子轴最小的角度变化。该传感器由两部分构成：坐标转换器盖上的不动的传感器和安装在转子轴上的靶轮（图4-73）。功率电子装置根据转子位置信号，计算出控制异步电机所需的转速信号。

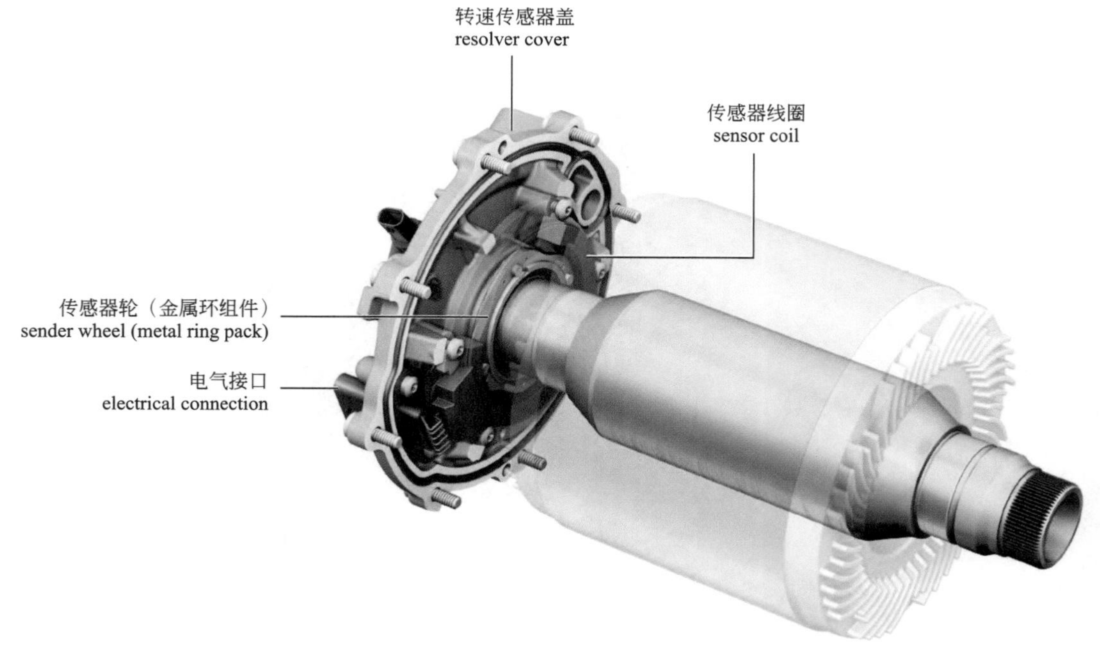
转速传感器盖
resolver cover
传感器线圈
sensor coil
传感器轮（金属环组件）
sender wheel (metal ring pack)
电气接口
electrical connection

图4-73 转速传感器

❷ 电机温度传感器。如图4-74所示，每个驱动电机上有两个不同的温度传感器。在前桥驱动电机上有电机冷却液温度传感器G1110和电机温度传感器G1093。电机冷却液温度传感器G1110用于监控流入的冷却液的温度。电机温度传感器G1093用于测量定子温度，为了测量精确，G1093是集成在定子绕组上的且采用冗余设计。就是说，尽管只需要1个传感器，但是在定子绕组上集成2个传感器。一旦一个定子温度传感器损坏了，那么另一个传感器仍可执行温度监控。

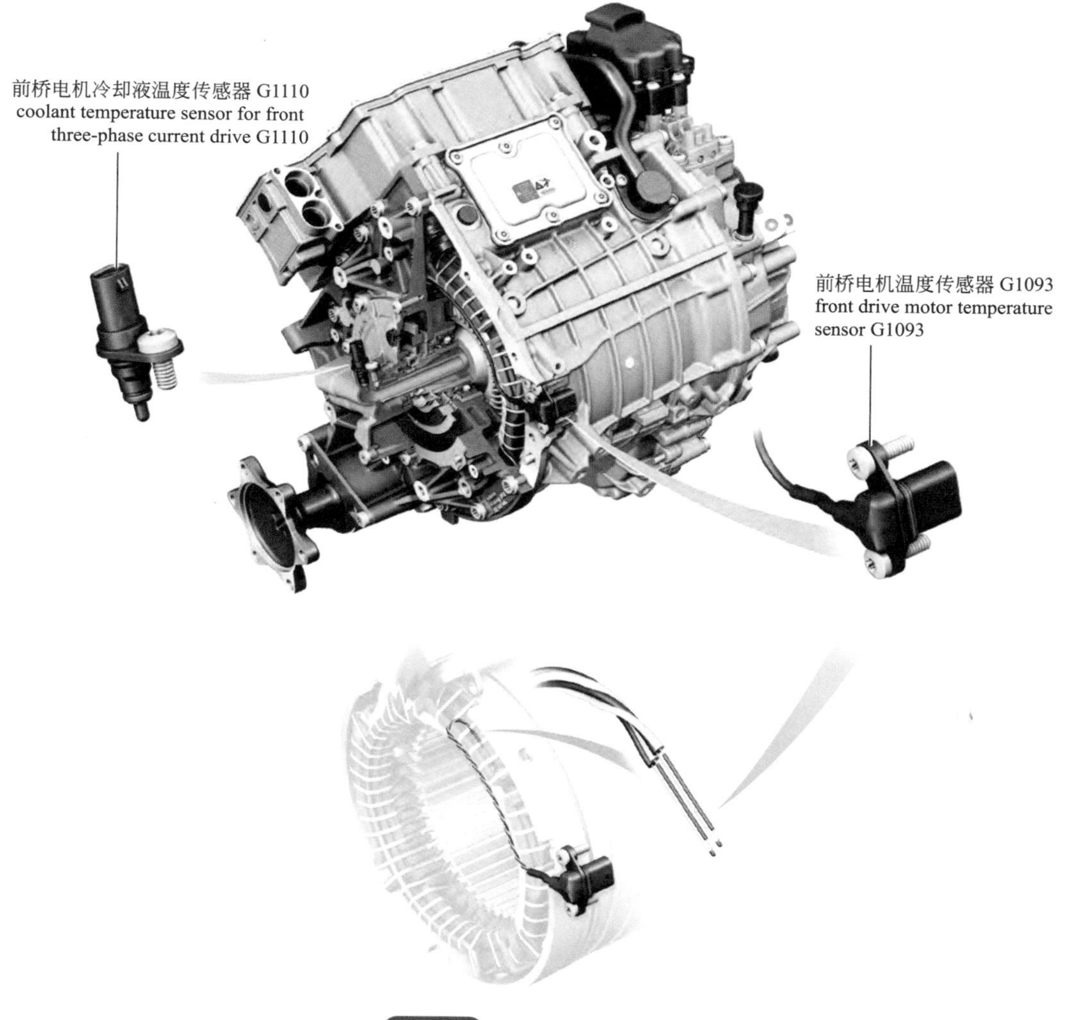
前桥电机冷却液温度传感器 G1110
coolant temperature sensor for front
three-phase current drive G1110
前桥电机温度传感器 G1093
front drive motor temperature
sensor G1093

图4-74 电机温度传感器

后桥上的结构与此相同，定子内有电机温度传感器G1096，冷却液温度由电机冷却液温度传感器G1111来测量。

❸ 异步电机工作原理。驱动电机定子是通过功率电子装置来获得交流电供给的。铜绕组内的电流会在定子内产生旋转的磁通量（旋转的磁场），这个旋转磁场会穿过定子。如图4-75所示，异步电机转子的转动要稍慢于定子的转动磁场（这就是异步的意思），这个差值我们称之为转差率（转差率表示的是转子和定子内磁场之间的转速差，也叫滑差率），于是就在转子的铝

制笼内感应出一个电流，转子内产生的磁场会形成一个切向力，使得转子转动，叠加的磁场就产生转矩。异步感应电机具有更高的转速极限，最高可达15000r/min，并且有更强的过载能力，最大可达额定值的5倍。

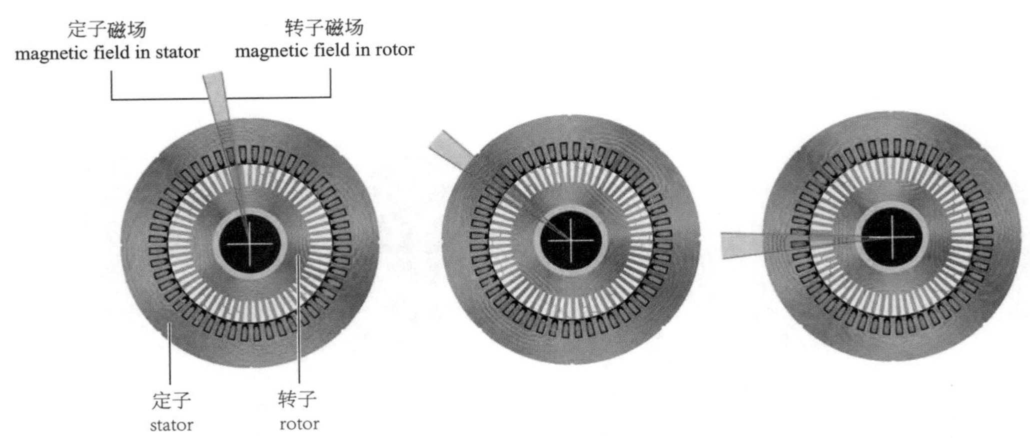
定子磁场
magnetic field in stator
转子磁场
magnetic field in rotor
定子
stator
转子
rotor

图4-75 异步感应电机的定子与转子磁场

（2）后桥驱动电机

与前桥驱动电机总成一样，后桥驱动电机总成VX90（图4-108）也将电机、变速器和功率电子装置集成在一起，简化高压布线，结构更加紧凑。后桥传动采用同轴行星排布置和轻量化差速器结构，电机壳体与变速器前壳体整体压铸，共用同一壳体（图4-76）。

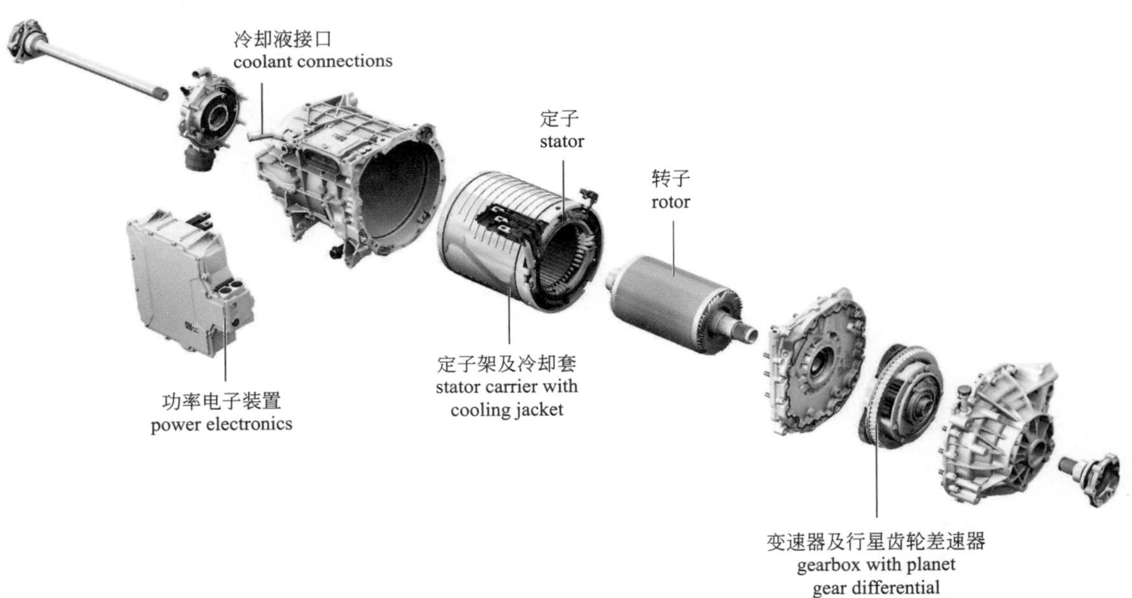
冷却液接口
coolant connections
定子
stator
转子
rotor
功率电子装置
power electronics
定子架及冷却套
stator carrier with
cooling jacket
变速器及行星齿轮差速器
gearbox with planet
gear differential

图4-76 后桥驱动电机分解图

后桥电机通过同轴式结构来传递力矩，最大输出功率可达165kW，最大转矩为335Nm。电机定子采用三个呈120° 布置的铜绕组，转子为铝制笼型的（图4-77）。

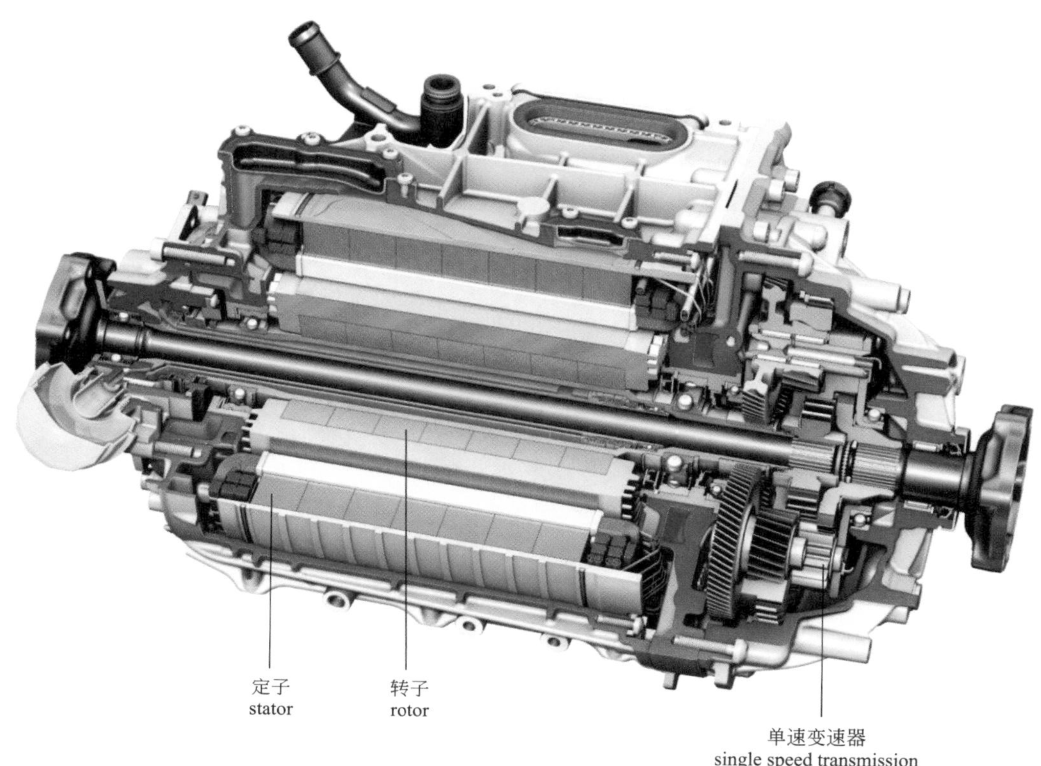
定子
stator
转子
rotor
单速变速器
single speed transmission

图4-77 后桥电机和变速器剖面图

（3）电机的端面密封

由于转子工作在高速旋转状态，因此碳化硅材料的转轴侧面密封环成为其中的关键部件。在保证冷却液密封的同时又能够承受高转速的磨损，具有高强度耐磨特性。由于对转子轴内性能的要求，电机是通过转子内部冷却系统用冷却液来冷却的。要想不让电机内冷却液去往定子，就采用端面密封来让旋转着的转子轴与不动的壳体实现密封。这种端面密封属于轴向密封，与径向轴密封圈相比，能承受更高的转速。受结构所限，前桥电机采用一个端面密封，后桥电机采用两个端面密封。

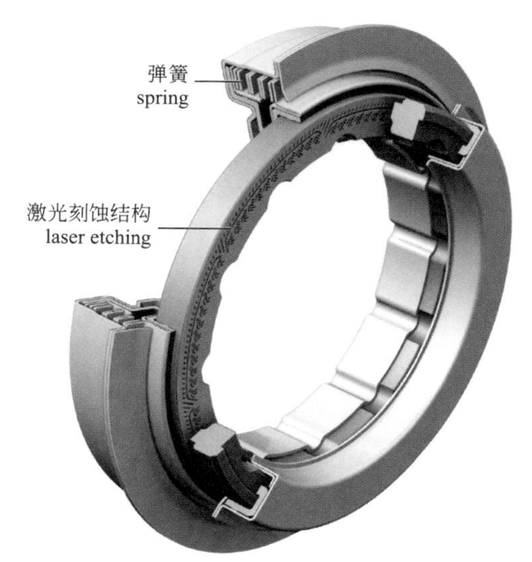
弹簧
spring
激光刻蚀结构
laser etching

图4-78 密封转动环的结构

要想实现端面密封的功能，转动环之间的密封间隙必须要冷却和润滑。为了能在所有工作条件下都保证这个状态，密封转动环在制造时采用激光刻蚀工艺（图4-78）。这种激光加工的结构能把冷却液压回转子轴，但是无法阻止非常小的泄漏。漏出的冷却液被收集到一个储液罐内，储液罐是用螺栓拧在电机内的。在前桥上，转速传感器盖有个隆起，冷却液被收集到这个隆起内，此处还有一个排放螺栓。

电机的端面密封用于实现旋转的转子轴与不动的壳体之间的密封，前桥电机采用一个端面密封（图4-79），后桥电机采用两个端面密封（图4-80）。端面密封有技术性泄漏，相关部位设置有排液螺栓和储液罐（图4-81），密封转动环会把大量冷却液送回电机，漏出的冷却液被收集到专门的空间内（前桥）或者储液罐内（后桥），这些冷却液在进行保养周期检查时需要排空。

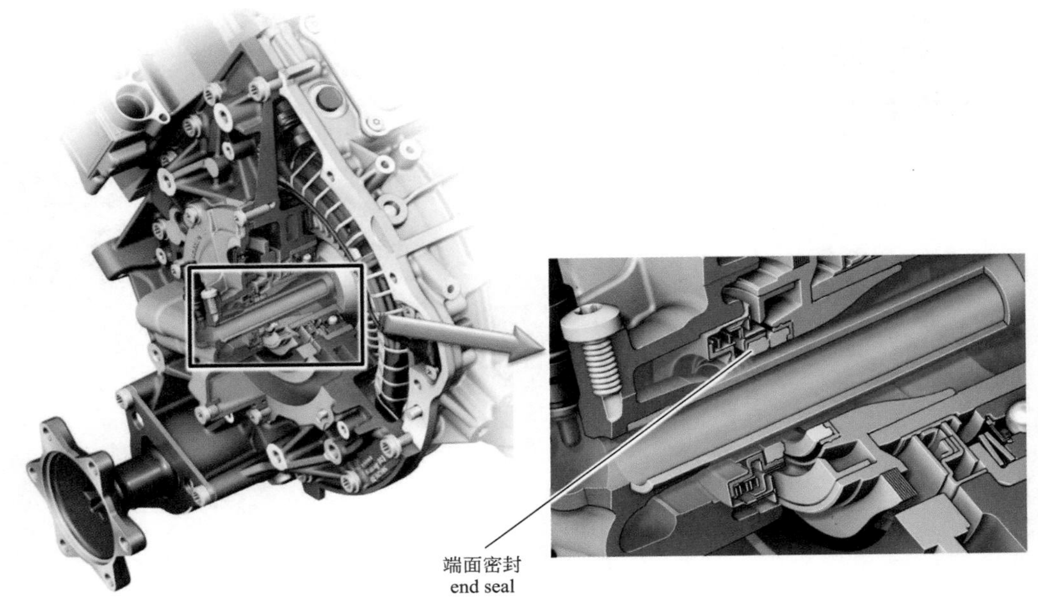
端面密封
end seal

图4-79 前桥电机的端面密封

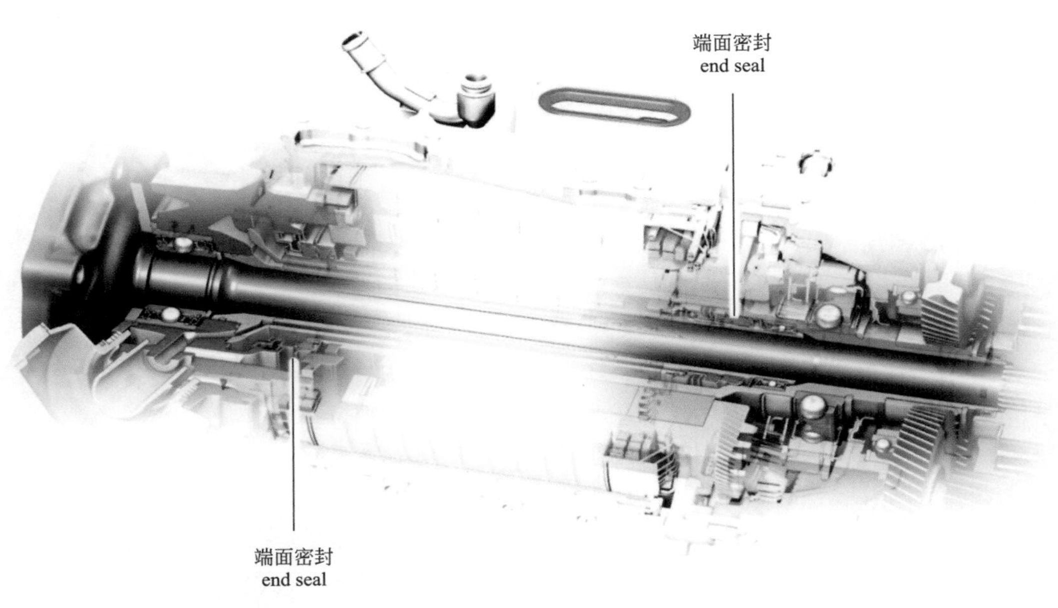
端面密封
end seal
端面密封
end seal

图4-80 后桥电机的端面密封

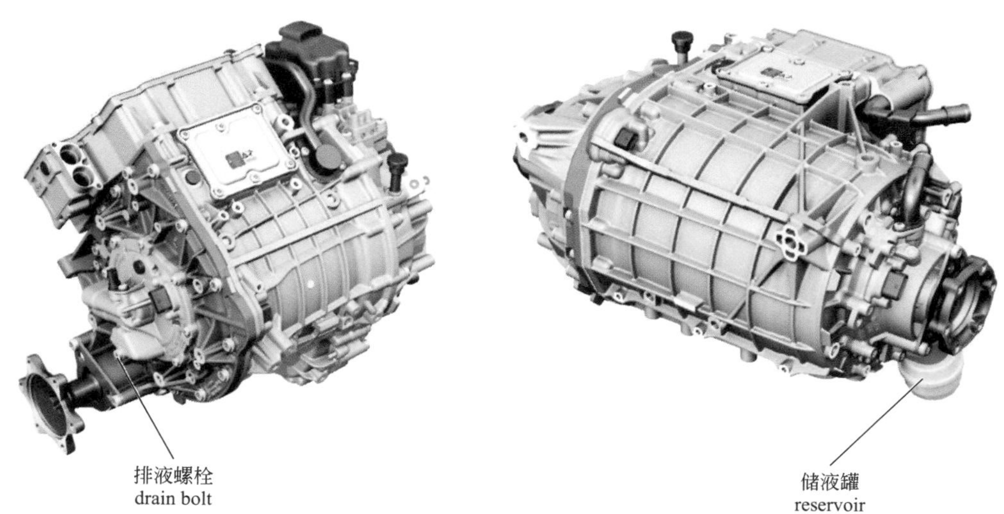
排液螺栓
drain bolt
储液罐
reservoir

图4-81 排液螺栓和储液罐的安装位置

4.4.3 e-tron动力传动系统

（1）前桥变速器

前桥变速器OMA由德国舍弗勒公司制造，采用二级减速齿轮机构，输入输出平行轴布置，一级行星排+二级平行圆柱斜齿轮结构。差速器为舍弗勒独有的轻量化差速器，还配有机械式驻车锁（图4-82）。

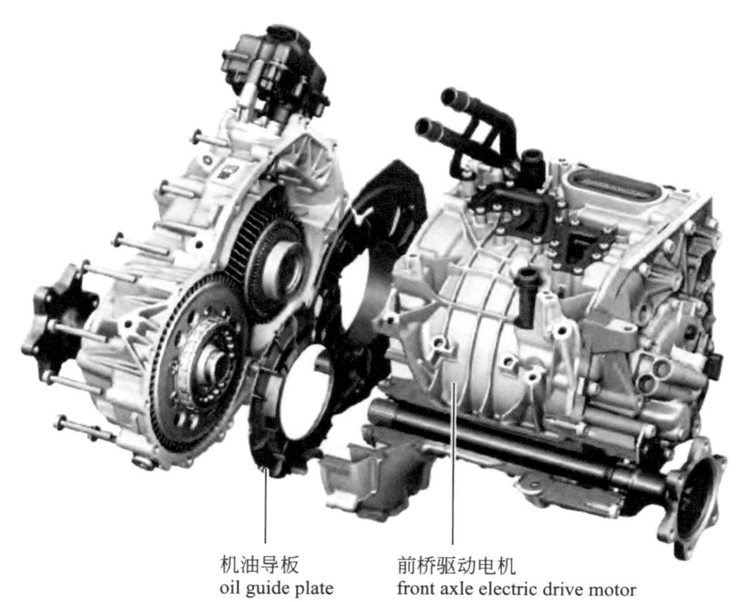
机油导板
oil guide plate
前桥驱动电机
front axle electric drive motor

图4-82 OMA变速器

转矩转换分为两级：第一个减速级是采用行星齿轮副从太阳轮轴传至行星齿轮和行星齿轮架，第二个减速级是借助圆柱齿轮机构把转矩从行星齿轮架传至差速器（图4-83）。

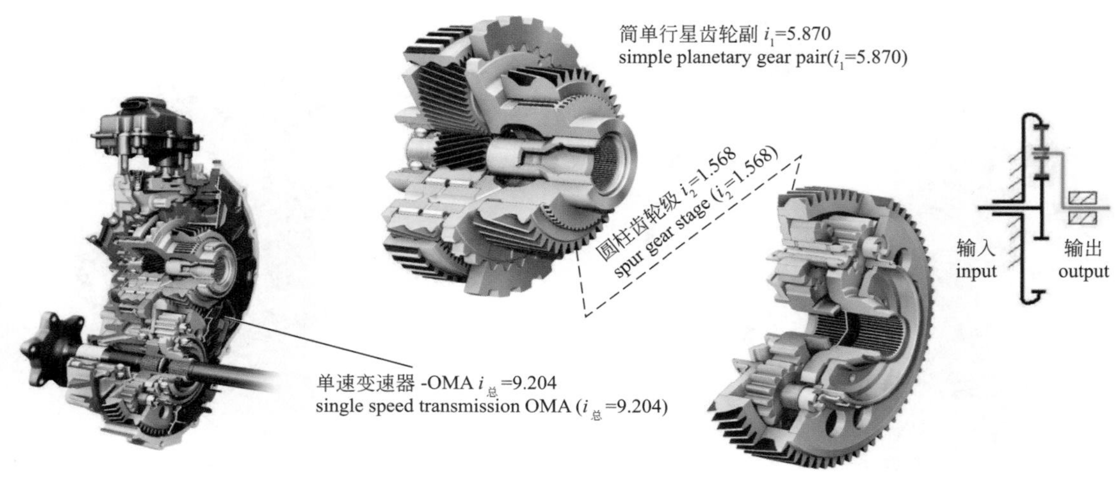

简单行星齿轮副 i_1=5.870
simple planetary gear pair(i_1=5.870)
圆柱齿轮级 i_2=1.568
spur gear stage (i_2=1.568)
输入
input
输出
output
单速变速器 -OMA $i_{总}$=9.204
single speed transmission OMA ($i_{总}$=9.204)

图4-83 前驱两级减速机构

输入轴（太阳轮）与电机轴花键配合，轴系为三轴承支承，其中两个球轴承支承电机轴，一个球轴承支承减速器输入轴。驻车齿轮布置在输入轴系行星排的行星架上，且驻车齿轮直径较大，以减小驻车系统的载荷（图4-84）。

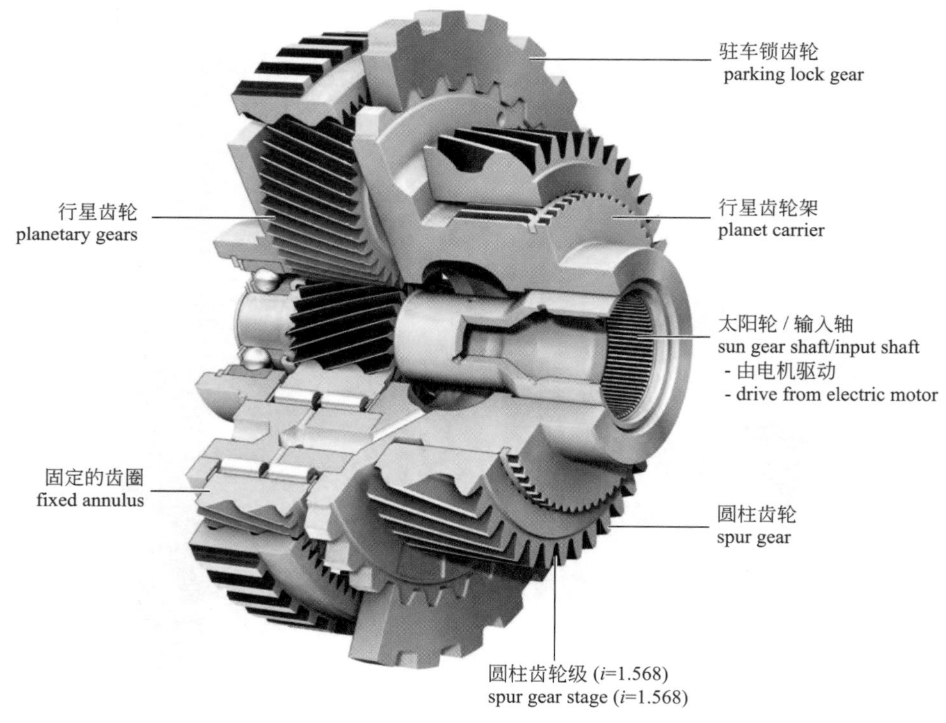

驻车锁齿轮
parking lock gear
行星齿轮
planetary gears
行星齿轮架
planet carrier
太阳轮 / 输入轴
sun gear shaft/input shaft
- 由电机驱动
- drive from electric motor
固定的齿圈
fixed annulus
圆柱齿轮
spur gear
圆柱齿轮级 (i=1.568)
spur gear stage (i=1.568)

图4-84 行星齿轮副

（2）后桥变速器

后桥变速器OMB与电机的壳体一起构成一个有自己机油系统的封闭的单元。变速器OMB拥有同轴结构双级减速比和行星齿轮式轻量化差速器（图4-85）。

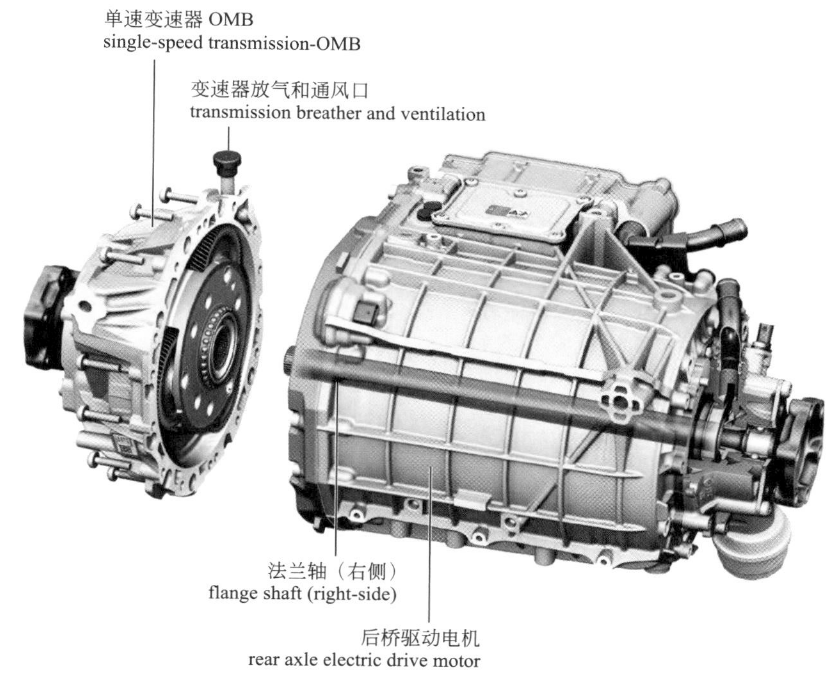
单速变速器 OMB
single-speed transmission-OMB
变速器放气和通风口
transmission breather and ventilation
法兰轴（右侧）
flange shaft (right-side)
后桥驱动电机
rear axle electric drive motor

图4-85　后桥变速器OMB

双级转矩转换（减速）是采用阶梯式行星齿轮副来实现的。第一个减速级是采用阶梯行星齿轮副从太阳轮传至阶梯行星齿轮副的大圆柱齿轮（i=1.917）。第二个减速级是通过阶梯行星齿轮的小圆柱齿轮（它支承在固定不动的齿圈上并驱动行星齿轮架）来实现的（i=4.217），力矩通过行星齿轮架直接传至行星齿轮式轻量化差速器。行星齿轮架分为两个平面：在第一个平面内是与阶梯行星齿轮啮合，在第二个平面内与差速器的行星齿轮（宽和窄）啮合，并由此构成差速器壳体。OMB变速器有自己的机油系统，采用浸润式和飞溅式润滑，采用同轴式结构，不需要专门的部件（就像OMA变速器上的机油导板）去分配机油（图4-86）。

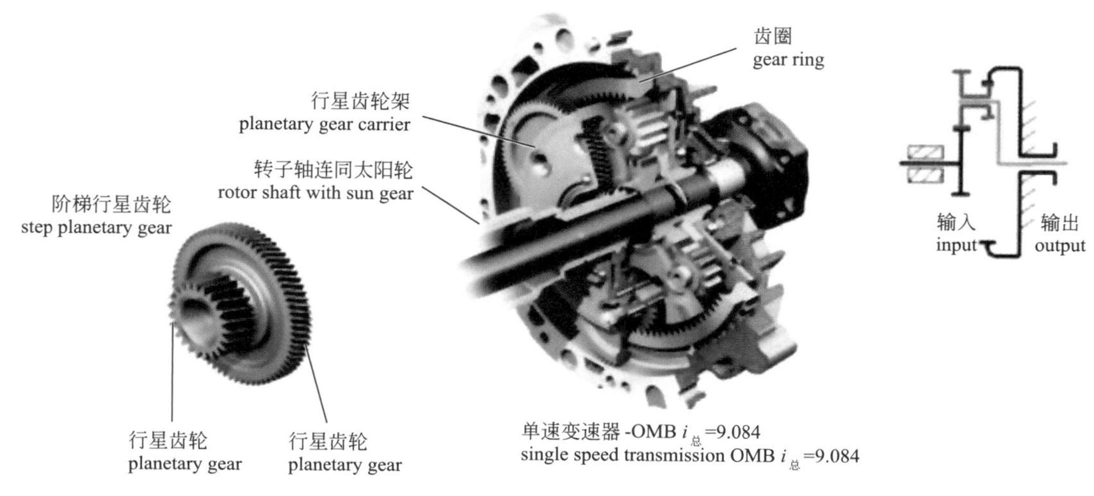
齿圈
gear ring
行星齿轮架
planetary gear carrier
转子轴连同太阳轮
rotor shaft with sun gear
阶梯行星齿轮
step planetary gear
输入
input
输出
output
行星齿轮
planetary gear
行星齿轮
planetary gear
单速变速器 -OMB $i_{总}$=9.084
single speed transmission OMB $i_{总}$=9.084

图4-86　后驱两级减速机构

（3）差速器

e-tron前后驱动桥均采用直齿圆柱齿轮轻量化差速器，需要很小的轴向空间，结构宽度非常小，通过使用两个不同大小的太阳轮来实现。为了能把力矩均等地传至两侧，齿轮的几何形状是这样设计的：这两个太阳轮的齿数是相同的，由于小太阳轮的齿根相比较而言要窄，所以就把该齿轮加宽一些，以便能承受负荷。前驱的差速器轴向尺寸仅有83mm，质量不到10kg，很难想象如此紧凑的差速器能承受最大2700Nm的轮端转矩，这是普通锥齿轮差速器就目前技术水平几乎达不到的（图4-87）。

圆柱齿轮 spur gear

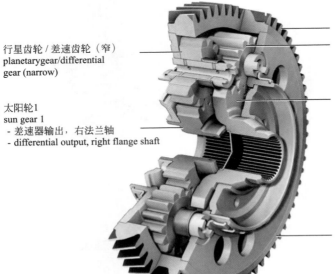

行星齿轮 / 差速齿轮（窄）
planetarygear/differential
gear (narrow)

行星齿轮 / 差速齿轮（宽）
planetarygear/
compensating gear (wide)

太阳轮2
sun gear 2
- 差速器输出，左法兰轴
- differential output, left flange shaft

太阳轮1
sun gear 1
- 差速器输出，右法兰轴
- differential output, right flange shaft

行星齿轮架 / 差速器壳体
planet carrier/differential case

图4-87 行星齿轮式轻量化差速器

圆柱齿轮差速器把输入力矩均等地分配到两个输出端（50 : 50）。驱动力矩经圆柱齿轮2被传至差速器壳体上。差速器壳体被用作行星齿轮架，它又会把力矩等量地传至行星齿轮。宽行星齿轮和窄行星齿轮彼此啮合在一起，用作差速器齿轮，会把力矩分配到两个太阳轮上，并在转弯时负责所需的车轮转速补偿。窄差速齿轮与太阳轮1啮合；宽差速齿轮与太阳轮2啮合（图4-88）。

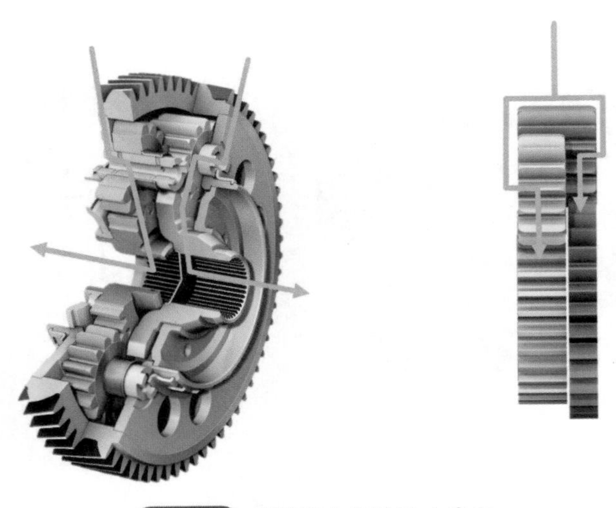

图4-88 差速器内部的动力走向

（4）电动机械式驻车锁

e-tron驻车锁是电动机械操纵式的。驻车锁集成在前桥电机/变速器内，由电动的驻车锁执行器V682来操纵。驻车锁的位置由驻车锁执行器控制单元根据驻车锁传感器来监控（图4-89）。

V682 驻车锁执行器
park lock actuatorV682
单速变速器 OMA
single speed transmission
OMA

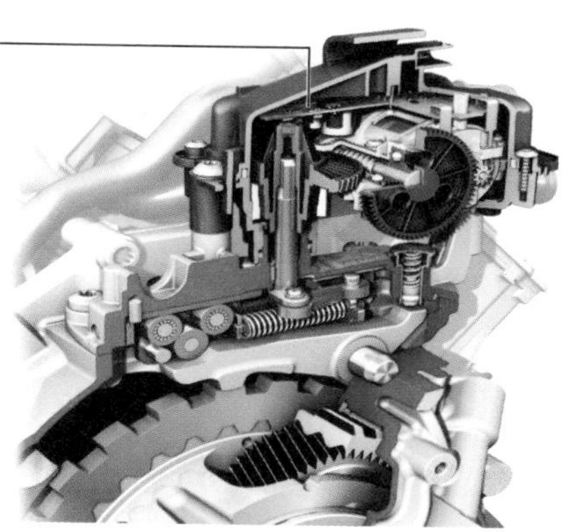
驻车锁传感器
park lock sensor

图4-89 驻车锁位置

驻车锁执行器操纵一个传统的驻车锁机构，使用电机以电动机械方式来让止动爪接合。用于操纵止动爪的机构可以自锁，保证驻车锁靠自己就能可靠地保留在解锁位置（P-OFF）和上锁位置（P-ON）。驻车锁可细分为三个模块：驻车锁执行器、驻车锁的机械操纵机构、驻车锁锁体（止动爪和驻车锁齿轮）（图4-90）。

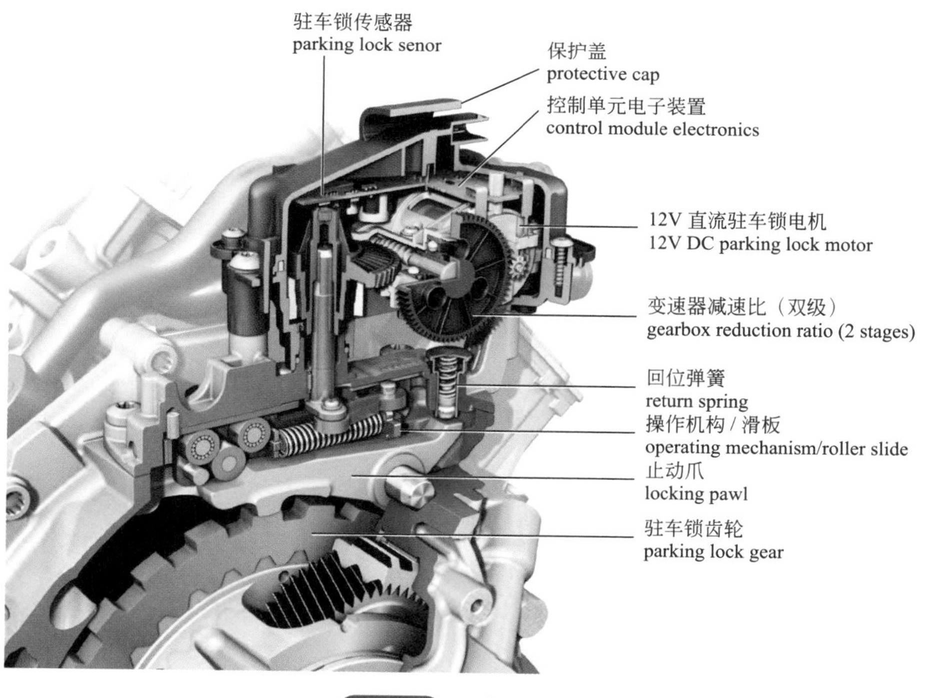
驻车锁传感器
parking lock senor
保护盖
protective cap
控制单元电子装置
control module electronics
12V 直流驻车锁电机
12V DC parking lock motor
变速器减速比（双级）
gearbox reduction ratio (2 stages)
回位弹簧
return spring
操作机构 / 滑板
operating mechanism/roller slide
止动爪
locking pawl
驻车锁齿轮
parking lock gear

图4-90 驻车锁结构

❶ 上锁位置（P-ON）

a.驻车锁电机把换挡轴转至位置P-ON。如果驻车锁齿轮是“齿对齿”，那么滑板因部件原因不会被一同拉动。滑板在执行弹簧的作用下处于强受力状态，止动爪也就相应地被用力压靠在驻车锁齿轮的齿上了。

b.一旦车辆轻微移动，那么驻车锁齿轮就会转动。在遇到下一个齿槽时，由于滑板处于预受力状态，因此止动爪会迅速卡入齿槽，于是驻车锁就接合（就是处于阻止车辆移动的工作状态）。由于驻车锁机械机构有自锁的几何形状，因此止动爪就长久地卡在滑板的这个位置上并被锁住（机械式自锁）。

❷ 解锁位置（P-OFF）。驻车锁电机把换挡轴转至位置P-OFF。这时滑板完全靠左，回位弹簧元件会把止动爪压靠到位置P-OFF并保持在该位置上（图4-91）。

(a)位置P-ON（上锁）

(b)位置 P-OFF（解锁）

图4-91 驻车锁工作状态

4.4.4 e-tron电机冷却系统

前桥和后桥的驱动电机是通过低温循环管路液体冷却的，定子和转子上都有冷却液流过。

（1）前桥驱动电机冷却

前桥驱动电机由冷却液接口、带有密封件的交流电接口、定子冷却套、带有两个极对的定子、前桥驱动电机温度传感器、转子、搭铁环的银套、转子位置传感器和前桥驱动电机冷却液温度传感器等组成。前桥功率电子装置和驱动电机彼此串联在冷却环路中，冷却液首先流经功率电子装置，然后对转子内部进行冷却。最后冷却液流经定子冷却套并返回到循环管路中（图4-92）。

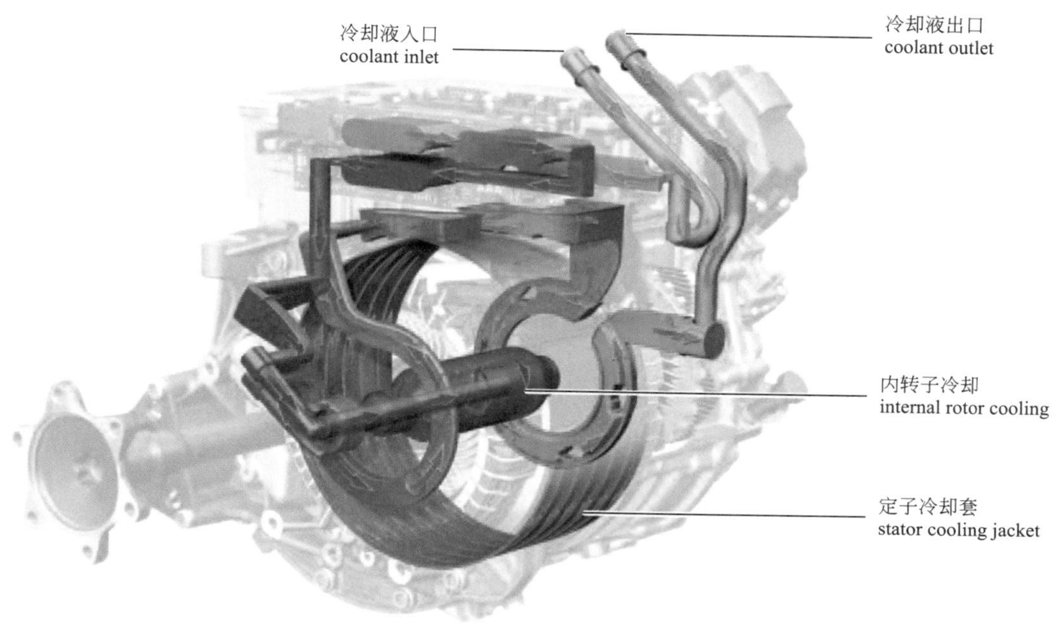
冷却液入口
coolant inlet
冷却液出口
coolant outlet
内转子冷却
internal rotor cooling
定子冷却套
stator cooling jacket

图4-92 前桥电机冷却系统

（2）后桥驱动电机冷却

在后桥驱动电机中，冷却液先流经功率电子装置，然后流经定子冷却套、转子内水腔，最后再返回冷却液循环管路（图4-93）。

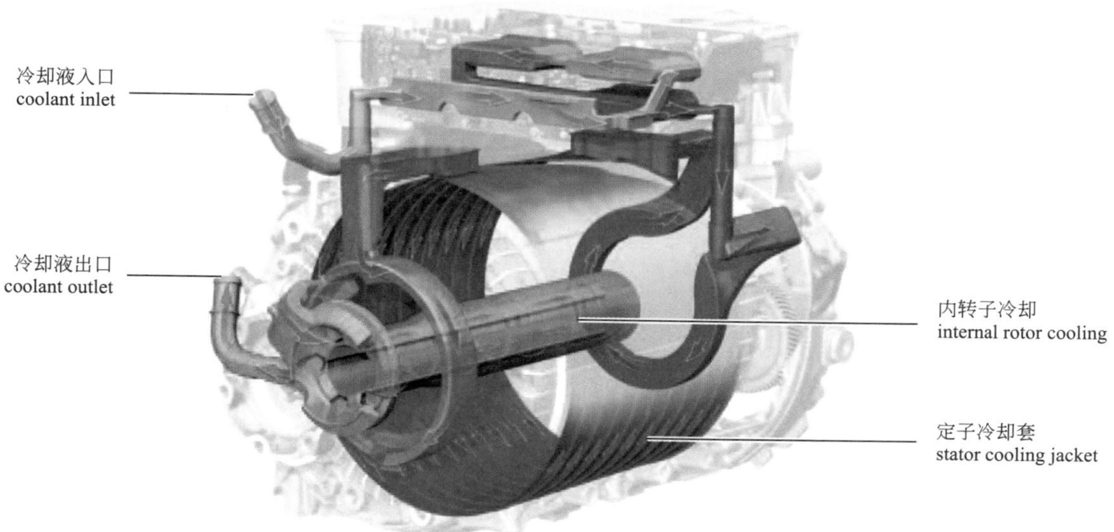
冷却液入口
coolant inlet
冷却液出口
coolant outlet
内转子冷却
internal rotor cooling
定子冷却套
stator cooling jacket

图4-93 后桥电机冷却系统

4.4.5 e-tron功率电子装置

功率电子装置（即电机控制器）的作用是为驱动电机提供所需的交流电（DC/AC），以及在进行制动能量回收时将交流电转换为直流电进行存储（AC/DC）。功率电子装置由上盖、控制电子装置、12V接口、高压电池直流电接口、通向定子绕组的三相交流电接口、壳体和密封件组成（图4-94）。功率电子装置通过密封件和交流接口与驱动电机连接。

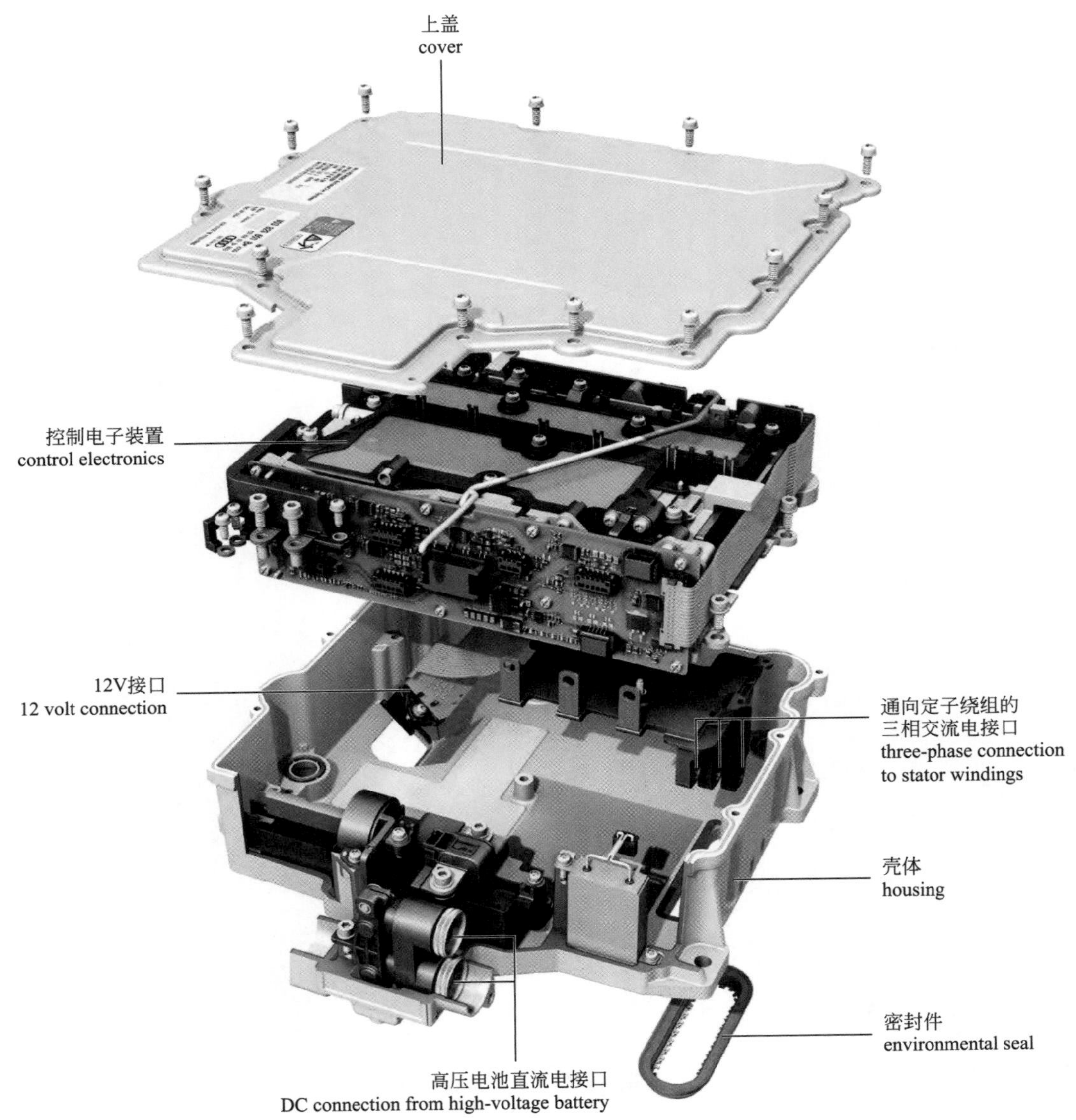
上盖
cover
控制电子装置
control electronics
12V接口
12 volt connection
通向定子绕组的
三相交流电接口
three-phase connection
to stator windings
壳体
housing
密封件
environmental seal
高压电池直流电接口
DC connection from high-voltage battery

图4-94 e-tron功率电子装置分解图

功率电子装置功率部件包括栅极驱动板、功率模块、模块支架、直流电容、控制板、相电流传感器和相电接口等组成（图4-95）。

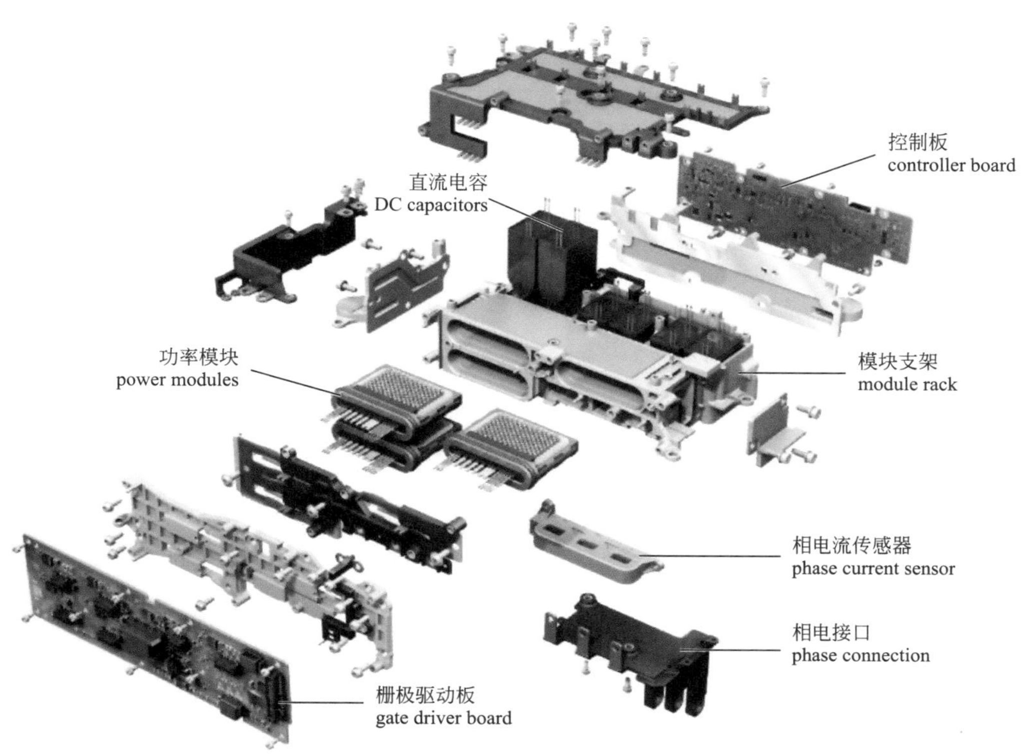
控制板
controller board
直流电容
DC capacitors
功率模块
power modules
模块支架
module rack
相电流传感器
phase current sensor
相电接口
phase connection
栅极驱动板
gate driver board

图4-95　功率电子装置功率部件分解图

功率电子装置的主要作用是为驱动电机提供所需的交流电，前后桥各有一个功率电子装置。在功率电子装置内部由6个IGBT半导体开关模块组成的三相开关电路将来自高压电池的直流电转化为交流电（图4-96）。

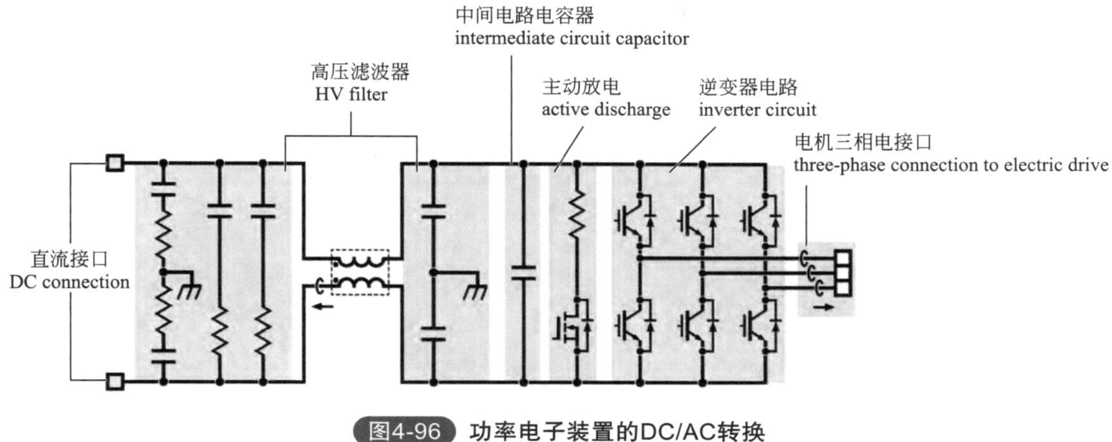
中间电路电容器
intermediate circuit capacitor
高压滤波器
HV filter
主动放电
active discharge
逆变器电路
inverter circuit
电机三相电接口
three-phase connection to electric drive
直流接口
DC connection

图4-96　功率电子装置的DC/AC转换

这个转换是通过脉冲宽度调制来进行的。驱动电机的转矩和转速分别通过改变脉冲宽度和频率来进行调节。PWM信号的脉冲宽度导通时间越长则转矩越大，频率越高则转速越高（图4-97）。

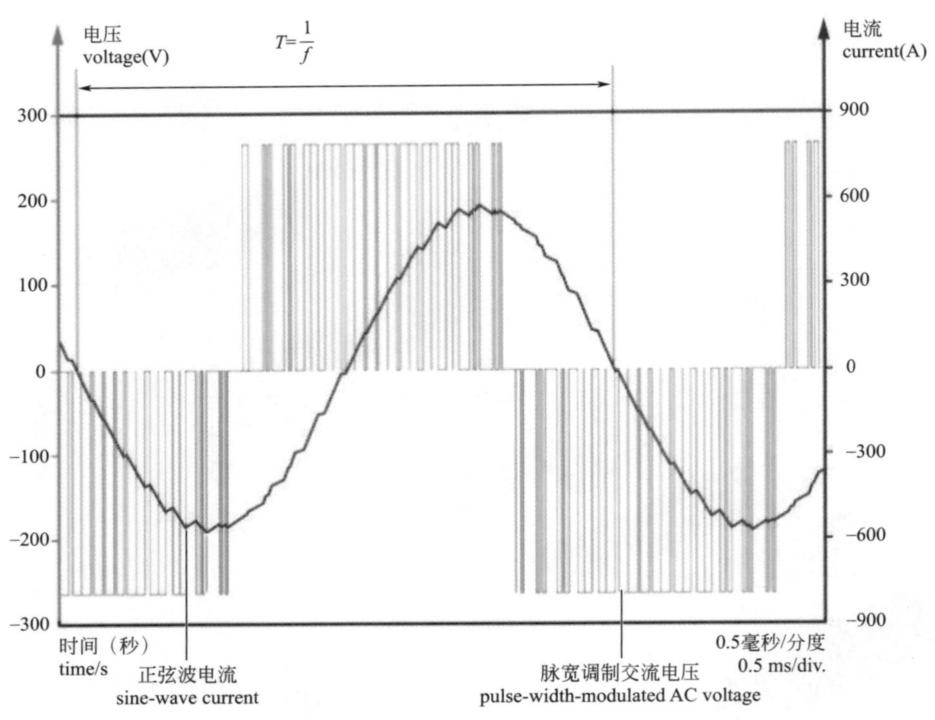
电压
voltage(V)
$T=\frac{1}{f}$
电流
current(A)
300
200
100
0
−100
−200
−300
900
600
300
0
−300
−600
−900
时间（秒）
time/s
正弦波电流
sine-wave current
脉宽调制交流电压
pulse-width-modulated AC voltage
0.5毫秒/分度
0.5 ms/div.

图4-97 动力电机逆变器工作原理

4.4.6 e-tron高压电池

高压电池1 AX2的结构如图4-98所示，高压电池用螺栓拧在车辆中间，用于支承车身。电池开关盒SX6安装在高压电池上。电池模块控制单元J1208安装在高压电池内。电池调节控制单元J840在右侧A柱上。

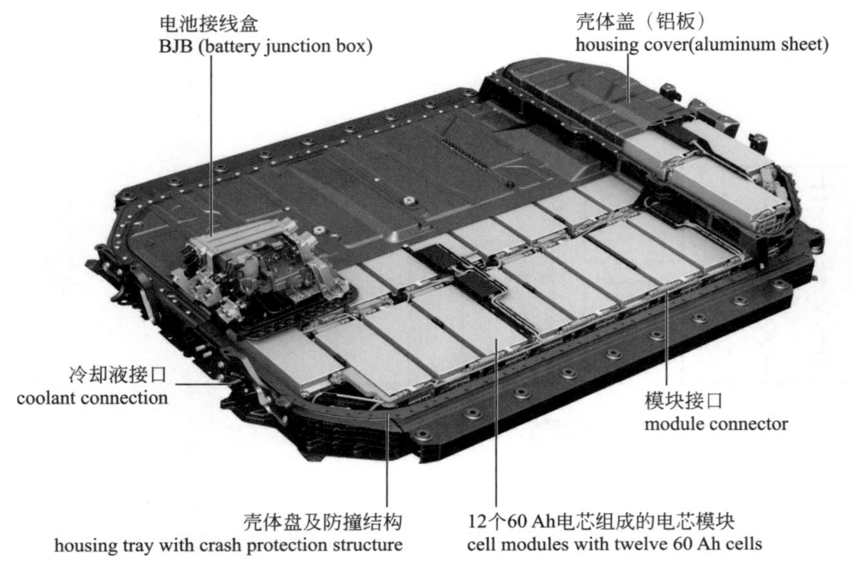
电池接线盒
BJB (battery junction box)
壳体盖（铝板）
housing cover(aluminum sheet)
冷却液接口
coolant connection
模块接口
module connector
壳体盘及防撞结构
housing tray with crash protection structure
12个60 Ah电芯组成的电芯模块
cell modules with twelve 60 Ah cells

图4-98 高压电池1 AX2结构

e-tron电池系统的分解如图4-99所示，其由铝合金防撞结构、网格结构电池壳体、下体护板组成。液冷系统一共有40m长的液冷管路，注入22L冷却液。最下方的下体护板用于阻隔碎石和尖锐物体对电池组的冲击。

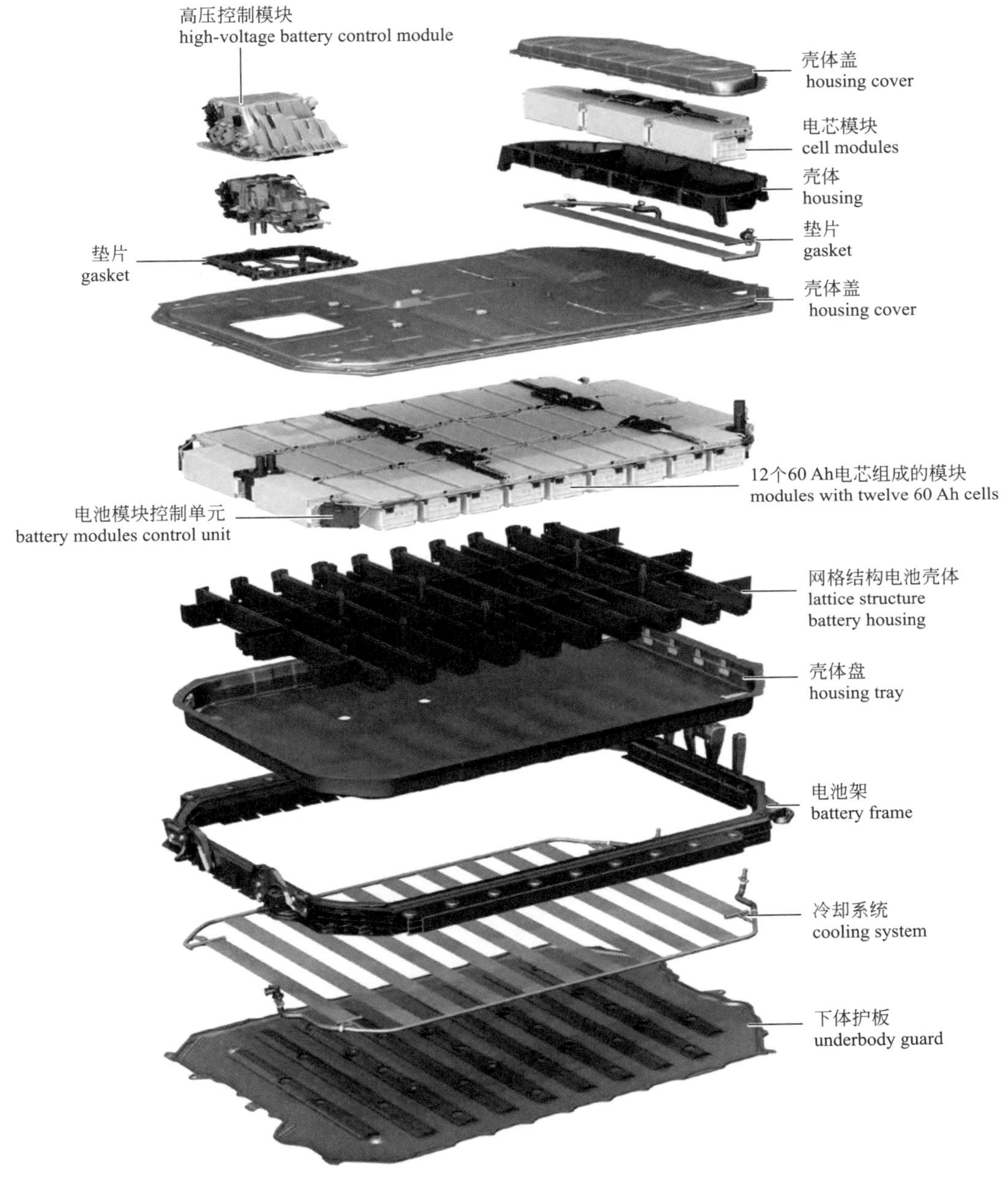
高压控制模块
high-voltage battery control module
垫片
gasket
壳体盖
housing cover
电芯模块
cell modules
壳体
housing
垫片
gasket
壳体盖
housing cover
12个60 Ah电芯组成的模块
modules with twelve 60 Ah cells
电池模块控制单元
battery modules control unit
网格结构电池壳体
lattice structure
battery housing
壳体盘
housing tray
电池架
battery frame
冷却系统
cooling system
下体护板
underbody guard

图4-99 高压电池分解图

e-tron电池包的电芯由韩国LG化学提供，为3.5V三元极材料的软包电芯。在结构上采用铝塑膜包装，当电池发生安全问题时，软包电池一般会鼓气裂开，内部的液体泄漏，不会出现气体排放不出去从而导致爆炸起火的情况（图4-100）。

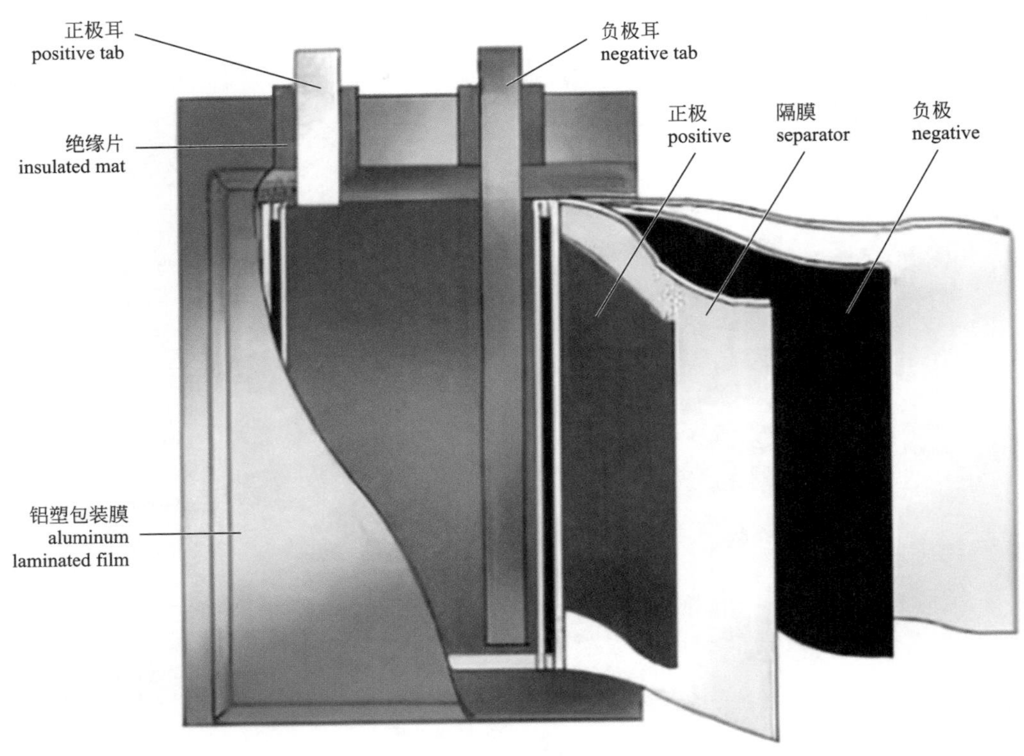
正极耳
positive tab
负极耳
negative tab
绝缘片
insulated mat
正极
positive
隔膜
separator
负极
negative
铝塑包装膜
aluminum
laminated film

图4-100 软包锂电池

整体电池系统的防护做得非常好，铝合金防撞结构既能将几十个电池模块有效分开，又能提供足够的物理防护。冷却系统的管道放在电池模块的下方，类似于三明治的结构，可以让电池模块排列更加紧凑（图4-101）。

挤压型材结构的载荷路径分布
load path distribution in the structure of extruded profiles
纵向和横向防撞结构
longitudinal and transverse crash structure

图4-101 铝合金防撞结构

（1）电池冷却系统

e-tron的电池液冷系统针对不同的工况可在多个不同的冷却环路间切换。其支持直流快充系统，直流充电时外部电源直接与电池相连，需要更大的冷却能力帮助直流快充状态下的电池组进行良好的散热。e-tron采用水冷系统为电池底部的铝合金微管散热（图4-102）。

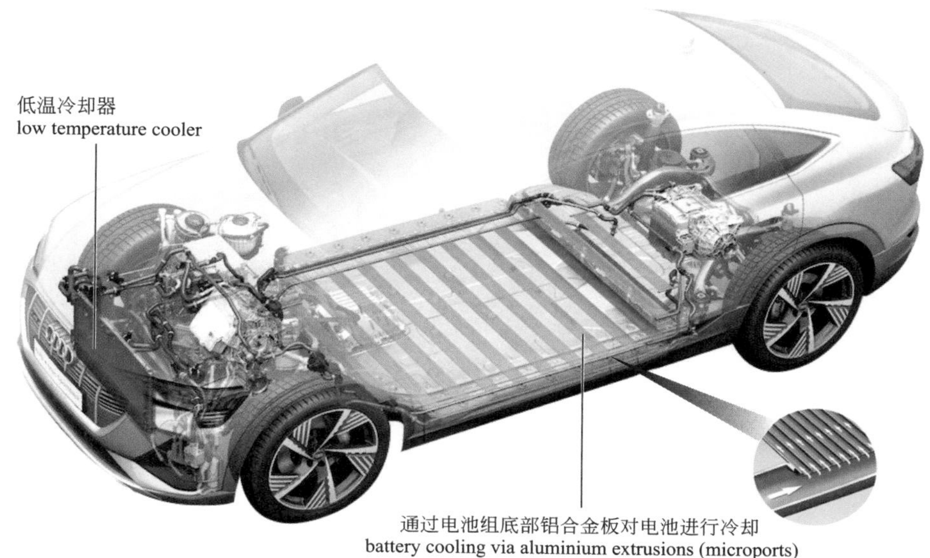
低温冷却器
low temperature cooler
通过电池组底部铝合金板对电池进行冷却
battery cooling via aluminium extrusions (microports)

图4-102 直流充电冷却管路

交流充电时，外部电源通过高压充电器与电池相连，在这里高压充电器是主要热量来源，通过水冷系统为充电器散热。e-tron同时支持由两个水冷高压充电器组成的22kW车载充电系统，并支持车身左右分别配置充电口方便灵活使用（图4-103）。

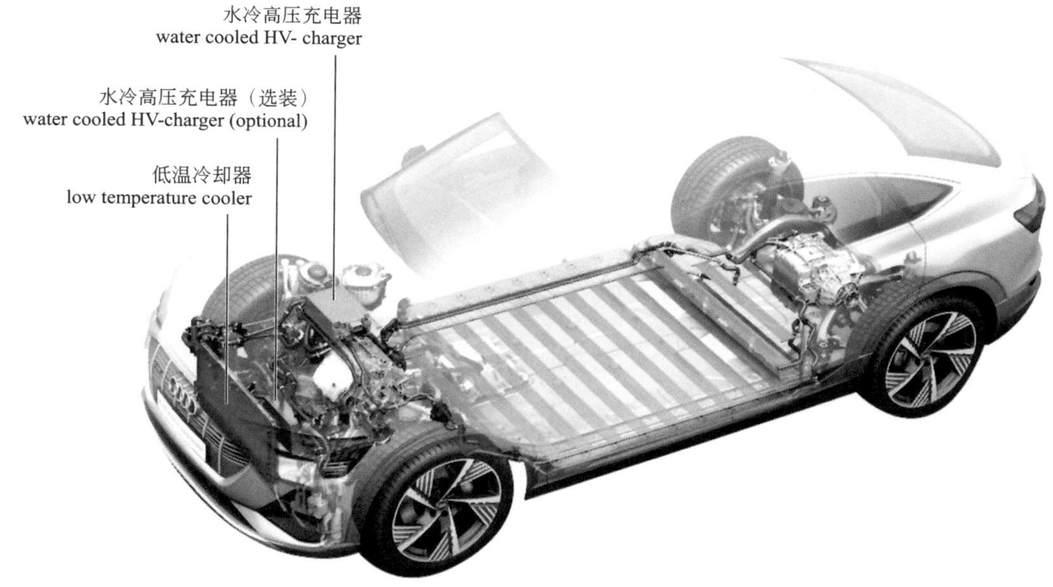
水冷高压充电器
water cooled HV- charger
水冷高压充电器（选装）
water cooled HV-charger (optional)
低温冷却器
low temperature cooler

图4-103 交流充电冷却管路

电池工作温度高于35℃时，空调系统的制冷剂通过热交换器对车载充电器和电池进行散热（图4-104）。冬天时热泵热管理系统将电驱动系统冷却循环管路中的余热通过热交换器传至空调循环管路中的制冷剂。制冷剂在空调压缩机中被压缩，从而把先前已吸收的余热升到一个更高的温度。热的制冷剂将热泵工作模式的热交换器中的热能传至车内加热循环管路。

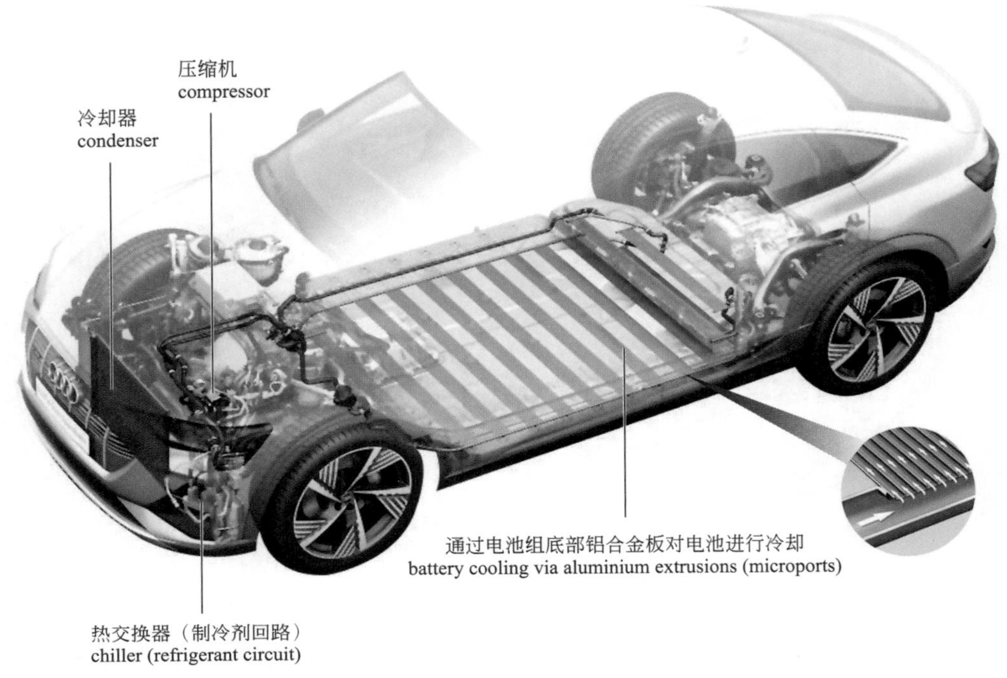
压缩机
compressor
冷却器
condenser
通过电池组底部铝合金板对电池进行冷却
battery cooling via aluminium extrusions (microports)
热交换器（制冷剂回路）
chiller (refrigerant circuit)

图4-104 热交换器

（2）电池模块

电池包由36个铝壳模块组成，每个模块内有12个软包电芯，共计432个电芯；36个模块上下两层，下层31个，上层5个模块位于后排座椅下方；每个模块电芯4并联3串联，电压约397V；满SOC的情况下，电压最高可达到450V。功率为95kW，满足400km续航里程（图4-105）。

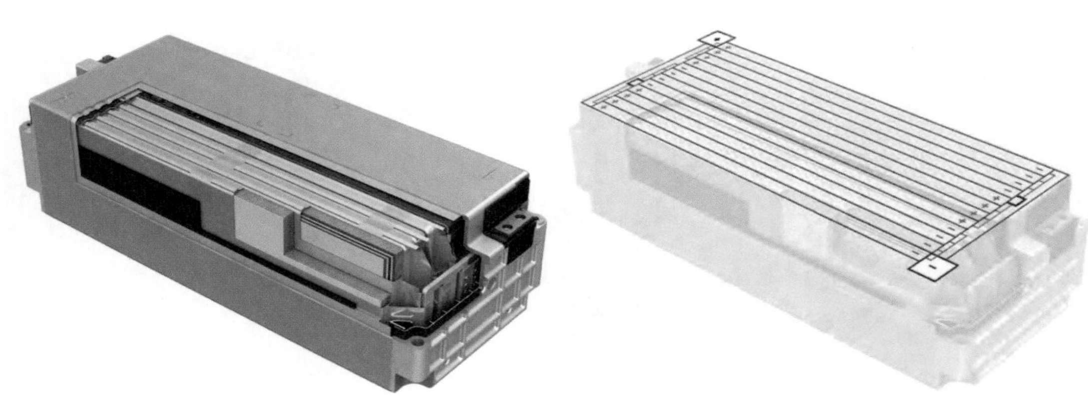

图4-105 电池模块

（3）电池模块控制单元

电池模块控制单元J1208管理电池模块，通过子CAN总线与电池调节控制单元J840和电池开关盒SX6进行通信。电池模块控制单元主要功能有监控电芯的电压、电流和温度等（图4-106）。

图4-106 电池模块控制单元

（4）电池调节控制单元

电池调节控制单元（电池管理系统）J840安装在车内的右侧A柱上，其主要功能有：监控电池的充电状态、确定并监控允许的充电电流和放电电流、估算高压开关盒SX6测得的绝缘电阻、监控安全线等。把要求电池加热的指令发给温度管理控制单元J1024，按温度管理控制单元J1024提供的参数来激活高压电池冷却液泵V590，在发生碰撞时促使电压接触器脱开。电池调节控制单元J840通过子CAN总线来与高压电池开关盒SX6和电池模块J1208进行通信，是连在混合CAN总线上的（图4-107）。

图4-107 电池调节控制单元

（5）高压电池开关盒

高压电池开关盒SX6通过螺栓连接到高压电池上，主要的作用是管理高压接触器，并且每隔30s进行一次绝缘检查（图4-108）。

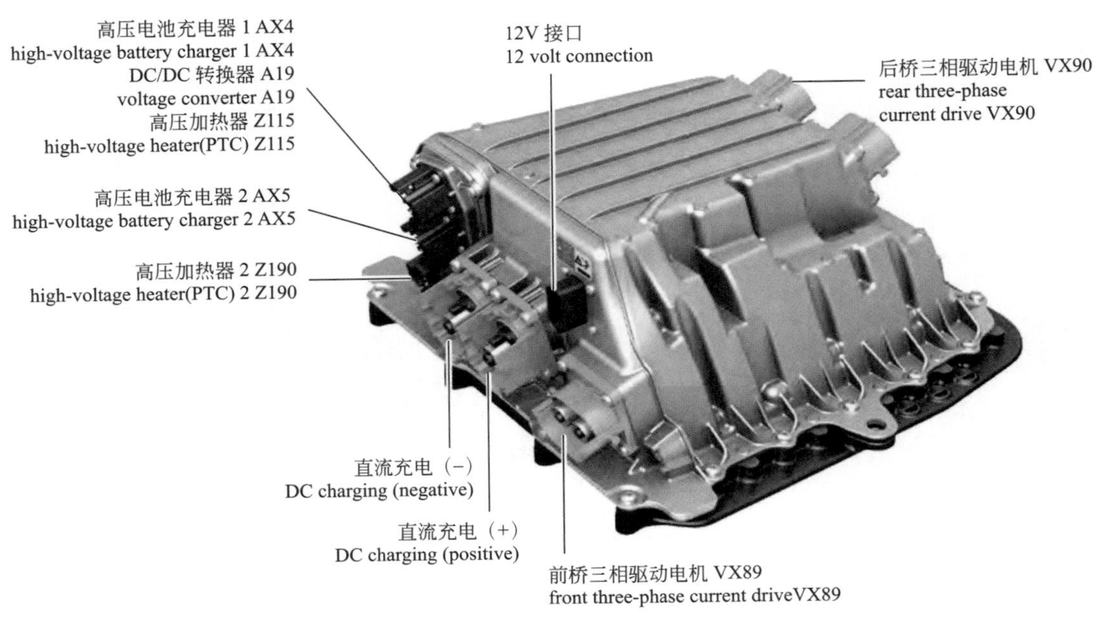
高压电池充电器 1 AX4
high-voltage battery charger 1 AX4
DC/DC 转换器 A19
voltage converter A19
高压加热器 Z115
high-voltage heater(PTC) Z115
高压电池充电器 2 AX5
high-voltage battery charger 2 AX5
高压加热器 2 Z190
high-voltage heater(PTC) 2 Z190
12V 接口
12 volt connection
后桥三相驱动电机 VX90
rear three-phase
current drive VX90
直流充电（-）
DC charging (negative)
直流充电（+）
DC charging (positive)
前桥三相驱动电机 VX89
front three-phase current driveVX89

图4-108 高压电池开关盒

（6）DC/DC 转换器

DC/DC转换器A19设计为独立部件，其作用是将397V高压转换成12V车载电压，转换器的功率高达3kW。DC/DC转换器A19通过开关盒SX6内的一个熔丝连接在高压电池上。如果车辆长期停放不用且高压电池电量足够，会给12V电池充电。DC/DC转换器A19安装在车辆的右前部，采用冷却液循环冷却（图4-109）。

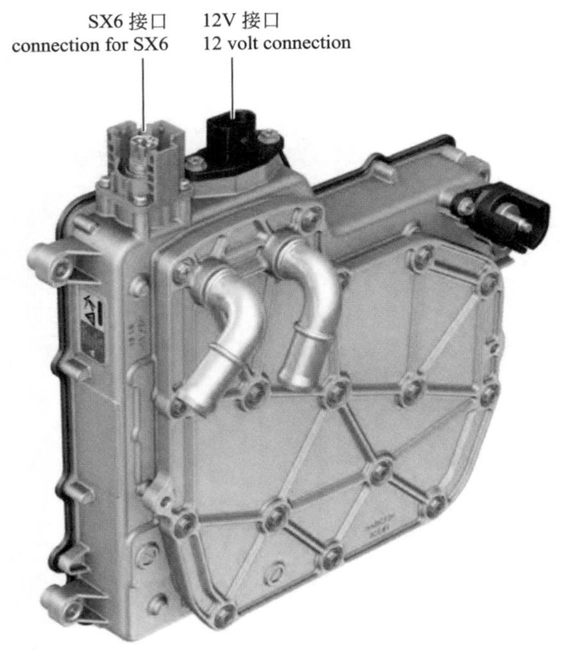
SX6 接口
connection for SX6
12V 接口
12 volt connection

图4-109 DC/DC转换器

4.4.7 e-tron充电系统

e-tron充电系统主要有充电器、充电插座等，如图4-110所示。

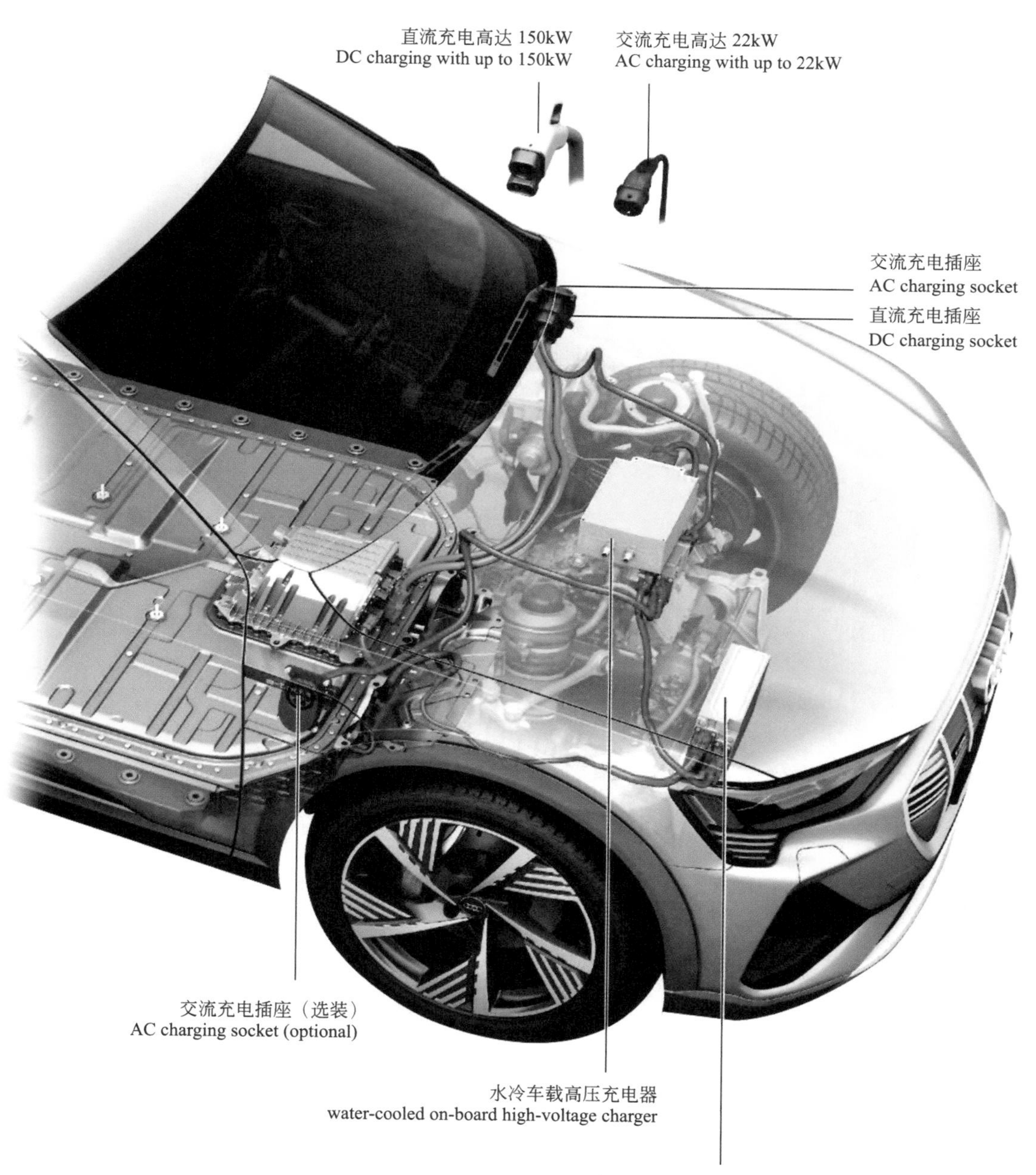
直流充电高达150kW
DC charging with up to 150kW
交流充电高达22kW
AC charging with up to 22kW
交流充电插座
AC charging socket
直流充电插座
DC charging socket
交流充电插座（选装）
AC charging socket (optional)
水冷车载高压充电器
water-cooled on-board high-voltage charger
辅助车载充电器（选装）
second on-board charger (optional)

图4-110 充电部件位置

（1）充电插座及护盖

如图4-111所示，可用交流（AC）或者直流（DC）电来给高压电池充电。充电插座上的直流接口（DC）连接在开关盒上，直流电就直接输入到高压电池内。充电插座上的交流接口（AC）连接在高压电池充电器上。在充电器内，交流电转换为直流电，并通过开关盒输入到高压电池内。

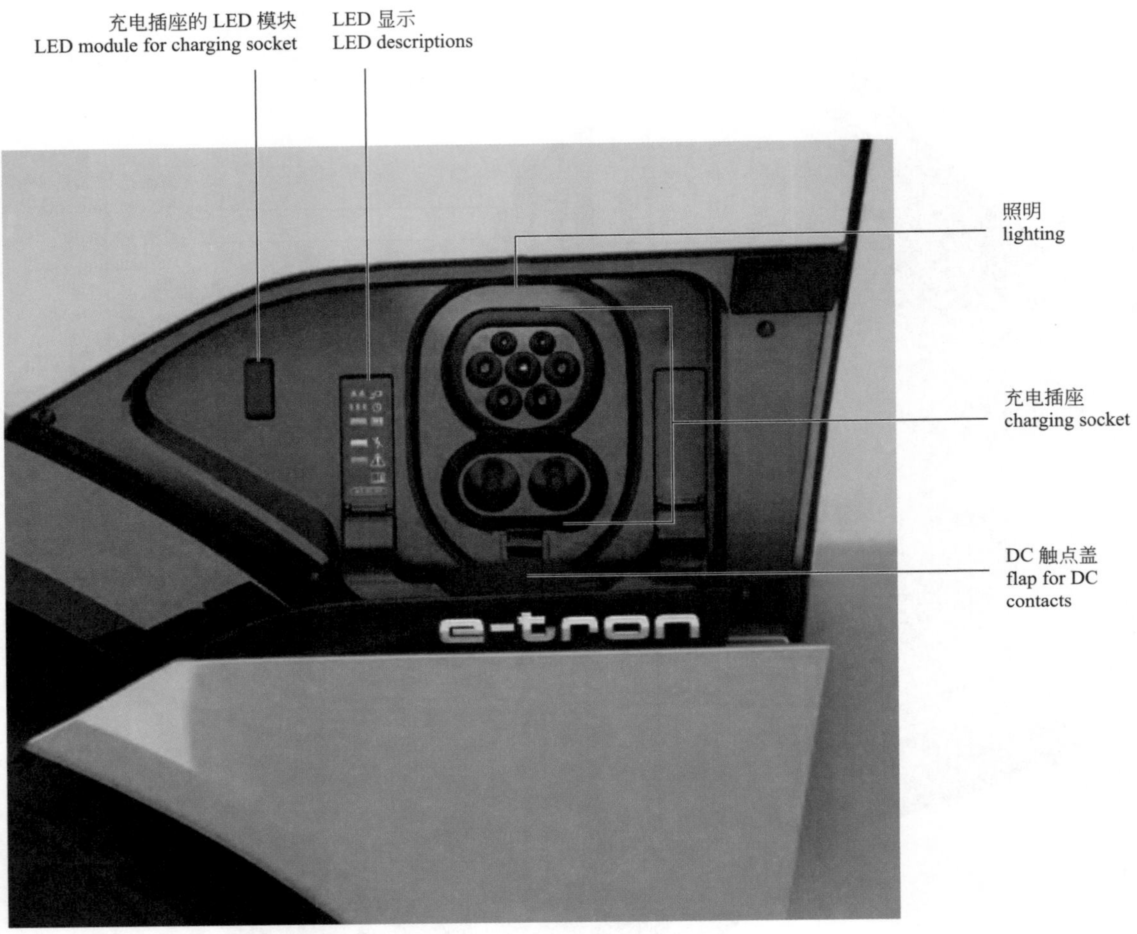
充电插座的 LED 模块
LED module for charging socket
LED 显示
LED descriptions
照明
lighting
充电插座
charging socket
DC 触点盖
flap for DC
contacts
e-tron

图4-111 充电插座及相关部件

DC充电插座1 UX4如图4-112所示，DC充电插座1 UX4用直流（DC）给高压电池充电。充电桩和高压电池充电器1 AX4之间的通信通过通信触点来进行。

AC充电插座2 UX5用交流（AC）来给高压电池充电。充电桩和高压电池充电器1 AX4之间的通信通过触点CP和PE来进行（图4-113）。

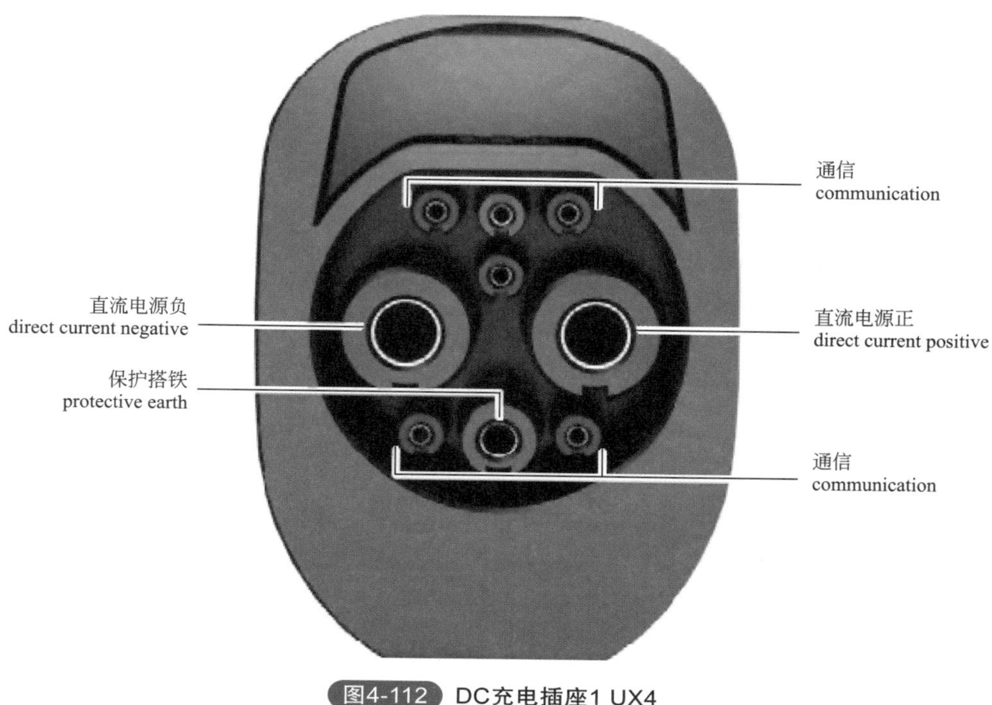
通信
communication
直流电源负
direct current negative
直流电源正
direct current positive
保护搭铁
protective earth
通信
communication

图4-112 DC充电插座1 UX4

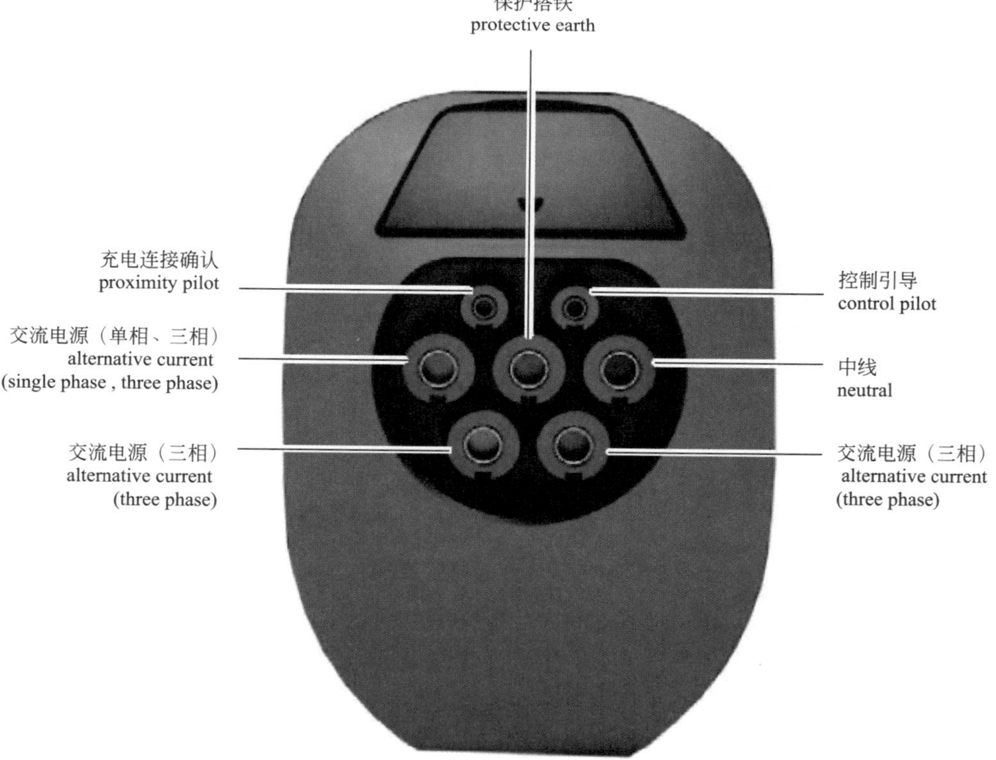
保护搭铁
protective earth
充电连接确认
proximity pilot
控制引导
control pilot
交流电源（单相、三相）
alternative current
(single phase , three phase)
中线
neutral
交流电源（三相）
alternative current
(three phase)
交流电源（三相）
alternative current
(three phase)

图4-113 交流（AC）充电系统充电插座2 UX5

高压电池充电线路如图4-114所示。

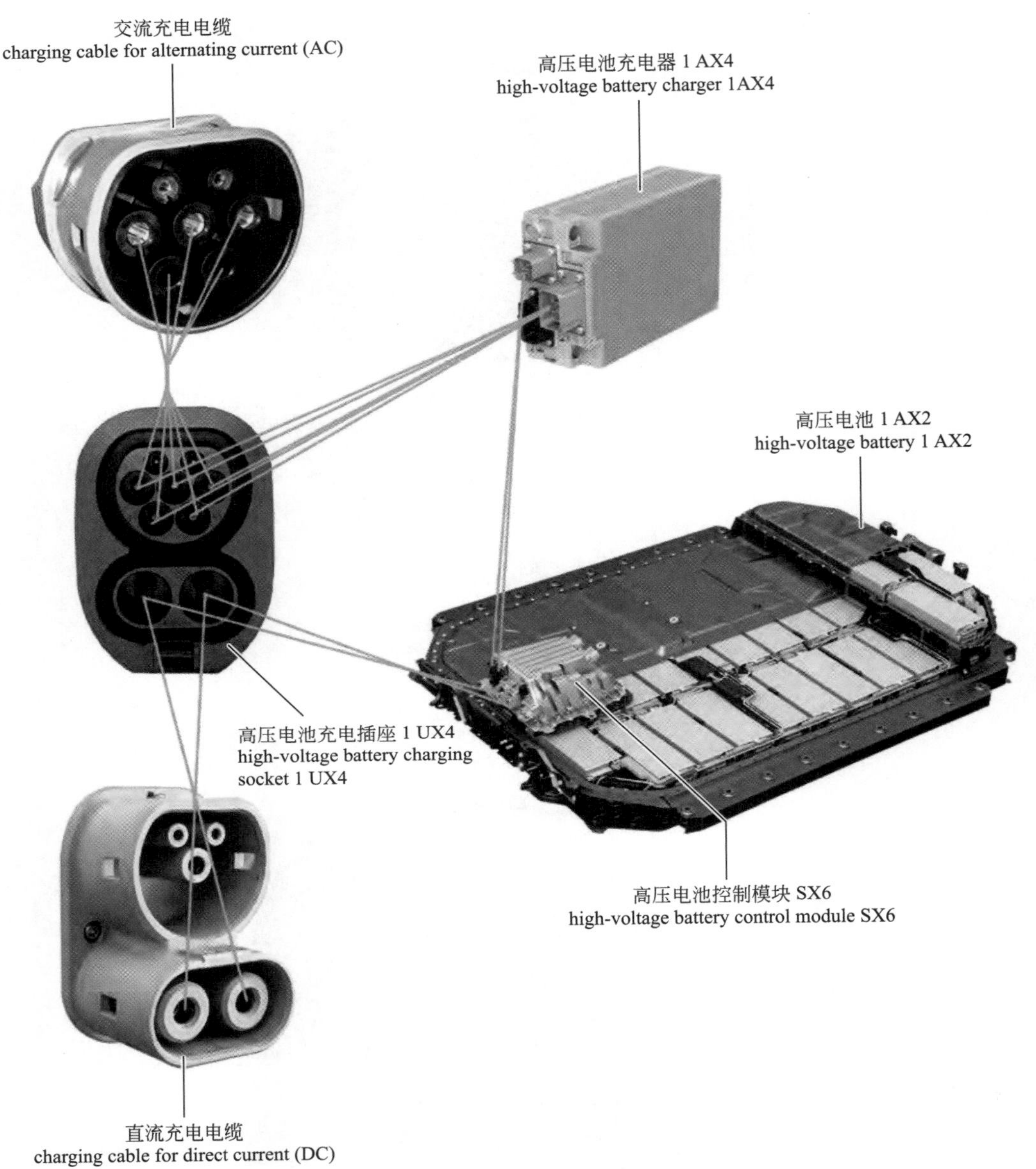
交流充电电缆
charging cable for alternating current (AC)
高压电池充电器 1 AX4
high-voltage battery charger 1AX4
高压电池 1 AX2
high-voltage battery 1 AX2
高压电池充电插座 1 UX4
high-voltage battery charging socket 1 UX4
高压电池控制模块 SX6
high-voltage battery control module SX6
直流充电电缆
charging cable for direct current (DC)

图4-114 高压电池充电示意图

（2）高压电池充电器

高压电池充电器1 AX4安装在车辆前部，充电器将交流电（AC）转换成直流电（DC），以给高压电池充电。内部集成有充电器控制单元J1050，连接在混合CAN总线上，在充电过程中与充电桩通信。充电器控制单元J1050负责充电管理，存储"充电和驻车空调时间设置"。充电功率最大可达11kW。可实现1 ~ 3相交流充电，内部有3个整流器，每个整流器的最大工作能力为16A。充电器控制单元J1050控制插头/充电盖锁止功能。充电器控制单元J1050监控插座温度。在直流充电时，充电器控制单元J1050负责通信，这时整流器不工作（图4-115）。

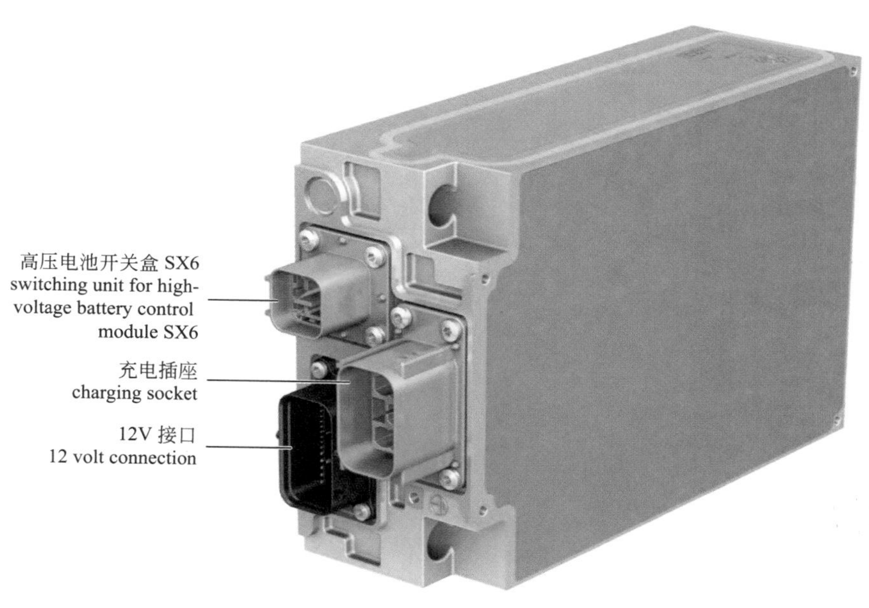
高压电池开关盒 SX6
switching unit for high-voltage battery control module SX6
充电插座
charging socket
12V 接口
12 volt connection

图4-115 高压电池充电器

（3）中间电路电容器

在高压部件上，高压正极和高压负极之间装有中间电路电容器，用作蓄能器和电压稳定器。电容器上还并联有一个电阻，该电阻在点火开关关闭时会让电容器被动放电；在点火开关关闭时，某些高压部件上的电容器由一个开关和电阻进行主动放电。有中间电路电容器的部件有：前桥三相驱动电机VX89、后桥三相驱动电机VX90、DC/DC转换器A19，高压电池充电器、电动空调压缩机V470（图4-116）。

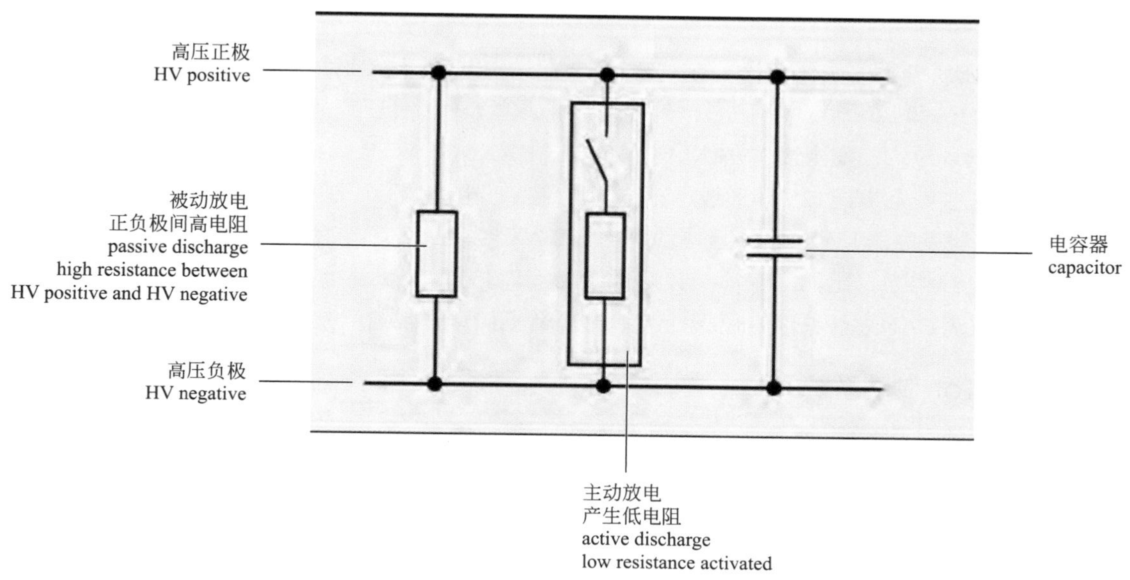
高压正极
HV positive
被动放电
正负极间高电阻
passive discharge
high resistance between
HV positive and HV negative
电容器
capacitor
高压负极
HV negative
主动放电
产生低电阻
active discharge
low resistance activated

图4-116 中间电路电容器

(4)高压加热器

高压加热器Z115和高压加热器2 Z190结构相同，安装在车辆前部，通过高压电池开关盒SX6内的一个熔丝来供应高压电，如图4-117所示。高压加热器用于对车内空间的空气进行加热、对高压电池的冷却循环管路加热以及实现驻车加热功能。高压加热器Z115集成有控制单元J848，高压加热器2 Z190集成有控制单元J1238。控制单元J848和J1238通过LIN总线连接温度管理控制单元J1024。

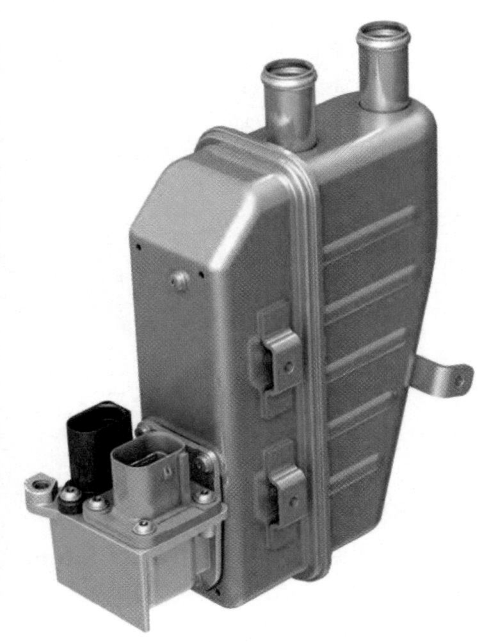

图4-117 高压加热器

(5)安全线

如图4-118所示，安全线分为4条：安全线1穿过电池调节控制单元J840、电动空调压缩机V470、高压加热器2 Z190、高压加热器Z115、维修塞TW和高压电池开关盒SX6。安全线2在DC/DC转换器A19内。安全线3在高压电池充电器1 AX4内。安全线4在高压电池充电器2 AX5内。车上的这些安全线是12V环形线，穿过高压部件。电池调节控制单元J840、DC/DC转换器A19、高压电池充电器1 AX4和高压电池充电器2 AX5会把状态报告给数据总线诊断接口J533。如果某个安全线中断，比如拔下插头，那么诊断接口J533就会从相应的控制单元处获得信息，并通过组合仪表CAN总线让组合仪表控制单元J285把信息显示给驾驶员。

4.4.8 e-tron制动系统

(1)MK C1集成制动系统

e-tron的MK C1采用电控液压集成制动系统(Integrated Brake Control System)，将驾驶员脚底的制动踏板动作转化为电信号，而制动力的大小由电子控制单元来决定。相比于传统制动系统，MK C1将电子真空泵、制动助力器以及传统的ESC等功能集成在了一起，减重达30%。在混合动力车辆中，实现再生制动到机械摩擦制动的平顺切换受到了结构限制。作为单独的主

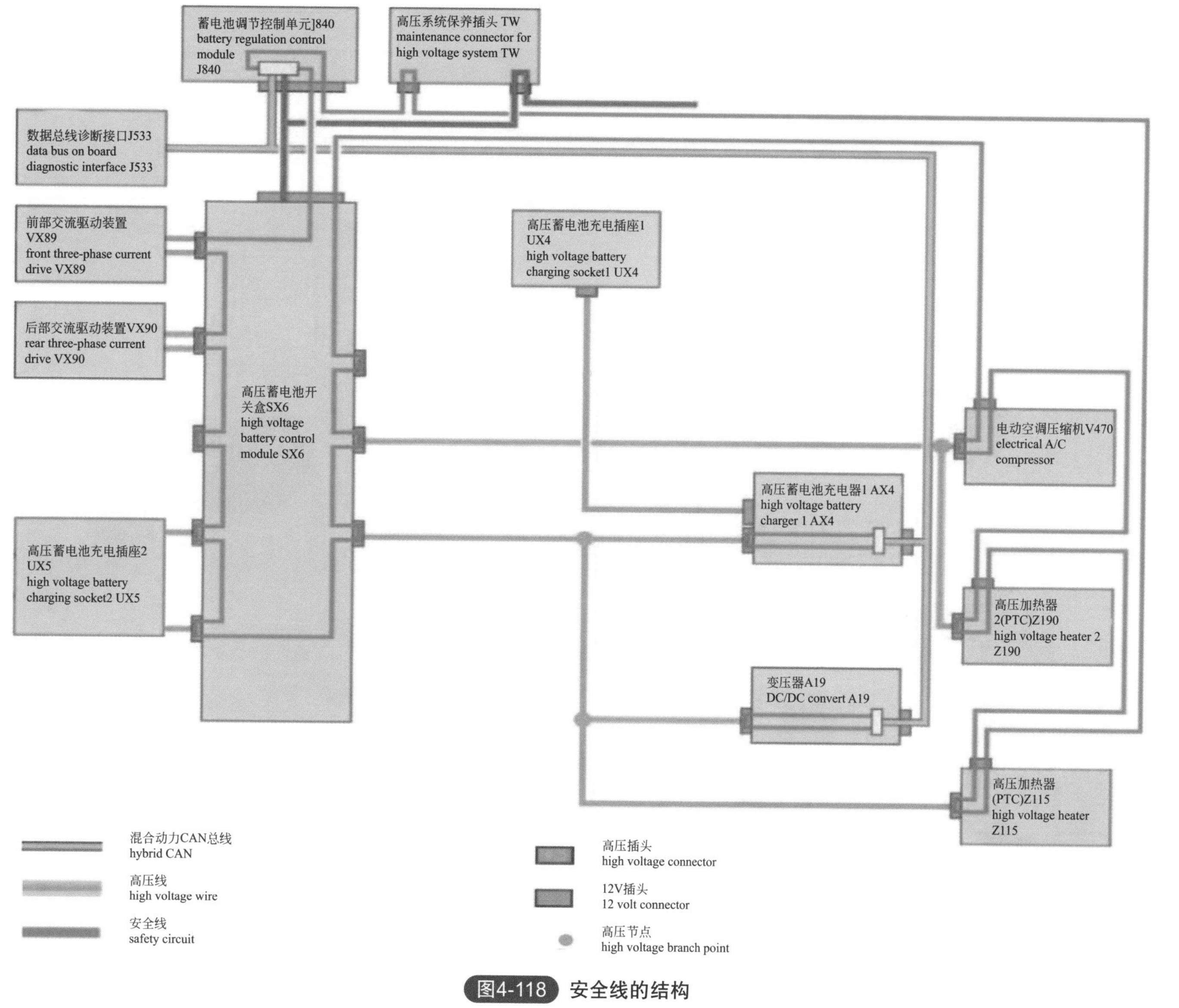

蓄电池调节控制单元J840
battery regulation control module J840
高压系统保养插头 TW
maintenance connector for high voltage system TW
数据总线诊断接口J533
data bus on board diagnostic interface J533
前部交流驱动装置VX89
front three-phase current drive VX89
后部交流驱动装置VX90
rear three-phase current drive VX90
高压蓄电池开关盒SX6
high voltage battery control module SX6
高压蓄电池充电插座2 UX5
high voltage battery charging socket2 UX5
高压蓄电池充电插座1 UX4
high voltage battery charging socket1 UX4
高压蓄电池充电器1 AX4
high voltage battery charger 1 AX4
变压器A19
DC/DC convert A19
电动空调压缩机V470
electrical A/C compressor
高压加热器2(PTC)Z190
high voltage heater 2 Z190
高压加热器(PTC)Z115
high voltage heater Z115
混合动力CAN总线
hybrid CAN
高压线
high voltage wire
安全线
safety circuit
高压插头
high voltage connector
12V插头
12 volt connector
高压节点
high voltage branch point

图4-118 安全线的结构

要部件，主缸、助力器和控制系统与制动踏板是耦合在一起的。相比之下，MK C1中的制动压力形成过程与制动踏板之间没有直接的联系。车辆可以充分回收制动能量，从而减少二氧化碳的排放和燃料的消耗，如图4-119所示。MK C1的电机转矩非常大，液压建压速度非常快。MK C1可以把轮边的制动抱死时间缩短至150ms，这比传统制动系统快3倍。

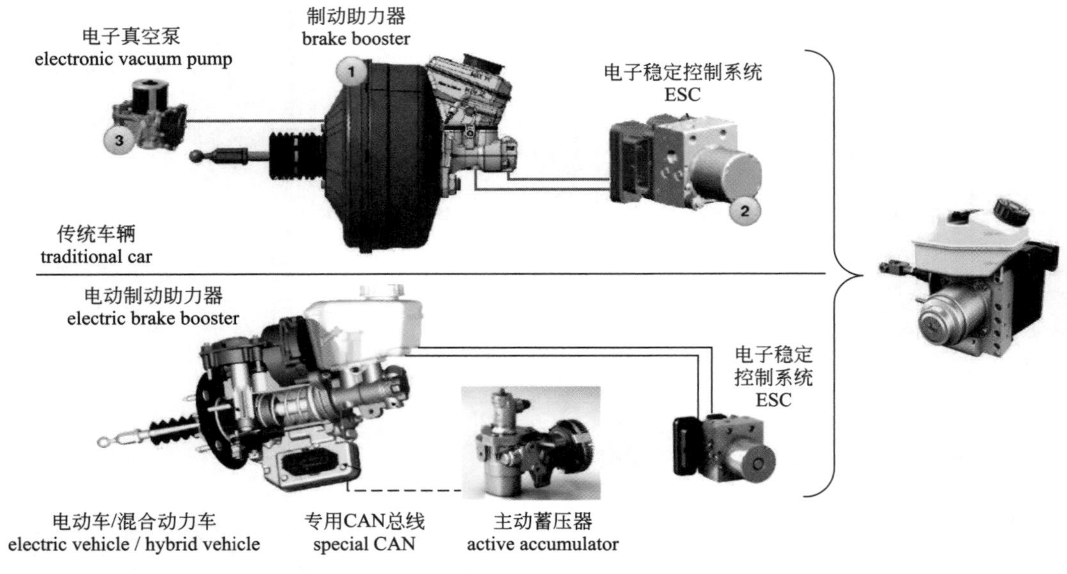

制动助力器
brake booster
电子真空泵
electronic vacuum pump
电子稳定控制系统
ESC
传统车辆
traditional car
电动制动助力器
electric brake booster
电子稳定
控制系统
ESC
电动车/混合动力车
electric vehicle / hybrid vehicle
专用CAN总线
special CAN
主动蓄压器
active accumulator

图4-119 分立元件的集成

（2）液压单元

e-tron液压单元用于调节制动压力，结构如图4-120所示。

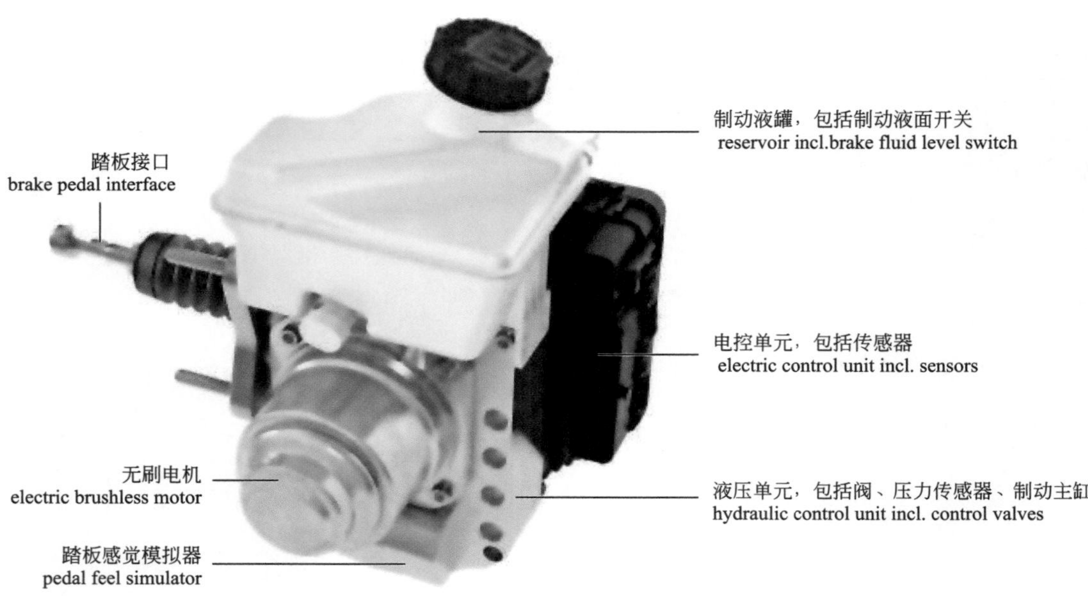

制动液罐，包括制动液面开关
reservoir incl.brake fluid level switch
踏板接口
brake pedal interface
电控单元，包括传感器
electric control unit incl. sensors
无刷电机
electric brushless motor
液压单元，包括阀、压力传感器、制动主缸
hydraulic control unit incl. control valves
踏板感觉模拟器
pedal feel simulator

图4-120 液压单元组成

e-tron液压单元原理如图4-121所示。

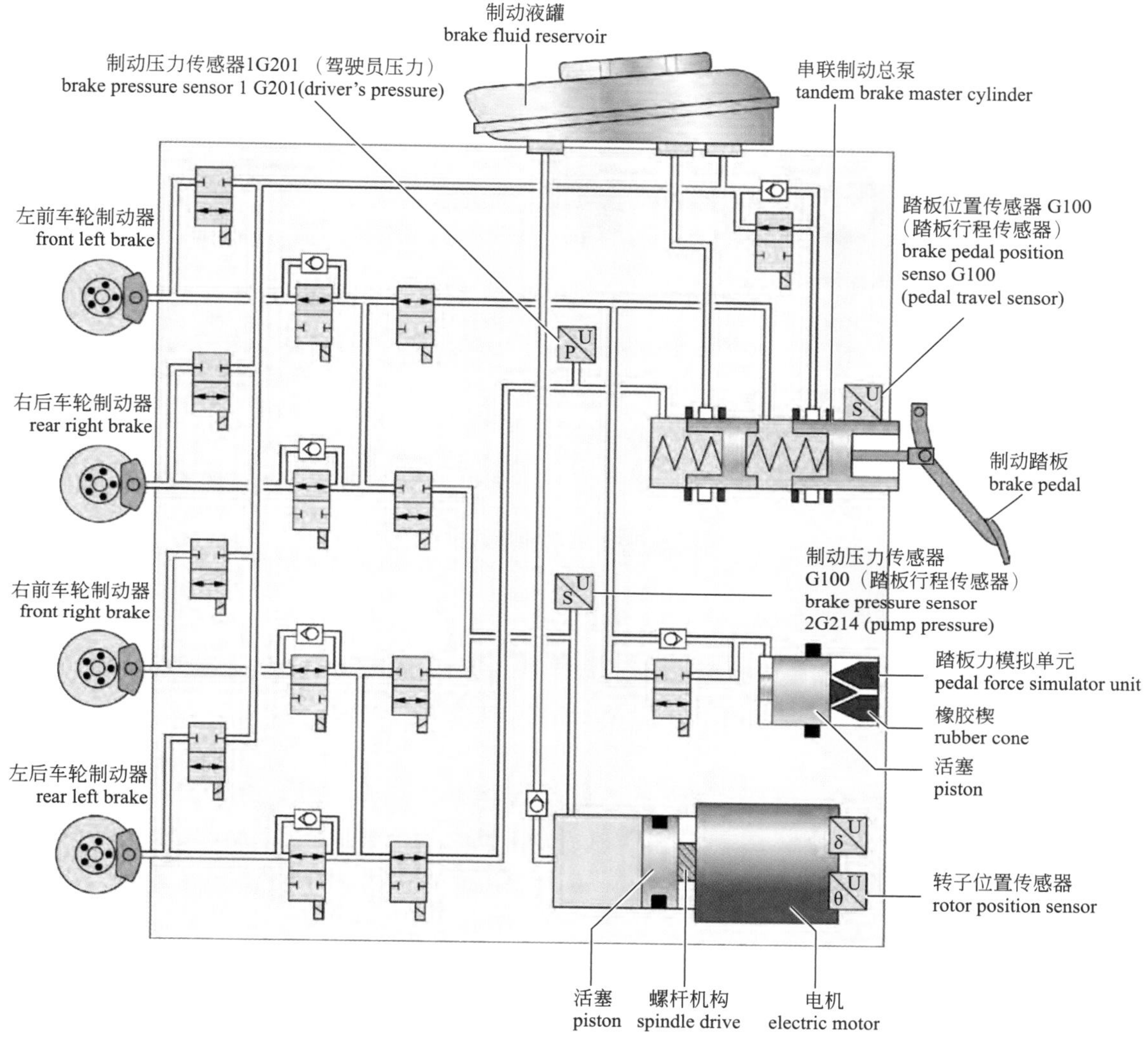
制动液罐
brake fluid reservoir
制动压力传感器1G201（驾驶员压力）
brake pressure sensor 1 G201(driver's pressure)
串联制动总泵
tandem brake master cylinder
左前车轮制动器
front left brake
踏板位置传感器G100
（踏板行程传感器）
brake pedal position
senso G100
(pedal travel sensor)
右后车轮制动器
rear right brake
制动踏板
brake pedal
右前车轮制动器
front right brake
制动压力传感器
G100（踏板行程传感器）
brake pressure sensor
2G214 (pump pressure)
踏板力模拟单元
pedal force simulator unit
橡胶楔
rubber cone
左后车轮制动器
rear left brake
活塞
piston
转子位置传感器
rotor position sensor
活塞
piston
螺杆机构
spindle drive
电机
electric motor

图4-121 液压单元原理

（3）能量回收

如果在减速工况时将电机当发电机来使用，就会对车辆实施制动，由此而产生的制动功率取决于能量回收等级。如果通过驾驶员实施制动或者通过自适应驾驶辅助系统实施制动，那么这种制动一般是部分“电动”加部分“液压”的。电机ECU持续不断地将实时可用最大回收功率（制动功率）信息传给ABS ECU。如果驾驶员踏动制动踏板或者自适应驾驶辅助系统要求制动，ABS ECU会判断仅通过电机进行这个制动是否可能以及足够用，或者是否还必须要建立起液压制动压力。ABS ECU会把“发电机-规定力矩”发送给电机ECU。与此同时，ABS控制单元J104还会把两个车桥上回收的力矩信息发送给底盘ECU。底盘ECU会协调牵引、减速以及能量回收分配并把这些信息也发送给电机ECU。电机ECU随后再在车桥电机上执行这些要求。目标就是在任何行驶情况下，都能实现效率与行驶稳定性之间的最佳匹配（图4-122）。

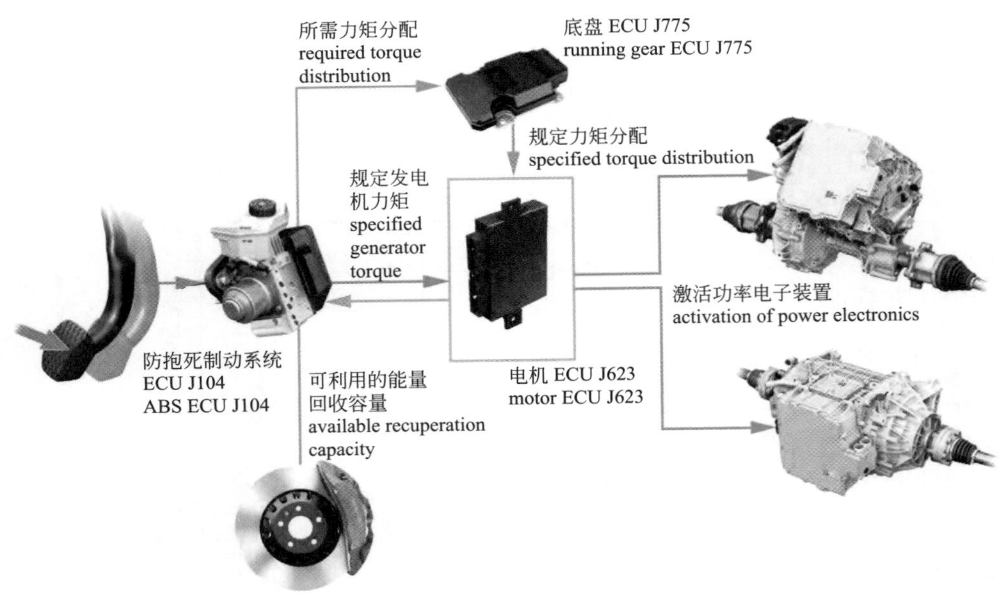
所需力矩分配
required torque distribution
底盘 ECU J775
running gear ECU J775
规定力矩分配
specified torque distribution
规定发电机力矩
specified generator torque
激活功率电子装置
activation of power electronics
防抱死制动系统ECU J104
ABS ECU J104
可利用的能量回收容量
available recuperation capacity
电机 ECU J623
motor ECU J623

图4-122 制动能量回收

4.4.9 e-tron热能管理系统

e-tron采用热泵技术，将整车空调与电池热管理相结合。热泵系统不仅能在低温时给电池组加热，也能够将电池组工作时的废热用作车厢内的热空调热源。热泵不是一个零部件，而是一个系统，与汽车空调制冷系统共用很大一部分零件。热泵的工作原理与空调系统相反，高温高压的制冷剂流过热泵的热交换器时，制冷剂释放的热量进入乘客舱。e-tron热泵热管理系统包含四个子系统，分别是空调压缩机和热交换器组成的绿色制冷剂循环管路、高压加热器Z115、Z190组成的橘红色加热循环管路、蓝色电驱动系统冷却管路、紫色高压电池冷却循环管路（图4-123）。

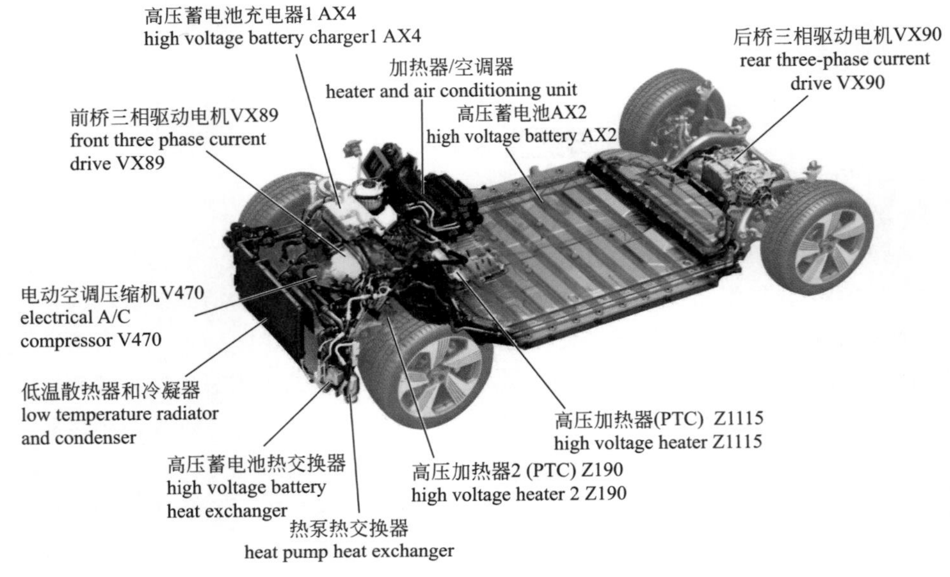
高压蓄电池充电器1 AX4
high voltage battery charger1 AX4
后桥三相驱动电机VX90
rear three-phase current drive VX90
加热器/空调器
heater and air conditioning unit
前桥三相驱动电机VX89
front three phase current drive VX89
高压蓄电池AX2
high voltage battery AX2
电动空调压缩机V470
electrical A/C compressor V470
低温散热器和冷凝器
low temperature radiator and condenser
高压加热器(PTC) Z1115
high voltage heater Z1115
高压蓄电池热交换器
high voltage battery heat exchanger
高压加热器2 (PTC) Z190
high voltage heater 2 Z190
热泵热交换器
heat pump heat exchanger

图4-123 热能管理系统组成

（1）电动空调压缩机

电动空调压缩机V470安装在车辆前部，用于对车内空间进行制冷、对车辆高压部件进行冷却，以及提供热泵功能。通过高压电池开关盒SX6内的熔断丝来提供高压，集成的空调压缩机控制单元J842通过LIN总线来与温度管理控制单元J1024相连。充电和空调时间设置存储在高压充电器控制单元J1050（图4-124）。

图4-124　电动空调压缩机

（2）温度管理系统控制单元

温度管理系统控制单元J1024通过各种传感器来测量温度管理系统4个循环管路的实际状态，在分析这些情况后会通过车上制冷剂循环管路和冷却循环管路上的执行元件来调整规定状态。传感器有制冷剂压力和制冷剂温度传感器以及各种冷却液温度传感器。执行元件有电动空调压缩机、制冷剂截止阀、冷却液泵、冷却切换阀以及截止阀和散热器风扇。这些读取的输入量被转换成用于操控执行元件的输出量。温度管理系统控制单元J1024根据这些输入参数并使用特定的算法，可以把车上的温度管理系统调节到一个最佳状态，并使得车辆处于能量使用最佳状态（图4-125）。

温度管理控制单元 J1024
thermal management control module J1024
维修接口（制冷剂循环管路低压部分）
service connection (low pressure) for refrigerant circuit
维修接口（制冷剂循环管路高压部分）
service connection (high pressure) for refrigerant circuit

图4-125　温度管理系统控制单元位置

（3）冷却液膨胀罐

e-tron的膨胀罐为三合一，集成空调系统、电池和电机热管理系统的冷却液通气与补液功能，结构如图4-126所示。

密封盖
sealing cap
放气管
breather line
冷却液面显示器接口
connection for coolant indicator
浮子室
swimmer housing
冷却液接口（压力过高时）
coolant connection (excess pressure)
冷却液接口
coolant connection

图4-126 膨胀罐

Chapter 5

第5章 混合动力汽车

5.1 丰田卡罗拉双擎轿车

5.1.1 卡罗拉双擎轿车简介

卡罗拉双擎轿车（以下简称卡罗拉双擎）搭载丰田混合动力系统（Toyota Hybrid System，THS），采用汽油机和电机两种动力，这也是“双擎”的来历。卡罗拉双擎动力系统采用前置前驱布置形式；发动机位于整车右侧，传动桥位于左侧；动力控制单元（亦称逆变器总成、变频器总成）布置在传动桥上方；高压电池位于后排座椅下方，辅助电池位于行李厢里右后方位置（图5-1）。

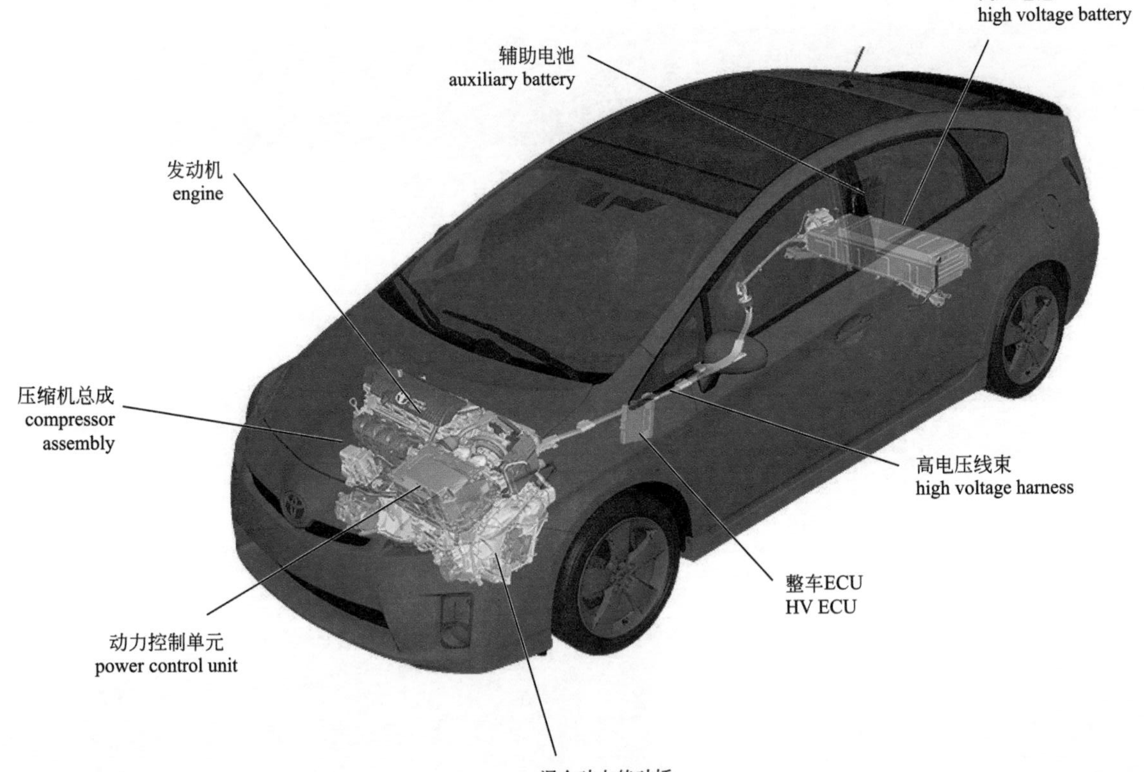

高压电池
high voltage battery
辅助电池
auxiliary battery
发动机
engine
压缩机总成
compressor assembly
高电压线束
high voltage harness
整车ECU
HV ECU
动力控制单元
power control unit
混合动力传动桥
hybrid power transaxle

图5-1 卡罗拉双擎动力系统组成

卡罗拉双擎动力系统组成示意如图5-2所示。

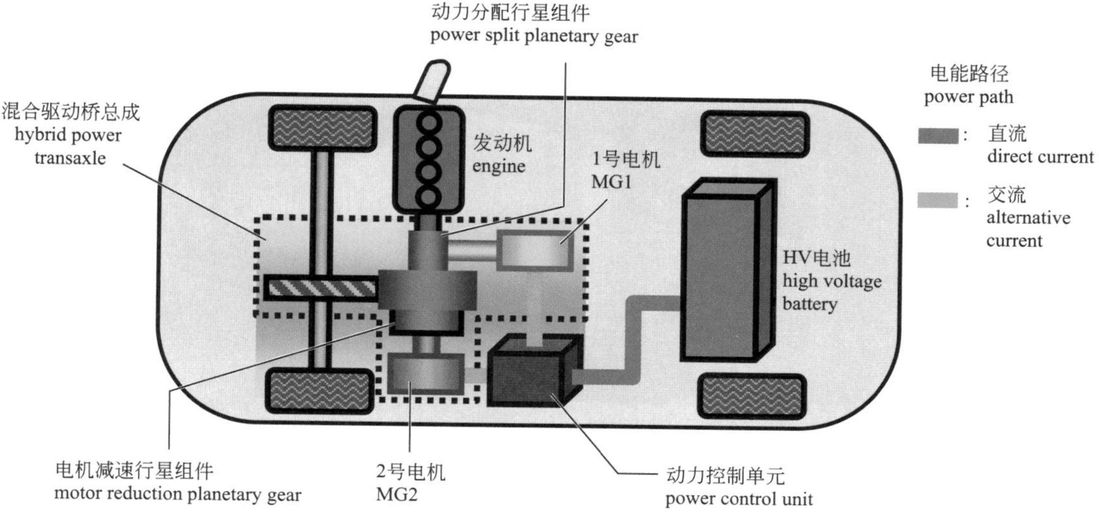
动力分配行星组件
power split planetary gear
电能路径
power path
混合驱动桥总成
hybrid power
transaxle
发动机
engine
1号电机
MG1
直流
direct current
交流
alternative
current
HV电池
high voltage
battery
电机减速行星组件
motor reduction planetary gear
2号电机
MG2
动力控制单元
power control unit

图5-2 卡罗拉双擎动力系统部件布置

高压电缆将动力控制单元与高压电池、1号电机、2号电机以及空调压缩机等部件相连，传输高电压、高电流。电缆线一端接在行李厢中高压电池的左前连接器上，而另一端从后排座椅下经过，穿过地板沿着地板下加强筋一直连接到发动机室中的逆变器（图5-3）。

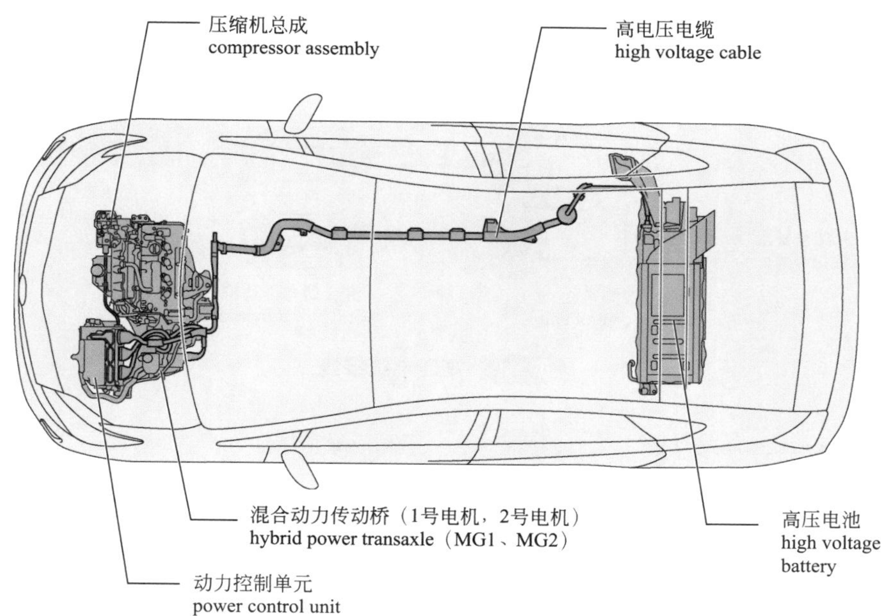
压缩机总成
compressor assembly
高电压电缆
high voltage cable
混合动力传动桥（1号电机，2号电机）
hybrid power transaxle（MG1、MG2）
高压电池
high voltage
battery
动力控制单元
power control unit

图5-3 高压电缆的布局

高压屏蔽电缆承受高电压、高电流。为便于识别，高压电缆和接头采用橙色，以与普通低压线区别（图5-4）。

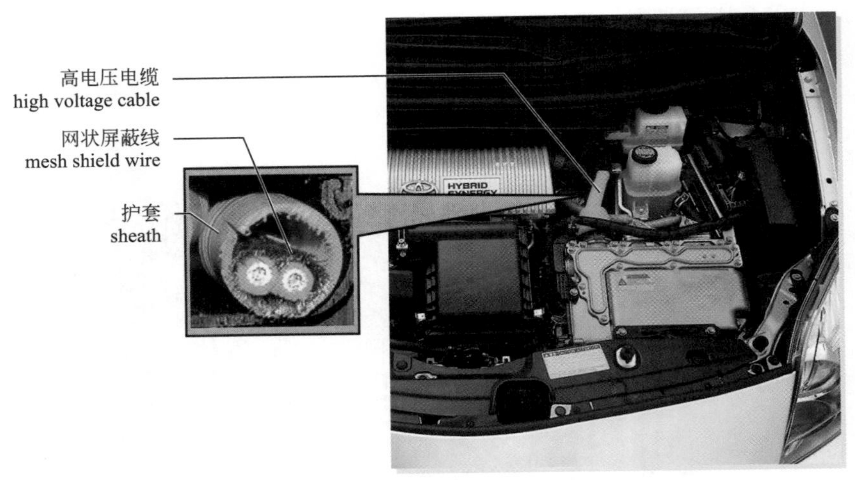
高电压电缆
high voltage cable
网状屏蔽线
mesh shield wire
护套
sheath
HYBRID

图5-4 高压电缆的结构

高压电缆将动力控制单元与高压电池、混合动力传动桥（包括1号电机、2号电机等）以及空调压缩机总成等连接（图5-5）。

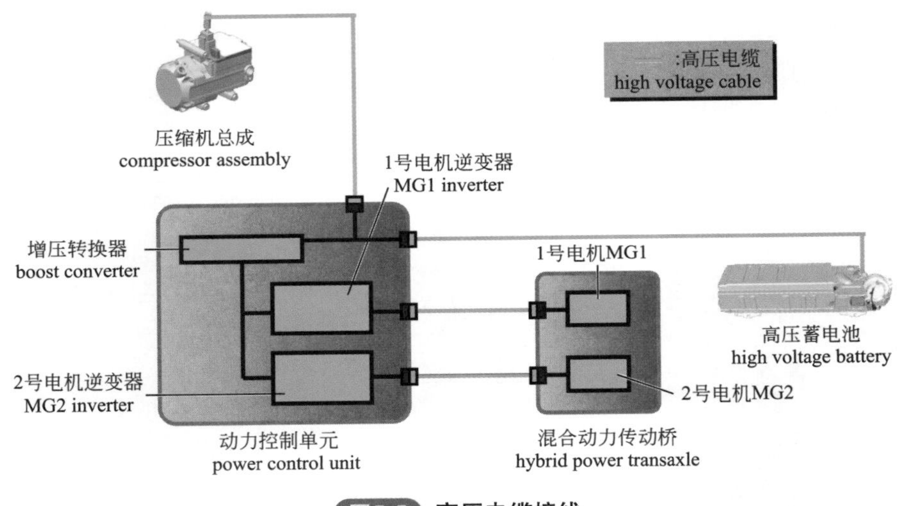
:高压电缆
high voltage cable
压缩机总成
compressor assembly
1号电机逆变器
MG1 inverter
增压转换器
boost converter
1号电机MG1
高压蓄电池
high voltage battery
2号电机逆变器
MG2 inverter
2号电机MG2
动力控制单元
power control unit
混合动力传动桥
hybrid power transaxle

图5-5 高压电缆接线

5.1.2 丰田混合动力系统

丰田混合动力系统（THS）从1997年首次在PRIUS上搭载以来，经历了二十多年的应用考验，十分成熟。可以说这个世界上只有两种混动系统：一种是丰田THS；另一种是其它混动系统。THS将电机与发动机混联，通过丰田独创专利技术动力分配（亦称功率分流）器（Power Split Device，PSD），凭借行星齿轮组构成的E-CVT变速机构，协调发动机和电机的运动和动力传递。THS系统用于丰田混合动力汽车，包括普锐斯、卡罗拉、凯美瑞等。

（1）丰田混合动力系统特点

❶ 怠速时间缩短：怠速时发动机自动停止以降低能量损失。

❷ 再生制动（能量回收）：踩下制动踏板减速时，回收过去以热量形式损失的能量作为电能，然后将其重新用于电机动力等。

❸ 电机辅助加速时，电机补充发动机动力。

❹ 在发动机效率低的工作区域（如低速运转时），可只用电机来驱动汽车。在发动机效率高的工作区域（如高速大功率运转时），发动机可用来发电。控制系统可使汽车的总效率最大化。

（2）丰田混合动力系统工作过程

❶ 纯电动模式。当汽车在启动、怠速、起步、慢速蠕形、走走停停或低速到中速行驶阶段时，发动机在这些情况下效率很低，而电机恒定转矩在这些情况下性能优越，可以灵敏、高效、顺畅地运行。丰田混合动力系统此时只使用高压电池为电机提供电能驱动车轮，此阶段发动机处于停机状态（当高压电池电量低时，发动机才介入带动发电机发电），如图5-6所示。

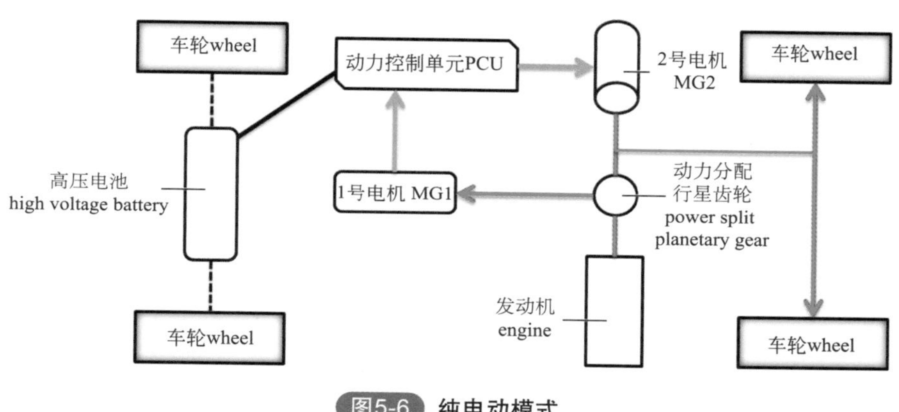
车轮wheel
动力控制单元PCU
2号电机
MG2
车轮wheel
高压电池
high voltage battery
1号电机 MG1
动力分配
行星齿轮
power split
planetary gear
发动机
engine
车轮wheel
车轮wheel

图5-6　纯电动模式

❷ 发动机模式。当汽车处于传统发动机高效运转区间或高速行驶阶段时，丰田混动系统使用发动机作为主要动力来源，此时发动机直接驱动车轮，根据行驶状况可将部分动力分配给发电机。发电机发电产生电能，驱动电机协同配合发动机一起驱动车轮，如图5-7所示。若此时高压电池电量过低或汽车处于高速行驶阶段，发动机会产生多余的能量，这些能量由发电机发电转换成电能储存在高压电池中，如图5-8所示。

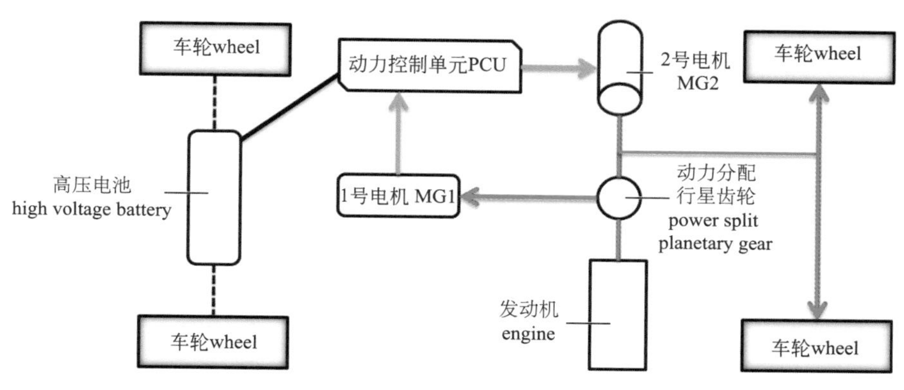
车轮wheel
动力控制单元PCU
2号电机
MG2
车轮wheel
高压电池
high voltage battery
1号电机 MG1
动力分配
行星齿轮
power split
planetary gear
发动机
engine
车轮wheel
车轮wheel

图5-7　发动机为主要动力来源

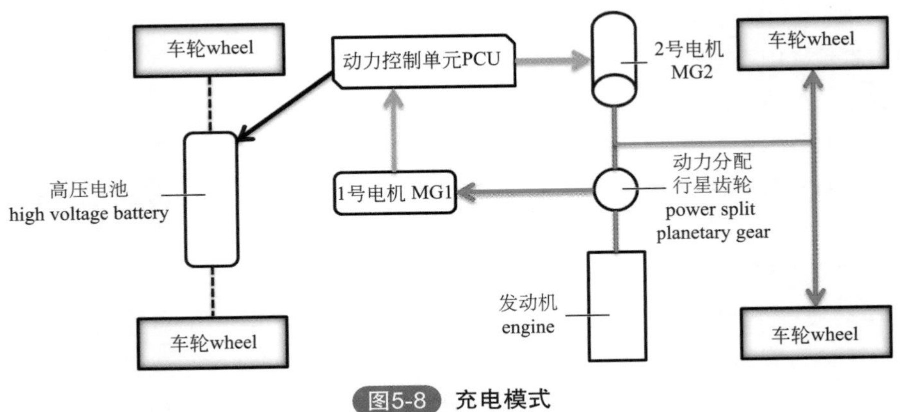
车轮wheel
动力控制单元PCU
2号电机
MG2
车轮wheel
高压电池
high voltage battery
1号电机 MG1
动力分配
行星齿轮
power split
planetary gear
发动机
engine
车轮wheel
车轮wheel

图5-8 充电模式

❸ 双动力全开混合模式。当汽车需要提高动力响应时，如提速、超车、爬陡坡等阶段，丰田混合动力系统采用双动力全开模式。高压电池与发电机同时为电机提供电能，这样能够加大电机的驱动力。发动机与电机动力的结合可以使得汽车拥有超越同级汽车的动力水平，获得强劲而顺畅的加速体验，如图5-9所示。

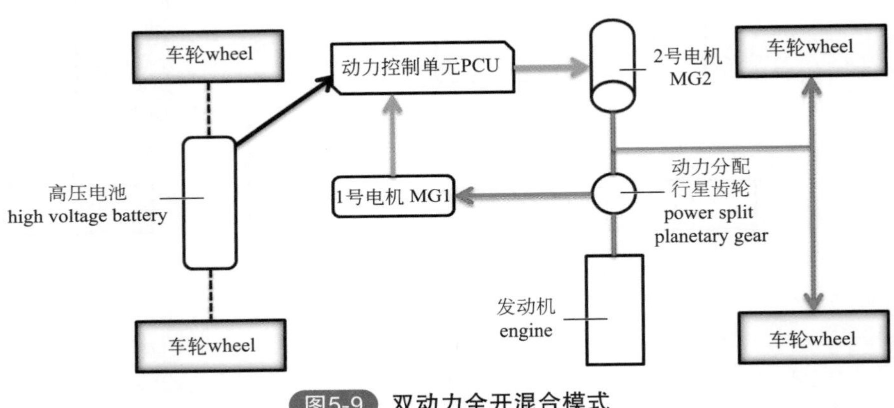
车轮wheel
动力控制单元PCU
2号电机
MG2
车轮wheel
高压电池
high voltage battery
1号电机 MG1
动力分配
行星齿轮
power split
planetary gear
发动机
engine
车轮wheel
车轮wheel

图5-9 双动力全开混合模式

❹ 能量回收模式。当驾驶员正在刹车减速或者减缓油门开度时，丰田混合动力系统进入再生制动能量回收模式，使车轮的旋转力带动电机运转，将其作为发电机使用。正常内燃机车减速时作为摩擦热散失掉的能量，在此时被转换成电能，回收到高压电池中进行再利用，如图5-10所示。

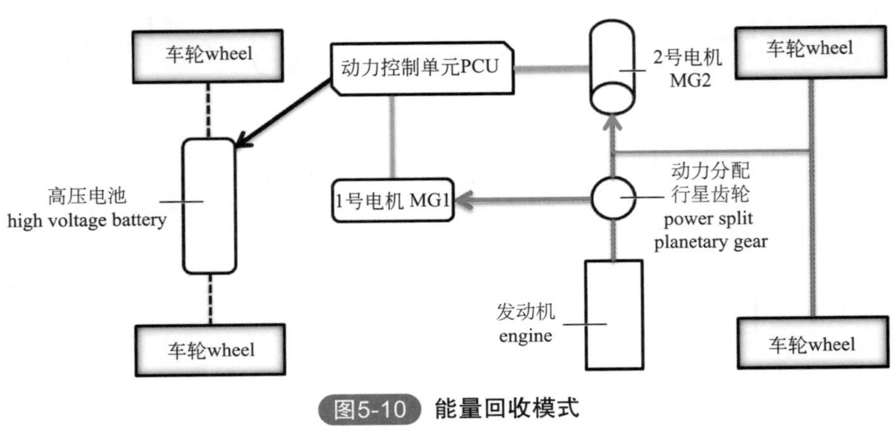
车轮wheel
动力控制单元PCU
2号电机
MG2
车轮wheel
高压电池
high voltage battery
1号电机 MG1
动力分配
行星齿轮
power split
planetary gear
发动机
engine
车轮wheel
车轮wheel

图5-10 能量回收模式

5.1.3 卡罗拉双擎发动机

卡罗拉双擎采用阿特金森循环的8ZR-FXE发动机，具有四缸直列、1.8L排量、16气门、双顶置凸轮轴。采用各种局部提升技术改善了燃烧特性、减少爆燃、优化热管理和降低阻力，通过优化，在不改变发动机基本结构的情况下有效提高燃油效率，热效率达到40%（图5-11）。

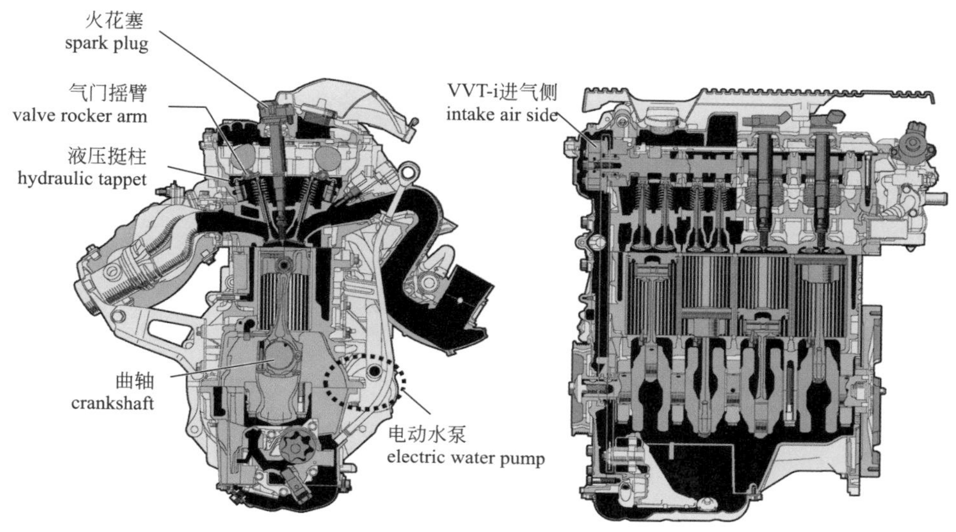
火花塞
spark plug
气门摇臂
valve rocker arm
液压挺柱
hydraulic tappet
曲轴
crankshaft
电动水泵
electric water pump
VVT-i进气侧
intake air side

图5-11 卡罗拉双擎发动机

（1）阿特金森循环发动机原理

采取阿特金森循环的汽油机利用延迟进气门关闭时刻的方法增大膨胀比（图5-12）。在压缩冲程的起始阶段（当活塞开始上行时），部分进入气缸的空气回流到进气歧管，有效地延迟压缩起始点，故膨胀比增大，而实际的压缩比并没有增大。

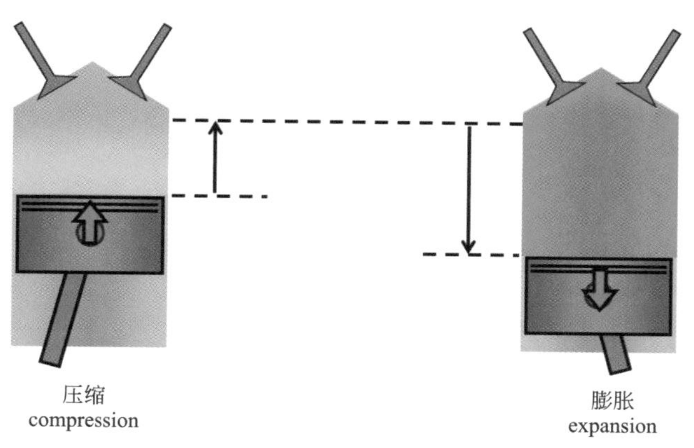
压缩
compression
膨胀
expansion

图5-12 循环对比

进气门的关闭时间被延迟，因而推迟了实际的压缩行程的开始（图5-13）。发动机部分负荷时，通过VVT-i控制实现进气门延迟关闭，使得有效压缩比变小，同时加大节气门开度，利用进气门开闭时刻来调节负荷，减少了进气过程的泵气损失（延迟进气门关闭工作）。另外膨胀比大于压缩比，这也使得膨胀压力下降后开始进行排气行程，能够更大程度地将热能转化为机械能，提高发动机的热效率，降低燃油消耗率。

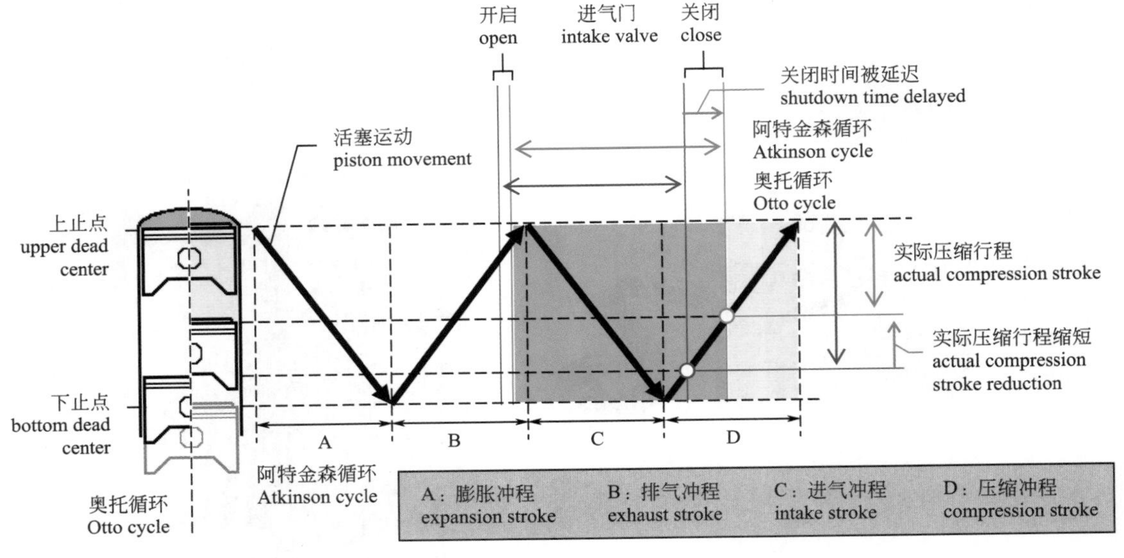
开启
open
进气门
intake valve
关闭
close
关闭时间被延迟
shutdown time delayed
阿特金森循环
Atkinson cycle
奥托循环
Otto cycle
活塞运动
piston movement
上止点
upper dead center
下止点
bottom dead center
实际压缩行程
actual compression stroke
实际压缩行程缩短
actual compression stroke reduction
A
B
C
D
阿特金森循环
Atkinson cycle
奥托循环
Otto cycle
A：膨胀冲程
expansion stroke
B：排气冲程
exhaust stroke
C：进气冲程
intake stroke
D：压缩冲程
compression stroke

图5-13 发动机循环过程

阿特金森发动机和传统发动机工作过程的比较如图5-14所示。两者的压缩起始点不同，阿特金森高膨胀比发动机压缩起始点较晚，因此泵气损失小。

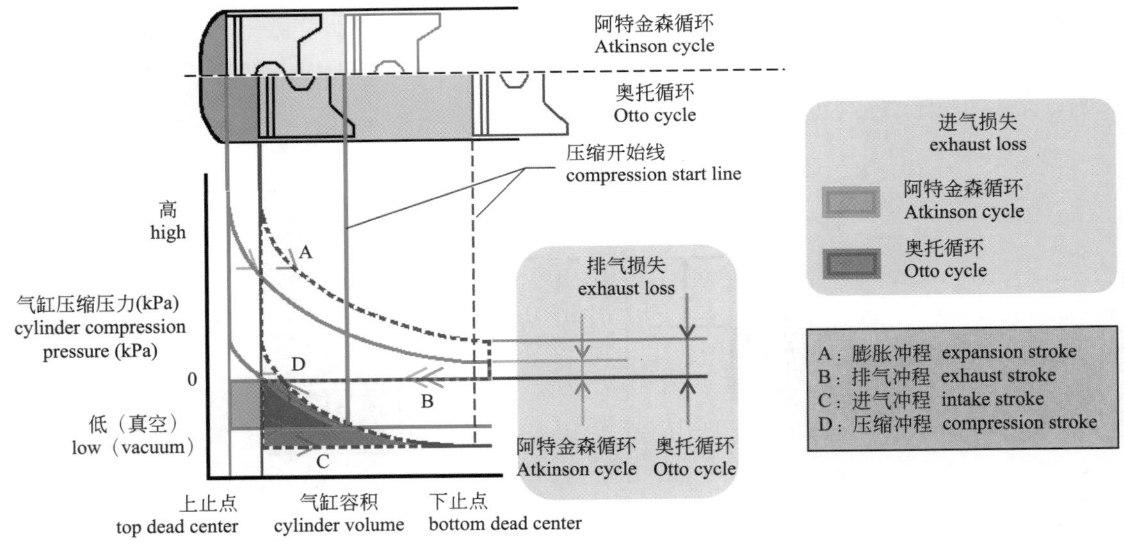
阿特金森循环
Atkinson cycle
奥托循环
Otto cycle
压缩开始线
compression start line
进气损失
exhaust loss
阿特金森循环
Atkinson cycle
奥托循环
Otto cycle
高
high
气缸压缩压力(kPa)
cylinder compression pressure (kPa)
0
低（真空）
low（vacuum）
A
B
C
D
排气损失
exhaust loss
阿特金森循环
Atkinson cycle
奥托循环
Otto cycle
上止点
top dead center
气缸容积
cylinder volume
下止点
bottom dead center
A：膨胀冲程 expansion stroke
B：排气冲程 exhaust stroke
C：进气冲程 intake stroke
D：压缩冲程 compression stroke

图5-14 发动机示功图

实现阿特金森循环的关键是对发动机的配气机构进行合理的设计。利用智能正时可变气门控制系统（Variable Valve Timing intelligent，VVT-i）控制进气门关闭时刻，进而控制不同工况下发动机的负荷。卡罗拉双擎发动机进气门关闭相位如图5-15所示，进气门关闭角度可在

61° ~ 102° 范围内调整，气缸容积随之变化。

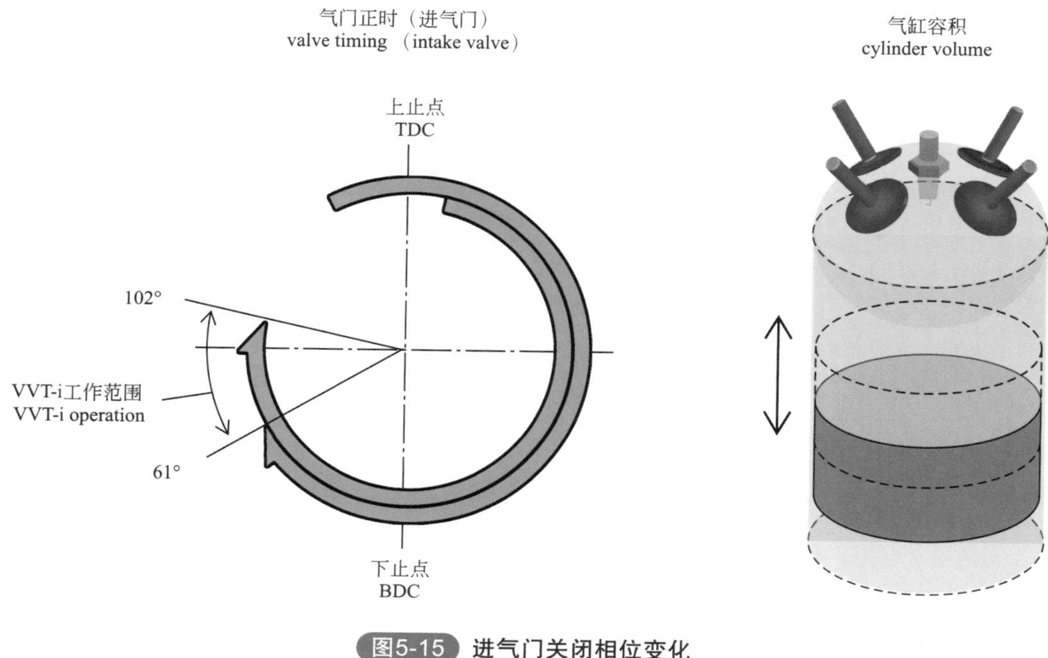
气门正时（进气门）
valve timing （intake valve）
上止点
TDC
102°
VVT-i工作范围
VVT-i operation
61°
下止点
BDC
气缸容积
cylinder volume

图5-15 进气门关闭相位变化

（2）发动机缸盖

发动机缸盖采用凸轮轴架来简化缸盖结构，使用铝制气缸体、屋脊形燃烧室（图5-16）。

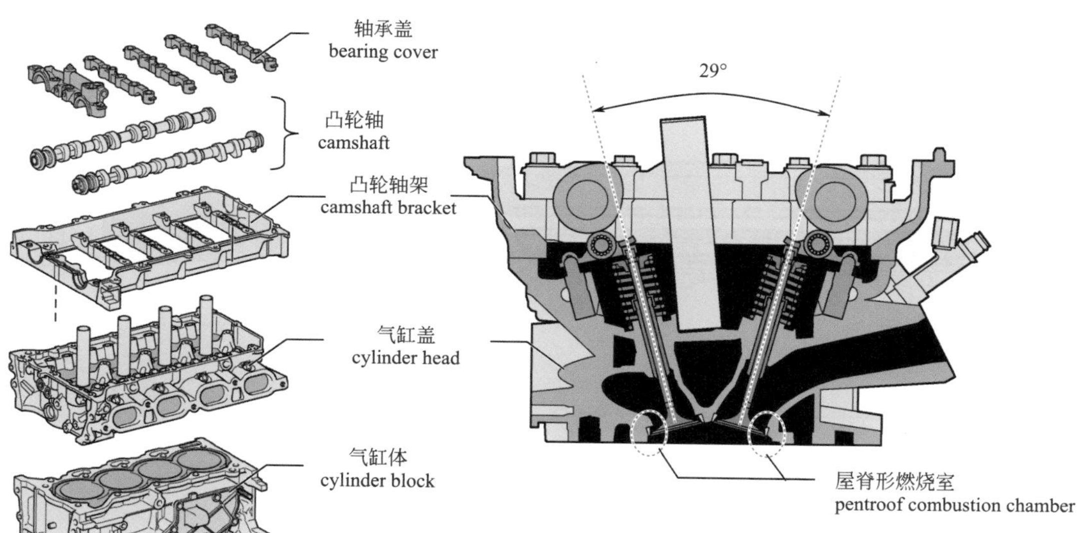
轴承盖
bearing cover
凸轮轴
camshaft
凸轮轴架
camshaft bracket
气缸盖
cylinder head
气缸体
cylinder block
29°
屋脊形燃烧室
pentroof combustion chamber

图5-16 发动机缸盖结构

（3）气缸体

采用刺型缸套可以提高冷却性能（图5-17）。

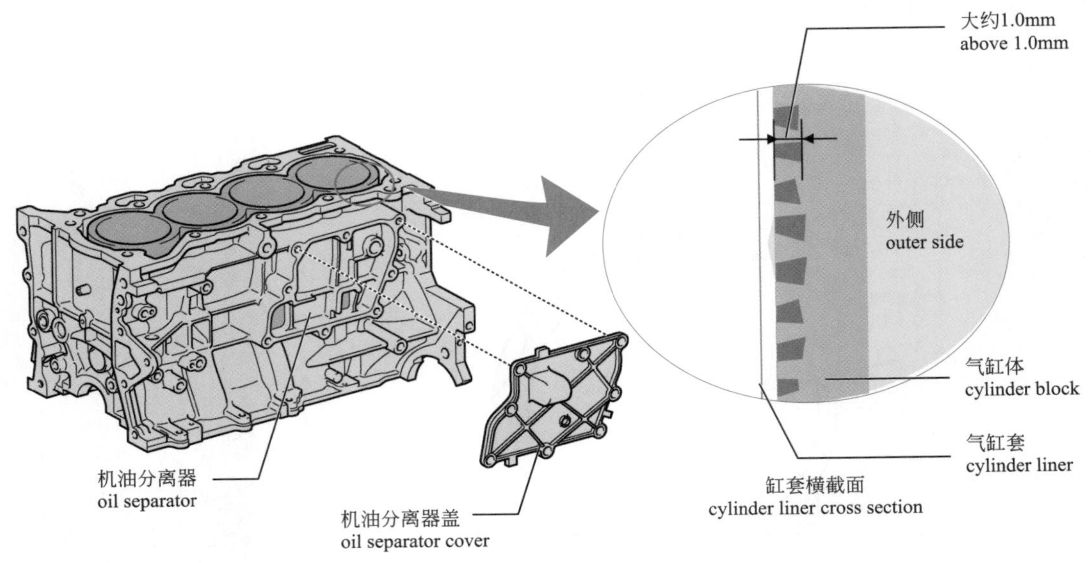
大约1.0mm
above 1.0mm
外侧
outer side
气缸体
cylinder block
气缸套
cylinder liner
缸套横截面
cylinder liner cross section
机油分离器
oil separator
机油分离器盖
oil separator cover

图5-17 刺型缸套

（4）活塞

利用物理气相沉积（Physical Vapor Deposition，PVD）工艺在活塞环上形成的数微米厚的硬质薄膜，其耐磨性优于一般的镀铬，具有减小摩擦效果。活塞裙部采用树脂涂层（图5-18）。

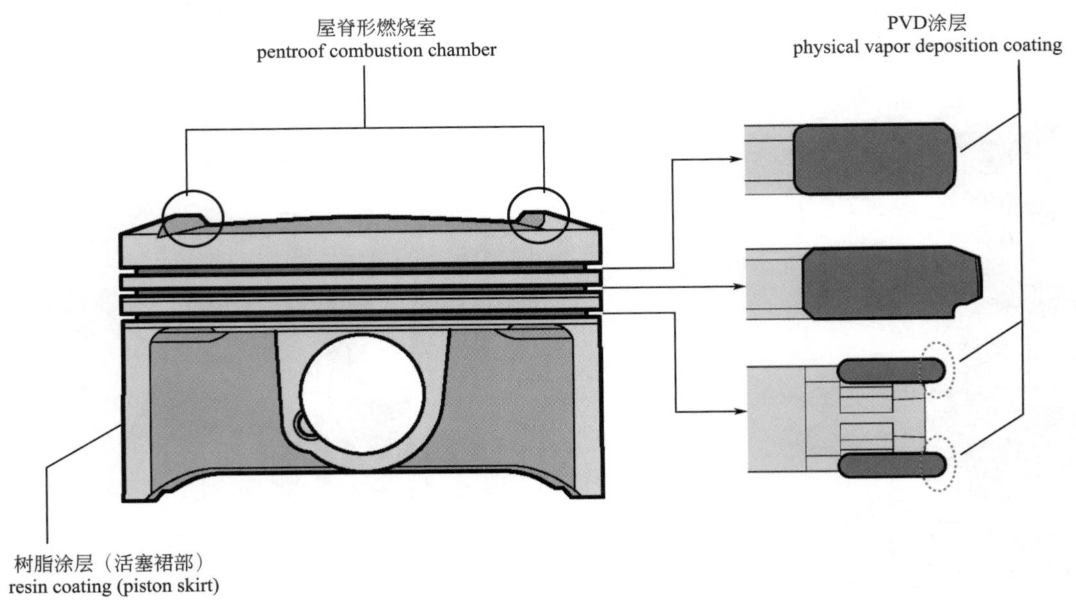
屋脊形燃烧室
pentroof combustion chamber
PVD涂层
physical vapor deposition coating
树脂涂层（活塞裙部）
resin coating (piston skirt)

图5-18 活塞与活塞环

（5）曲轴上轴承

改变传统发动机机油槽的形状，使机油泄漏量减少，从而减小机油泵容量（图5-19）。

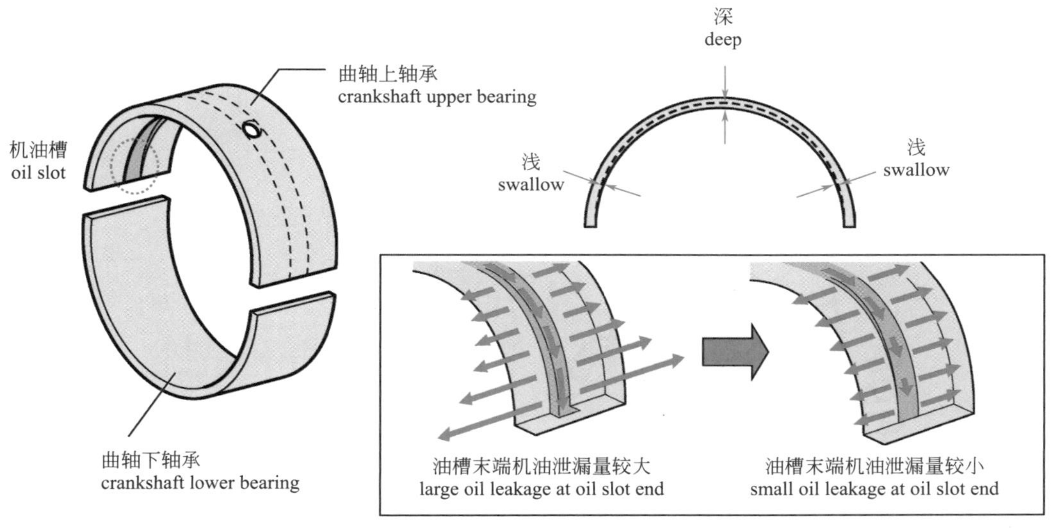
曲轴上轴承
crankshaft upper bearing
机油槽
oil slot
曲轴下轴承
crankshaft lower bearing
深
deep
浅
swallow
浅
swallow
油槽末端机油泄漏量较大
large oil leakage at oil slot end
油槽末端机油泄漏量较小
small oil leakage at oil slot end

图5-19 曲轴上轴承

（6）配气机构

卡罗拉双擎配气机构由凸轮轴、气门、气门摇臂、正时链条等部件组成。其功能是按照发动机每一气缸内所进行的工作循环和发火次序的要求，定时开启和关闭各气缸的进、排气门，使新混合气得以及时进入气缸，废气得以及时从气缸排出（图5-20）。

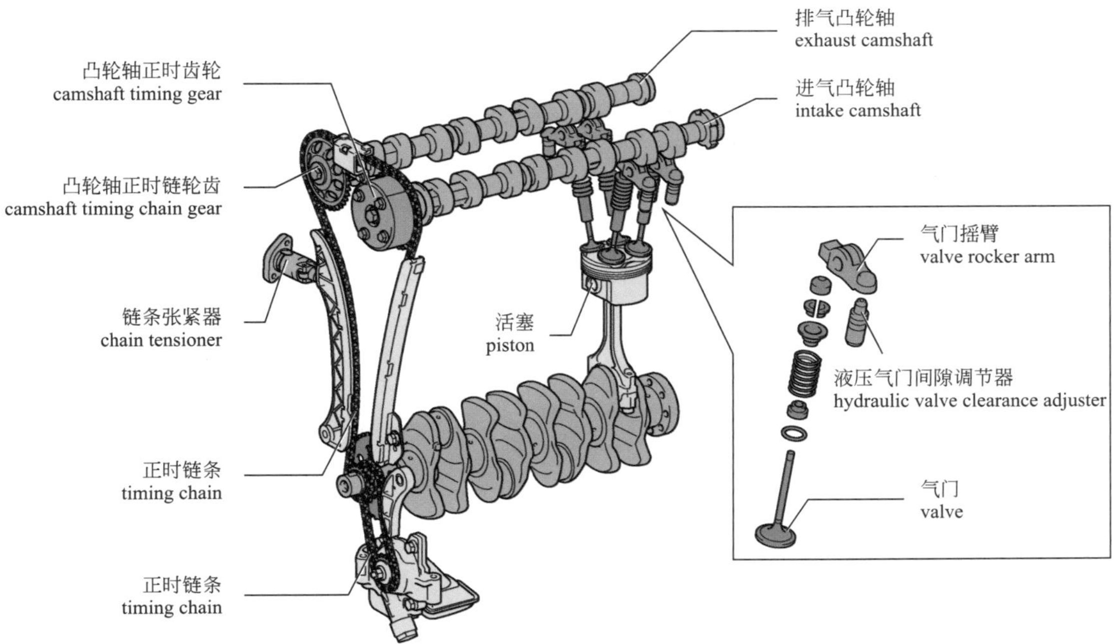
排气凸轮轴
exhaust camshaft
进气凸轮轴
intake camshaft
凸轮轴正时齿轮
camshaft timing gear
凸轮轴正时链轮齿
camshaft timing chain gear
链条张紧器
chain tensioner
活塞
piston
气门摇臂
valve rocker arm
液压气门间隙调节器
hydraulic valve clearance adjuster
气门
valve
正时链条
timing chain
正时链条
timing chain

图5-20 配气机构

液压气门间隙调节器利用机油压力和弹簧弹力使气门间隙为零（图5-21）。

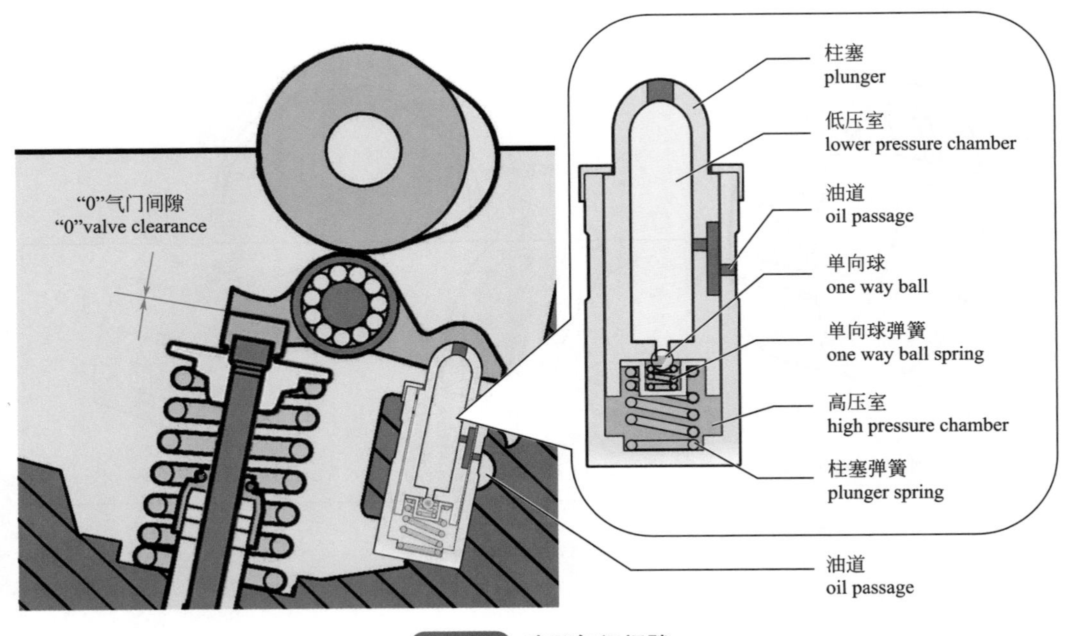
"0"气门间隙
"0"valve clearance
柱塞
plunger
低压室
lower pressure chamber
油道
oil passage
单向球
one way ball
单向球弹簧
one way ball spring
高压室
high pressure chamber
柱塞弹簧
plunger spring
油道
oil passage

图5-21 液压气门间隙

（7）润滑系统

润滑系统油路为全压式润滑油路，采用带可换式滤芯的机油滤清器。机油喷嘴润滑气缸壁（图5-22）。

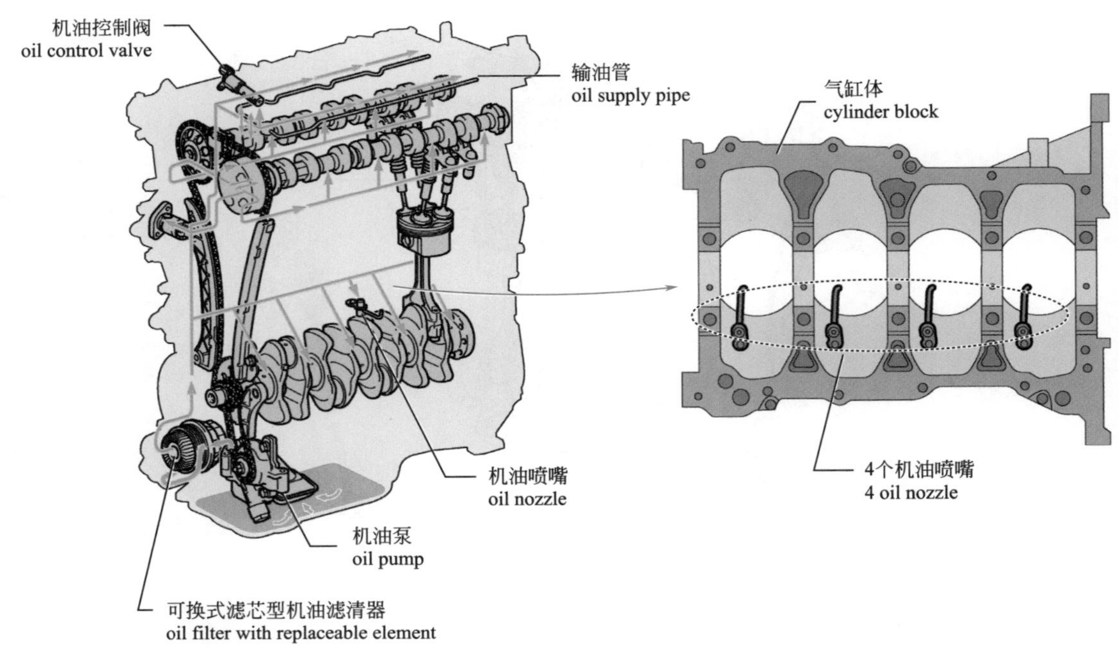
机油控制阀
oil control valve
输油管
oil supply pipe
气缸体
cylinder block
机油喷嘴
oil nozzle
4个机油喷嘴
4 oil nozzle
机油泵
oil pump
可换式滤芯型机油滤清器
oil filter with replaceable element

图5-22 润滑系统

（8）进气系统

进气歧管由塑料制成，可减轻重量和减少来自气缸盖的热量，降低进气温度，提高进气容积效率（图5-23）。

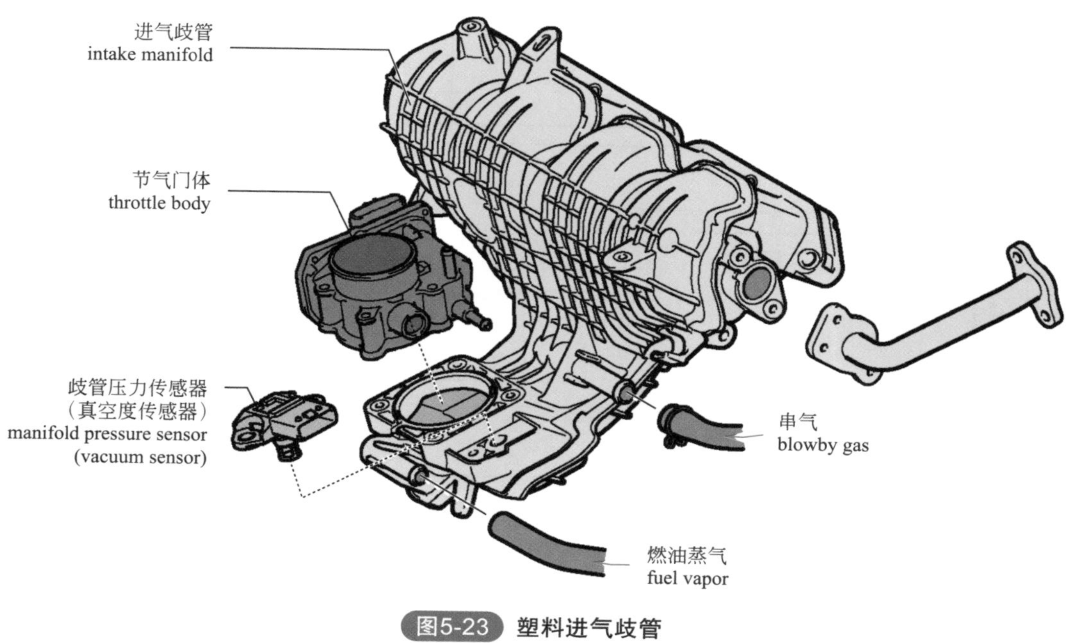
进气歧管
intake manifold
节气门体
throttle body
歧管压力传感器
（真空度传感器）
manifold pressure sensor
(vacuum sensor)
串气
blowby gas
燃油蒸气
fuel vapor

图5-23 塑料进气歧管

（9）废气余热再循环系统

采用废气余热再循环系统，缩短发动机暖机所需的时间（图5-24）。

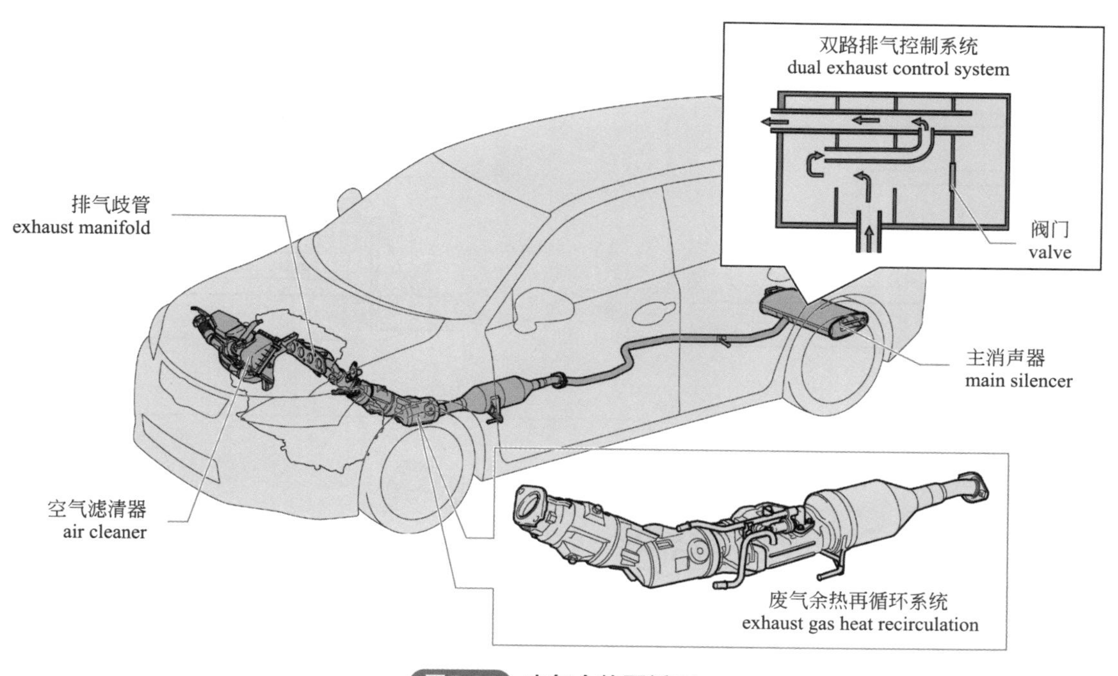
双路排气控制系统
dual exhaust control system
阀门
valve
排气歧管
exhaust manifold
主消声器
main silencer
空气滤清器
air cleaner
废气余热再循环系统
exhaust gas heat recirculation

图5-24 废气余热再循环

废气余热再循环系统利用来自废气中的热量加热发动机冷却液（图5-25）。

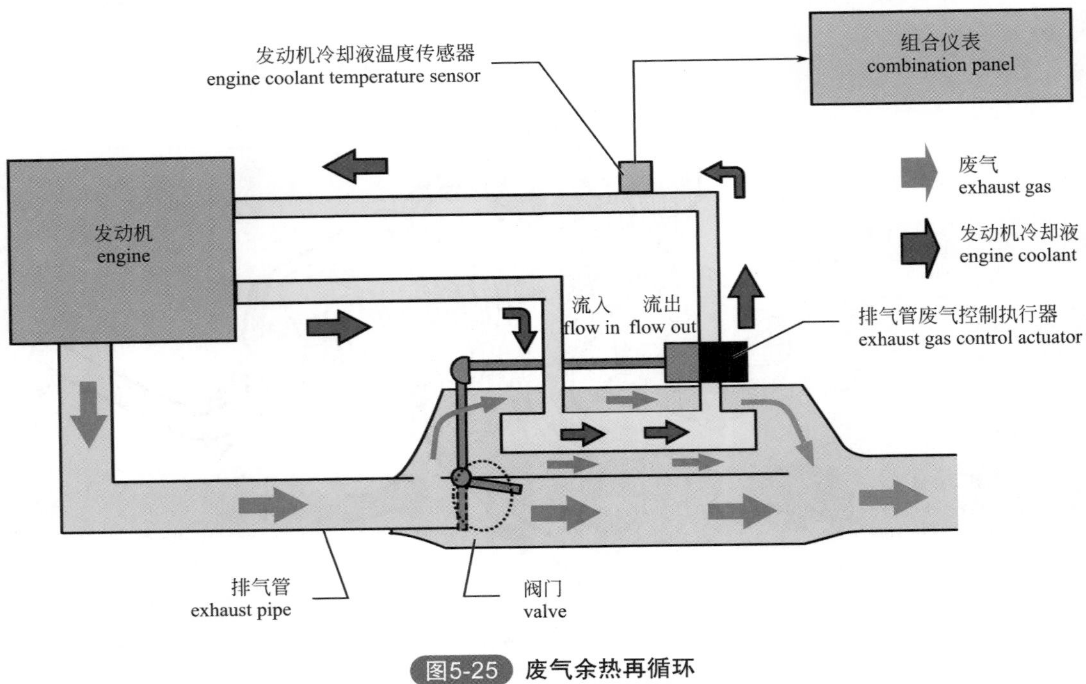
发动机冷却液温度传感器
engine coolant temperature sensor
组合仪表
combination panel
废气
exhaust gas
发动机冷却液
engine coolant
发动机
engine
流入
flow in
流出
flow out
排气管废气控制执行器
exhaust gas control actuator
排气管
exhaust pipe
阀门
valve

图5-25 废气余热再循环

废气余热再循环系统通过执行器打开和关闭内置于排气管总成的阀门来改变管内的废气流动（图5-26）。

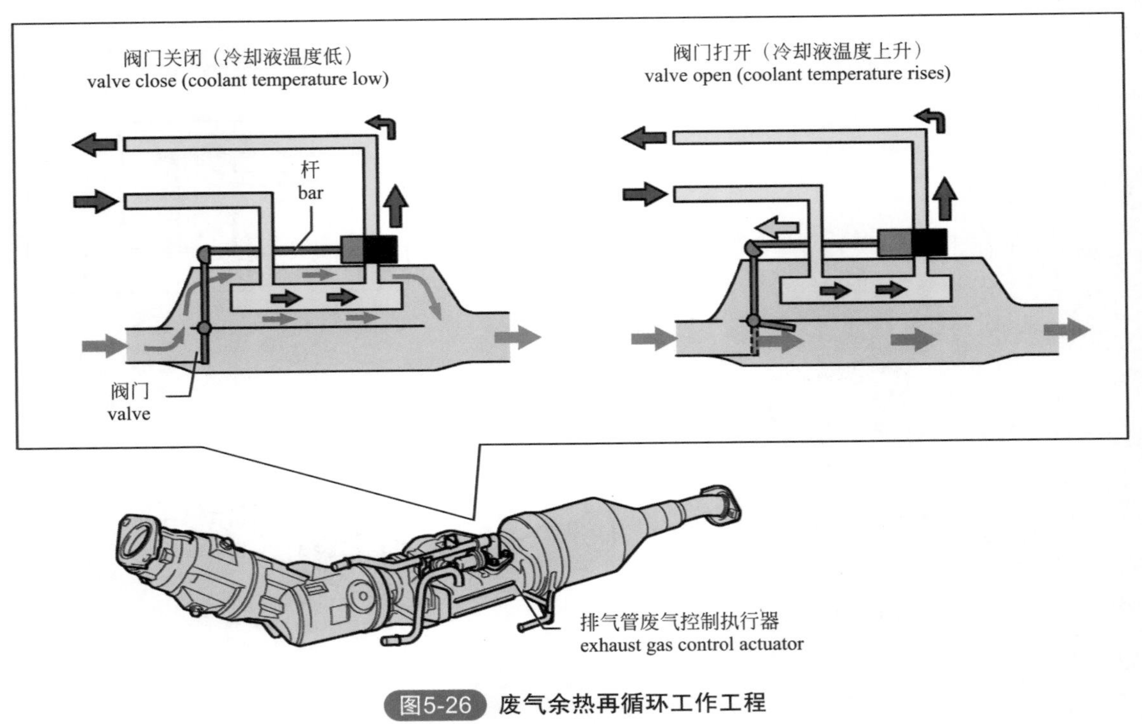
阀门关闭（冷却液温度低）
valve close (coolant temperature low)
阀门打开（冷却液温度上升）
valve open (coolant temperature rises)
杆
bar
阀门
valve
排气管废气控制执行器
exhaust gas control actuator

图5-26 废气余热再循环工作工程

如果发动机冷却液温度过高，水温警告指示灯将亮起（图5-27）。

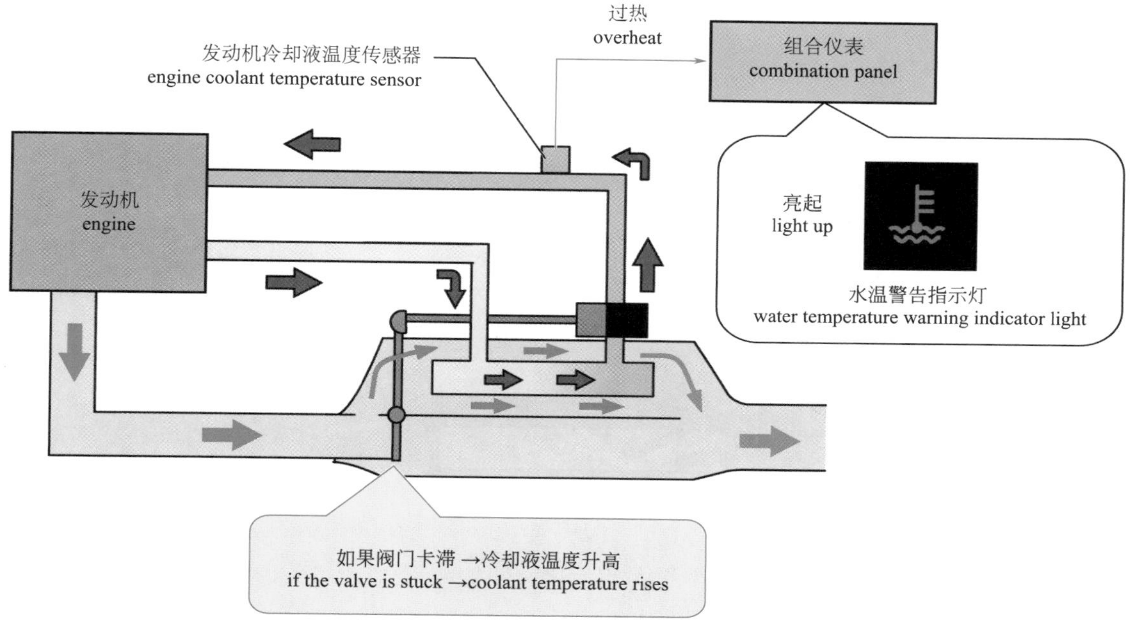
过热
overheat
组合仪表
combination panel
发动机冷却液温度传感器
engine coolant temperature sensor
发动机
engine
亮起
light up
水温警告指示灯
water temperature warning indicator light
如果阀门卡滞→冷却液温度升高
if the valve is stuck →coolant temperature rises

图5-27 水温警告指示灯亮起

（10）燃油供给系统

采用无回油管式结构，将燃油滤清器、燃油压力调节器和燃油泵集成一体，可以阻止来自发动机区域的燃油回流，从而可防止燃油箱总成内部温度上升，减少燃油箱总成内产生的燃油蒸气排放（图5-28）。

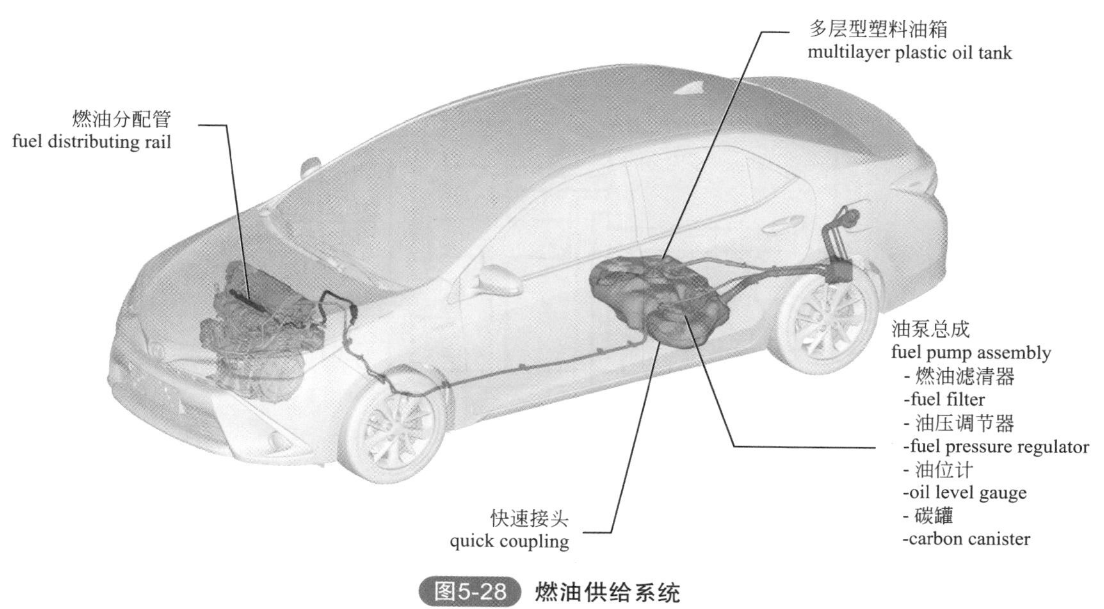
多层型塑料油箱
multilayer plastic oil tank
燃油分配管
fuel distributing rail
油泵总成
fuel pump assembly
- 燃油滤清器
-fuel filter
- 油压调节器
-fuel pressure regulator
- 油位计
-oil level gauge
- 碳罐
-carbon canister
快速接头
quick coupling

图5-28 燃油供给系统

(11)冷却系统

发动机冷却液在气缸体内的流动为U形，可确保发动机冷却液流动顺畅。冷却液管路及部件如图5-29所示。

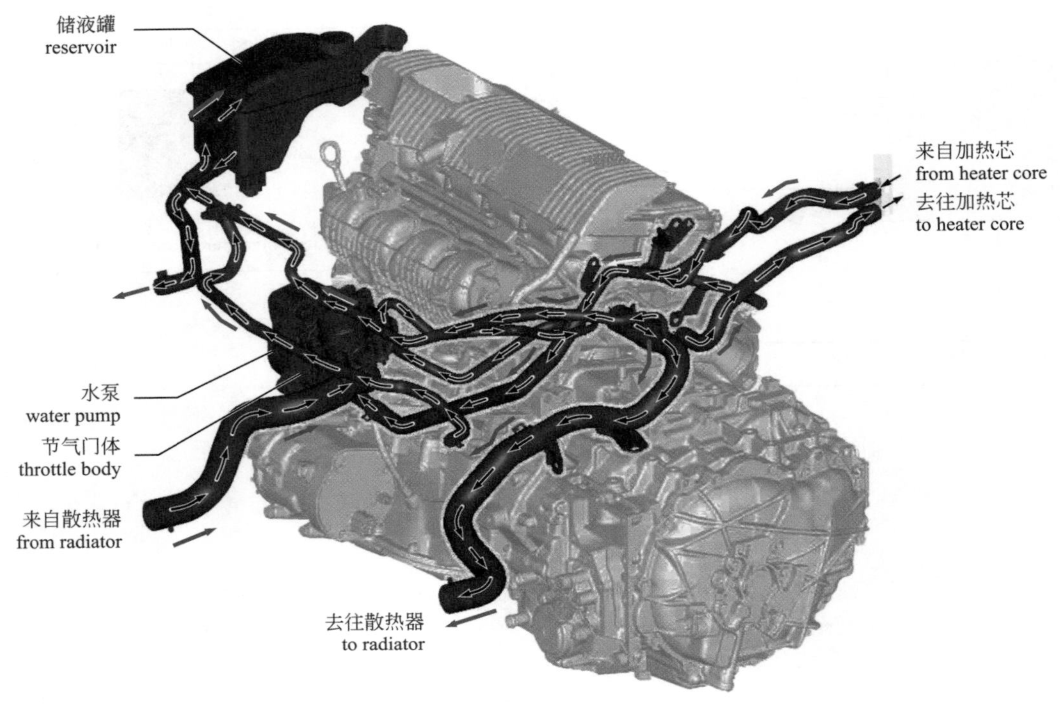
储液罐
reservoir
来自加热芯
from heater core
去往加热芯
to heater core
水泵
water pump
节气门体
throttle body
来自散热器
from radiator
去往散热器
to radiator

图5-29 冷却液管路

节温器位于进水口壳处，以保持冷却系统内适宜的温度分布。水泵将来自发动机的热水送至节气门体，以防节气门体冻结。冷却液循环回路如图5-30所示。

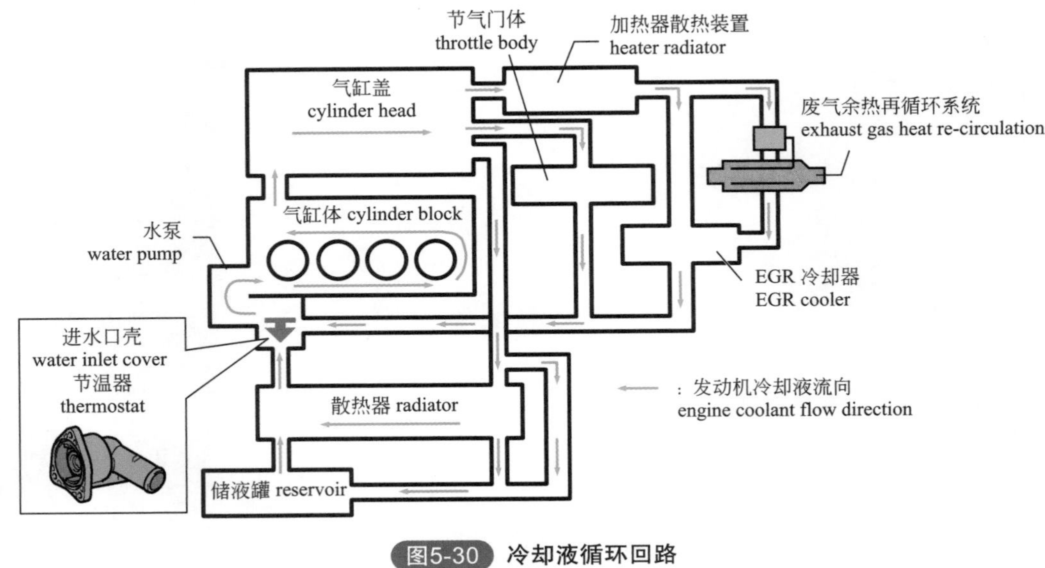
节气门体
throttle body
加热器散热装置
heater radiator
气缸盖
cylinder head
废气余热再循环系统
exhaust gas heat re-circulation
气缸体 cylinder block
水泵
water pump
EGR 冷却器
EGR cooler
进水口壳
water inlet cover
节温器
thermostat
：发动机冷却液流向
engine coolant flow direction
散热器 radiator
储液罐 reservoir

图5-30 冷却液循环回路

电动水泵取代传统的带和带轮，提高预热性能、减少冷却损失，并降低油耗和排放（图5-31）。

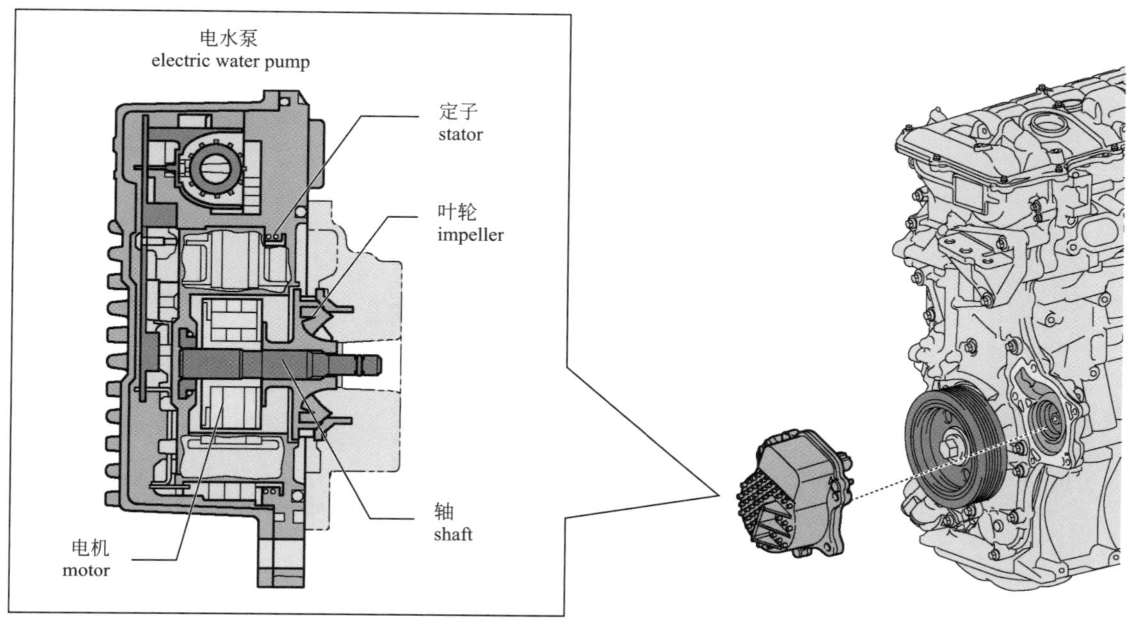
电水泵
electric water pump
定子
stator
叶轮
impeller
轴
shaft
电机
motor

图5-31 电动水泵结构

发动机控制模块（Engine Control Module，ECM）控制电动水泵，调整发动机冷却液的循环量，以符合最佳的发动机工作条件（图5-32）。

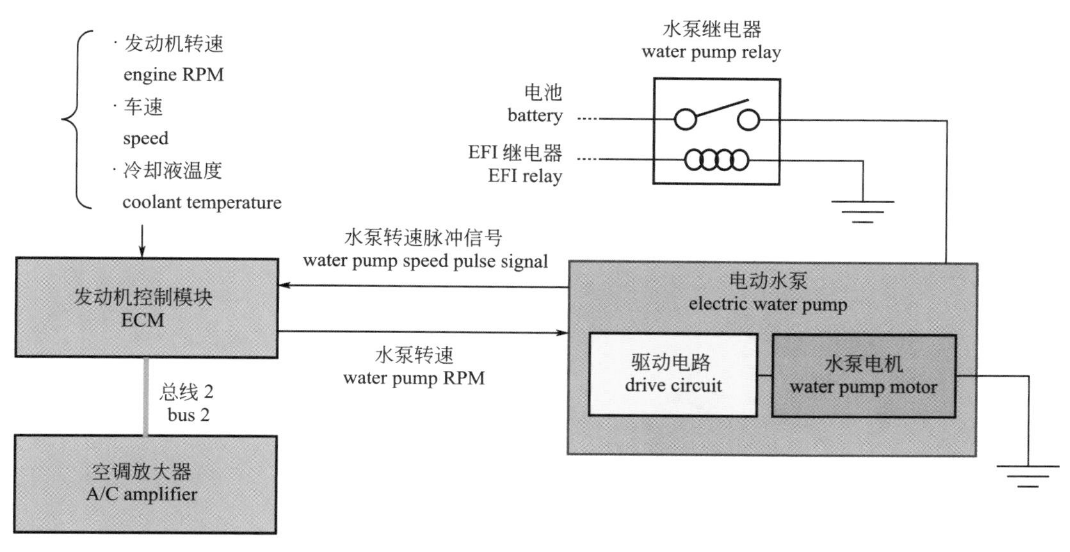
·发动机转速
engine RPM
·车速
speed
·冷却液温度
coolant temperature
水泵继电器
water pump relay
电池
battery
EFI 继电器
EFI relay
水泵转速脉冲信号
water pump speed pulse signal
发动机控制模块
ECM
电动水泵
electric water pump
水泵转速
water pump RPM
驱动电路
drive circuit
水泵电机
water pump motor
总线 2
bus 2
空调放大器
A/C amplifier

图5-32 电动水泵控制电路

5.1.4　卡罗拉双擎传动桥

卡罗拉双擎传动桥（也称变速驱动桥）采用丰田P410型传动桥，为行星齿轮式无级变速机构。主要部件有1号电机、2号电机、组合齿轮单元、减速装置（包括主减速器驱动齿轮、主减速器从动齿轮、中间轴齿轮、差速器小齿轮）、减振器（也称阻尼器）等（图5-33）。

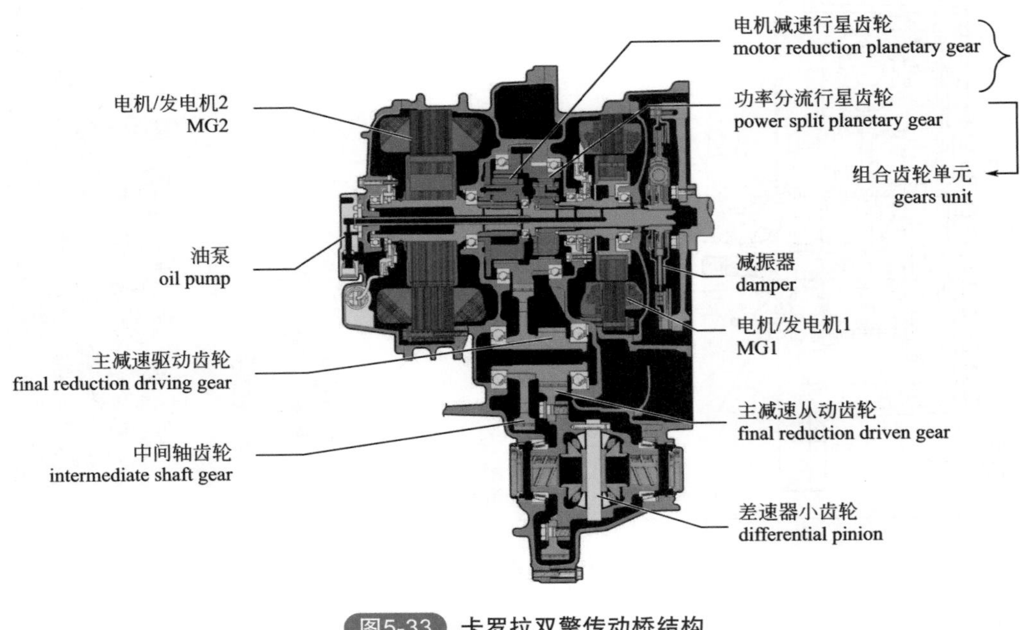
电机减速行星齿轮
motor reduction planetary gear
功率分流行星齿轮
power split planetary gear
组合齿轮单元
gears unit
电机/发电机2
MG2
油泵
oil pump
减振器
damper
电机/发电机1
MG1
主减速驱动齿轮
final reduction driving gear
主减速从动齿轮
final reduction driven gear
中间轴齿轮
intermediate shaft gear
差速器小齿轮
differential pinion

图5-33　卡罗拉双擎传动桥结构

卡罗拉双擎传动桥的分解如图5-34所示。

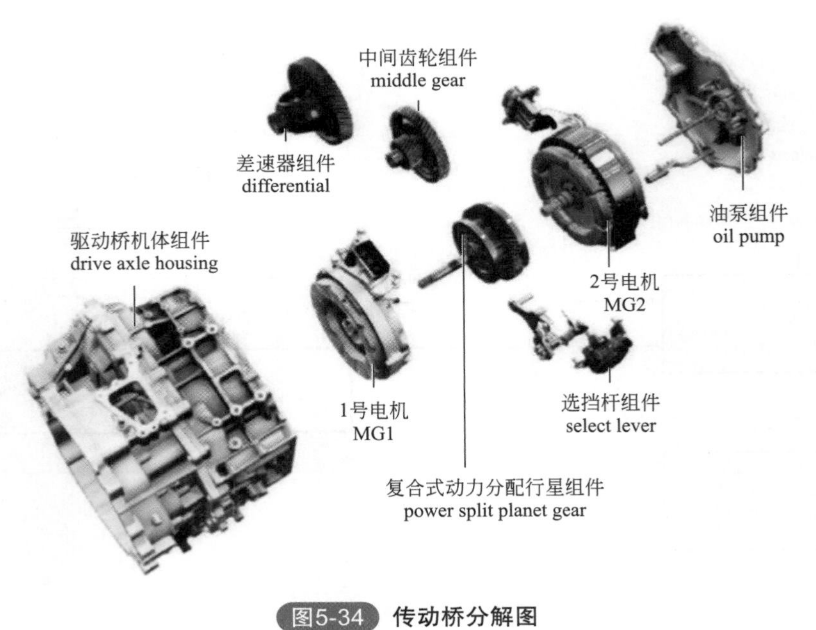
中间齿轮组件
middle gear
差速器组件
differential
油泵组件
oil pump
驱动桥机体组件
drive axle housing
2号电机
MG2
1号电机
MG1
选挡杆组件
select lever
复合式动力分配行星组件
power split planet gear

图5-34　传动桥分解图

（1）卡罗拉双擎传动桥原理

传动桥通过组合齿轮单元传递动力（图5-35）。发动机、1号电机、2号电机、组合齿轮单元、减振器和油泵都安装在同心轴上。发动机输出的动力经过组合齿轮单元分为两路：一路驱动汽车，另一路驱动1号电机用来发电。

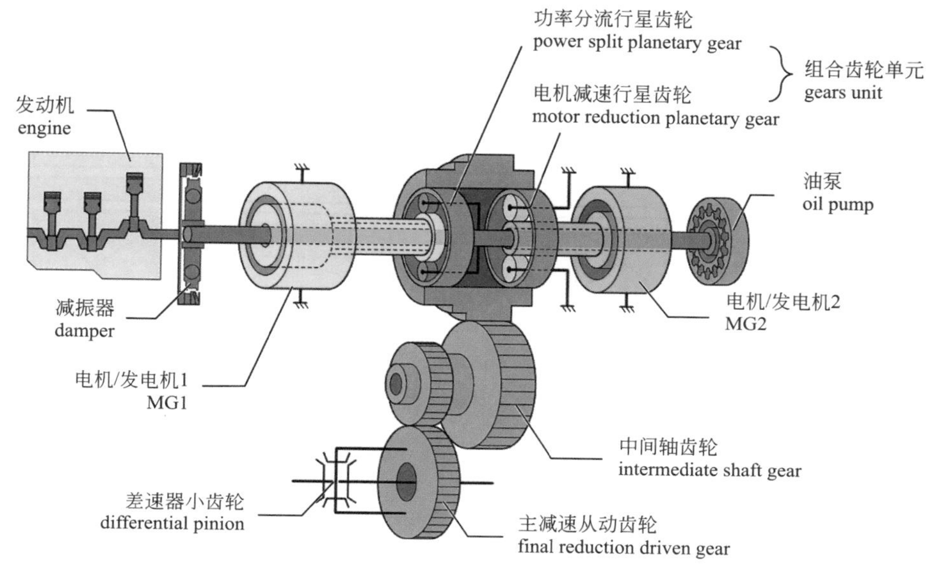
功率分流行星齿轮
power split planetary gear
电机减速行星齿轮
motor reduction planetary gear
组合齿轮单元
gears unit
发动机
engine
油泵
oil pump
减振器
damper
电机/发电机2
MG2
电机/发电机1
MG1
中间轴齿轮
intermediate shaft gear
差速器小齿轮
differential pinion
主减速从动齿轮
final reduction driven gear

图5-35 传动桥齿轮组啮合关系图

（2）组合齿轮单元

组合齿轮单元由中间轴齿轮、动力分配行星齿轮单元和电机减速行星齿轮单元组成。中间轴齿轮也称组合齿轮，内有两个齿圈，外有驻车锁止齿轮和中间轴齿轮（图5-36）。

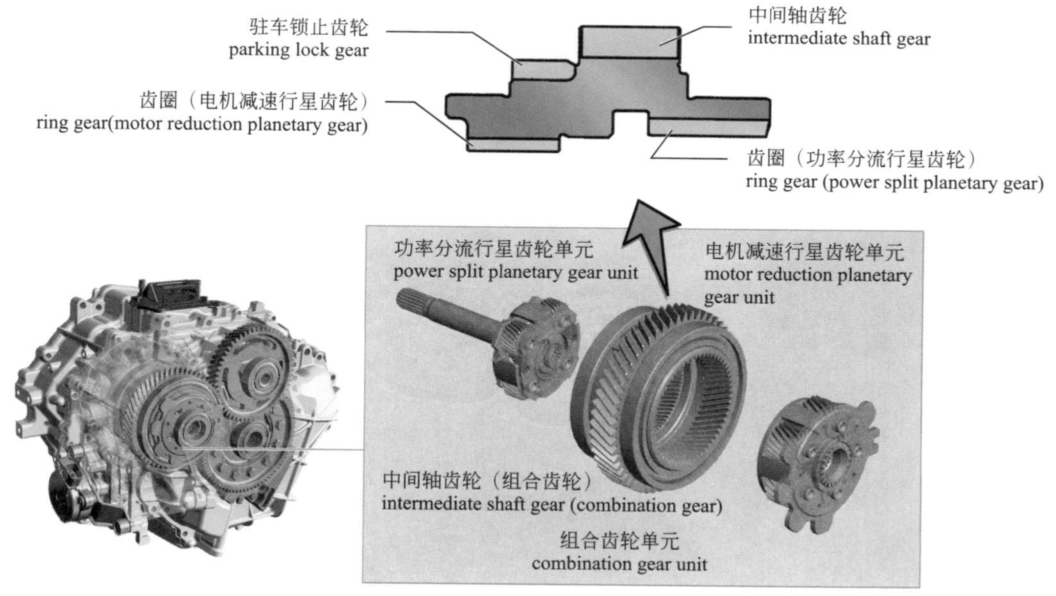
驻车锁止齿轮
parking lock gear
中间轴齿轮
intermediate shaft gear
齿圈（电机减速行星齿轮）
ring gear(motor reduction planetary gear)
齿圈（功率分流行星齿轮）
ring gear (power split planetary gear)
功率分流行星齿轮单元
power split planetary gear unit
电机减速行星齿轮单元
motor reduction planetary gear unit
中间轴齿轮（组合齿轮）
intermediate shaft gear (combination gear)
组合齿轮单元
combination gear unit

图5-36 组合齿轮单元结构

组合齿轮单元与发动机、1号电机和2号电机的连接关系如图5-37所示。组合齿轮单元采用双行星排结构，一个行星排作为动力分配单元，另一个行星排作为2号电机减速单元。双电机同轴布置。

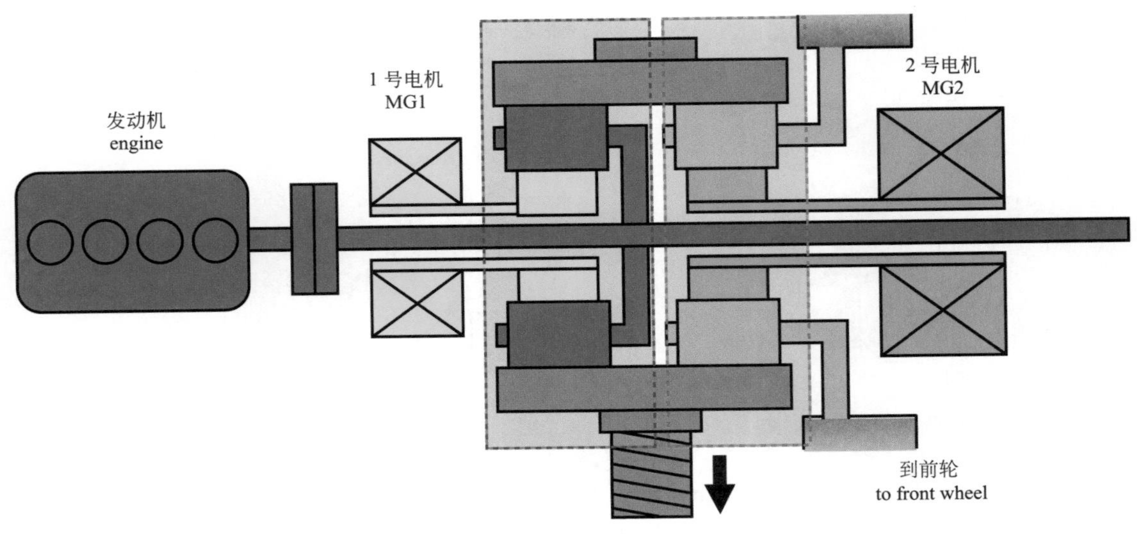
1号电机
MG1
2号电机
MG2
发动机
engine
到前轮
to front wheel

图5-37 组合齿轮单元动力传递路线

（3）传动桥减振器

采用低扭力螺旋弹簧阻尼器，当传输较大动能时可减轻振动（图5-38）。干式单盘摩擦材料通过打滑防止发动机转矩过大造成部件损坏。

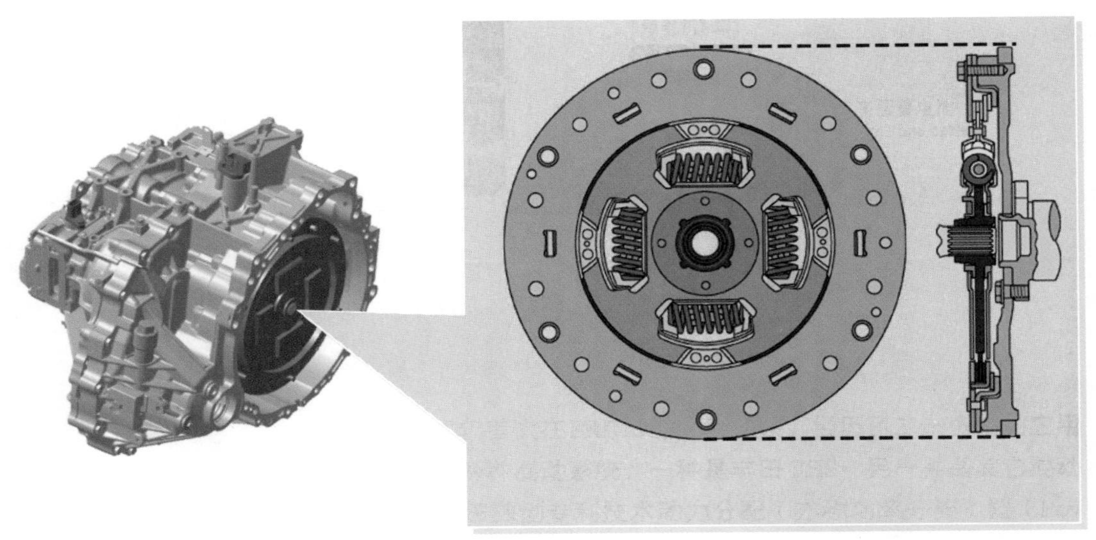

图5-38 传动桥减振器

（4）传动桥润滑系统

主减速齿轮采用飞溅式润滑，存油腔向各个齿轮供油（图5-39）。

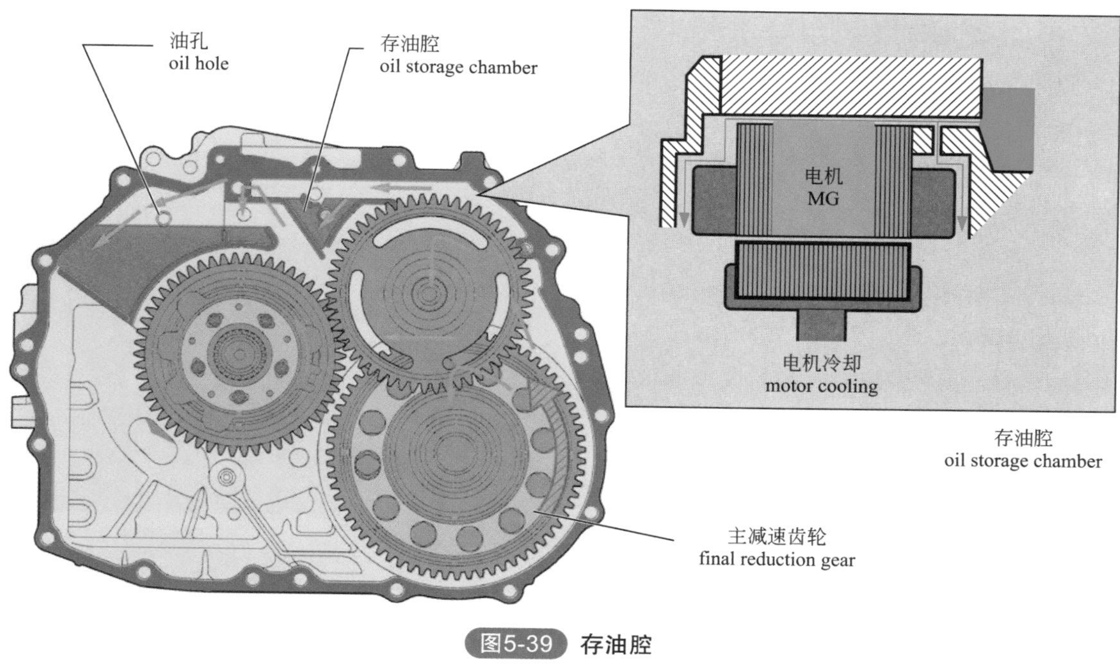
油孔
oil hole
存油腔
oil storage chamber
电机
MG
电机冷却
motor cooling
存油腔
oil storage chamber
主减速齿轮
final reduction gear

图5-39　存油腔

（5）传动桥机油泵

机油泵采用余摆线型油泵，内置于传动桥内，由发动机驱动，压力润滑各部齿轮。另外传动桥还通过减速齿轮旋转，使油箱内润滑油甩油润滑齿轮，减小机油泵运转负载（图5-40）。

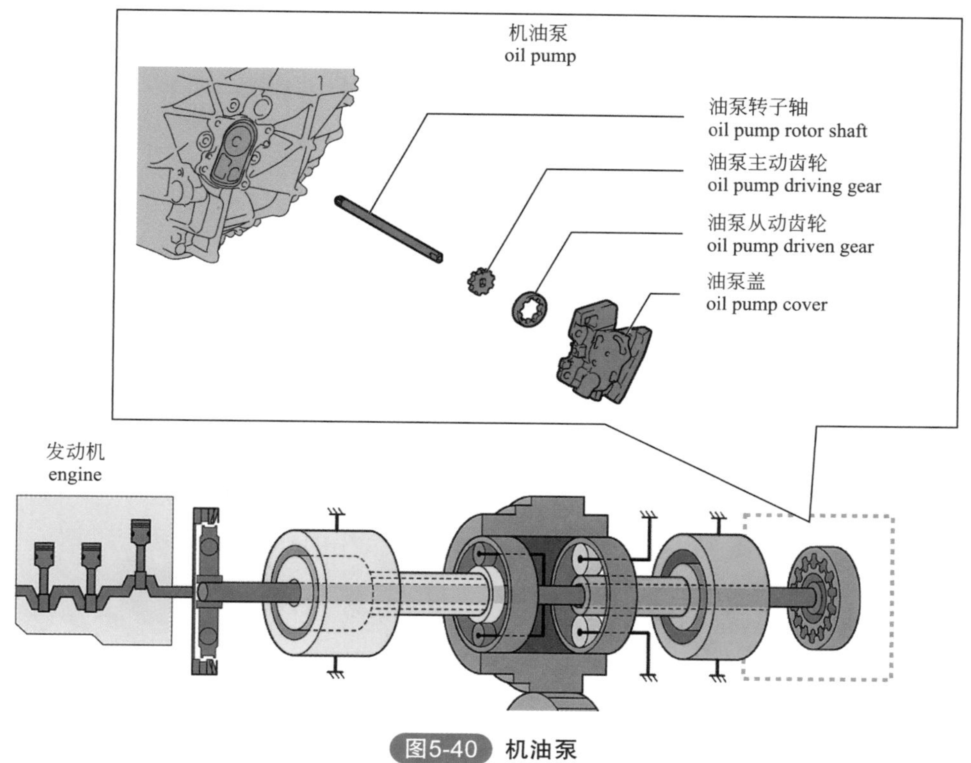
机油泵
oil pump
油泵转子轴
oil pump rotor shaft
油泵主动齿轮
oil pump driving gear
油泵从动齿轮
oil pump driven gear
油泵盖
oil pump cover
发动机
engine

图5-40　机油泵

5.1.5 卡罗拉双擎电子换挡系统

卡罗拉双擎采用线控换挡技术，使用回位型换挡杆，当驾驶员松开换挡杆手柄时，手柄自动回到原位（图5-41）。

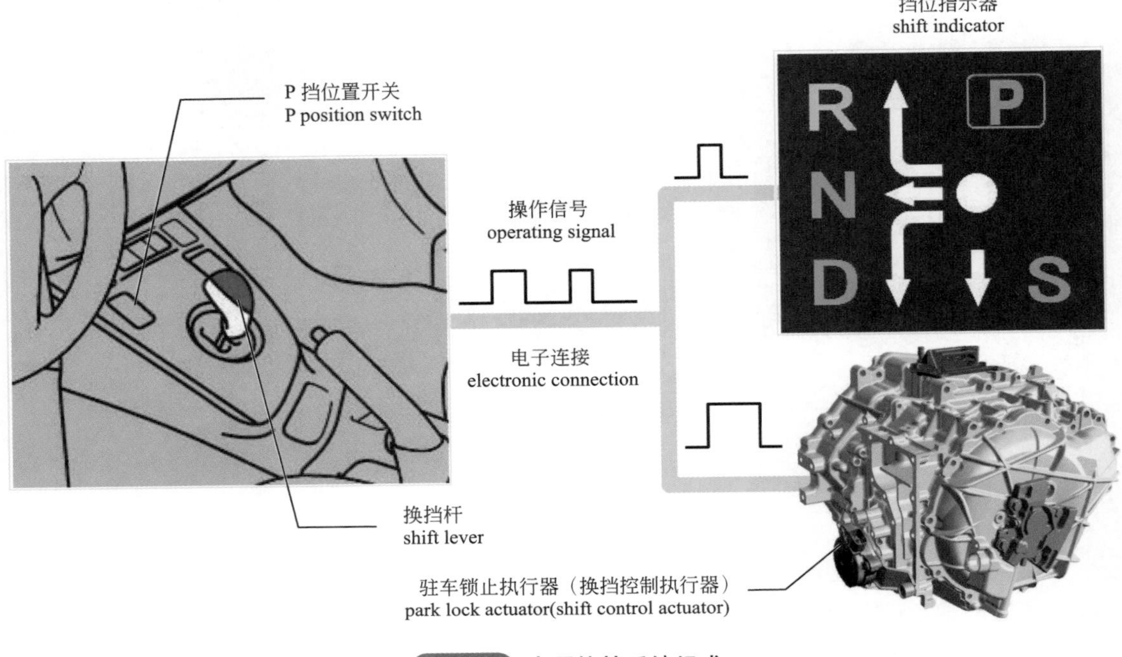
挡位指示器
shift indicator
P 挡位置开关
P position switch
操作信号
operating signal
电子连接
electronic connection
换挡杆
shift lever
驻车锁止执行器（换挡控制执行器）
park lock actuator(shift control actuator)
R
P
N
D
S

图5-41 电子换挡系统组成

卡罗拉双擎采用电子式驻车锁止执行器，由变速器控制ECU控制（图5-42）。

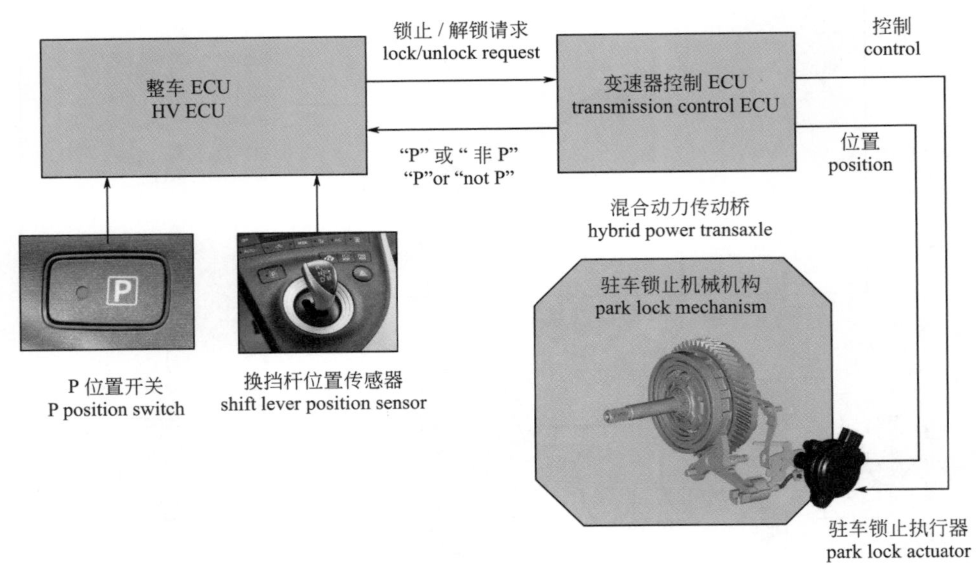
整车 ECU
HV ECU
锁止 / 解锁请求
lock/unlock request
"P" 或 " 非 P"
"P"or "not P"
变速器控制 ECU
transmission control ECU
控制
control
位置
position
混合动力传动桥
hybrid power transaxle
驻车锁止机械机构
park lock mechanism
P 位置开关
P position switch
换挡杆位置传感器
shift lever position sensor
驻车锁止执行器
park lock actuator

图5-42 驻车锁止执行器工作原理

驻车锁止执行器用于啮合或分离传动桥驻车锁止机械机构。驻车齿轮在齿圈外侧，驻车锁止系统通过与箱体连接，实现驻车（图5-43）。

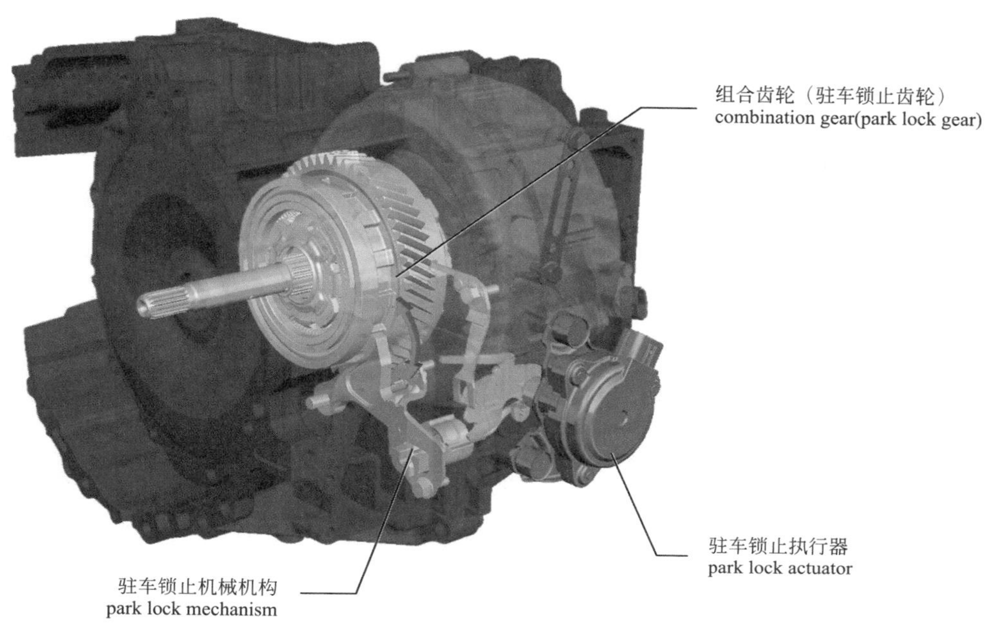
组合齿轮（驻车锁止齿轮）
combination gear(park lock gear)
驻车锁止执行器
park lock actuator
驻车锁止机械机构
park lock mechanism

图5-43 驻车锁止机械机构位置

❶ 驻车锁止执行器。驻车锁止执行器包括一个开关磁阻电机和一个摆线减速机构（图5-44）。转角传感器采用霍尔式传感器。

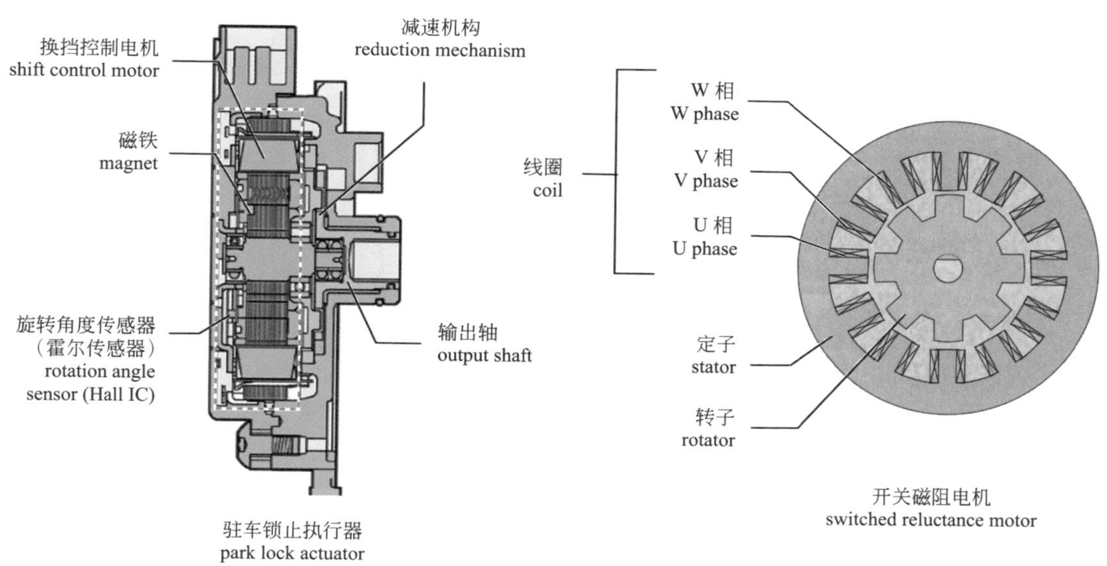
换挡控制电机
shift control motor
减速机构
reduction mechanism
磁铁
magnet
旋转角度传感器
（霍尔传感器）
rotation angle
sensor (Hall IC)
输出轴
output shaft
驻车锁止执行器
park lock actuator
线圈
coil
W 相
W phase
V 相
V phase
U 相
U phase
定子
stator
转子
rotator
开关磁阻电机
switched reluctance motor

图5-44 驻车锁止执行器

❷ 驻车锁止执行器减速机构。在斜坡上驻车时，驻车转矩较大，此时摆线减速机构能够确保驻车锁的完全释放（图5-45）。

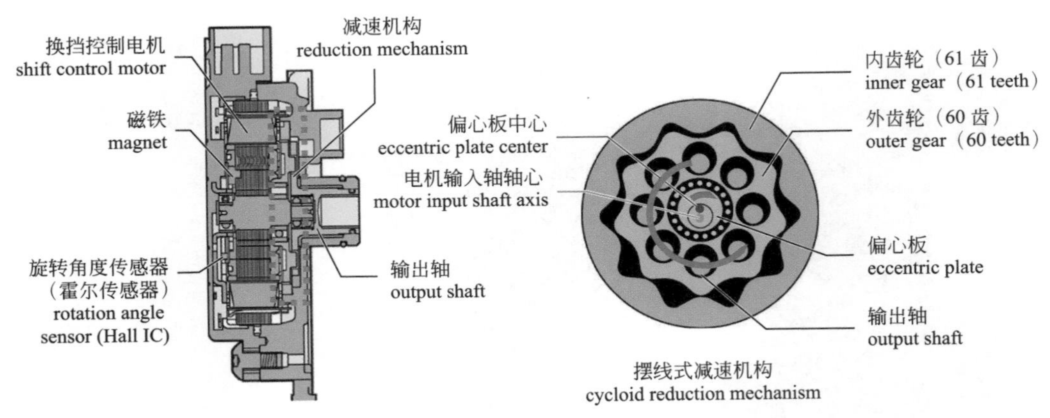
换挡控制电机
shift control motor
磁铁
magnet
旋转角度传感器
（霍尔传感器）
rotation angle
sensor (Hall IC)
减速机构
reduction mechanism
偏心板中心
eccentric plate center
电机输入轴轴心
motor input shaft axis
输出轴
output shaft
内齿轮（61齿）
inner gear（61 teeth）
外齿轮（60齿）
outer gear（60 teeth）
偏心板
eccentric plate
输出轴
output shaft
摆线式减速机构
cycloid reduction mechanism

图5-45 驻车锁止执行器减速机构

5.1.6 卡罗拉双擎电机

卡罗拉双擎的1号电机和2号电机亦称MG（Motor/Generator）1和MG（Motor/Generator）2，为交流永磁同步电机，既可用作电机，也可用作发电机（图5-46）。卡罗拉双擎电机的输出功率占整个动力系统输出功率的53%，属于强混合动力型。

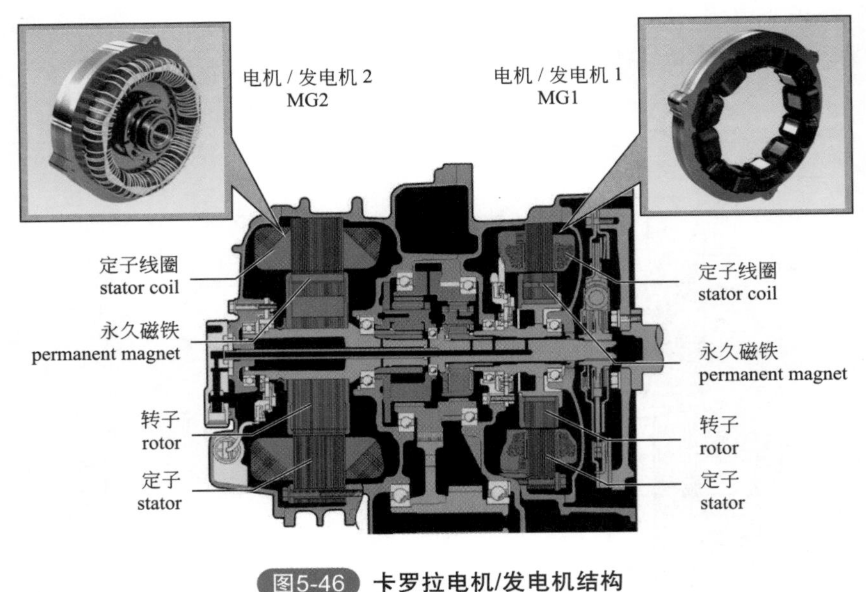
电机/发电机2
MG2
电机/发电机1
MG1
定子线圈
stator coil
永久磁铁
permanent magnet
转子
rotor
定子
stator
定子线圈
stator coil
永久磁铁
permanent magnet
转子
rotor
定子
stator

图5-46 卡罗拉电机/发电机结构

（1）1号电机

1号电机主要用作发电机，将发动机冗余能量转化为电能，给高压电池充电或给2号电机供电。此外启动发动机时，1号电机用作起动机。作为动力分流装置的控制元件，1号电机与太阳轮相连，动力控制单元按照一定的控制策略改变转速和转矩，从而实现无级变速的功能（图5-47）。

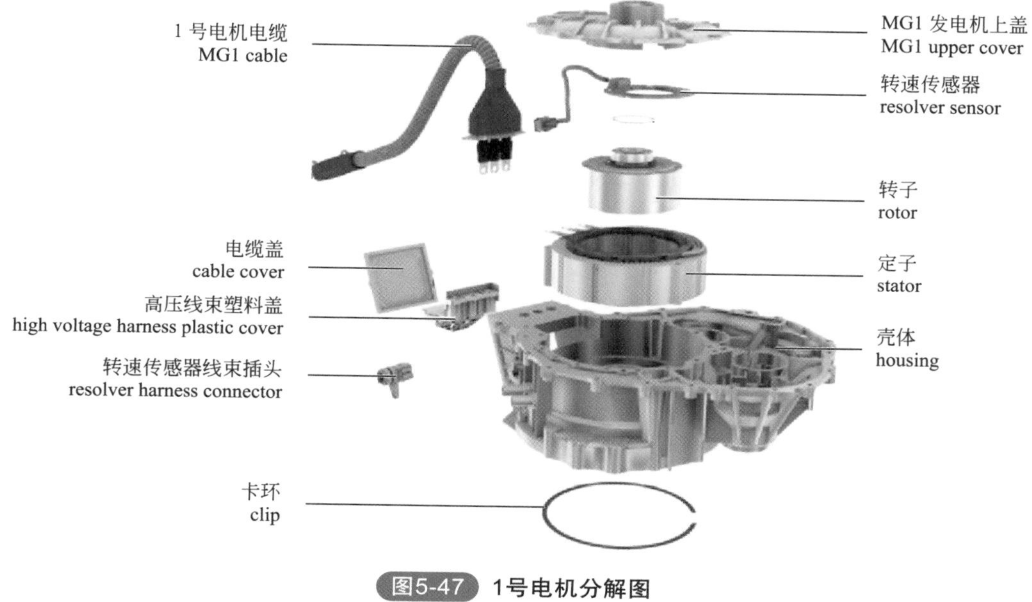
1号电机电缆
MG1 cable
MG1 发电机上盖
MG1 upper cover
转速传感器
resolver sensor
转子
rotor
电缆盖
cable cover
定子
stator
高压线束塑料盖
high voltage harness plastic cover
壳体
housing
转速传感器线束插头
resolver harness connector
卡环
clip

图5-47 1号电机分解图

（2）2号电机

2号电机主要用作电机来驱动汽车，并利用1号电机和高压电池提供的电能工作。此外当汽车制动、下坡或驾驶员放松加速踏板时，发动机关闭，2号电机作为发电机，在汽车的惯性下，车轮带动2号电机发电，将制动能转化为电能储存在高压电池中（图5-48）。

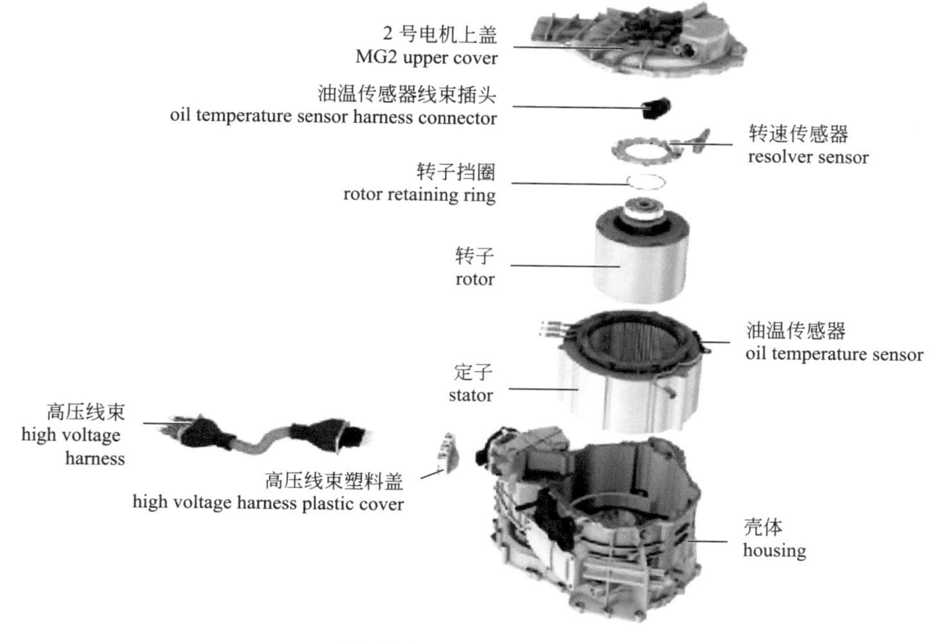
2号电机上盖
MG2 upper cover
油温传感器线束插头
oil temperature sensor harness connector
转速传感器
resolver sensor
转子挡圈
rotor retaining ring
转子
rotor
油温传感器
oil temperature sensor
定子
stator
高压线束
high voltage harness
高压线束塑料盖
high voltage harness plastic cover
壳体
housing

图5-48 2号电机分解图

（3）转速传感器

为了使三相交流电机转动，需要正确检测转子的位置。在1号电机和2号电机中分别安装有一个速度传感器（也称旋转变压器、解析器），它们是可靠性极高且结构紧凑的传感器，可以高精度检测转子磁极的位置。电机转子磁极的精确位置对确保对电机有效控制非常重要。转速传感器与驱动电机同轴，安装在电机转子的轴端（图5-49）。

1号电机转速传感器
MG1 resolver sensor

2号电机转速传感器
MG2 resolver sensor

转速传感器
resolver sensor

混合动力传动桥
hybrid power transaxle

图5-49 转速传感器位置

转速传感器主要由定子及定子绕组、转子及外壳等组成（图5-50）。在电机运转时，转速传感器检测电机的转速及转角，并将信号传输给电机控制器。

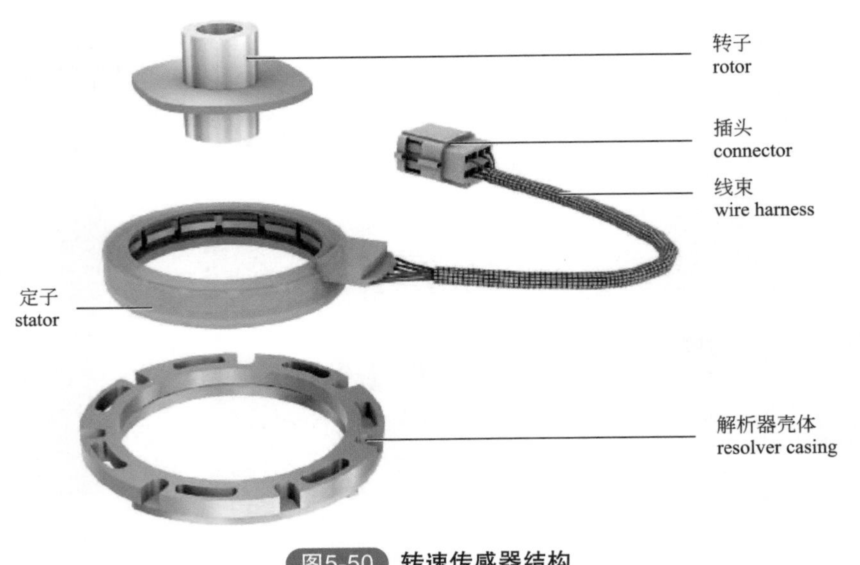
转子
rotor
插头
connector
线束
wire harness
定子
stator
解析器壳体
resolver casing

图5-50 转速传感器结构

转速传感器的工作原理：转速传感器的定子与椭圆形的转子间的距离随转子的旋转而变化。检测线圈S的+S和−S相互间隔90°。检测线圈C的+C和−C也以同样的方式相互间隔90°。线圈S和C相互间隔45°（图5-51）。

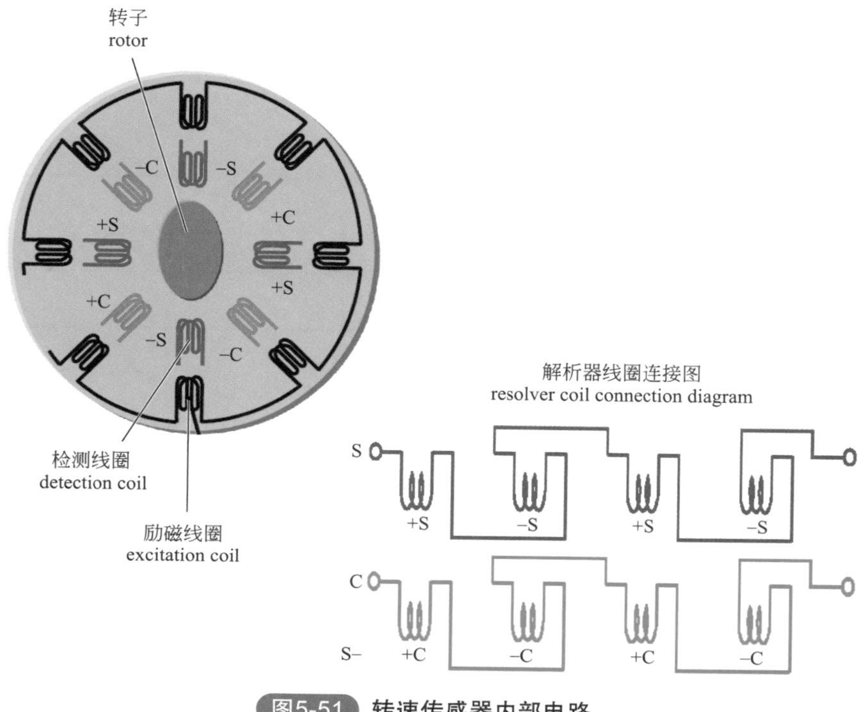
转子
rotor
−C
−S
+S
+C
+S
+C
−S
−C
检测线圈
detection coil
励磁线圈
excitation coil
解析器线圈连接图
resolver coil connection diagram
S
+S
−S
+S
−S
C
S−
+C
−C
+C
−C

图5-51 转速传感器内部电路

励磁线圈具有恒定频率的交流电，向线圈S和C输出恒定频率的磁场，与转子转速无关。励磁线圈的磁场由转子送至线圈S和C。由于转子为椭圆形，因此定子与转子之间的间隙随转子的旋转而变化。由于间隙的变化，检测线圈S和C输出波形的峰值随转子位置的变化而变化（图5-52）。

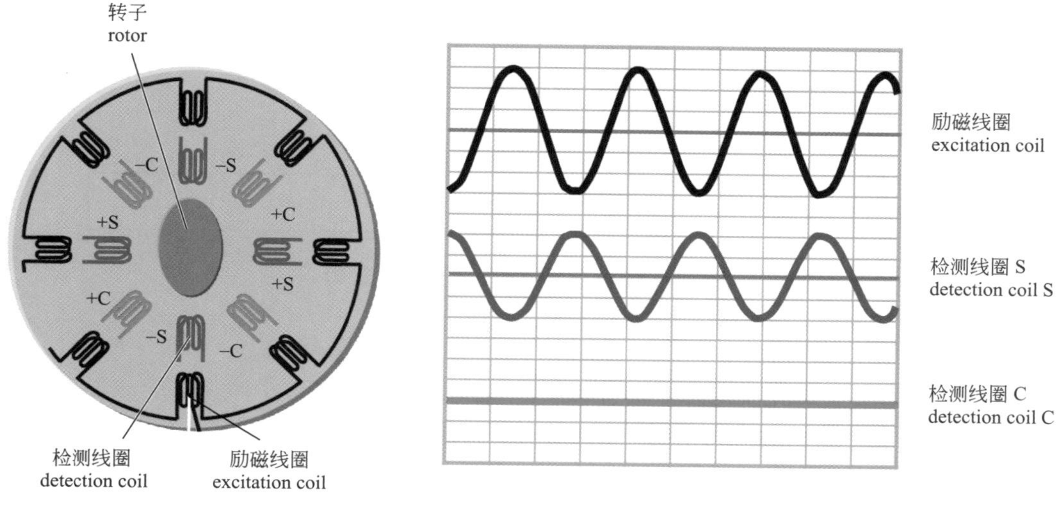
转子
rotor
−C
−S
+S
+C
+S
+C
−S
−C
检测线圈
detection coil
励磁线圈
excitation coil
励磁线圈
excitation coil
检测线圈 S
detection coil S
检测线圈 C
detection coil C

图5-52 转子位置的检测

电机ECU持续监视这些峰值，将其连接形成虚拟波形并根据线圈S的虚拟波形和线圈C的虚拟波形的相位差判定转子的旋转方向。此外，电机ECU根据指定时间内转子位置的变化量计算转速。图5-53所示为转子从特定位置顺时针旋转时，励磁线圈、S线圈和C线圈的输出波形。

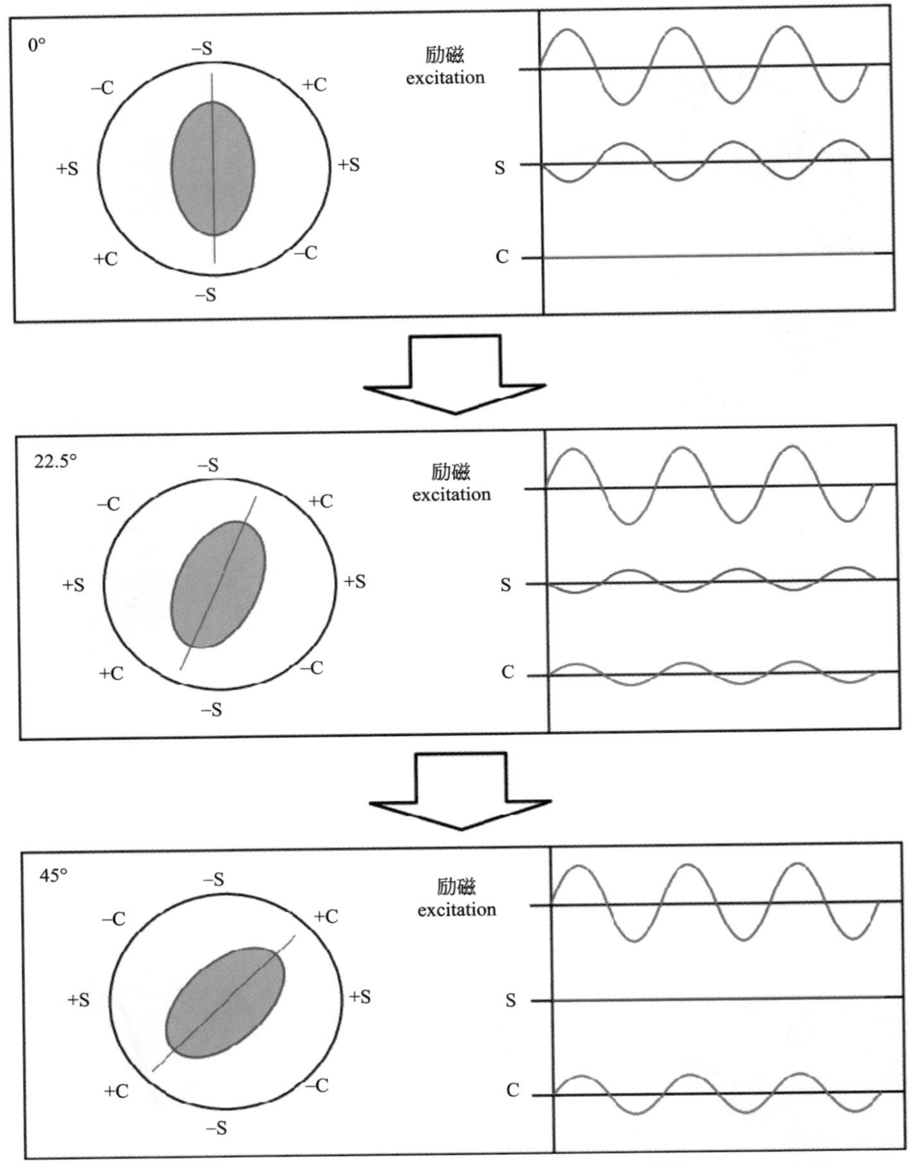
0°
–S
–C
+C
+S
+S
+C
–C
–S
励磁
excitation
S
C
22.5°
45°

图5-53 转子从特定位置顺时针旋转

（4）电机温度传感器

温度传感器用于检测1号电机和2号电机的温度。如果电机由于冷却系统故障、在低速的情况下爬坡（坡度或斜度持续上升）等而过热，则绝缘体可能发生故障或转子的内部磁铁可能消磁。因此，如果电机的温度升高超过规定值，则整车ECU限制电机的输出并防止过热（图5-54）。

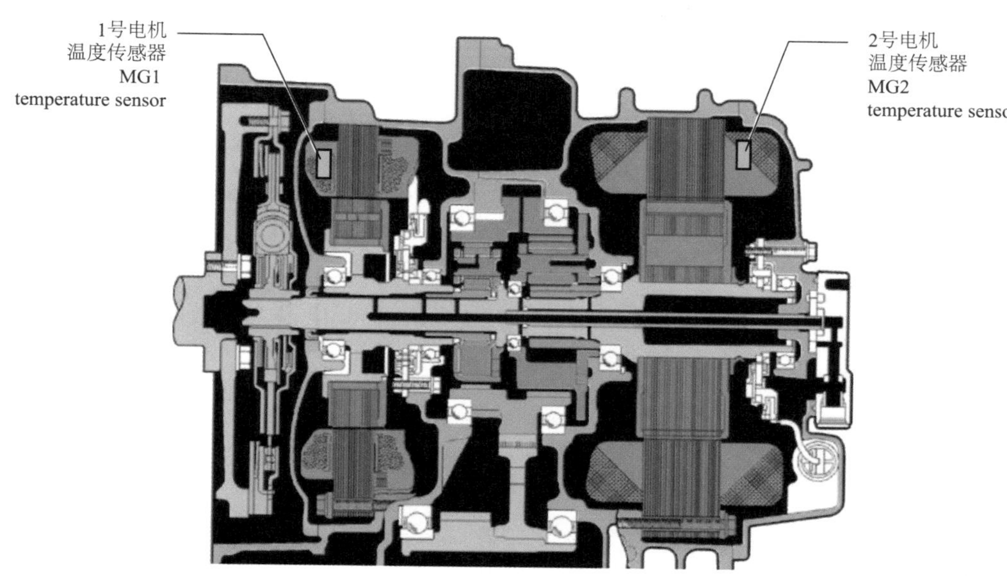
1号电机
温度传感器
MG1
temperature sensor
2号电机
温度传感器
MG2
temperature sensor

图5-54 电机温度传感器

温度传感器特性：1号电机和2号电机温度传感器内的热敏电阻的阻值随电机温度的变化而变化。电机温度越低，热敏电阻的阻值越大。电机温度越高，热敏电阻的阻值越小（图5-55）。

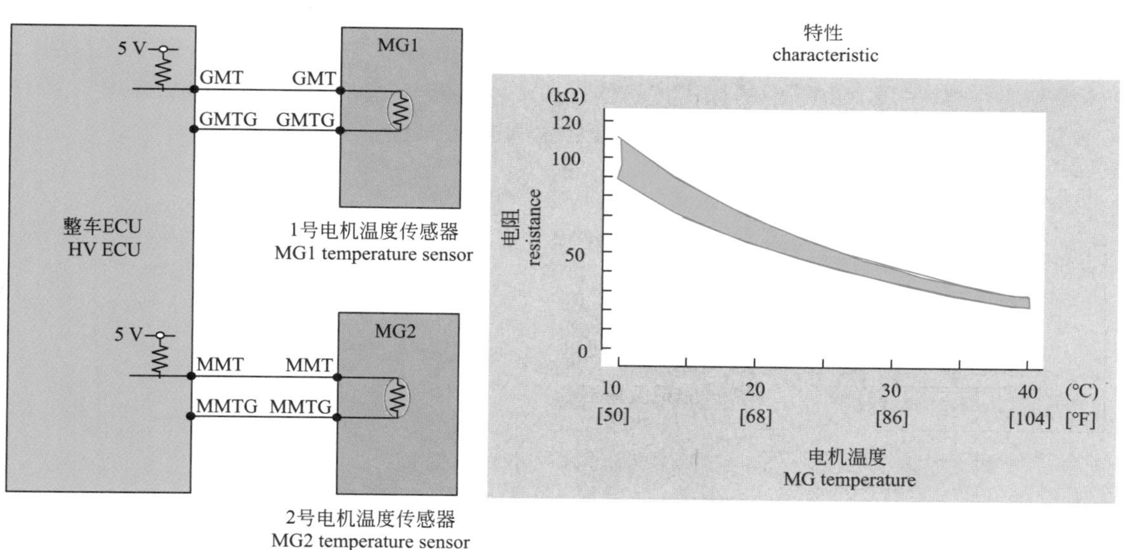
5 V
GMT
GMT
GMTG
GMTG
MG1
整车ECU
HV ECU
1号电机温度传感器
MG1 temperature sensor
5 V
MMT
MMT
MMTG
MMTG
MG2
2号电机温度传感器
MG2 temperature sensor
特性
characteristic
(kΩ)
120
100
50
0
电阻
resistance
10
[50]
20
[68]
30
[86]
40
[104]
(℃)
[°F]
电机温度
MG temperature

图5-55 温度传感器特性

（5）电机工作原理

电机的定子采用三相（U相、V相和W相）线圈结构。施加三相交流电时，在电机内部产生旋转磁场。根据转子方向和转速控制旋转磁场，通过旋转磁场吸引转子内的永久磁铁，从而产生转矩。发电时，转子（永久磁铁）旋转使磁场发生改变，同时由于电磁感应使电流流向定子线圈（图5-56）。

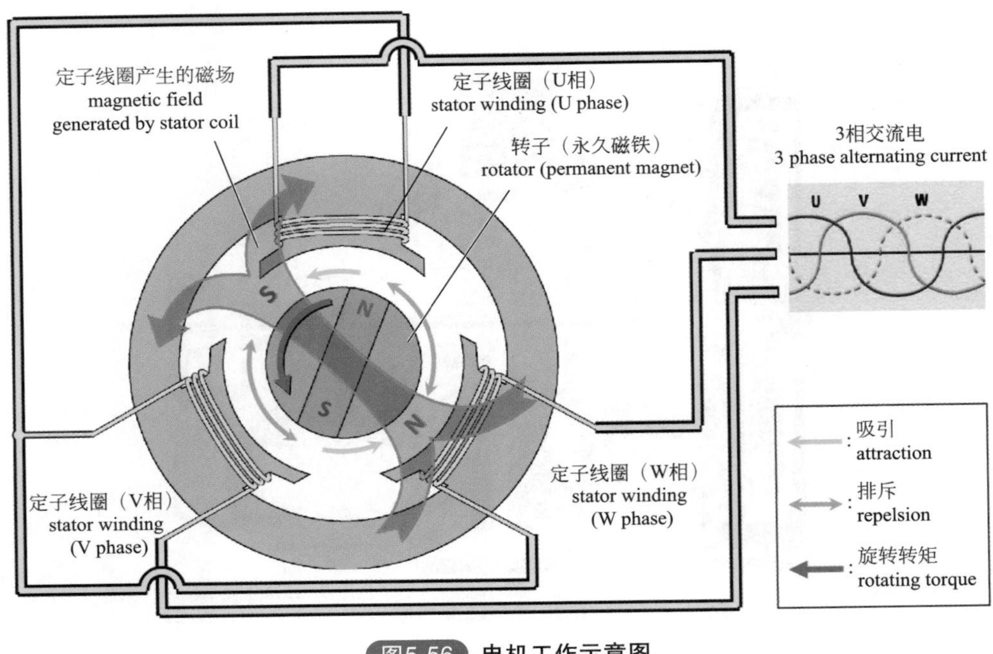
定子线圈产生的磁场
magnetic field
generated by stator coil
定子线圈（U相）
stator winding (U phase)
转子（永久磁铁）
rotator (permanent magnet)
3相交流电
3 phase alternating current
U V W
S
N
S
N
定子线圈（V相）
stator winding
(V phase)
定子线圈（W相）
stator winding
(W phase)
吸引
attraction
排斥
repelsion
旋转转矩
rotating torque

图5-56 电机工作示意图

如图5-57所示，当电机运行时，IGBT根据转子的位置（永磁体）接通，产生与转子位置相适应的三相交流电，当三相交流电通过定子线圈的三相绕组时，在电机中产生一个旋转磁场，根据转子的旋转位置和转速控制旋转磁场，使转子内的永磁体受到旋转磁场的吸引，产生转矩，使转子转动。IGBT的控制正时的基础信号由电机各自的转速传感器提供，所产生的转矩在所有实际用途中都与电流大小成比例，而转速则由交流电的频率来控制。

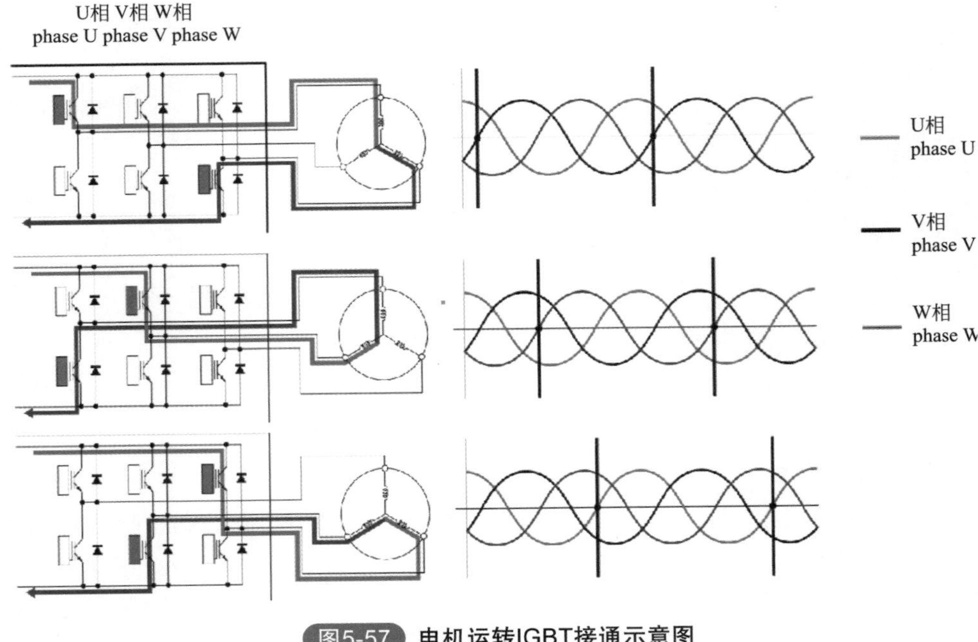
U相 V相 W相
phase U phase V phase W
U相
phase U
V相
phase V
W相
phase W

图5-57 电机运转IGBT接通示意图

如图5-58所示，当电机再生制动时，车轮转动转子（永磁体），转子（永磁体）旋转产生一个移动的磁场，并且由于电磁感应在定子线圈U相、V相和W相产生三相交流电压，电流以整流后的直流电形式从二极管流出，用来给高压电池充电。逆变器实现交流变直流转换。

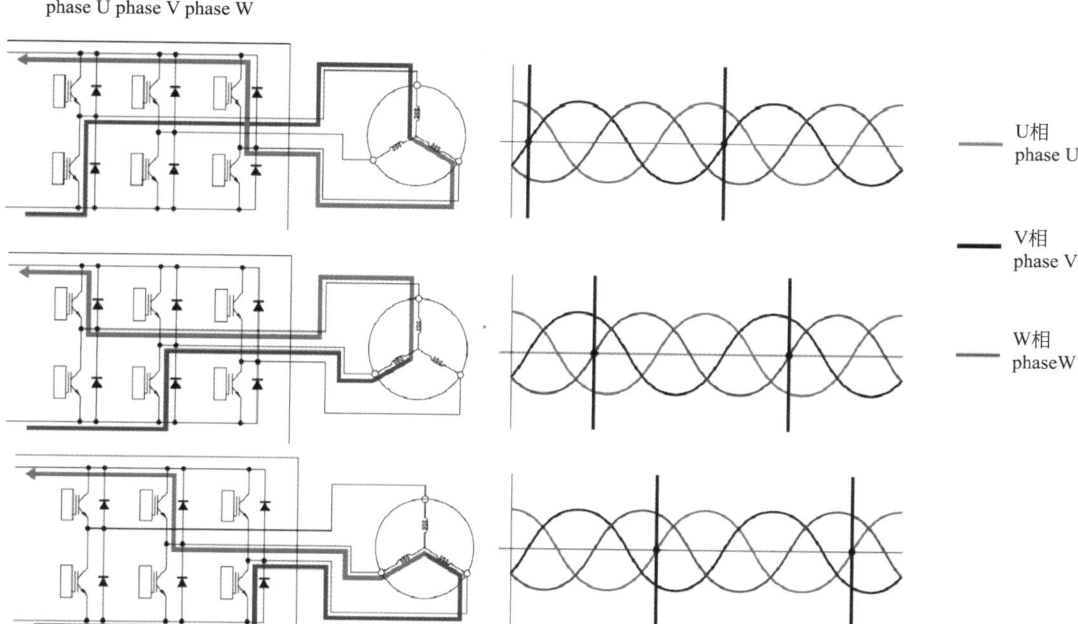
U相 V相 W相
phase U phase V phase W
U相
phase U
V相
phase V
W相
phaseW

图5-58　电机再生制动产生移动磁场

5.1.7　卡罗拉双擎高压电池

卡罗拉双擎高压电池采用镍氢电池。与锂电池组相比，镍氢电池虽然容量不如锂电池，但其在使用寿命与安全性方面有优势。普通的锂电池使用寿命在一千次左右，而采用“浅放电，多循环”方式的镍氢电池使用寿命能达到上万次。如果只使用50%电量就重新充电，镍氢电池的循环次数将提升至20000次。这样的使用寿命可保证一台混动车型在寿命周期内都不需要更换电池。

（1）电池位置

高压电池位于行李厢内后排座位下（图5-59）。

高压电池的功能是存储发电机产生的电能，同时当电机驱动汽车时，高压电池向电机供电。空调工作时，高压电池通过DC/AC电压转换，向压缩机供电。为保证汽车正常运行，高压电池和辅助蓄电池都需要正常工作（图5-60）。

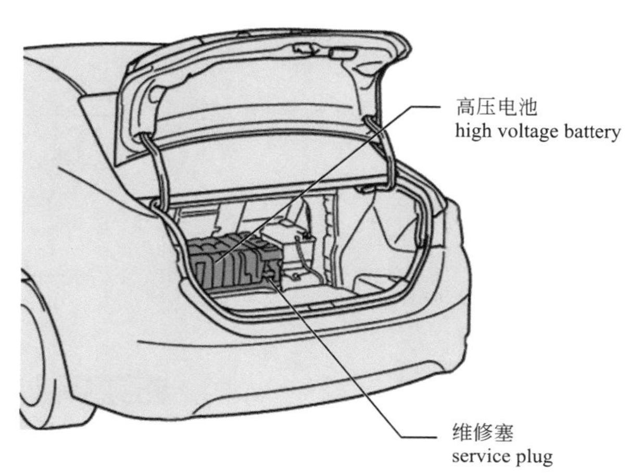
高压电池
high voltage battery
维修塞
service plug

图5-59　电池位置

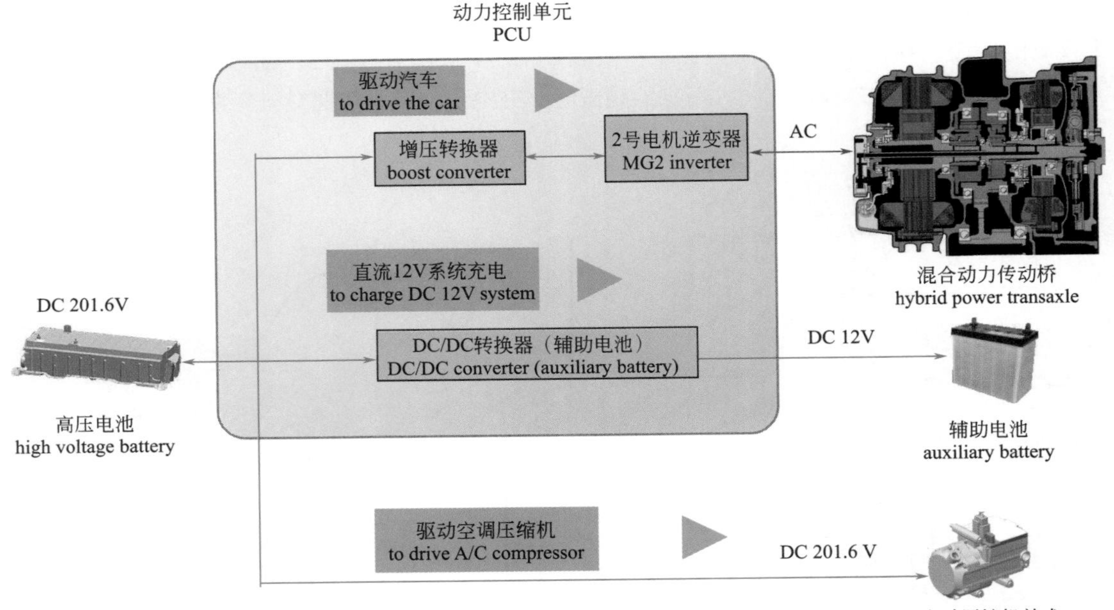
动力控制单元
PCU
驱动汽车
to drive the car
增压转换器
boost converter
2号电机逆变器
MG2 inverter
AC
混合动力传动桥
hybrid power transaxle
直流12V系统充电
to charge DC 12V system
DC 201.6V
DC/DC转换器（辅助电池）
DC/DC converter (auxiliary battery)
DC 12V
高压电池
high voltage battery
辅助电池
auxiliary battery
驱动空调压缩机
to drive A/C compressor
DC 201.6 V
电动压缩机总成
electric compressor assembly

图5-60 电池连接示意图

（2）高压电池的组成

卡罗拉双擎高压电池组成部件如图5-61所示。

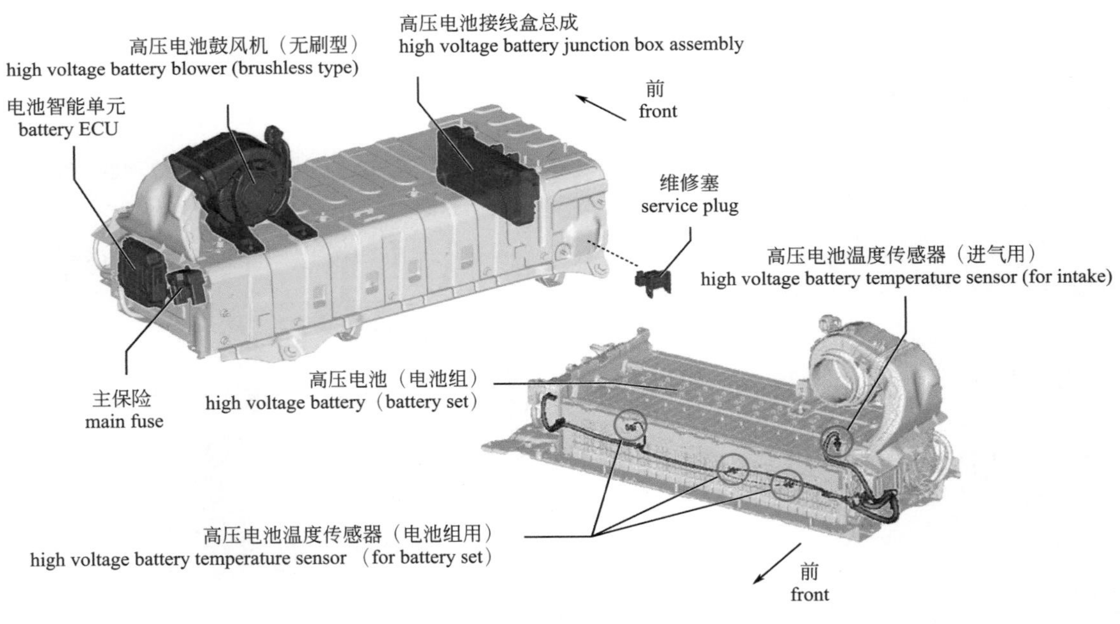
高压电池接线盒总成
high voltage battery junction box assembly
高压电池鼓风机（无刷型）
high voltage battery blower (brushless type)
电池智能单元
battery ECU
前
front
维修塞
service plug
高压电池温度传感器（进气用）
high voltage battery temperature sensor (for intake)
高压电池（电池组）
high voltage battery（battery set）
主保险
main fuse
高压电池温度传感器（电池组用）
high voltage battery temperature sensor （for battery set）
前
front

图5-61 电池组成

（3）高压电池结构

卡罗拉采用镍氢电池，6个1.2V的电芯串联组成一个7.2V的电池模块，28组模块串联构成整个高压电池，总电压为201.6V。电池、电池ECU和SMR（系统主继电器）集中在一起，位于后排座后面的行李厢中（图5-62）。

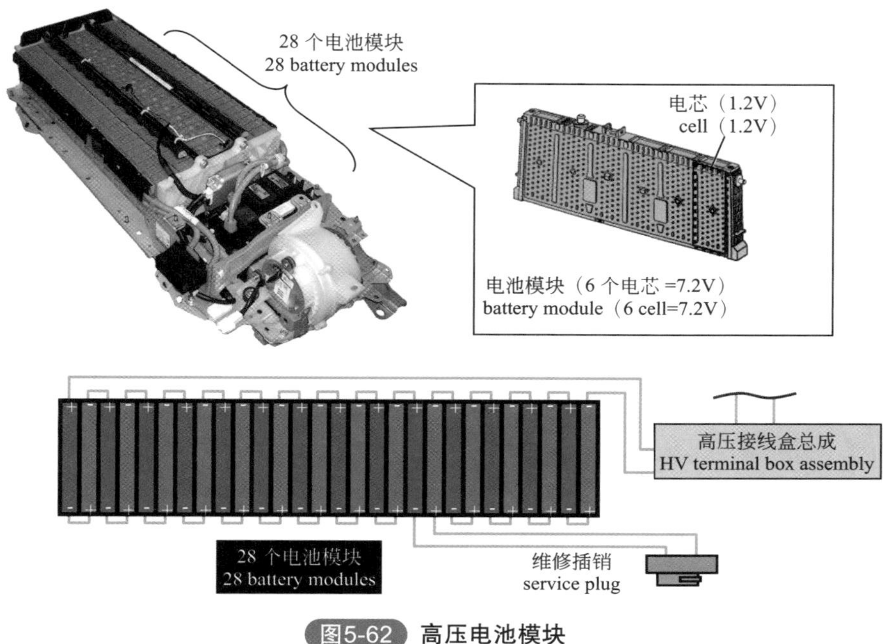
28个电池模块
28 battery modules
电芯（1.2V）
cell（1.2V）
电池模块（6个电芯=7.2V）
battery module（6 cell=7.2V）
高压接线盒总成
HV terminal box assembly
28个电池模块
28 battery modules
维修插销
service plug

图5-62 高压电池模块

（4）高压电池接线盒总成

3个系统主继电器（SMR）安装在高压电池接线盒中，根据整车ECU的信号，接通或断开高压电路。SMRB位于高压电池正极侧；SMRG位于高压电池负极侧；SMRP位于连接至预充电电阻器的蓄电池负极侧（图5-63）。

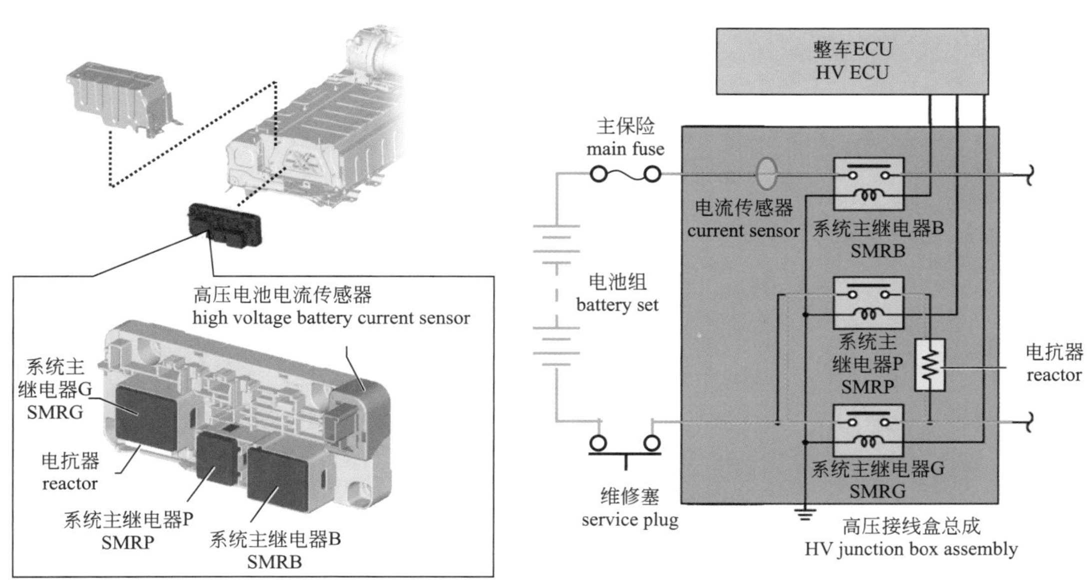
高压电池电流传感器
high voltage battery current sensor
系统主继电器G
SMRG
电抗器
reactor
系统主继电器P
SMRP
系统主继电器B
SMRB
整车ECU
HV ECU
主保险
main fuse
电流传感器
current sensor
系统主继电器B
SMRB
电池组
battery set
系统主继电器P
SMRP
电抗器
reactor
系统主继电器G
SMRG
维修塞
service plug
高压接线盒总成
HV junction box assembly

图5-63 系统主继电器位置及电路

（5）高压电池的冷却

在重复的充放电过程中，高压电池会产生热量。为了保证高压电池良好的工作性能，专门为高压电池提供一套冷却系统（图5-64）。装在通风道上的风扇把来自驾驶室的风，通过过滤器、通风管路，送到高压电池盒。

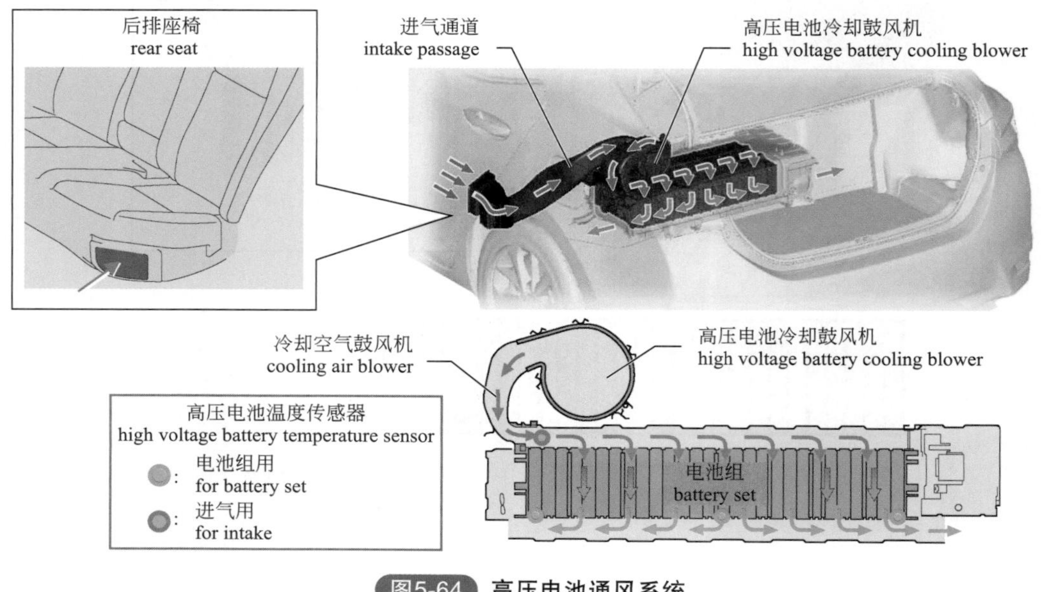
后排座椅
rear seat
进气通道
intake passage
高压电池冷却鼓风机
high voltage battery cooling blower
冷却空气鼓风机
cooling air blower
高压电池冷却鼓风机
high voltage battery cooling blower
高压电池温度传感器
high voltage battery temperature sensor
电池组用
for battery set
进气用
for intake
电池组
battery set

图5-64 高压电池通风系统

（6）荷电状态

荷电状态（State Of Charge，SOC）表示电池剩余电量，为充电量与额定容量的百分比值。电池完全充电至其额定容量时，SOC为100%。电池电量完全耗尽时，SOC为0%。整车ECU根据接收的数据控制高压电池充电/放电，将SOC始终控制在稳定水平（图5-65）。

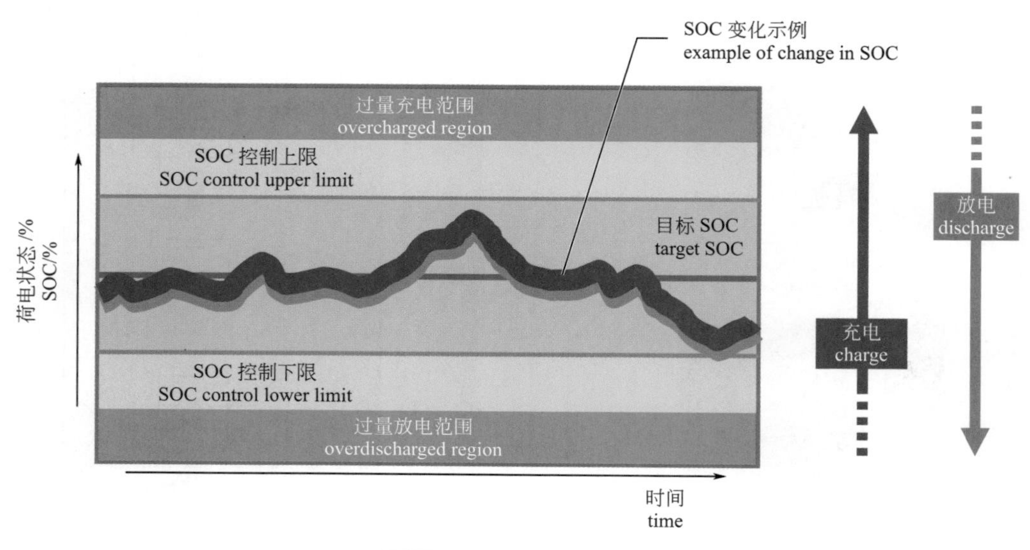
SOC 变化示例
example of change in SOC
过量充电范围
overcharged region
SOC 控制上限
SOC control upper limit
目标 SOC
target SOC
荷电状态/%
SOC/%
SOC 控制下限
SOC control lower limit
过量放电范围
overdischarged region
充电
charge
放电
discharge
时间
time

图5-65 SOC变化示例图

（7）电池ECU

电池ECU接收所需的高压电池信号（电压、电流和温度），并计算高压电池的SOC。当出现电池过载、偏离SOC阈值或者过热时，整车ECU发送断开指令，切断高压电池SMR继电器以保护高压电池。电池ECU不能直接影响充电电流与荷电状态，而是通过串行通信接口向整车ECU告知高压电池的工作状态，整车ECU根据高压电池的状态确定高压电池充放电电流和功率的临界值，充电策略和动力系统运行控制策略保证高压电池的SOC维持在规定的阈值范围内，并确保其充放电功率不超过整车ECU给定的临界值（图5-66）。

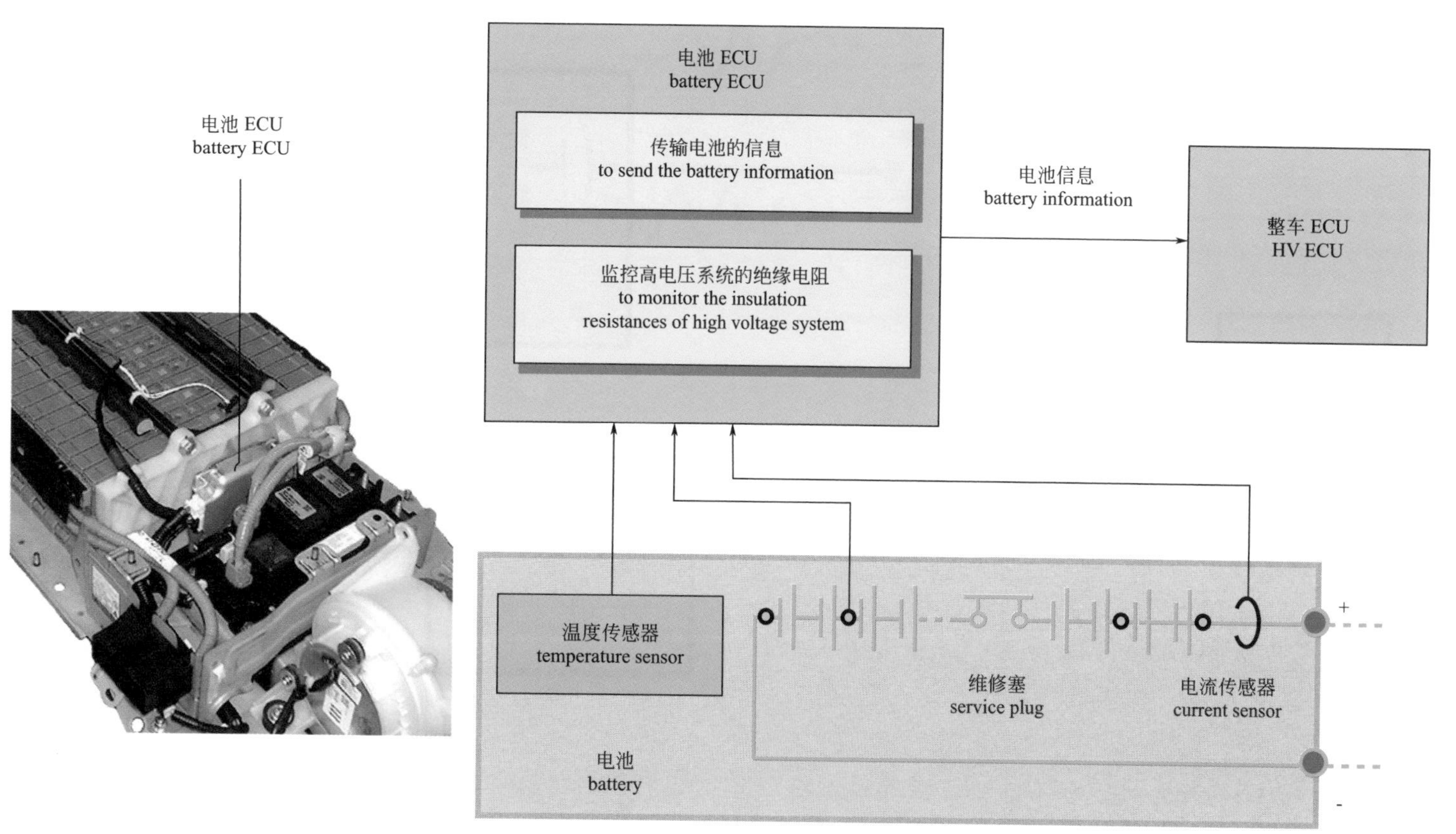
电池 ECU
battery ECU
电池 ECU
battery ECU
传输电池的信息
to send the battery information
监控高电压系统的绝缘电阻
to monitor the insulation
resistances of high voltage system
电池信息
battery information
整车 ECU
HV ECU
温度传感器
temperature sensor
维修塞
service plug
电流传感器
current sensor
电池
battery
+
-

图5-66 高压电池内部控制电路

（8）绝缘异常检测

为安全起见，混合动力汽车的高压电路均与车身搭铁绝缘。修理手册中规定的标准绝缘电阻值在1 ~ 100MΩ之间。泄漏检测电路内置于电池ECU中，可持续监测高压电路和车身搭铁之间的绝缘电阻以确保其恒定。如果绝缘电阻降至低于规定值，则存储DTC（故障码）并通过组合仪表显示屏告知驾驶员出现异常情况（图5-67）。

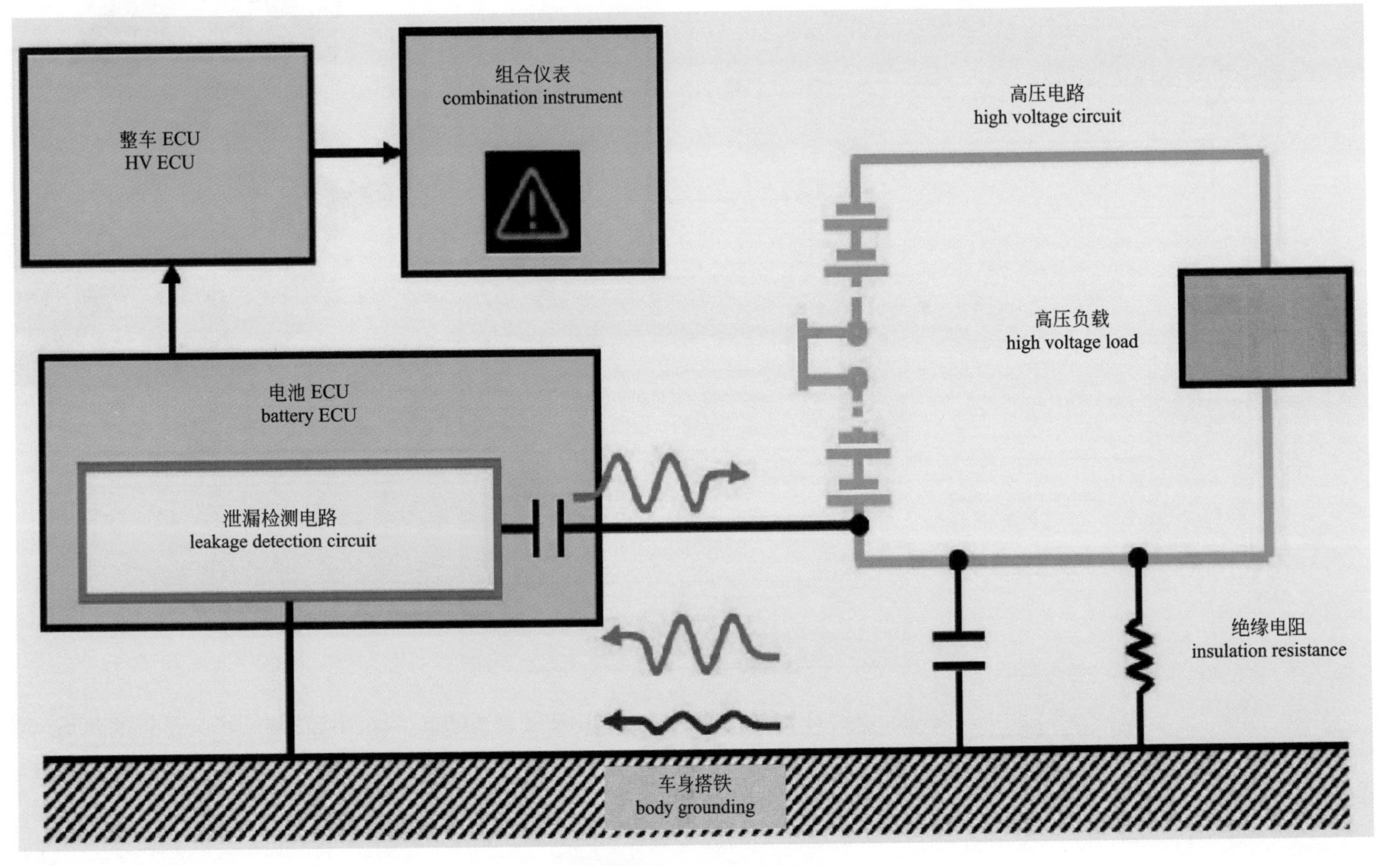
整车 ECU
HV ECU
组合仪表
combination instrument
高压电路
high voltage circuit
高压负载
high voltage load
电池 ECU
battery ECU
泄漏检测电路
leakage detection circuit
绝缘电阻
insulation resistance
车身搭铁
body grounding

图5-67 泄漏检测电路

5.1.8 卡罗拉双擎动力控制系统

卡罗拉双擎动力控制系统主要部件如图5-68所示。HV ECU根据加速踏板位置传感器发出的信号检测加速踏板上所施加力的大小。HV ECU收到1号电机和2号电机转速传感器发出的车速信号，并根据挡位传感器的信号检测挡位。HV ECU根据这些信息确定汽车的行驶状态，对1号电机、2号电机和发动机的动力进行最优控制。

整车ECU（HV ECU）接收每个传感器及各ECU（发动机ECM、蓄电池ECU和防滑控制ECU）的信息，根据这些信息计算所需的转矩和输出功率。整车ECU将计算结果发送给发动机ECM、变频器总成、蓄电池ECU和防滑控制ECU（图5-69）。整车ECU监控混合动力组成部分（混合动力系统的发动机、发电机、高压电池）的运转状态；监控通过汽车的控制网络传来的制动信息；监控驾驶者发出的指令（加速踏板开度、变挡位置）；监控辅助驾驶设备（如空调、加热器、前照灯、导向系统）的能量消耗。

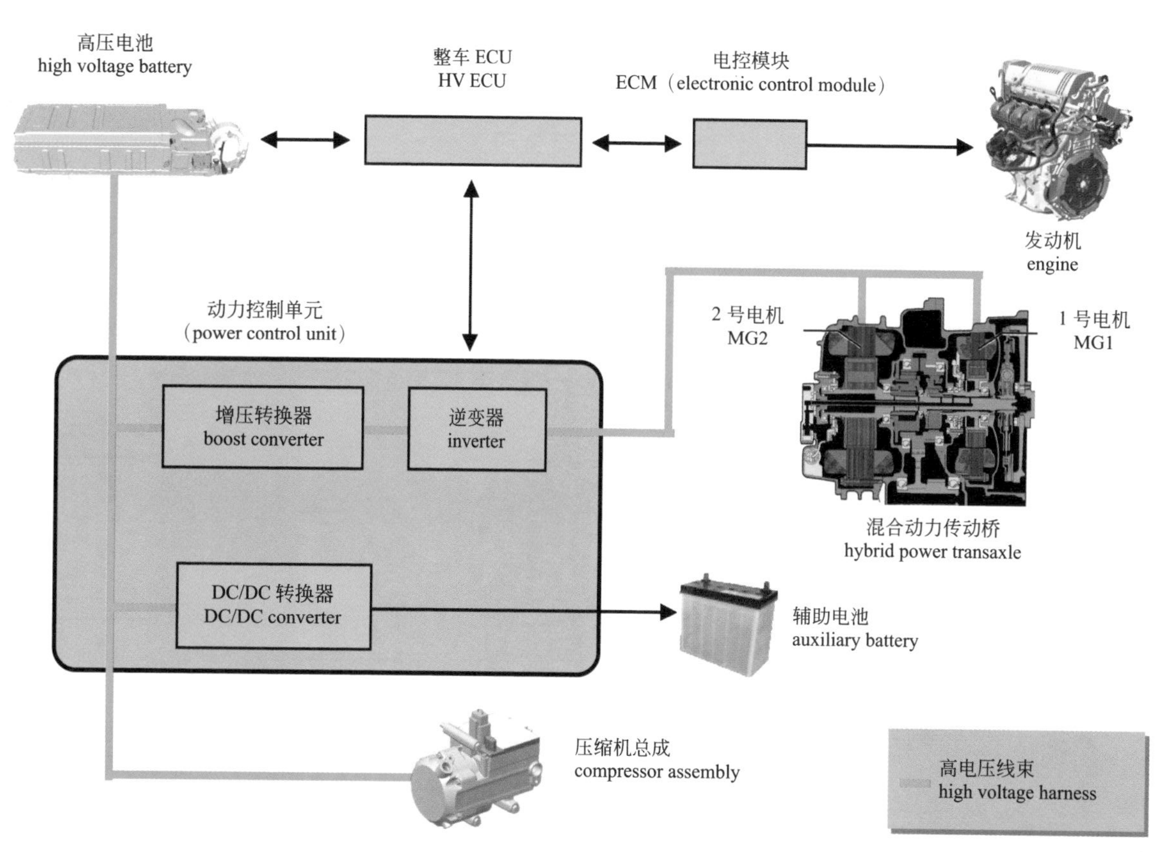
高压电池
high voltage battery
整车 ECU
HV ECU
电控模块
ECM（electronic control module）
发动机
engine
动力控制单元
（power control unit）
增压转换器
boost converter
逆变器
inverter
DC/DC 转换器
DC/DC converter
2 号电机
MG2
1 号电机
MG1
混合动力传动桥
hybrid power transaxle
辅助电池
auxiliary battery
压缩机总成
compressor assembly
高电压线束
high voltage harness

图5-68 卡罗拉双擎动力控制系统

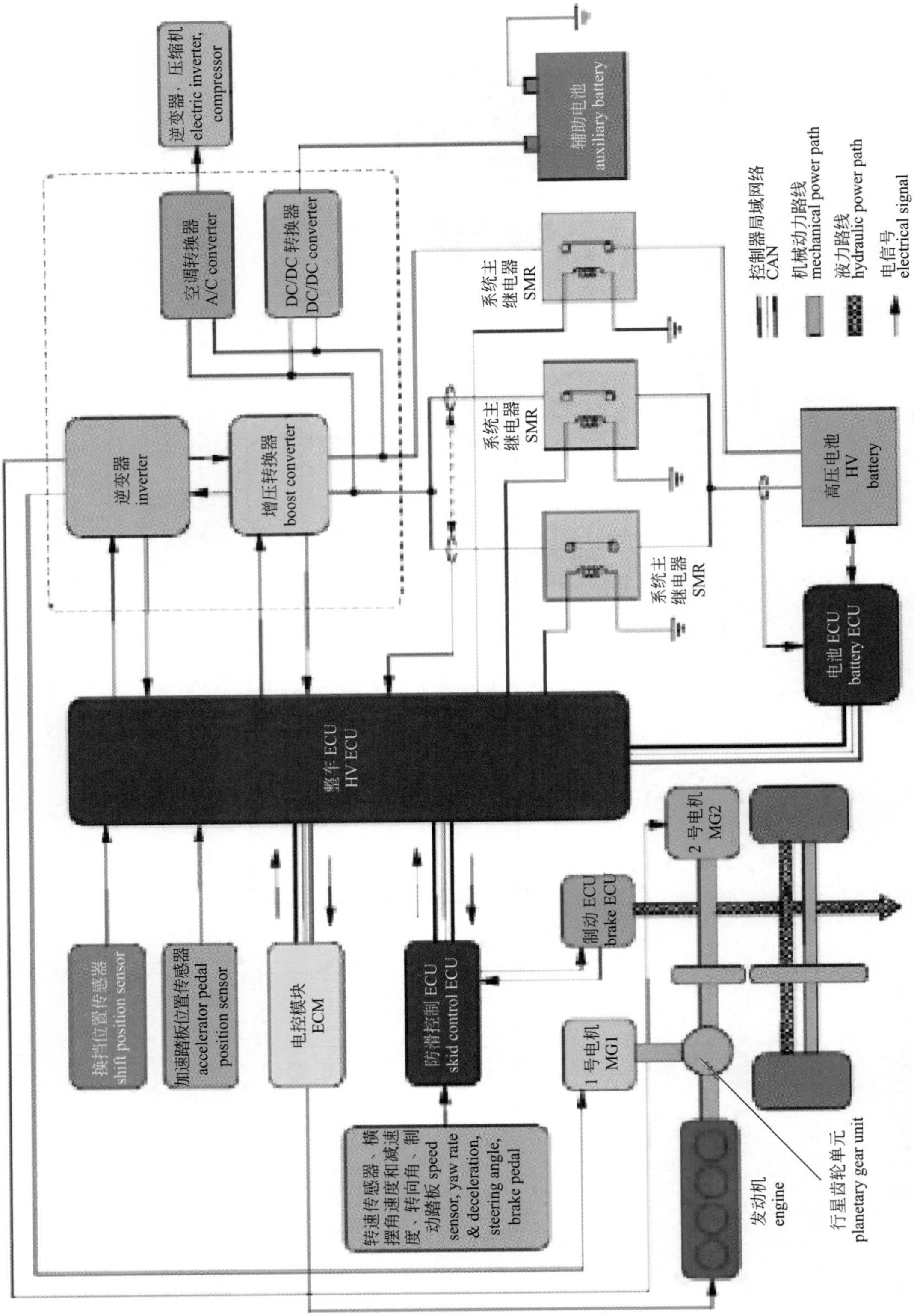

逆变器，压缩机 electric inverter, compressor
空调转换器 A/C converter
DC/DC 转换器 DC/DC converter
辅助电池 auxiliary battery
逆变器 inverter
增压转换器 boost converter
系统主继电器 SMR
系统主继电器 SMR
系统主继电器 SMR
高压电池 HV battery
控制器局域网络 CAN
机械动力路线 mechanical power path
液力路线 hydraulic power path
电信号 electrical signal
电池 ECU battery ECU
整车 ECU HV ECU
换挡位置传感器 shift position sensor
加速踏板位置传感器 accelerator pedal position sensor
电控模块 ECM
防滑控制 ECU skid control ECU
转速传感器、横摆角速度和减速度、转向角、制动踏板 speed sensor, yaw rate & deceleration, steering angle, brake pedal
1 号电机 MG1
制动 ECU brake ECU
2 号电机 MG2
发动机 engine
行星齿轮单元 planetary gear unit

图5-69 卡罗拉双擎动力控制系统原理

5.1.9 卡罗拉双擎动力控制单元

卡罗拉双擎动力控制单元（PCU）在车上的安装位置如图5-70所示。

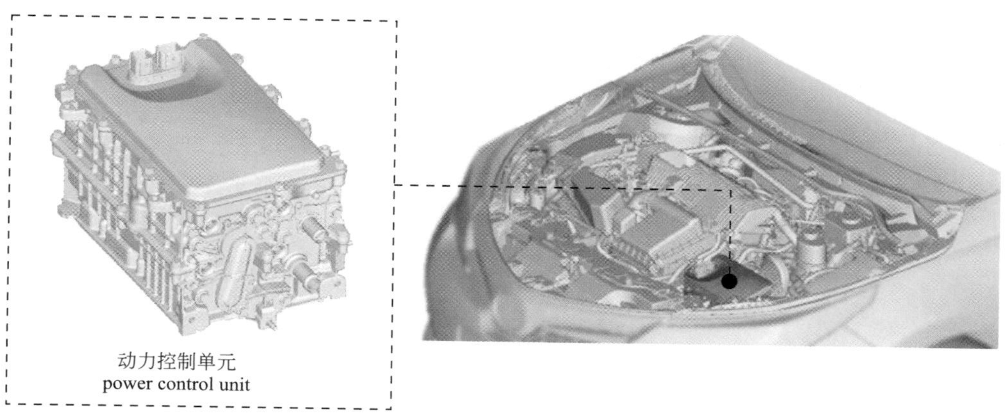
动力控制单元
power control unit

图5-70 动力控制单元安装位置

动力控制单元内部为多层结构，主要由电容、逆变器、电抗器、电机ECU、DC/DC转换器组成（图5-71）。动力控制单元采用了独立于发动机冷却系统的水冷型冷却系统，从而确保了散热。配备了互锁开关作为安全防护措施（由于带有高压），在拆下逆变器端子盖或断开高压电池电源电缆连接器时，此开关通过整车ECU断开系统主继电器。

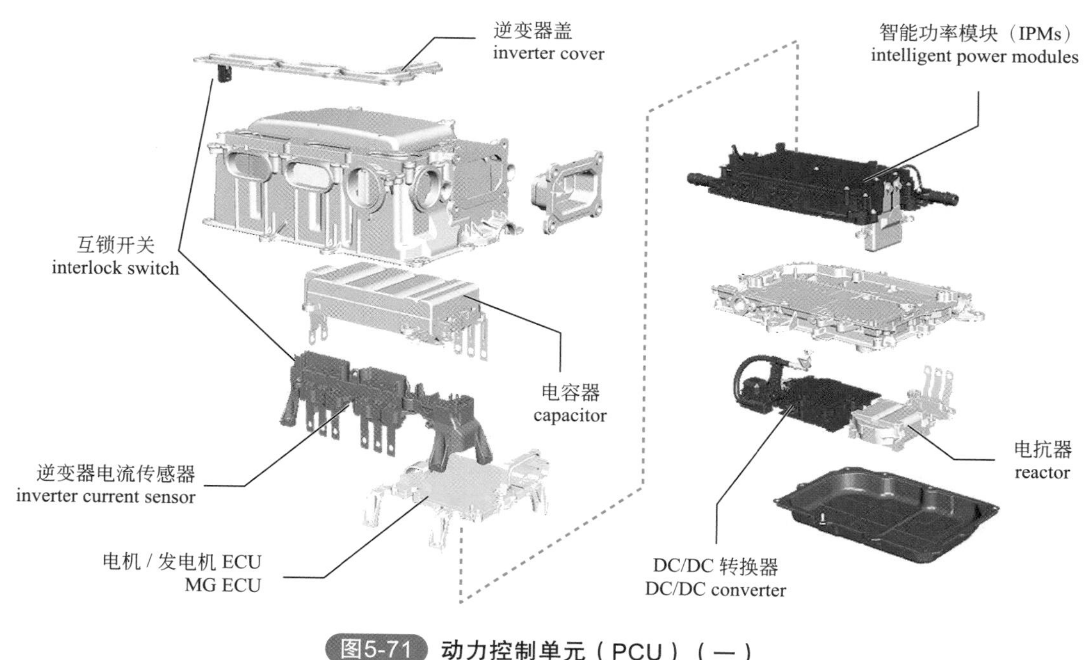
逆变器盖
inverter cover
智能功率模块（IPMs）
intelligent power modules
互锁开关
interlock switch
电容器
capacitor
电抗器
reactor
逆变器电流传感器
inverter current sensor
电机/发电机ECU
MG ECU
DC/DC转换器
DC/DC converter

图5-71 动力控制单元（PCU）（一）

动力控制单元可以分为电机ECU、逆变器、增压转换器和DC/DC转换器四部分，如图5-72所示。

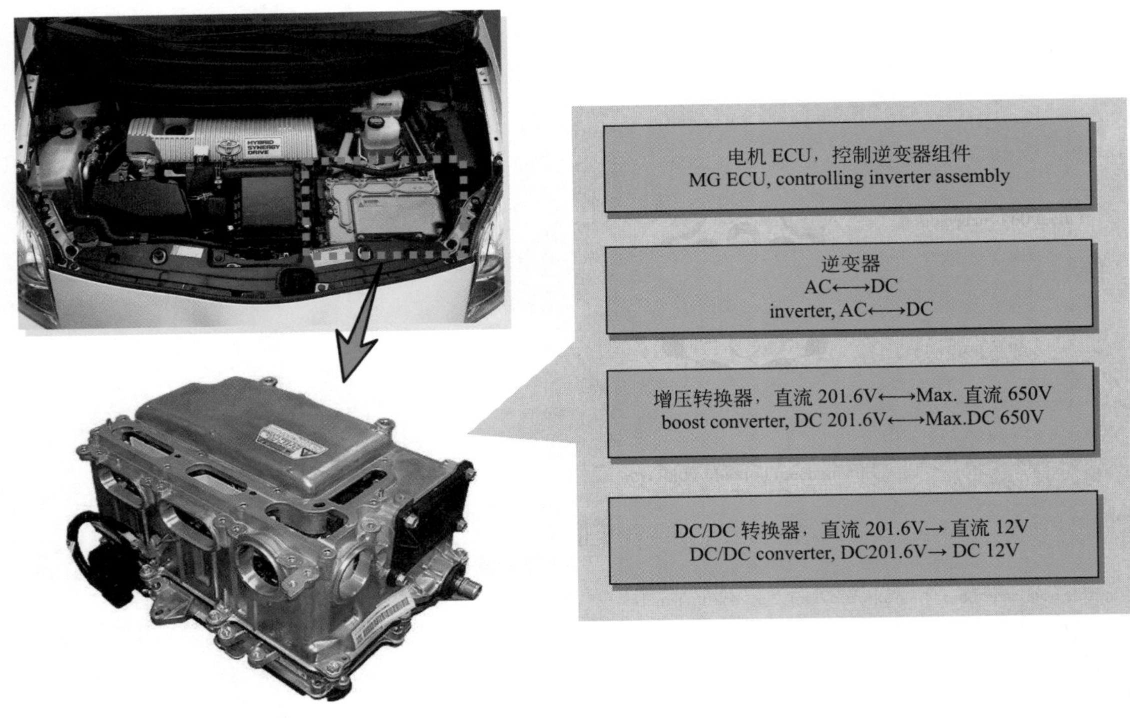
电机 ECU，控制逆变器组件
MG ECU, controlling inverter assembly
逆变器
AC←→DC
inverter, AC←→DC
增压转换器，直流 201.6V←→Max. 直流 650V
boost converter, DC 201.6V←→Max.DC 650V
DC/DC 转换器，直流 201.6V→ 直流 12V
DC/DC converter, DC201.6V→ DC 12V

图5-72 动力控制单元（PCU）（二）

（1）电机ECU

电机ECU用于控制逆变器和增压转换器；根据接收整车ECU的信号，控制逆变器和增压转换器，使1号电机和2号电机运行在电机或发电机模式（图5-73）；从整车ECU接收控制1号电机和2号电机的运行状态信息（如1号电机和2号电机的转速、转矩、温度以及目标升高电压）；将汽车控制所需的信息，如逆变器输出电流值、逆变器电压、逆变器温度、1号电机和2号电机转速、大气压力以及任何故障信息传输至整车ECU。

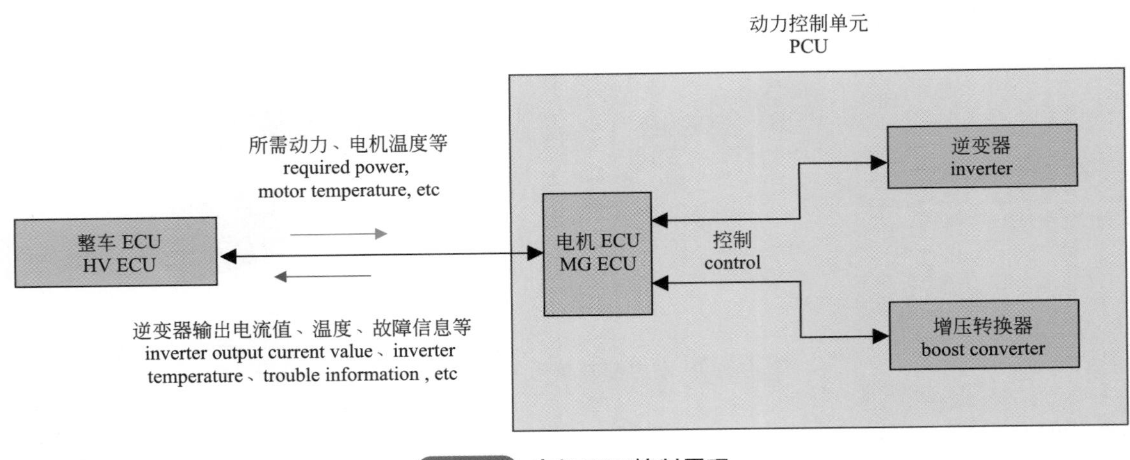
动力控制单元
PCU
所需动力、电机温度等
required power,
motor temperature, etc
整车 ECU
HV ECU
逆变器输出电流值、温度、故障信息等
inverter output current value、inverter
temperature、trouble information , etc
电机 ECU
MG ECU
控制
control
逆变器
inverter
增压转换器
boost converter

图5-73 电机ECU控制原理

（2）逆变器

逆变器和增压转换器主要由智能动力模块（Intelligent Power Module，IPM）、电抗器和电容器组成（图5-74）。2套IPM共有14个IGBT（绝缘栅双极晶体管），分别构成各自的集成动力模块，包括信号处理器、保护功能处理器等。逆变器将来自高压电池的直流电转换为交流电提供给1号电机和2号电机，反之亦然。电机ECU根据接收自整车ECU的等效PWM波形控制信号控制智能动力模块（IPM）内的IGBT。IGBT用于切换电机的U、V和W相。6个IGBT在ON和OFF间切换，控制电机的转矩和转速。

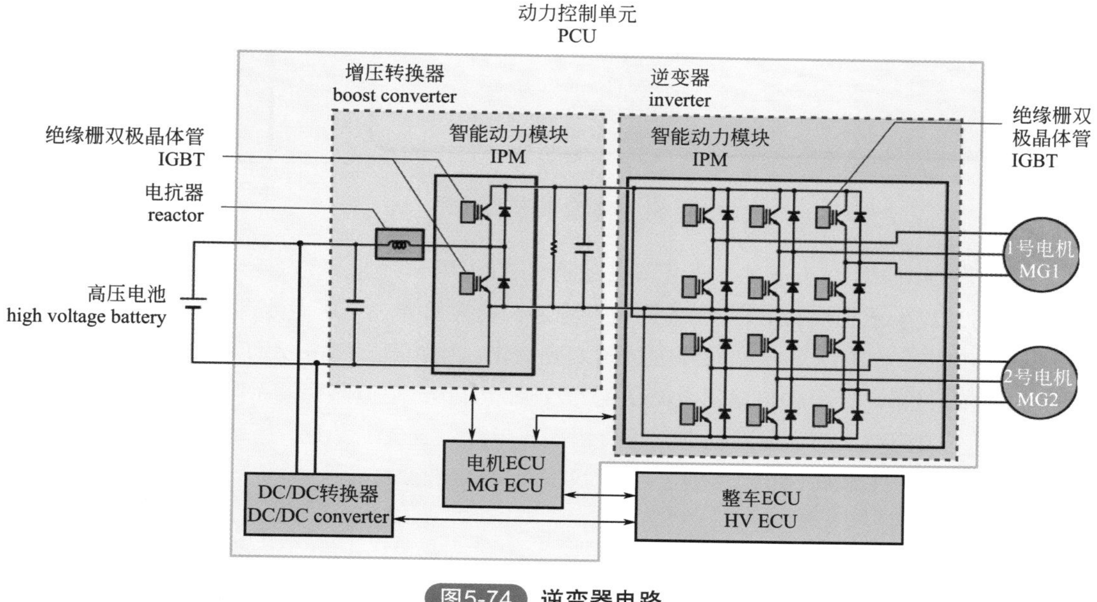
动力控制单元
PCU
增压转换器
boost converter
逆变器
inverter
绝缘栅双极晶体管
IGBT
智能动力模块
IPM
智能动力模块
IPM
绝缘栅双
极晶体管
IGBT
电抗器
reactor
高压电池
high voltage battery
1号电机
MG1
2号电机
MG2
电机ECU
MG ECU
DC/DC转换器
DC/DC converter
整车ECU
HV ECU

图5-74 逆变器电路

（3）增压转换器

增压转换器将高压电池输出的额定电压DC 201.6V增压到DC 650V的最高电压（图5-75）。如果电压变为2倍并且功率不变，电流将减半，热能损失将降为原来的1/3，此外可使逆变器更为紧凑。

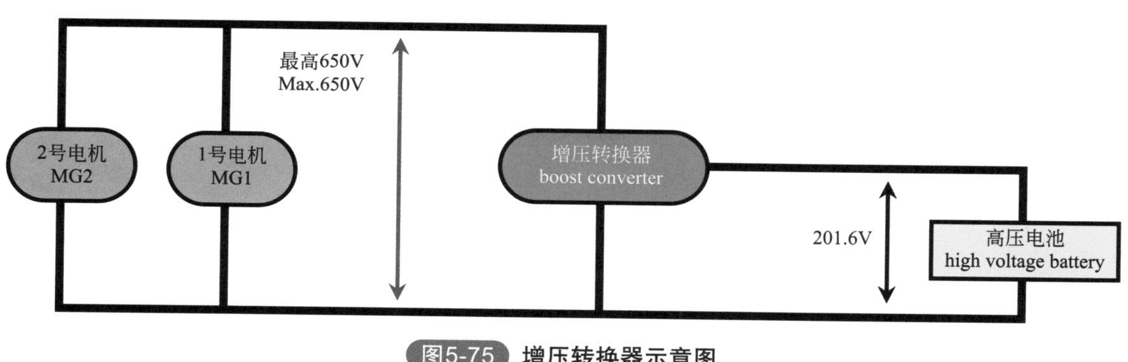
最高650V
Max.650V
2号电机
MG2
1号电机
MG1
增压转换器
boost converter
201.6V
高压电池
high voltage battery

图5-75 增压转换器示意图

如图5-76所示，转换器由带内置式IGBT的增压IPM、电抗器和高压电容器组成。电抗器是抑制电流变化的零部件，电抗器将试图稳定电流，通过利用这些特征可升压和降压。

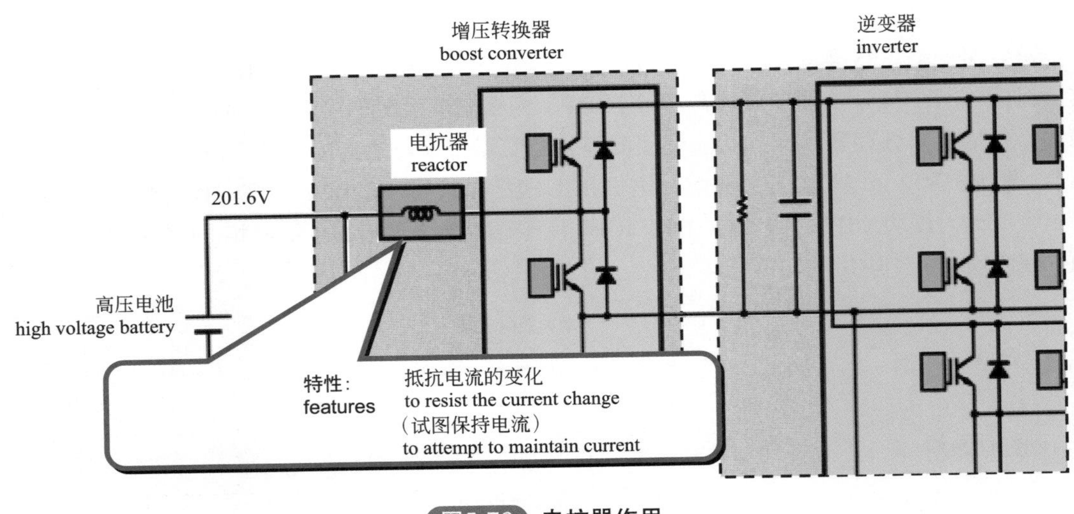
增压转换器
boost converter
逆变器
inverter
电抗器
reactor
201.6V
高压电池
high voltage battery
特性：
features
抵抗电流的变化
to resist the current change
（试图保持电流）
to attempt to maintain current

图5-76 电抗器作用

❶ 升压工作原理。升压时，通过占空控制IGBT（用于升压）的通断时间，可调节升高的电压。如图5-77所示，当IGBT（用于升压）导通，电抗器通过高压电池构成回路，使高压电池（直流201.6V的公称电压）电流流向电抗器为其充电，电抗器的感抗会使电抗器的两端电压平衡需要一定的时间，从而达到抑制电流变化的效果，由此，电抗器存储了电能。根据楞次定律，当电抗器内的电流增大时会受到阻碍，感抗和高压电池电压是固定的，那么当IGBT（用于升压）导通时间满足了产生最高650V感应电动势的要求时就会被截止。

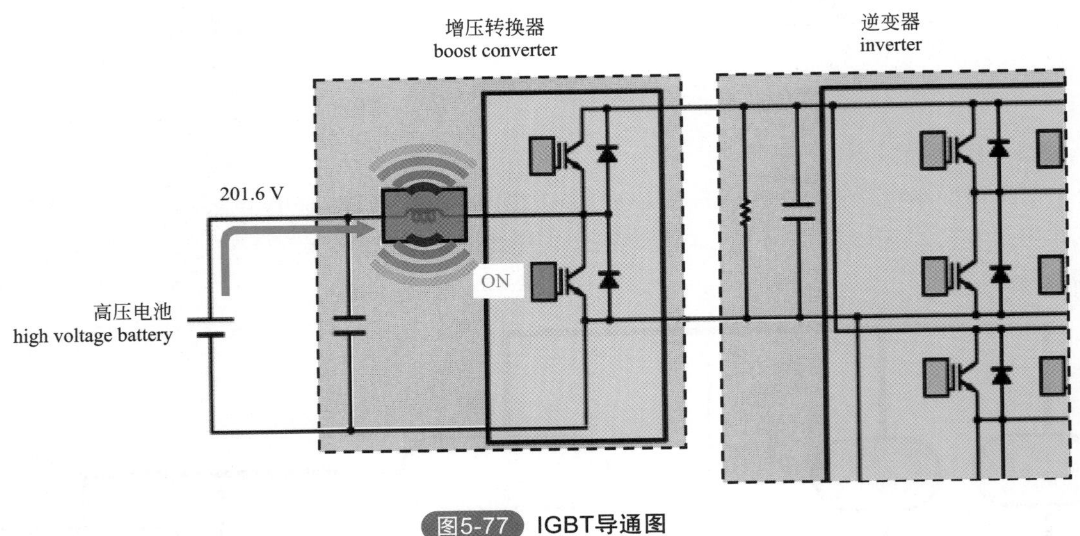
增压转换器
boost converter
逆变器
inverter
201.6 V
ON
高压电池
high voltage battery

图5-77 IGBT导通图

如图5-78所示，在流过电抗器的电流被截止时，根据楞次定律，电抗器内的电流减小也会受到阻碍，在电抗器内电流消失的过程中，电抗器产生电动势（电流持续从电抗器流出），该电动势使电压升至最高电压直流650V，在电抗器产生的电动势的作用下，电抗器中流出的电流将与IGBT（用于降压）并联的二极管导通，使增压后的电压流入逆变器和电容器。持续执行此操作，可将电压存储在高压电容器内，从而可产生稳定电压。当IGBT（用于升压）再次接通，使高压电池再次为电抗器充电。与此同时，通过释放电容器中存储的电能（最高电压为直流650V），持续向逆变器提供稳定的升高的电压。

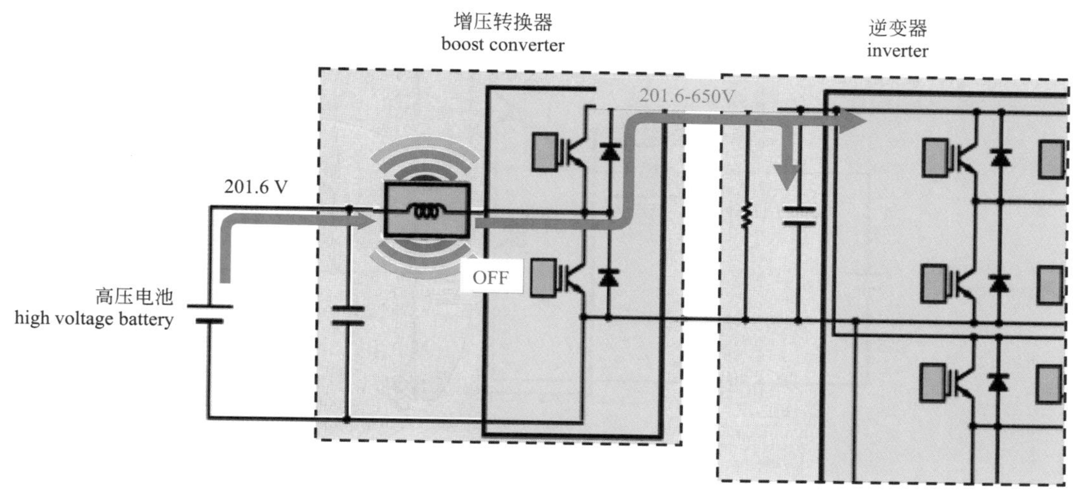
增压转换器
boost converter
逆变器
inverter
201.6-650V
201.6 V
OFF
高压电池
high voltage battery

图5-78 流过电抗器的电流示意图

❷ 降压工作原理。如图5-79所示，从逆变器过来的最高电压直流650V经过导通的IGBT（用于降压），电抗器右端被施加最高电压直流650V。电抗器的自感作用使其左端的电压不会与右端的电压同步升到650V，当IGBT（用于降压）的导通时间满足了产生201.6V的感应电动势的要求时就会被截止。

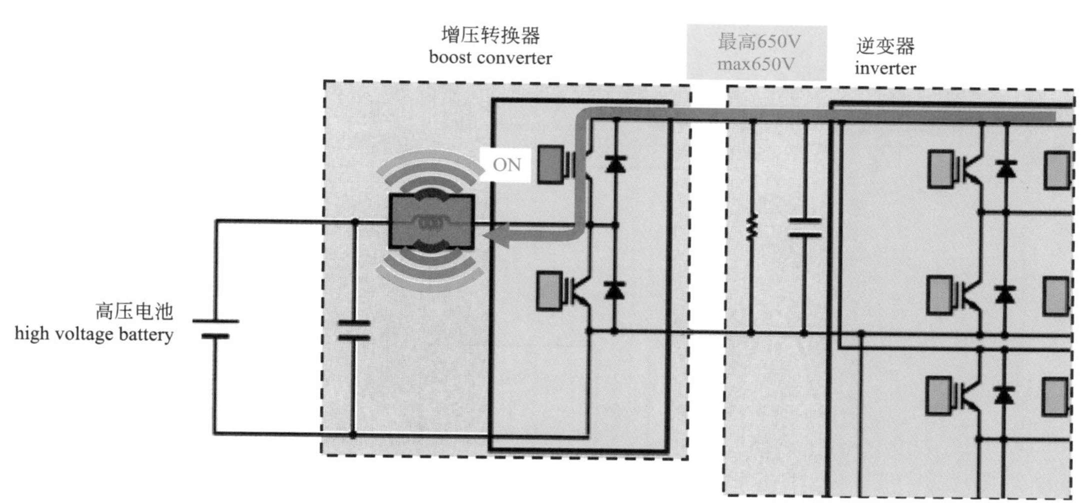
增压转换器
boost converter
最高650V
max650V
逆变器
inverter
ON
高压电池
high voltage battery

图5-79 最高电压直流650V经过导通IGBT

如图5-80所示，当IGBT（用于降压）截止时，电抗器左端有201.6V的感应电动势产生，高压电池连同并联的电容器一并被充电，通过与IGBT（用于升压）并联的二极管导通构成的回路，电抗器完成放电。当IGBT（用于降压）再次导通时，电抗器开始充电的瞬间相当于该回路的截断状态，这时与高压电池并联的电容器会持续对高压电池充电。精确地控制IGBT（用于降压）的通断时间，可让电抗器左端产生略高于201.6V的高压电池充电电压。与高压电池并联的电容器和逆变器侧的电容器都是起到了储存能量和滤波的作用。

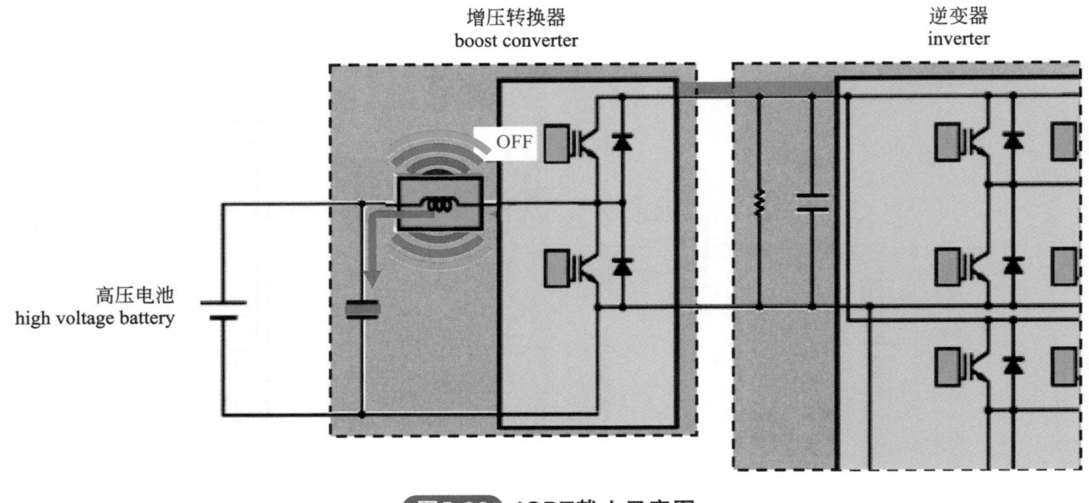
增压转换器
boost converter
逆变器
inverter
OFF
高压电池
high voltage battery

图5-80 IGBT截止示意图

（4）DC/DC 转换器

将高压电池（直流电压201.6V）的电压降至直流电压12V（用于电器部件）（图5-81）。为了能够作为前大灯和音响等辅助类以及各ECU的电源使用，把高压电池和发电机产生的201.6V电压降压至12V，并且还进行12V辅助电池的充电，因此卡罗拉双擎没有搭载传统汽油车上的交流发电机。

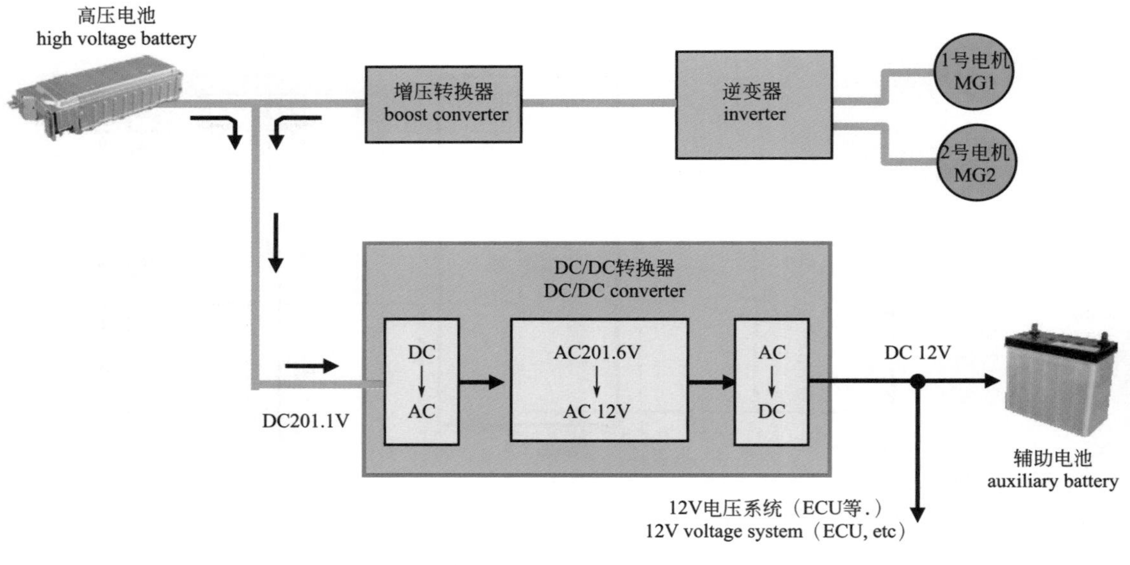
高压电池
high voltage battery
增压转换器
boost converter
逆变器
inverter
1号电机
MG1
2号电机
MG2
DC/DC转换器
DC/DC converter
DC
AC
AC201.6V
AC 12V
AC
DC
DC 12V
DC201.1V
辅助电池
auxiliary battery
12V电压系统（ECU等.）
12V voltage system（ECU, etc）

图5-81 DC/DC转换器框图

DC/DC转换器基本工作原理是，首先将动力电池的高压直流电转换成交流电，再由交流变压器降低为低压交流电12V，然后经整流器整流、滤波，输出为直流电12V，供车用12V系统（图5-82）。

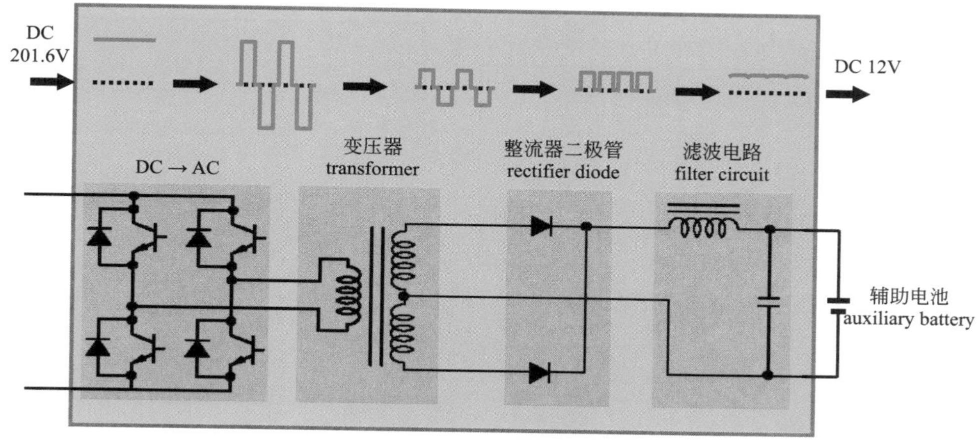
DC
201.6V
DC 12V
DC → AC
变压器
transformer
整流器二极管
rectifier diode
滤波电路
filter circuit
辅助电池
auxiliary battery

图5-82 DC/DC转换器原理

（5）电机和逆变器冷却系统

卡罗拉双擎采用专门的电机和逆变器冷却系统，与发动机冷却系统各自独立（图5-83）。冷却系统的散热器集成在发动机的散热器中。采用强制循环式水冷却，由电动水泵提供循环动力。冷却系统用来冷却逆变器、1号电机和2号电机。

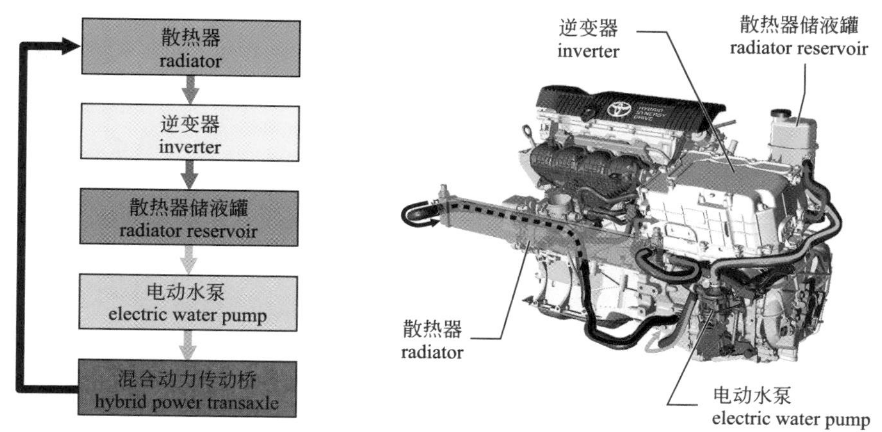
散热器
radiator
逆变器
inverter
散热器储液罐
radiator reservoir
电动水泵
electric water pump
混合动力传动桥
hybrid power transaxle
逆变器
inverter
散热器储液罐
radiator reservoir
散热器
radiator
电动水泵
electric water pump

图5-83 电机及逆变器冷却系统

（6）互锁开关

若在混合动力系统接通的情况下试图维修汽车，互锁开关可在高压部件裸露出前切断高压电，以确保维修人员安全。整车ECU检测到互锁信号电路断路时，切断SMR继电器。电源开关置于ON（IG）（IG为点火ignition的缩写）位置时，若互锁开关闭合，端子ILK（互锁interlock的缩写）电压为0V；若互锁开关断开，端子ILK电压为12V（图5-84）。

（7）维修塞

维修塞位于高压电池中部，用于切断电池高压电路。维修塞把手连接至电池模块电路的中部，用于手动切断高压电路。电路中还安装了可检测维修塞把手安装状态的互锁开关。把手解锁时，互锁开关关闭，整车ECU切断系统主继电器。因此，为确保操作安全，拆下维修塞把手前务必将电源开关置于OFF位置。高压电路的主熔丝（125A）位于维修塞把手内，如图5-85所示。

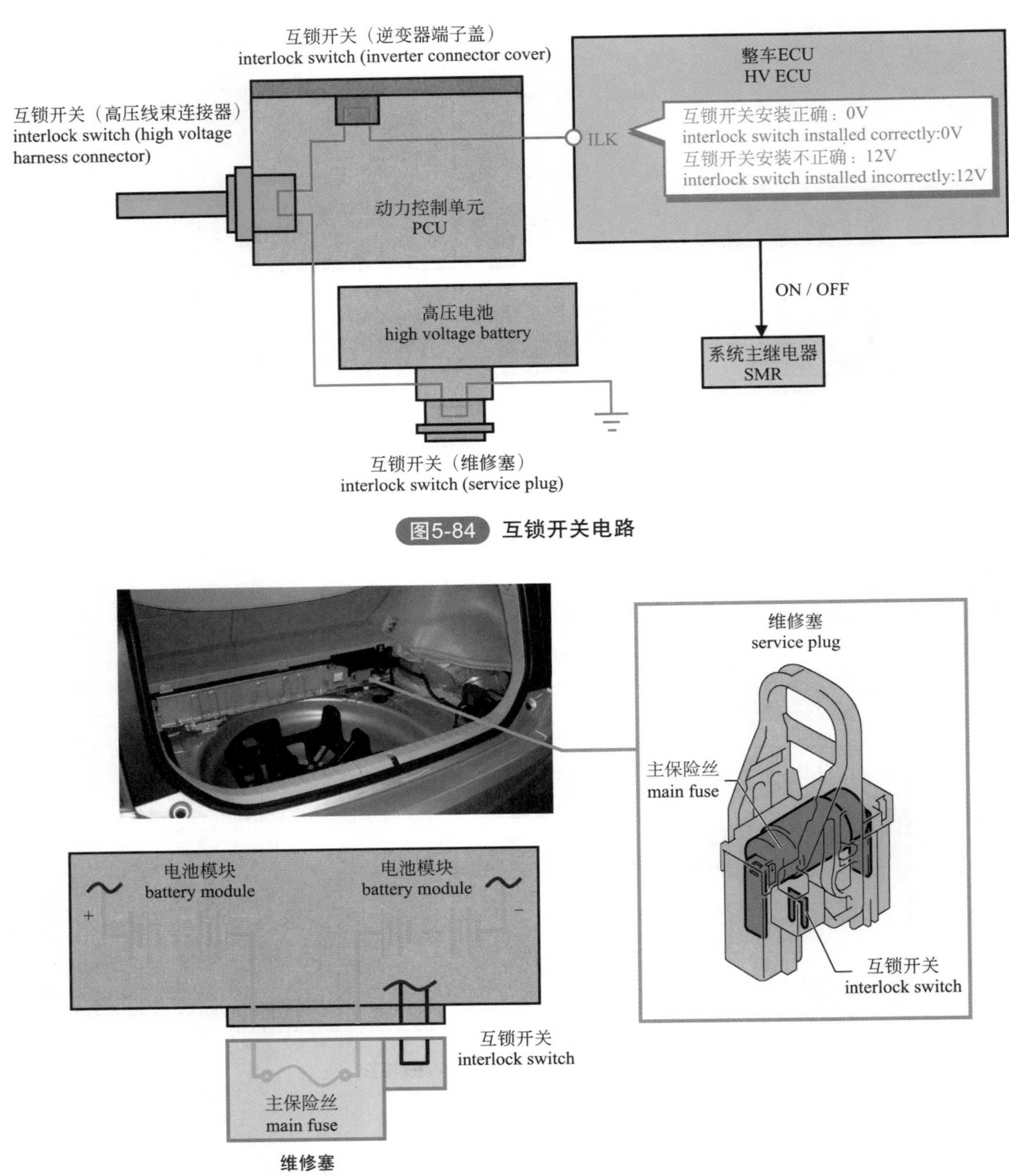
互锁开关（逆变器端子盖）
interlock switch (inverter connector cover)
整车ECU
HV ECU
互锁开关（高压线束连接器）
interlock switch (high voltage harness connector)
互锁开关安装正确：0V
interlock switch installed correctly:0V
互锁开关安装不正确：12V
interlock switch installed incorrectly:12V
ILK
动力控制单元
PCU
ON / OFF
高压电池
high voltage battery
系统主继电器
SMR
互锁开关（维修塞）
interlock switch (service plug)

图5-84 互锁开关电路

维修塞
service plug
主保险丝
main fuse
互锁开关
interlock switch
电池模块
battery module
电池模块
battery module
互锁开关
interlock switch
主保险丝
main fuse
维修塞
service plug

图5-85 维修塞位置及电路

5.1.10 卡罗拉双擎制动系统

（1）电控制动系统

卡罗拉双擎采用电控制动（Electronic Control Brake，ECB）系统，总制动力由电机的能量再生制动力和液压制动系统产生的制动力两部分组成（图5-86）。防滑控制ECU根据驾驶员踩制动踏板的程度和所施加的力计算总制动力，高压电池ECU计算再生制动力。

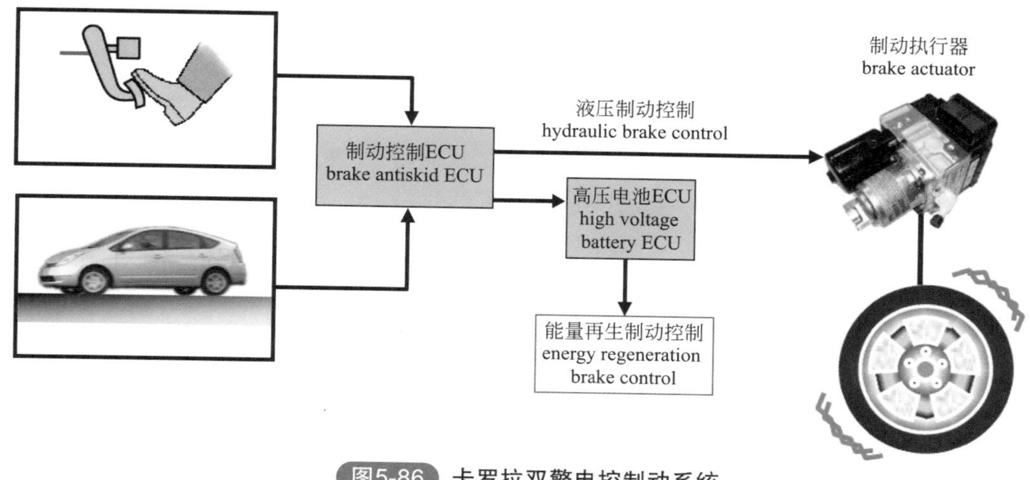
制动执行器
brake actuator
液压制动控制
hydraulic brake control
制动控制ECU
brake antiskid ECU
高压电池ECU
high voltage
battery ECU
能量再生制动控制
energy regeneration
brake control

图5-86　卡罗拉双擎电控制动系统

（2）再生制动系统

纯电动汽车、混合动力汽车可以将驱动电机用作发电机，获得再生制动力。当驾驶员踩下制动踏板时，防滑控制ECU根据制动调节器压力传感器和制动踏板行程传感器计算所需总制动力（图5-87）。计算出所需总制动力后，防滑控制ECU将再生制动力请求发送至整车ECU，利用2号电机产生负转矩（减速力），进行再生制动。防滑控制ECU控制制动执行器电磁阀并产生轮缸压力，产生的压力是从所需总制动力中减去实际再生制动控制值后剩余的值，即：总制动力=液压制动力+再生制动力。同时防滑控制ECU协调控制电动助力转向系统（EPS），保持汽车的稳定行驶。

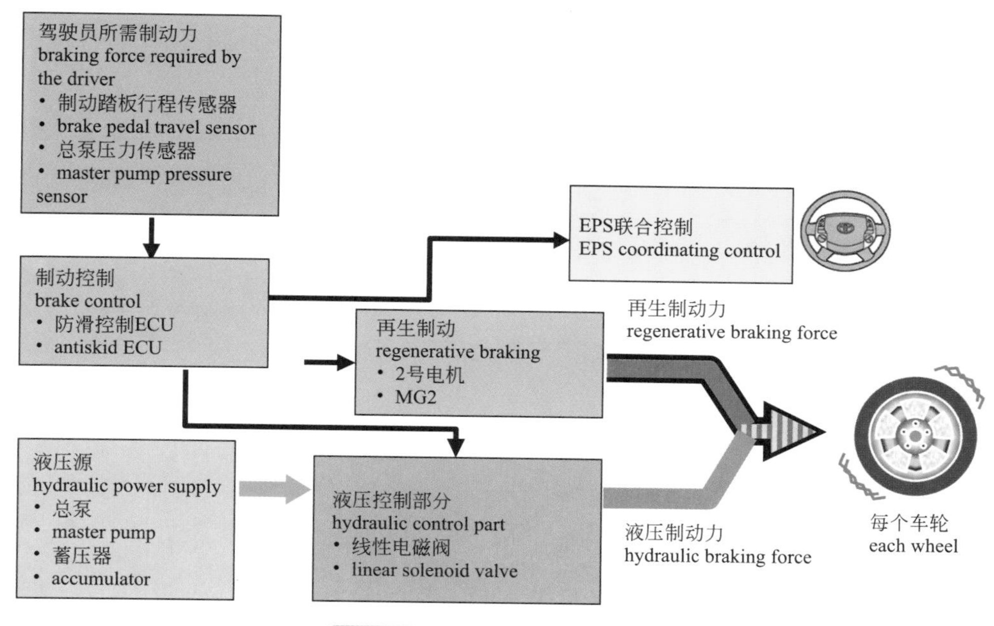
驾驶员所需制动力
braking force required by the driver
• 制动踏板行程传感器
• brake pedal travel sensor
• 总泵压力传感器
• master pump pressure sensor
EPS联合控制
EPS coordinating control
制动控制
brake control
• 防滑控制ECU
• antiskid ECU
再生制动力
regenerative braking force
再生制动
regenerative braking
• 2号电机
• MG2
液压源
hydraulic power supply
• 总泵
• master pump
• 蓄压器
• accumulator
液压控制部分
hydraulic control part
• 线性电磁阀
• linear solenoid valve
液压制动力
hydraulic braking force
每个车轮
each wheel

图5-87　再生制动系统工作原理

当车速较高时，由于2号电机的转矩特性很难获得足够的再生制动力，因此需要用摩擦制动力来补充不足的这一部分（图5-88）。随着车速的降低，再生制动力得以不断增加，同时又减少摩擦制动力。当汽车停车时，再生制动力大幅度下降，此时利用摩擦制动力来满足驾驶员所需的制动力。液压制动和再生制动之间的制动力分配根据车速的不同而变化，尽量多采用再生制动。但是，需要强制动力时，采用液压制动。车速过低（低于约5km/h）时，系统切换至液压制动以提高制动感。选择N挡时由于逆变器断开，因此只能采用液压制动。液压制动和再生制动之间的制动力分配根据车速的不同而变化。

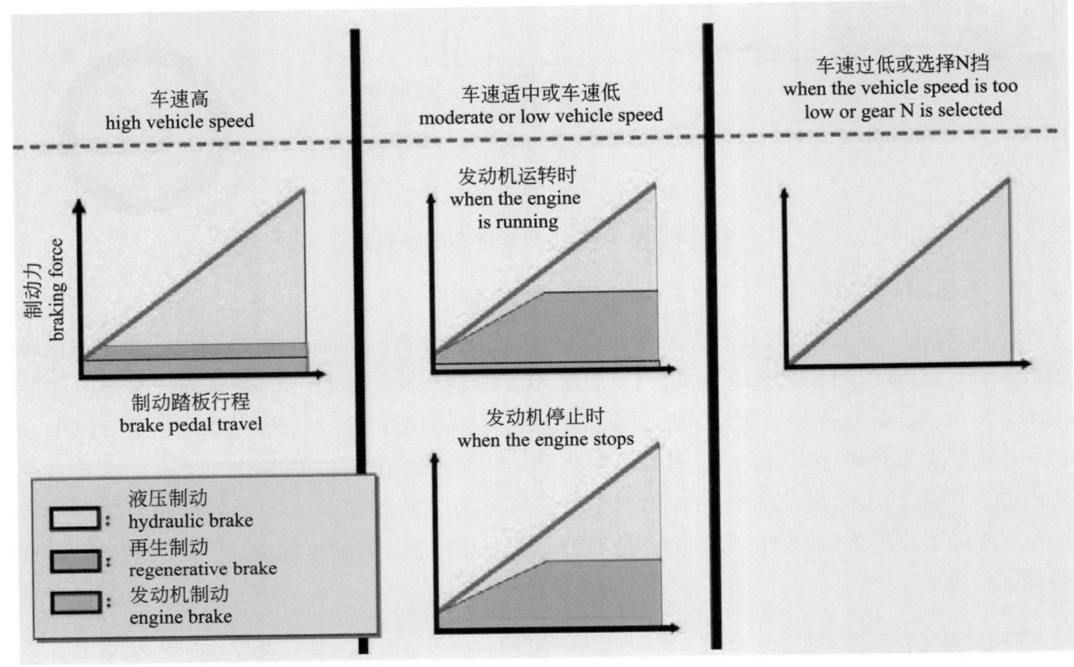
车速高
high vehicle speed
车速适中或车速低
moderate or low vehicle speed
车速过低或选择N挡
when the vehicle speed is too low or gear N is selected
发动机运转时
when the engine is running
制动力
braking force
制动踏板行程
brake pedal travel
发动机停止时
when the engine stops
液压制动
hydraulic brake
再生制动
regenerative brake
发动机制动
engine brake

图5-88 液压制动与再生制动力随车速的变化

液压制动力和再生制动力的分配也随着制动时间而变化。制动力的分配通过控制液压制动来实现，液压制动和再生制动组成的总制动力要与驾驶员所需的制动力一致，制动力分配的变化如图5-89所示。

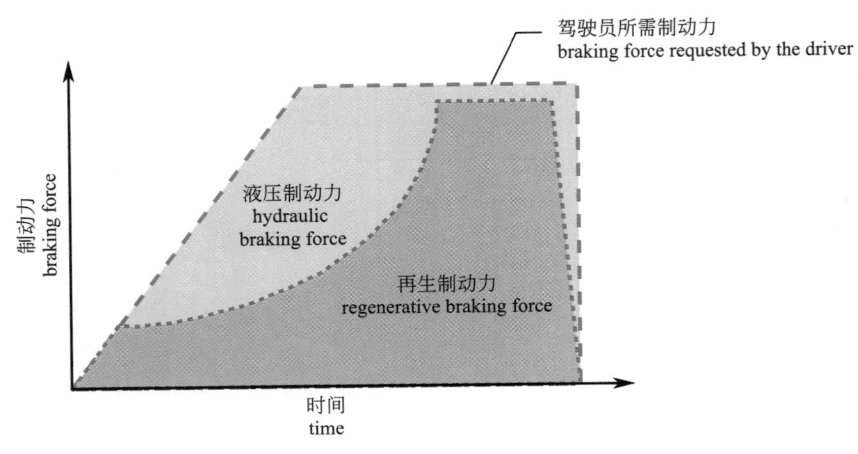
驾驶员所需制动力
braking force requested by the driver
制动力
braking force
液压制动力
hydraulic braking force
再生制动力
regenerative braking force
时间
time

图5-89 液压制动与再生制动力的分配

（3）卡罗拉双擎制动液压管路

制动液压管路产生防滑控制ECU用于控制制动的液压压力，主要部件有泵、泵电机、蓄能器、液压制动助力器、行程模拟器和制动执行器等（图5-90）。

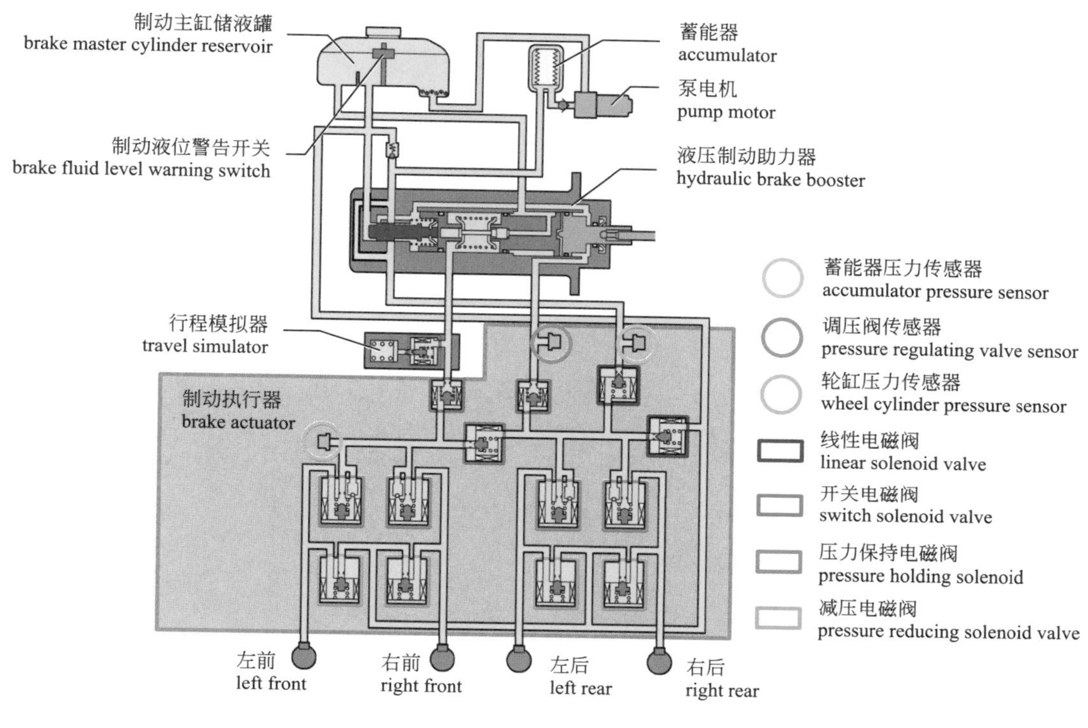
制动主缸储液罐
brake master cylinder reservoir
制动液位警告开关
brake fluid level warning switch
蓄能器
accumulator
泵电机
pump motor
液压制动助力器
hydraulic brake booster
行程模拟器
travel simulator
制动执行器
brake actuator
蓄能器压力传感器
accumulator pressure sensor
调压阀传感器
pressure regulating valve sensor
轮缸压力传感器
wheel cylinder pressure sensor
线性电磁阀
linear solenoid valve
开关电磁阀
switch solenoid valve
压力保持电磁阀
pressure holding solenoid
减压电磁阀
pressure reducing solenoid valve
左前
left front
右前
right front
左后
left rear
右后
right rear

图5-90 制动液压管路

❶ 液压制动助力器。液压制动助力器根据制动踏板受到的力产生相应液压压力（图5-91）。

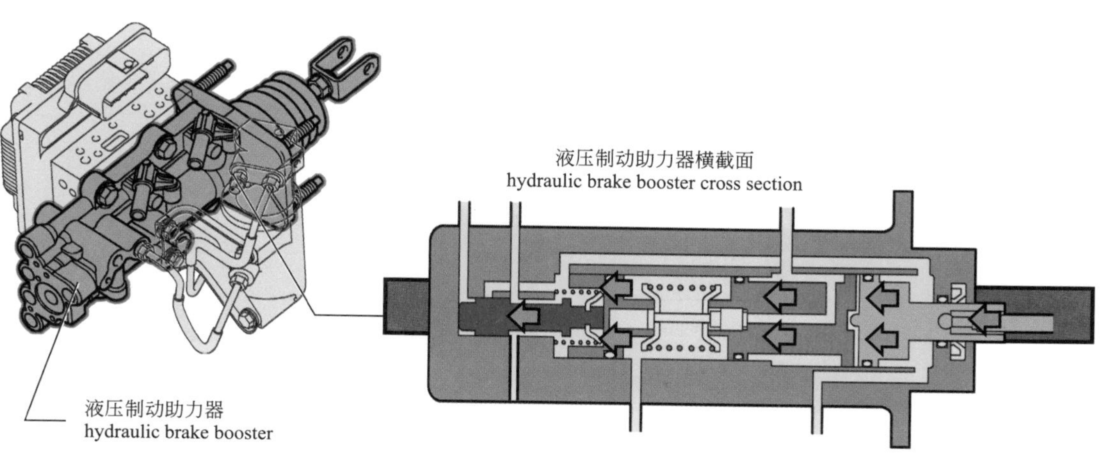
液压制动助力器横截面
hydraulic brake booster cross section
液压制动助力器
hydraulic brake booster

图5-91 液压制动助力器位置

❷ 制动执行器。制动执行器包括执行器部分和防滑控制ECU，在进行制动控制时执行器用于控制制动液回路（图5-92），包括防滑控制ECU、2个线性电磁阀、4个开关电磁阀、8个控制电磁阀、调压阀传感器、轮缸压力传感器、蓄能器压力传感器。

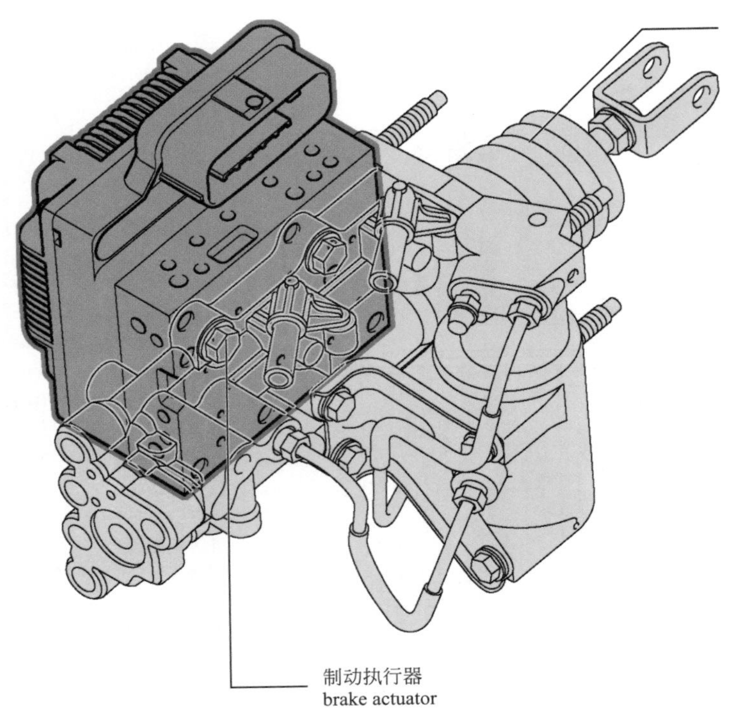
主缸制动助力器
master cylinder brake booster
制动执行器
brake actuator

图5-92 制动执行器

❸ 行程模拟器。行程模拟器使驾驶员踩踏板时产生与制动踏板行程一致的感觉（图5-93）。

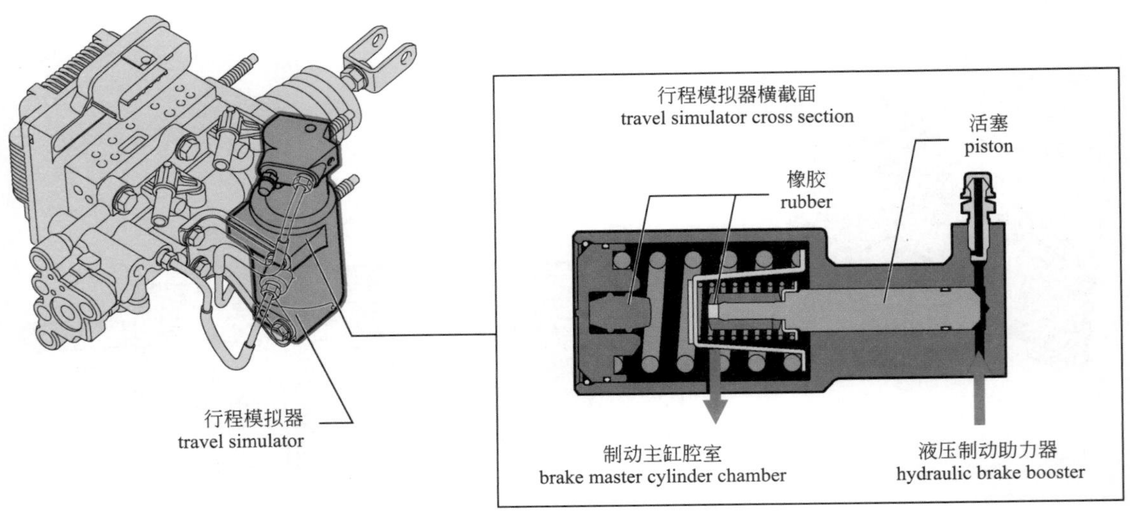
行程模拟器横截面
travel simulator cross section
活塞
piston
橡胶
rubber
行程模拟器
travel simulator
制动主缸腔室
brake master cylinder chamber
液压制动助力器
hydraulic brake booster

图5-93 行程模拟器

❹ 制动踏板行程传感器。此传感器用以检测制动踏板行程（图5-94）。

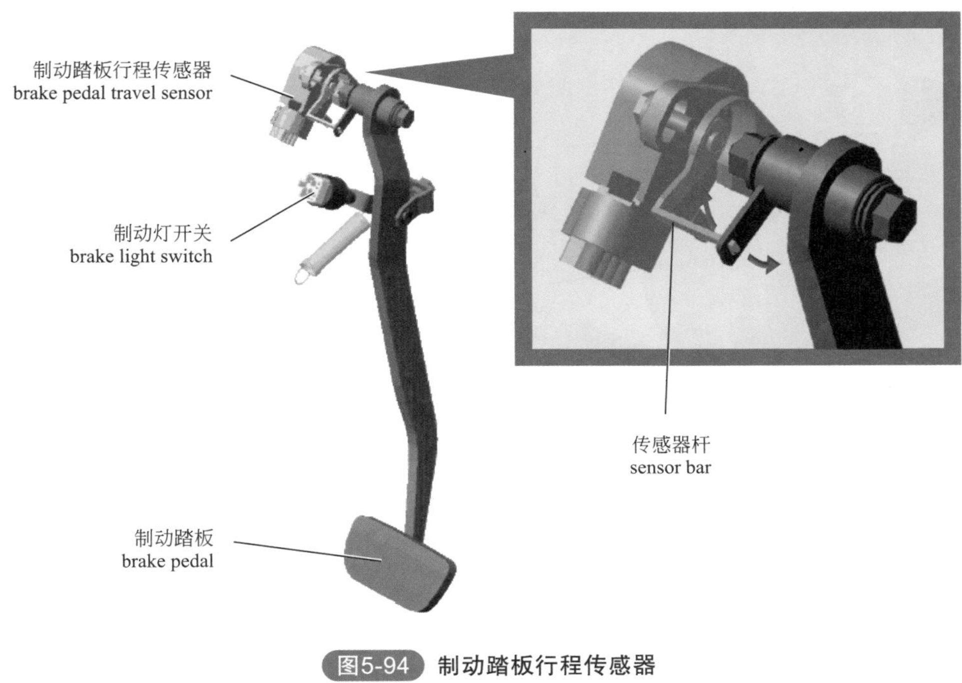
制动踏板行程传感器
brake pedal travel sensor
制动灯开关
brake light switch
传感器杆
sensor bar
制动踏板
brake pedal

图5-94 制动踏板行程传感器

❺ 液压源部件。液压源部件包括泵、泵电机、蓄能器、安全阀及蓄能器压力传感器，产生并储存液压压力（图5-95）。

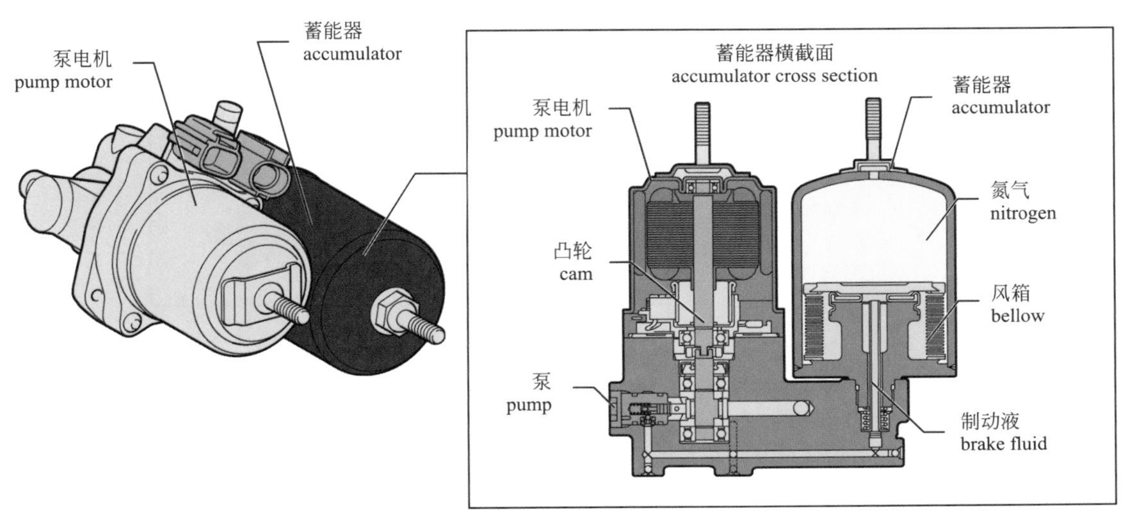
泵电机
pump motor
蓄能器
accumulator
蓄能器横截面
accumulator cross section
泵电机
pump motor
蓄能器
accumulator
氮气
nitrogen
凸轮
cam
风箱
bellow
泵
pump
制动液
brake fluid

图5-95 液压源部件

❻ 驻车制动器。采用内置型驻车制动器（图5-96）。

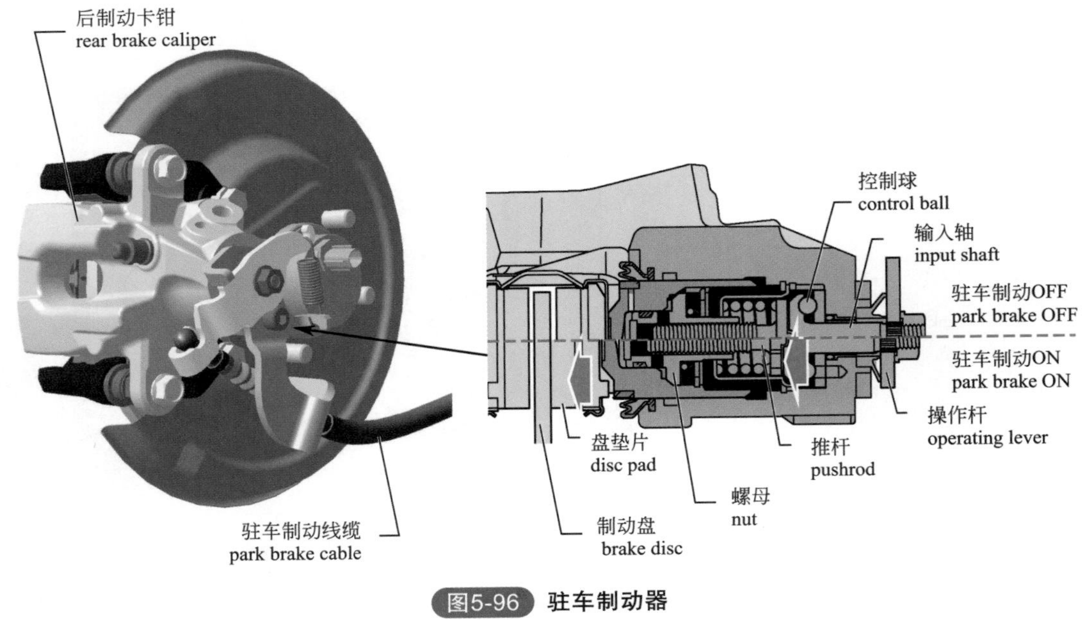
后制动卡钳
rear brake caliper
控制球
control ball
输入轴
input shaft
驻车制动OFF
park brake OFF
驻车制动ON
park brake ON
操作杆
operating lever
盘垫片
disc pad
推杆
pushrod
螺母
nut
制动盘
brake disc
驻车制动线缆
park brake cable

图5-96 驻车制动器

5.1.11 卡罗拉双擎转向系统

卡罗拉双擎电动助力转向系统（Electric Power Steering，EPS）由转向机（含转向轴柱和减速机构等）、电机、转矩传感器、EPS控制器等部件组成。EPS控制器根据各传感器输出的信号计算所需的转向助力，并通过功率放大模块控制助力电机的转动，电机的输出经过减速机构减速增扭后驱动齿轮齿条机构产生相应的转向助力。EPS采用安装在转向柱上的DC电机和减速机构产生转矩来给转向助力。EPS ECU根据传感器信号计算转向助力的大小（图5-97）。

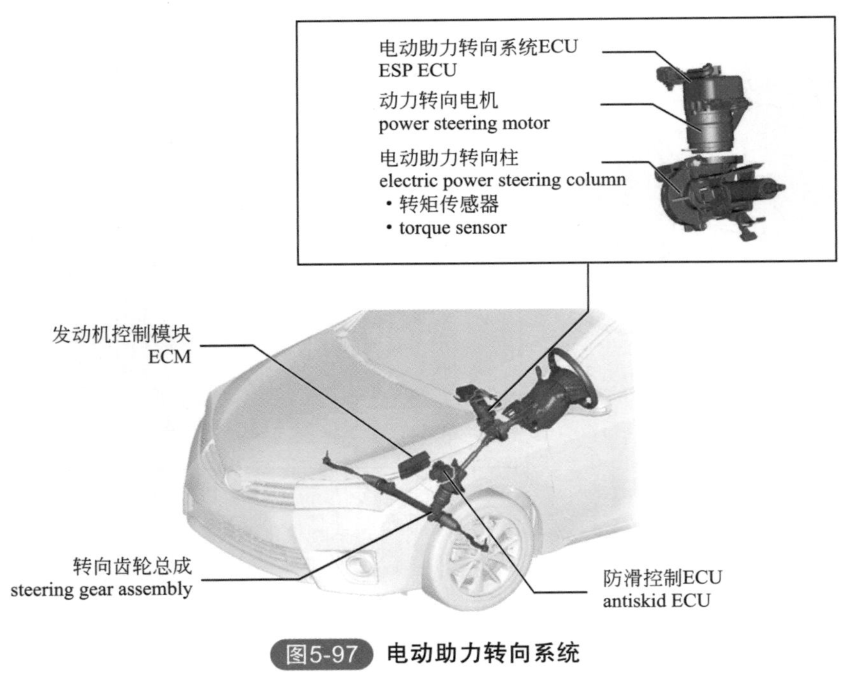
电动助力转向系统ECU
ESP ECU
动力转向电机
power steering motor
电动助力转向柱
electric power steering column
• 转矩传感器
• torque sensor
发动机控制模块
ECM
转向齿轮总成
steering gear assembly
防滑控制ECU
antiskid ECU

图5-97 电动助力转向系统

（1）电动助力转向系统结构

助力电机包括转子、定子和电机轴。助力电机产生的转矩通过联轴器传到蜗杆，然后又通过蜗轮传送到转向柱轴（图5-98）。

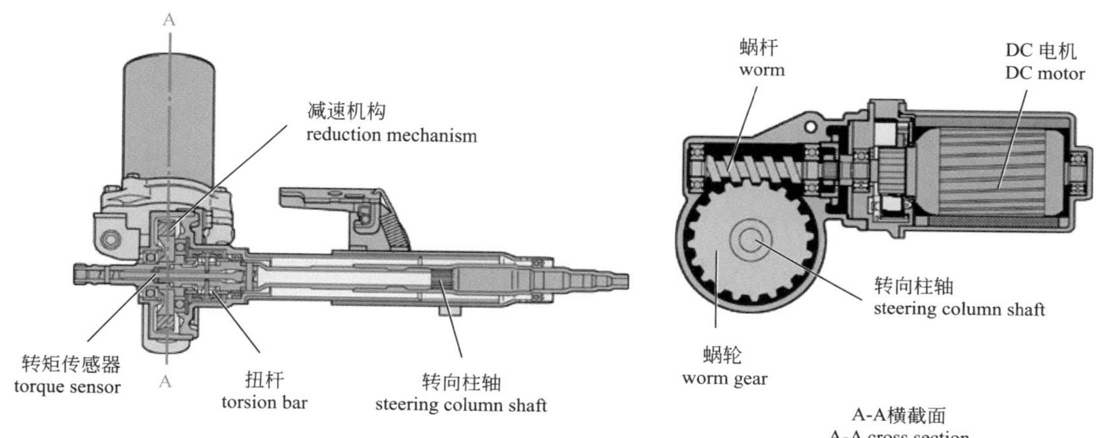
A
减速机构
reduction mechanism
转矩传感器
torque sensor
A
扭杆
torsion bar
转向柱轴
steering column shaft
蜗杆
worm
DC电机
DC motor
转向柱轴
steering column shaft
蜗轮
worm gear
A-A横截面
A-A cross section

图5-98 电动助力转向系统结构

（2）转矩传感器

转矩传感器检测扭力杠杆的扭转程度，转换为电信号来计算扭力杆上的转矩，并将信号传输给EPS控制器。在输入轴上安装有检测环1和检测环2，而检测环3安装在输出轴上，输入轴和输出轴通过扭力杆连接在一起，检测线圈和校正线圈位于各检测环外侧，不经接触可形成励磁电路（图5-99）。

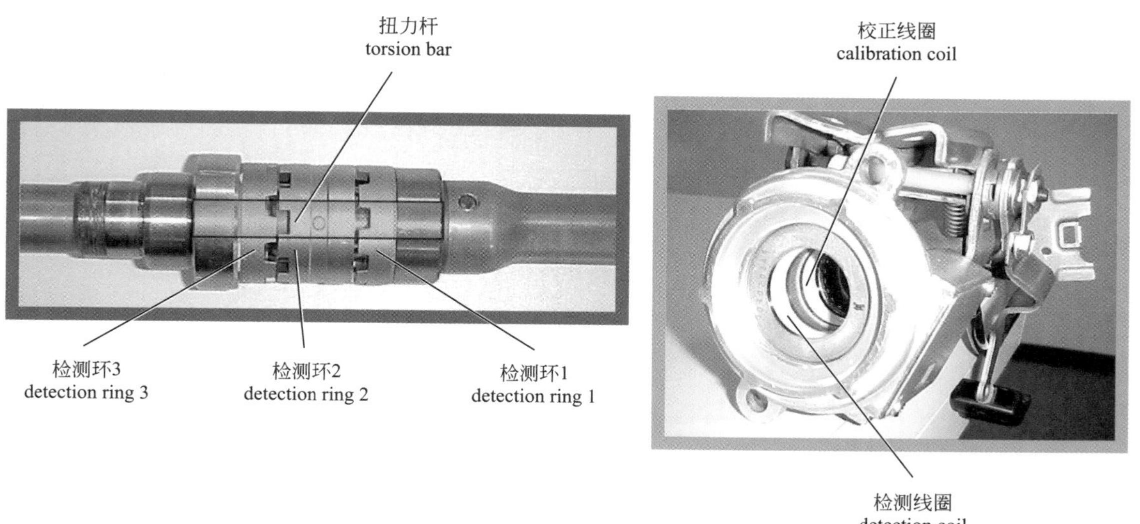
扭力杆
torsion bar
校正线圈
calibration coil
检测环3
detection ring 3
检测环2
detection ring 2
检测环1
detection ring 1
检测线圈
detection coil

图5-99 转矩传感器构造

检测线圈通过对偶电路可以输出2个信号VT1（转矩传感器信号1）和VT2（转矩传感器信号2）。ECU根据这两个信号控制助力大小，同时检测传感器故障（图5-100）。

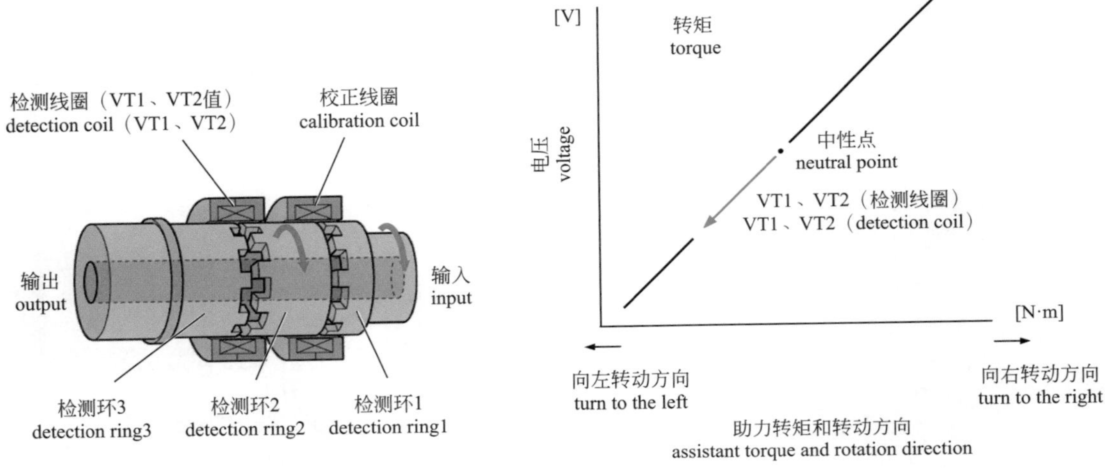
检测线圈（VT1、VT2值）
detection coil（VT1、VT2）
校正线圈
calibration coil
输出
output
输入
input
检测环3
detection ring3
检测环2
detection ring2
检测环1
detection ring1
[V]
电压
voltage
转矩
torque
中性点
neutral point
VT1、VT2（检测线圈）
VT1、VT2（detection coil）
[N·m]
向左转动方向
turn to the left
向右转动方向
turn to the right
助力转矩和转动方向
assistant torque and rotation direction

图5-100 转矩传感器输出电压与助力转矩关系

5.1.12 卡罗拉双擎空调系统

卡罗拉双擎采用电动变频压缩机，由空调逆变器提供交流电来驱动。即使发动机不工作，空调系统也能工作。

（1）空调压缩机

压缩机总成由涡旋压缩机、直流无刷电机、机油分离器、电机轴和空调逆变器等组成（图5-101）。电动压缩机除了由电机作为压缩机的动力驱动外，压缩机的基本构造和工作原理与普通的涡旋式压缩机相同。它具有体积小、重量轻、零部件少、运动部件受力波动小、振动小、噪声低、绝热效率高、容积效率高、机械效率高等优点。

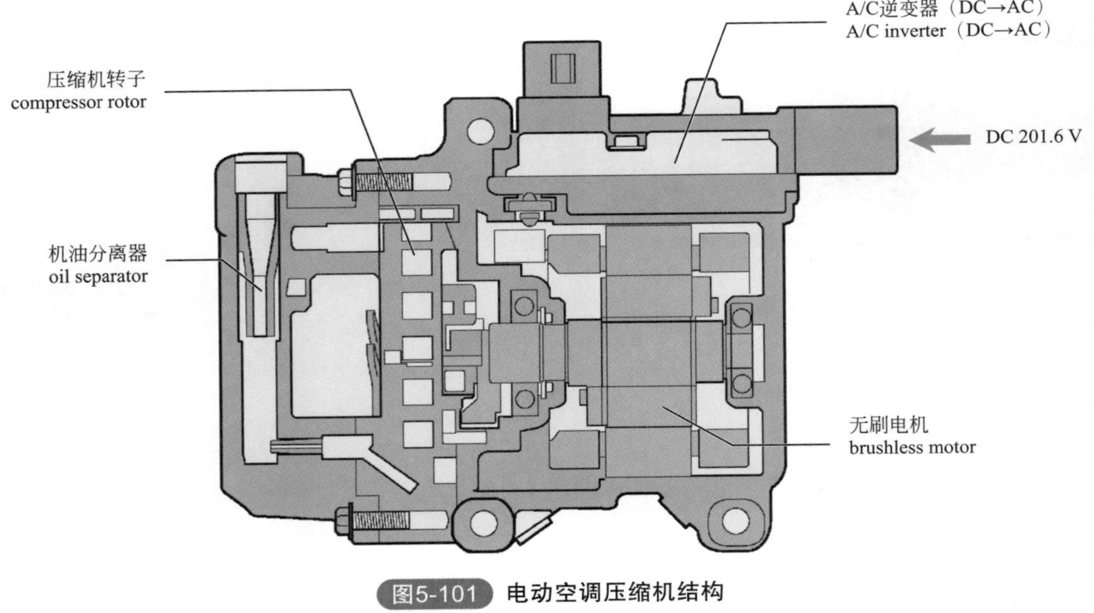
A/C逆变器（DC→AC）
A/C inverter（DC→AC）
压缩机转子
compressor rotor
DC 201.6 V
机油分离器
oil separator
无刷电机
brushless motor

图5-101 电动空调压缩机结构

（2）空调逆变器

空调逆变器的功用是将高压电池的直流电，转换成适合压缩机使用的交流电。空调ECU控制压缩机的转速和转矩（图5-102）。

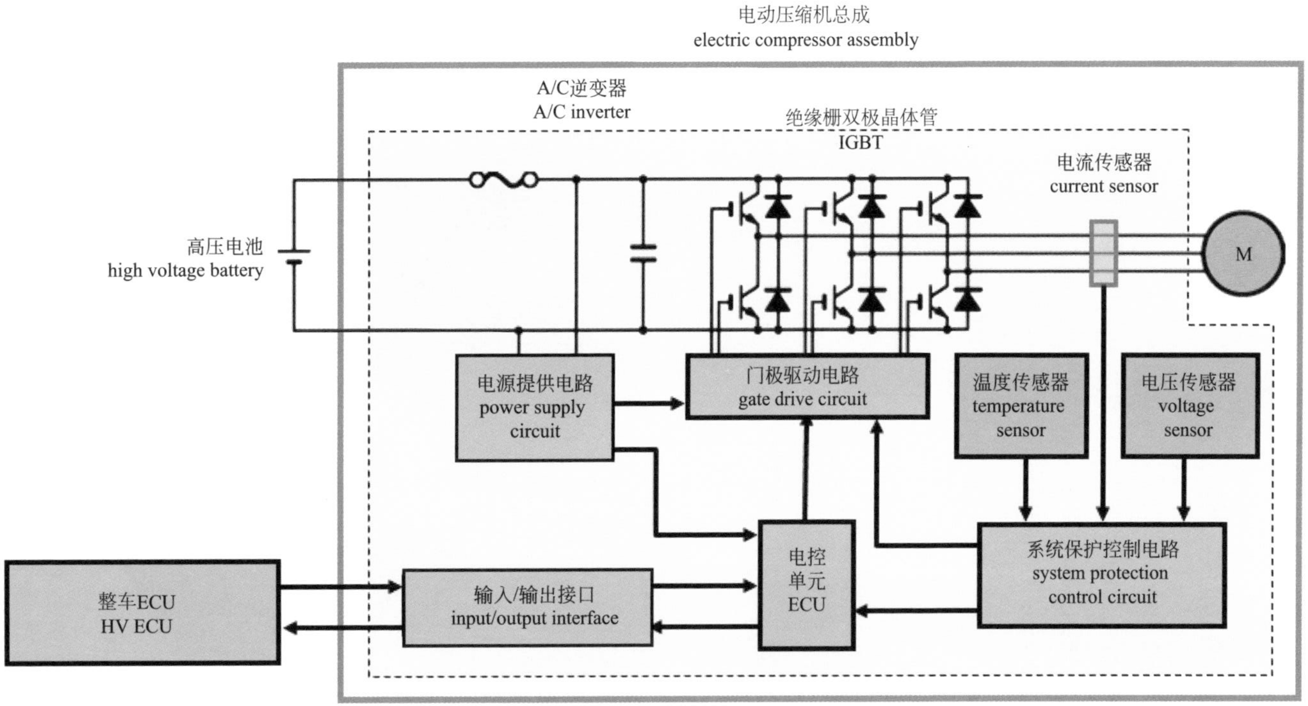

电动压缩机总成
electric compressor assembly
A/C逆变器
A/C inverter
绝缘栅双极晶体管
IGBT
电流传感器
current sensor
M
高压电池
high voltage battery
电源提供电路
power supply
circuit
门极驱动电路
gate drive circuit
温度传感器
temperature
sensor
电压传感器
voltage
sensor
整车ECU
HV ECU
输入/输出接口
input/output interface
电控
单元
ECU
系统保护控制电路
system protection
control circuit

图5-102　空调逆变器原理

5.2 本田雅阁混合动力汽车

本田雅阁采用智能多模式驱动（intelligent Multi-Mode Drive，i-MMD）混合动力系统。i-MMD系统利用超越离合器来实现发动机驱动发电机或者驱动车轮的自动切换，该混合动力系统为串联式基础上同时具备发动机直接驱动车轮（高速巡行时）的全新混动模式。

5.2.1 雅阁混合动力系统组成

雅阁混合动力系统主要由阿特金森循环发动机、电子无级变速器（Electric coupled CVT，E-CVT）（内置发电机、驱动电机、超越离合器及平行轴系及齿轮、主减速器及差速器总成等）、智能动力单元（Intelligent Power Unit，IPU）（直流变换器、电池控制单元、高容量锂电池组）、动力控制单元（Power Control Unit，PCU）（逆变器、电压控制单元、电机控制单元）等组成（图5-103）。

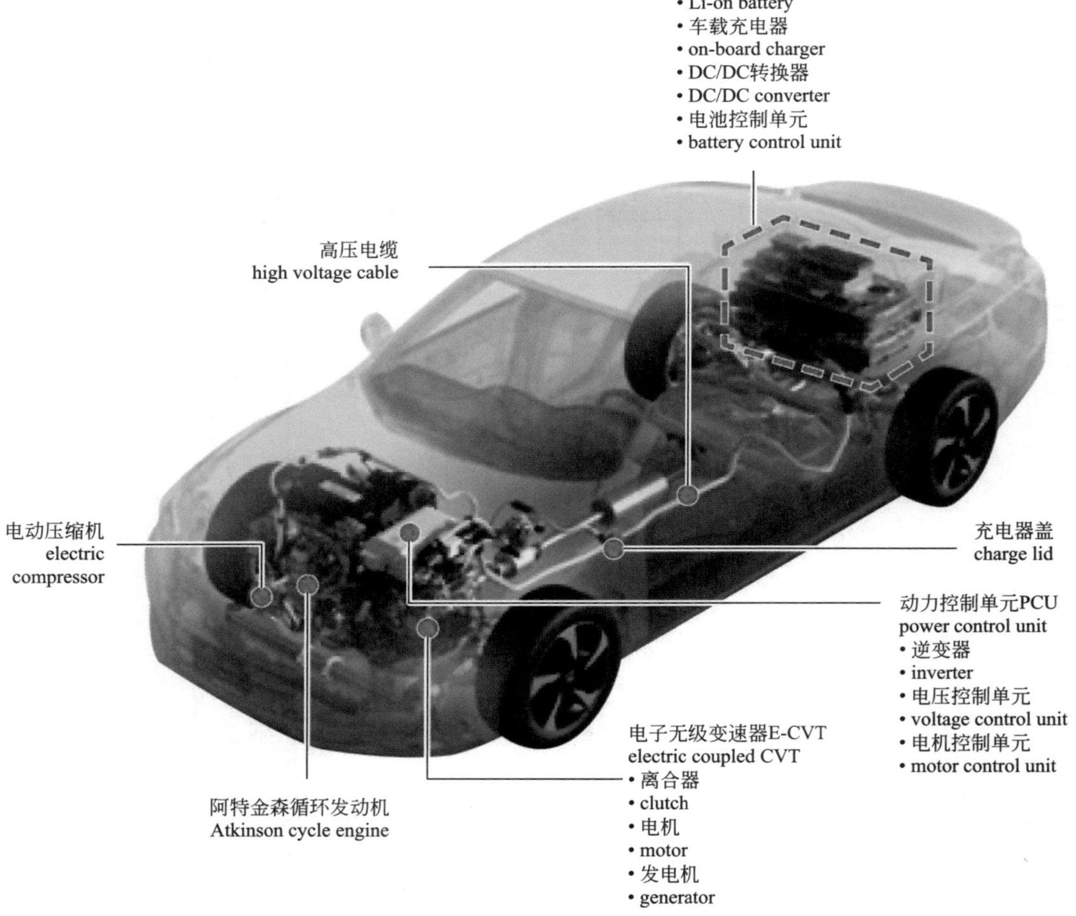
智能动力单元IPU
intelligent power unit
• 锂电池
• Li-on battery
• 车载充电器
• on-board charger
• DC/DC转换器
• DC/DC converter
• 电池控制单元
• battery control unit
高压电缆
high voltage cable
电动压缩机
electric compressor
充电器盖
charge lid
动力控制单元PCU
power control unit
• 逆变器
• inverter
• 电压控制单元
• voltage control unit
• 电机控制单元
• motor control unit
电子无级变速器E-CVT
electric coupled CVT
• 离合器
• clutch
• 电机
• motor
• 发电机
• generator
阿特金森循环发动机
Atkinson cycle engine

图5-103 雅阁混合动力系统组成

雅阁混合动力系统采用双电机非直连式（也可称为双电机电连式）混动结构（图5-104），发动机并不是直接连接机械式传动装置去驱动车轮，而采用一种类似电传动的形式。发动机运转产生的机械能用来驱动1号电机，由1号电机发电产生电能为电池充电。然后由电池给2号电机供电，2号电机驱动车轮。该结构将电能作为中间能量传递的介质，而并非机械能。

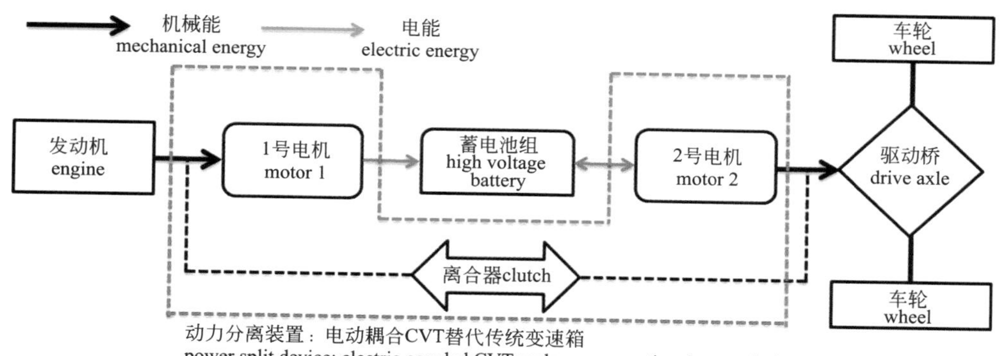
机械能
mechanical energy
电能
electric energy
车轮
wheel
发动机
engine
1号电机
motor 1
蓄电池组
high voltage
battery
2号电机
motor 2
驱动桥
drive axle
离合器clutch
车轮
wheel
动力分离装置：电动耦合CVT替代传统变速箱
power split device: electric coupled CVT replaces conventional transmission

图5-104　雅阁混合动力系统示意图

5.2.2　雅阁混合动力系统工作模式

雅阁混合动力系统有纯电机驱动、纯发动机驱动、混合动力驱动等三种驱动模式。混合动力系统可以根据行驶条件的不同，自动切换驱动模式。

（1）纯电机驱动（EV模式）

在高压锂电池电量正常时，或起步及低速行驶时，均采用纯电机驱动模式。该模式行驶时驱动电机为唯一的动力来源，发动机停机、发电机停止转动（图5-105）。

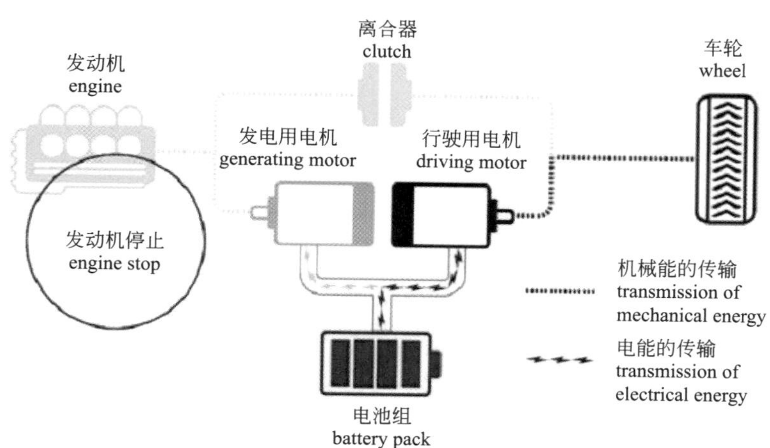
离合器
clutch
发动机
engine
车轮
wheel
发电用电机
generating motor
行驶用电机
driving motor
发动机停止
engine stop
机械能的传输
transmission of
mechanical energy
电能的传输
transmission of
electrical energy
电池组
battery pack

图5-105　纯电机驱动

（2）纯发动机驱动

在高速公路巡航行驶（低负荷、高速）时，采用纯发动机驱动汽车，驱动电机、发电机均不工作（图5-106）。

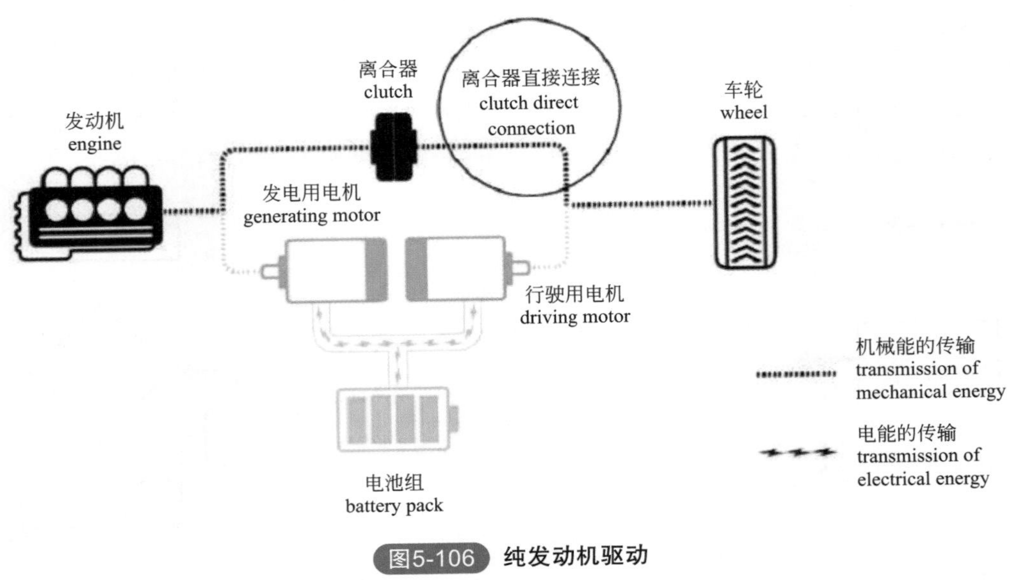
离合器
clutch
离合器直接连接
clutch direct
connection
车轮
wheel
发动机
engine
发电用电机
generating motor
行驶用电机
driving motor
机械能的传输
transmission of
mechanical energy
电能的传输
transmission of
electrical energy
电池组
battery pack

图5-106 纯发动机驱动

（3）混合动力驱动（HV模式）

若高压锂电池组的电池低于阈值就会自动启动发动机。汽车行驶中发动机启动，是由发电机倒拖（发电机作为电机使用）实现的。发动机着火后，发动机驱动发电机转动，发电机发电并向驱动电机提供电能。如果来自发电机的供电不足，高压锂电池将提供补充电能。此外，如果发电机发电量充足，发电机将多余电能输入高压蓄电池充电，驱动电机得到持续供电并驱动汽车行驶。此时，为典型的串联式（增程式）混合动力布置方式（图5-107）。

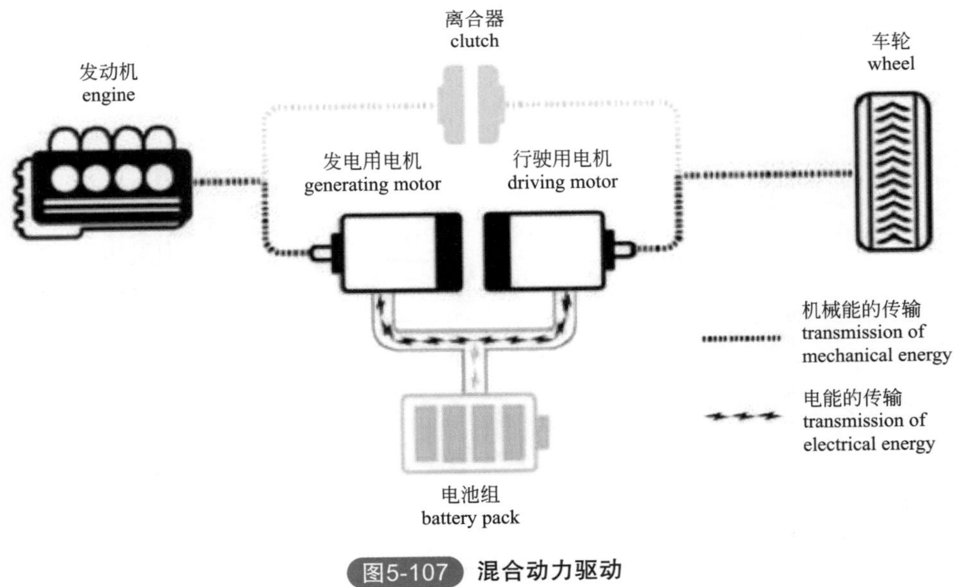
离合器
clutch
车轮
wheel
发动机
engine
发电用电机
generating motor
行驶用电机
driving motor
机械能的传输
transmission of
mechanical energy
电能的传输
transmission of
electrical energy
电池组
battery pack

图5-107 混合动力驱动

5.2.3 雅阁混合动力汽车发动机

雅阁混合动力汽车采用型号为LFA 11的阿特金森循环发动机，该发动机为2.0L直列四缸自然吸气缸内直喷发动机，安装电控废气再循环（EGR）系统，采用电动冷却液泵（图5-108）。LFA 11发动机也可以采用奥托循环（提供更大的功率输出），通过动力控制单元对电子气门正时控制（VTEC）系统进行控制，实现自动切换。

驱动电机
traction motor
发电机
generator
2.0L自吸发动机
2.0L naturally aspirated engine

图5-108　雅阁混合动力汽车发动机

（1）阿特金森循环发动机

在传统发动机（奥托循环发动机）中，压缩比和膨胀比是一样的。和传统发动机相比，除了进气、压缩、做功和排气之外，阿特金森循环发动机还有“回流”，在压缩行程中，通过延迟关闭进气门，部分气缸内的空气燃油混合气被压回到进气歧管中。其最大特点就是做功行程比压缩行程长，也就是我们常说的膨胀比大于压缩比，更长的做功行程可以更有效地利用燃烧后废气残存的高压，所以燃油效率比传统发动机更高一些（图5-109）。

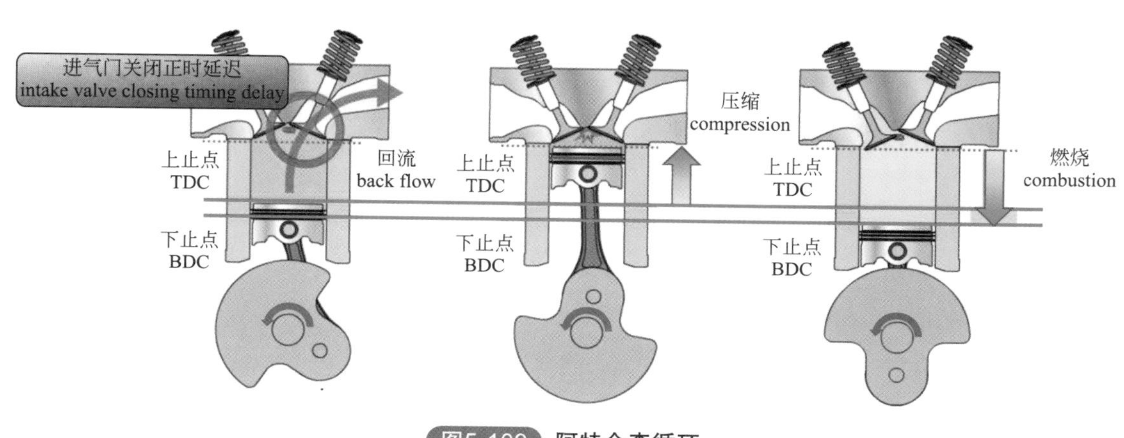
进气门关闭正时延迟
intake valve closing timing delay
上止点
TDC
回流
back flow
下止点
BDC
上止点
TDC
压缩
compression
下止点
BDC
上止点
TDC
燃烧
combustion
下止点
BDC

图5-109　阿特金森循环

在阿特金森循环发动机中，延迟的进气门正时会产生回流，减少泵气损失，同时维持完全燃烧冲程，确保将热能转换为动能（图5-110）。当活塞从下止点位置向上运动，开始进入压缩行程，奥托循环发动机的进气门开始关闭，而阿特金森循环发动机没有开始关闭。

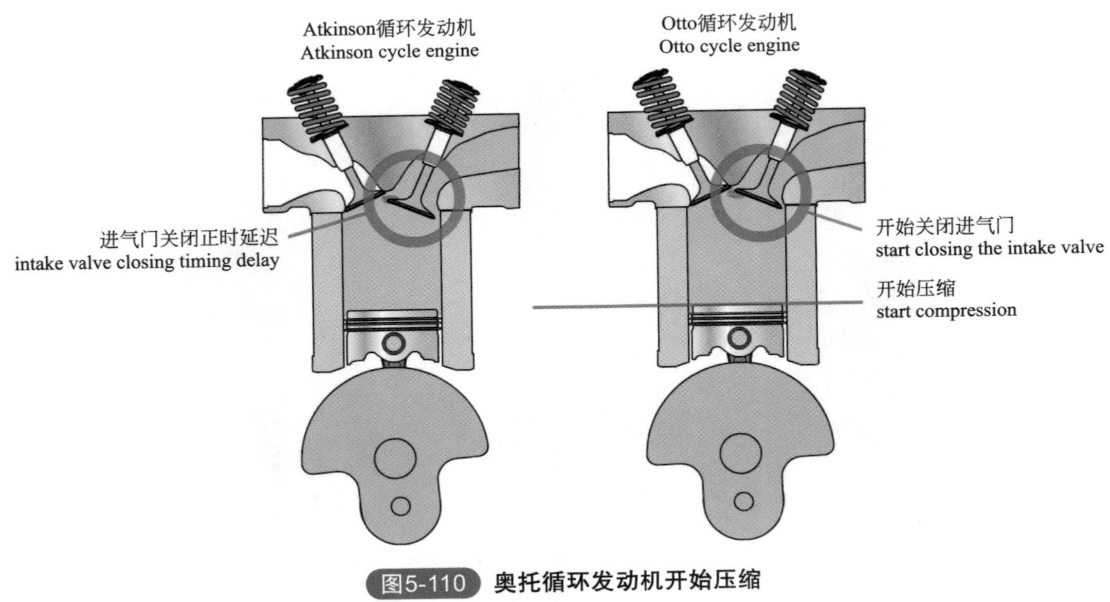
Atkinson循环发动机
Atkinson cycle engine
Otto循环发动机
Otto cycle engine
进气门关闭正时延迟
intake valve closing timing delay
开始关闭进气门
start closing the intake valve
开始压缩
start compression

图5-110 奥托循环发动机开始压缩

由于发动机活塞已经开始向上运动，但阿特金森循环发动机进气门没有关闭，故部分气缸内气体经进气口回流到进气管，而奥托循环发动机缸内的气体开始压缩（图5-111）。

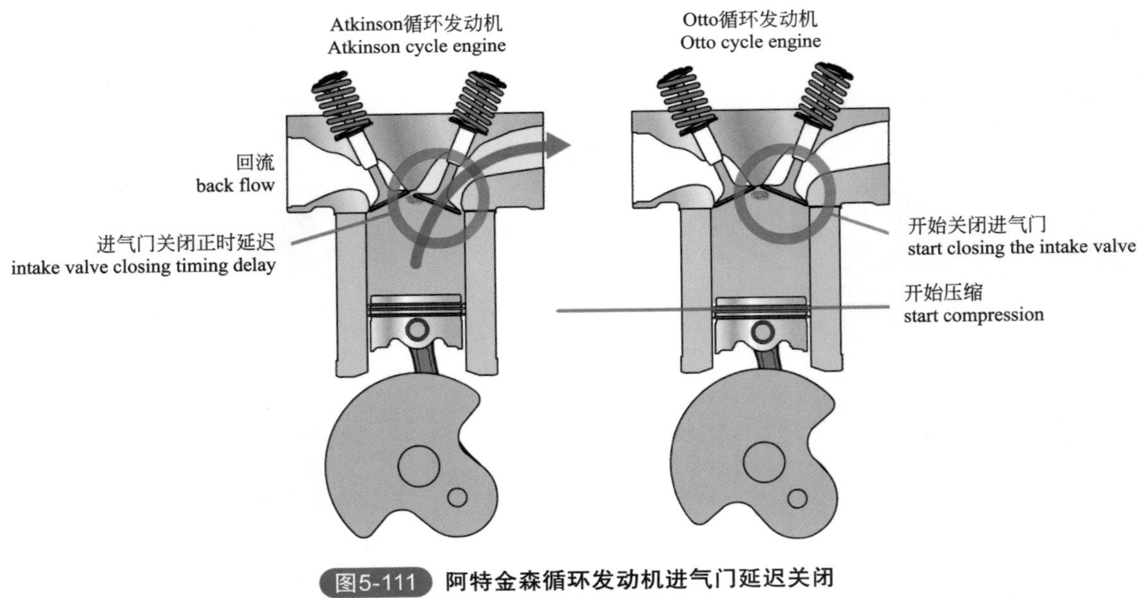
Atkinson循环发动机
Atkinson cycle engine
Otto循环发动机
Otto cycle engine
回流
back flow
进气门关闭正时延迟
intake valve closing timing delay
开始关闭进气门
start closing the intake valve
开始压缩
start compression

图5-111 阿特金森循环发动机进气门延迟关闭

当曲轴转过一定角度，阿特金森循环发动机进气门才开始关闭，进入压缩冲程，而奥托循环发动机缸内已经有一定的压缩压力（图5-112）。

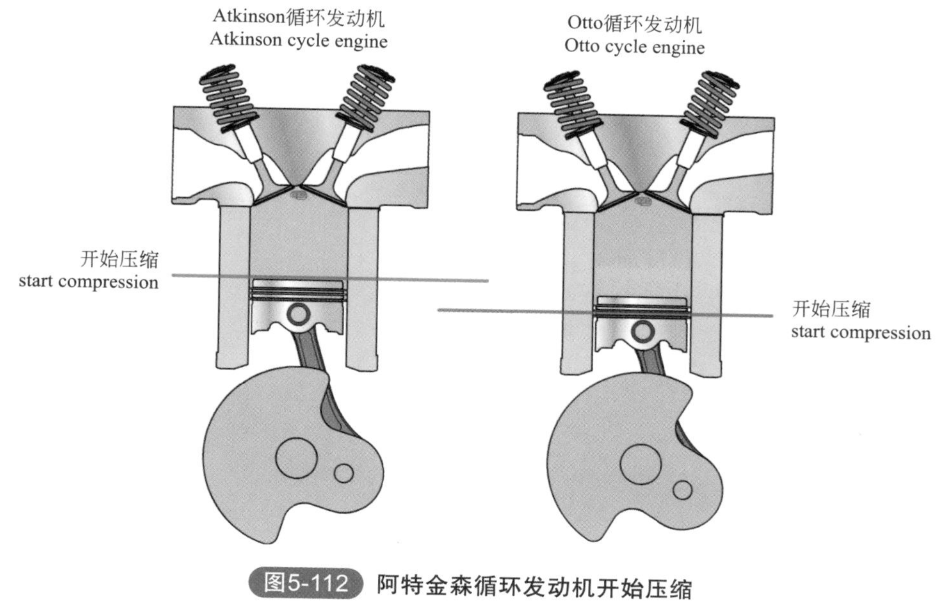
Atkinson循环发动机
Atkinson cycle engine
Otto循环发动机
Otto cycle engine
开始压缩
start compression
开始压缩
start compression

图5-112 阿特金森循环发动机开始压缩

可以看出，阿特金森循环发动机与奥托循环发动机相比，压缩起始点晚，压缩行程短（图5-113）。

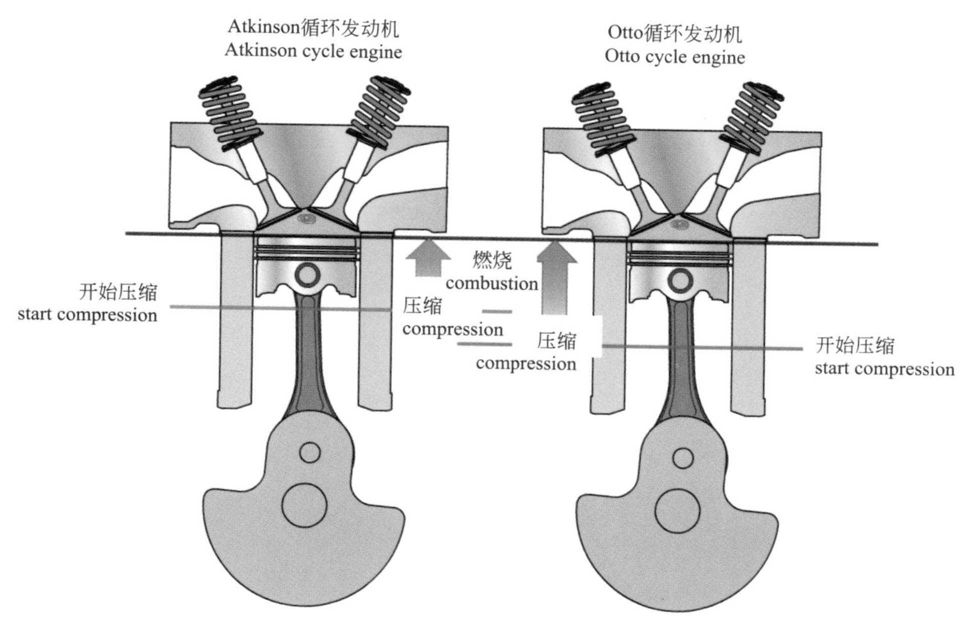
Atkinson循环发动机
Atkinson cycle engine
Otto循环发动机
Otto cycle engine
燃烧
combustion
开始压缩
start compression
压缩
compression
压缩
compression
开始压缩
start compression

图5-113 阿特金森循环发动机与奥托循环发动机压缩点比较

阿特金森循环发动机与奥托循环发动机的燃烧膨胀行程相同（图 5-114）。

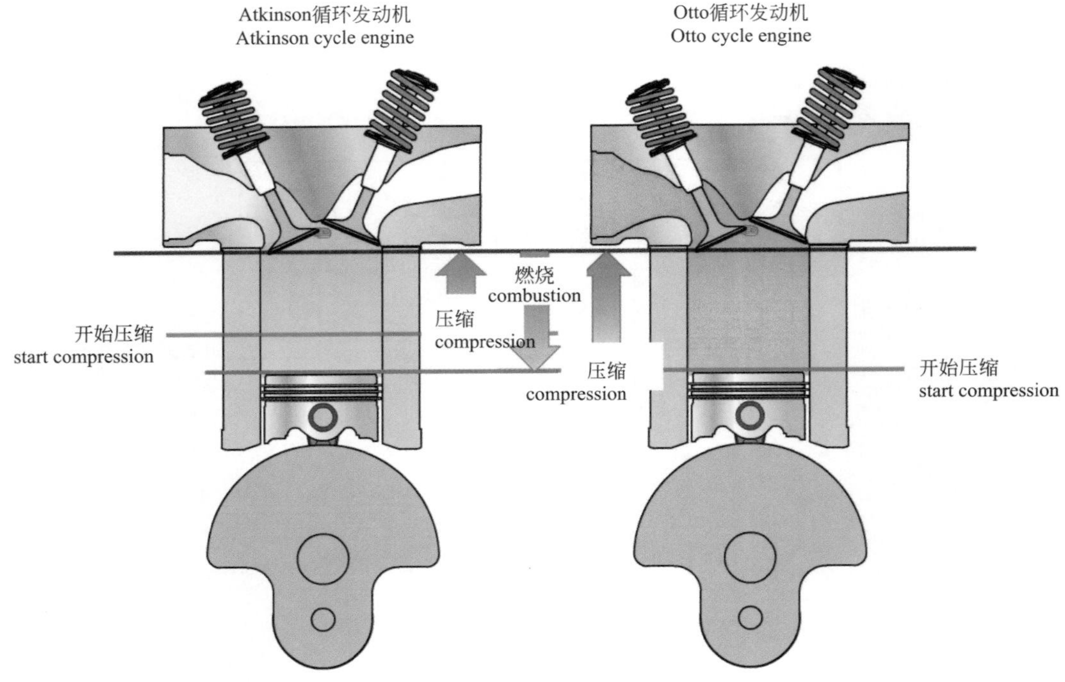
Atkinson循环发动机
Atkinson cycle engine
Otto循环发动机
Otto cycle engine
燃烧
combustion
压缩
compression
压缩
compression
开始压缩
start compression
开始压缩
start compression

图5-114 阿特金森循环发动机与奥托循环发动机压缩行程比较

（2）液压挺柱

排气侧的气门机构采用了液压挺柱，维护保养时排气侧气门间隙无需手动调节（图 5-115）。

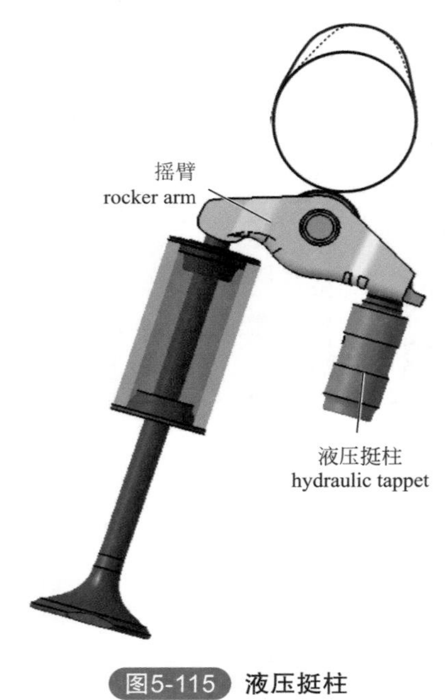
摇臂
rocker arm
液压挺柱
hydraulic tappet

图5-115 液压挺柱

（3）电动水泵

发动机采用电动冷却液泵代替传统车型通过带传动的机械式冷却液泵，减少机械损失、降低发动机的负荷。此外，电动冷却液泵的流量可自动调节，以确保充足的冷却液供给，从而减少热损失和爆震倾向（图5-116）。

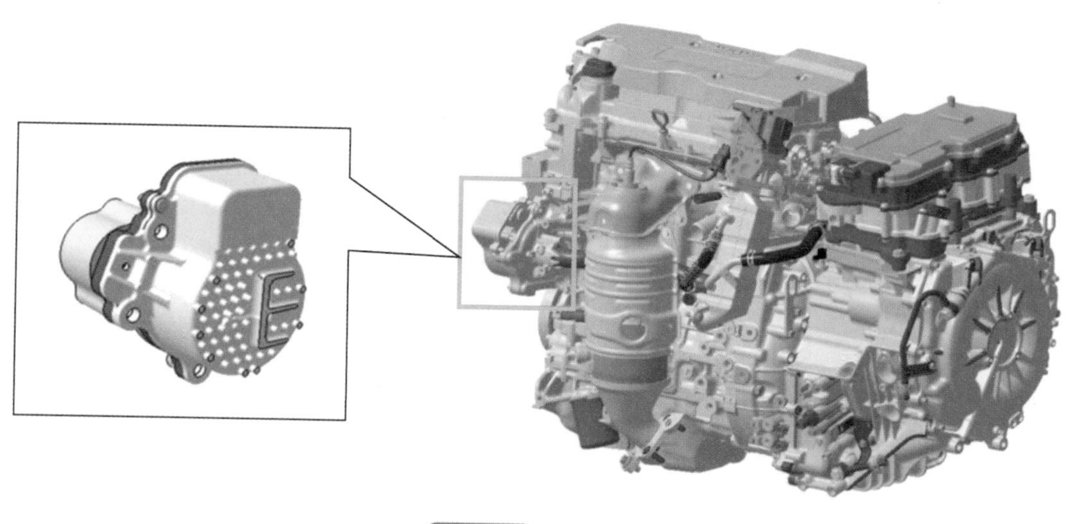

图5-116 电动水泵

阿特金森循环运行过程中，发动机高凸轮可以延迟进气门的关闭时间，进而实现压缩冲程的回流。通过比较低/高凸轮的轮廓，你会发现凸轮高度是一样的，只是高凸轮的角度大一些，工作时气门开启的时间会长一些（图5-117）。

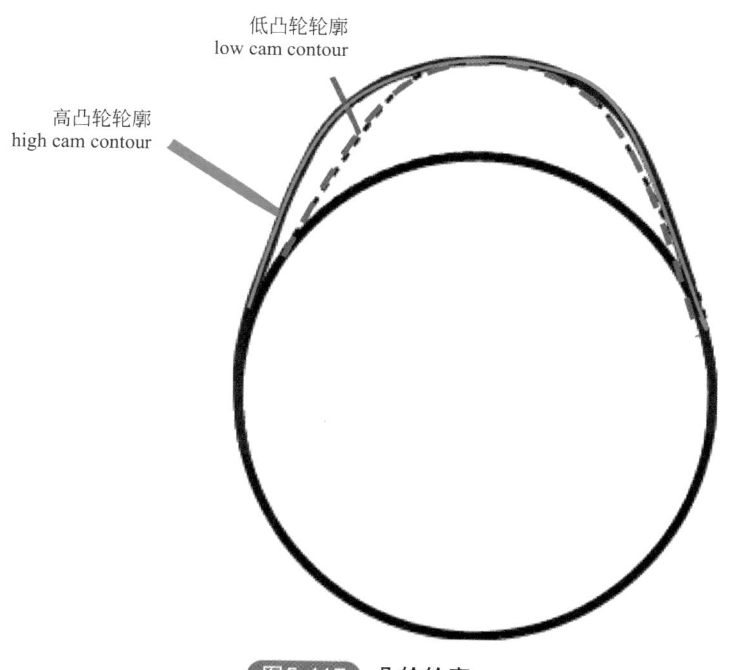
低凸轮轮廓
low cam contour
高凸轮轮廓
high cam contour

图5-117 凸轮轮廓

（4）电子气门正时控制

电子气门正时控制（Electronic Valve Timing Control，E-VTC）系统通过电机驱动凸轮轴，使其和凸轮轴链轮出现相对运动，以实现进气提前和延迟（图5-118）。

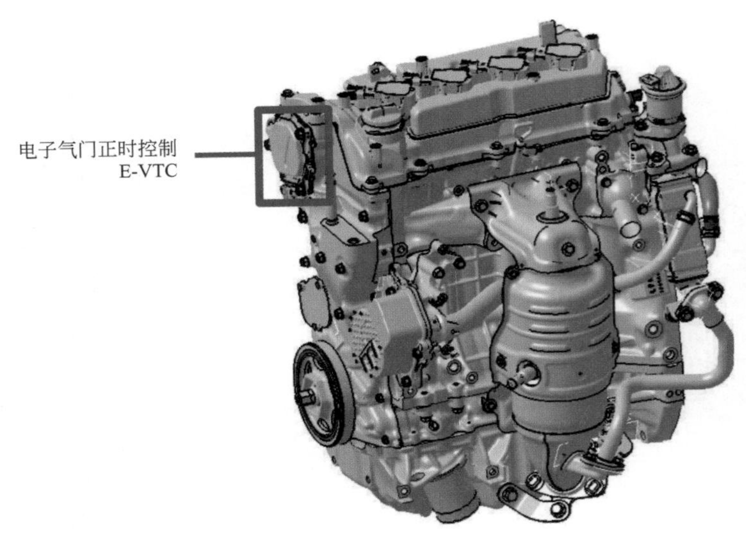
电子气门正时控制
E-VTC

图5-118 电子气门正时控制

❶ 电子气门正时控制系统。发动机电控模块/动力控制模块（ECM/PCM）控制气门正时电机动作，接收各个传感器信息来给出发动机提前和延迟进气正时的指令，同时通过获取凸轮轴传感器信息来实施反馈控制（图5-119）。

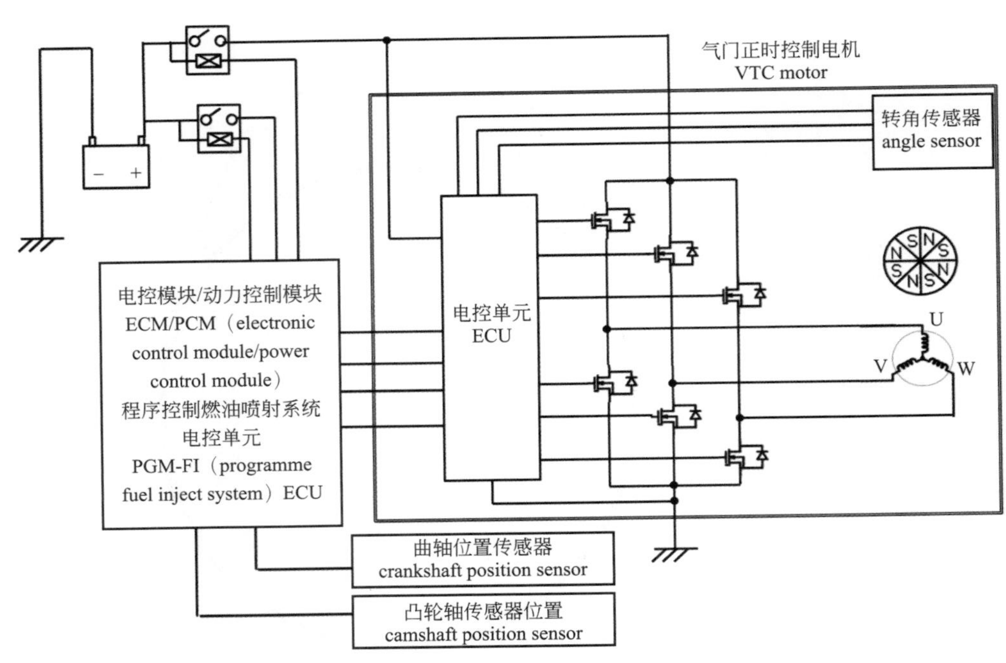
气门正时控制电机
VTC motor
转角传感器
angle sensor
电控模块/动力控制模块
ECM/PCM（electronic control module/power control module）
程序控制燃油喷射系统电控单元
PGM-FI（programme fuel inject system）ECU
电控单元
ECU
U
V
W
曲轴位置传感器
crankshaft position sensor
凸轮轴传感器位置
camshaft position sensor

图5-119 电子气门正时控制系统图

❷ 电子气门正时控制部件。电子气门正时控制（E-VTC）结构分为两部分，一部分是和控制单元一体的气门正时电机，另一部分为气门正时执行器。正时电机驱动正时执行器，调节凸轮轴和凸轮轴链轮的相对位置，实现进气提前和延迟（图5-120）。

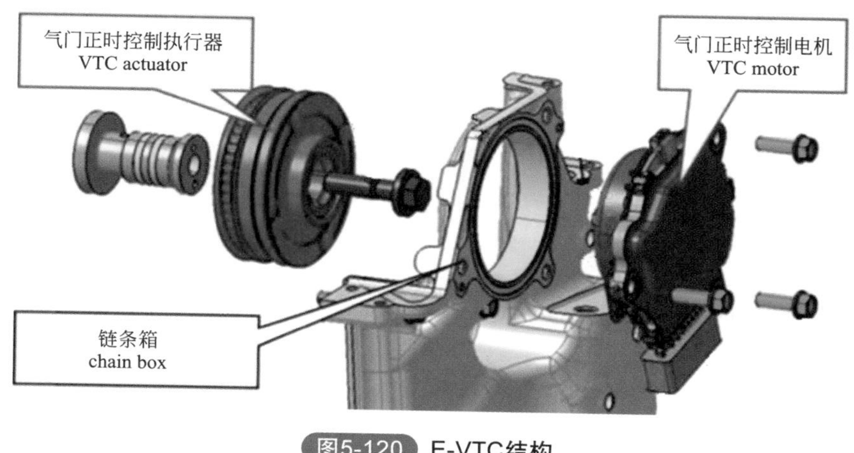
气门正时控制执行器
VTC actuator
气门正时控制电机
VTC motor
链条箱
chain box

图5-120　E-VTC结构

（5）废气再循环冷却系统

LFA 11发动机安装电控废气再循环（Exhaust Gas Recirculation，EGR）系统，由电动EGR阀、EGR冷却器及连接管路等部件组成，EGR阀的开度由动力控制单元控制（图5-121）。废气再循环冷却系统的主要作用是降低NO_x的排放。

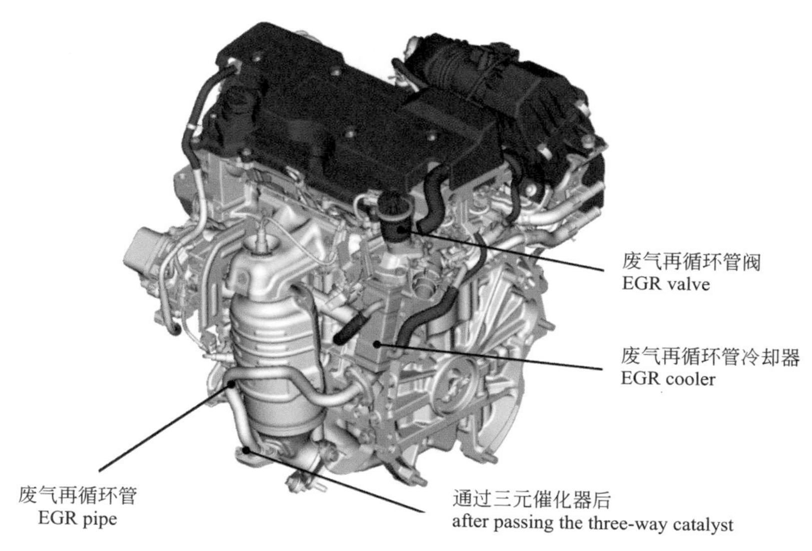
废气再循环管阀
EGR valve
废气再循环管冷却器
EGR cooler
废气再循环管
EGR pipe
通过三元催化器后
after passing the three-way catalyst

图5-121　废气再循环冷却系统组成

5.2.4　雅阁混合动力汽车电驱动系统

雅阁混合动力汽车电驱动系统由电子无级变速器（E-CVT）内两个电机、发动机舱内动力控制单元（PCU）以及行李厢内高压电池组成（图5-122）。

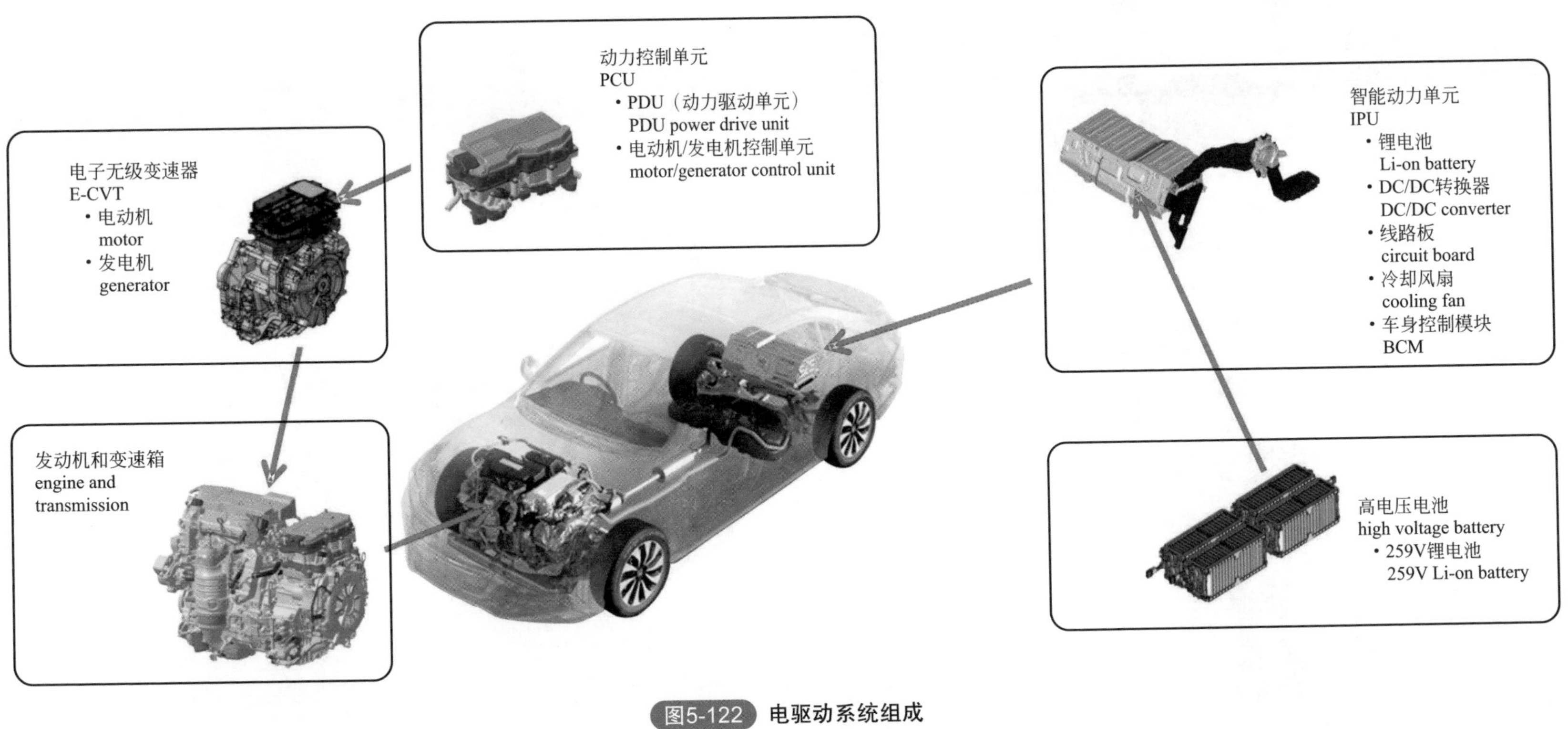

动力控制单元
PCU
·PDU（动力驱动单元）
PDU power drive unit
·电动机/发电机控制单元
motor/generator control unit
电子无级变速器
E-CVT
·电动机
motor
·发电机
generator
智能动力单元
IPU
·锂电池
Li-on battery
·DC/DC转换器
DC/DC converter
·线路板
circuit board
·冷却风扇
cooling fan
·车身控制模块
BCM
发动机和变速箱
engine and
transmission
高电压电池
high voltage battery
·259V锂电池
259V Li-on battery

图5-122 电驱动系统组成

（1）驱动电机与发电机

电机、发电机为混合动力系统的核心部件，两者均采用质量轻、体积小、效率高的三相永磁同步电机。驱动电机的作用是产生驱动力以驱动汽车或滑行、制动时回收能量。发电机的作用是发电并向高压锂电池充电及行驶中倒拖启动发动机。驱动电机与发电机的结构相同，均由安装在壳体内的三相线圈定子、永磁转子及电机转子位置传感器等组成。为了实现对电机的矢量控制，需精确测量电机转子的转速及磁极的位置（相位），为此安装电机转子位置传感器。电机转子位置传感器采用旋转变压器的结构形式，由三个定子线圈和转子（随电机转子同步旋转）组成（图5-123）。

图5-123 驱动电机与发电机结构

（2）锂离子电池

雅阁混合动力汽车采用高压锂电池作为动力电池，安装在车内后排座椅与行李厢之间的空腔内。高压电池组包含4个电池模块总计72个电芯，每个电池模块由18个电芯组成。动力电池总成由高压锂电池、智能动力单元IPU及高压锂电池单元散热风扇等组成（图5-124）。

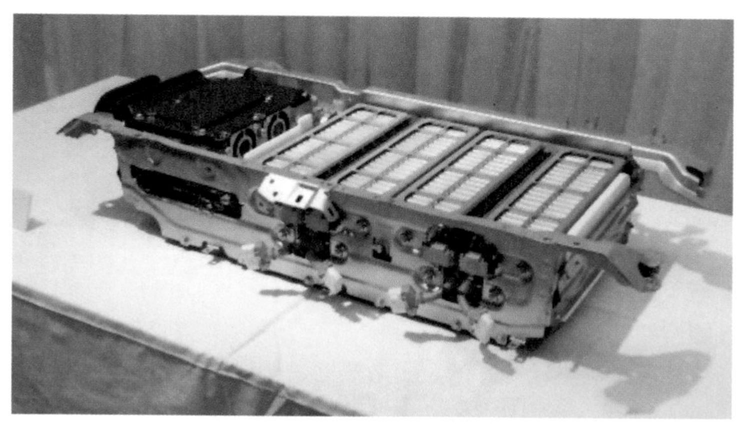

图5-124 锂离子电池

（3）智能动力单元

智能动力单元（Intelligent Power Unit，IPU）接线情况如图5-125所示。

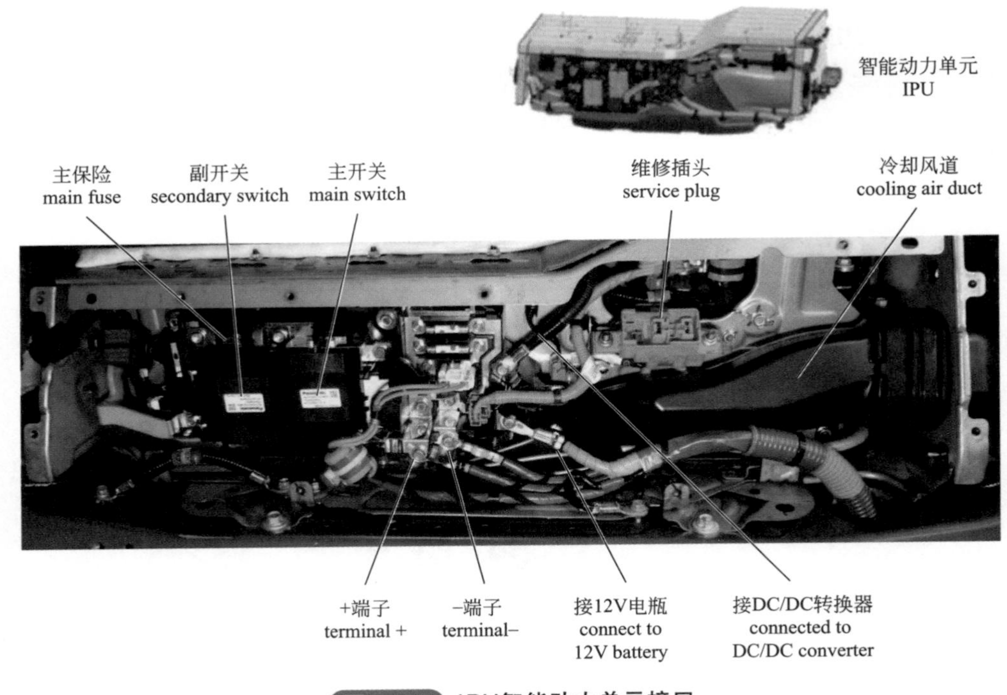
智能动力单元
IPU
主保险
main fuse
副开关
secondary switch
主开关
main switch
维修插头
service plug
冷却风道
cooling air duct
+端子
terminal +
−端子
terminal−
接12V电瓶
connect to
12V battery
接DC/DC转换器
connected to
DC/DC converter

图5-125 IPU智能动力单元接口

（4）动力控制单元

动力控制单元（Power Control Unit，PCU）是混合动力系统的核心元件，包含动力驱动单元、电机/发电机控制单元和相电流传感器等（图5-126）。

动力控制单元
PCU

图5-126 动力控制单元（PCU）位置

动力控制单元结构如图5-127所示。

动力控制单元冷却系统由电动冷却液泵、散热器、储液罐（加注箱）、冷却软管和动力控制单元水套等组成（图5-128）。冷却液从动力控制单元内部水套吸收热量，流经散热器内部并将热量散发到空气中。电动冷却液泵内置电机及控制单元，泵电机为12V直流无刷电机。

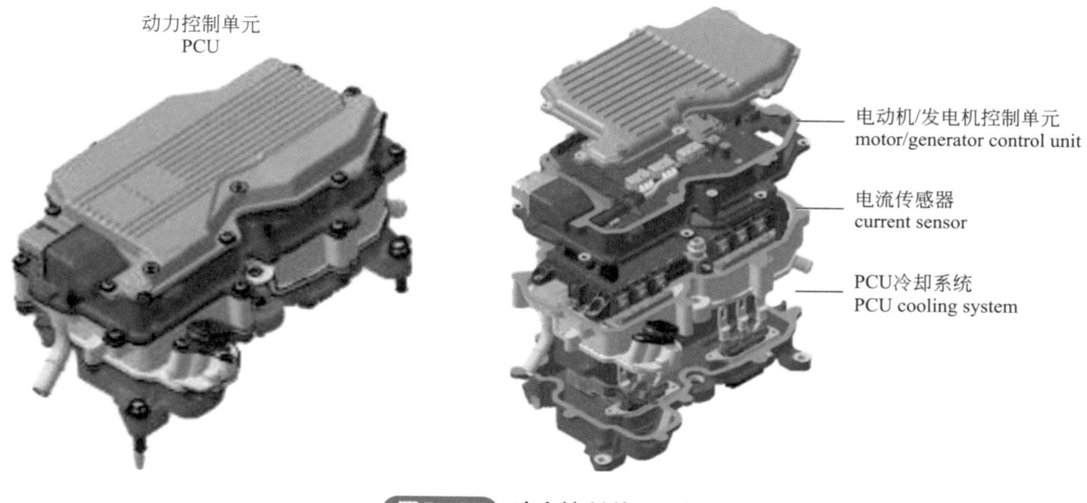
动力控制单元
PCU
电动机/发电机控制单元
motor/generator control unit
电流传感器
current sensor
PCU冷却系统
PCU cooling system

图5-127　动力控制单元结构

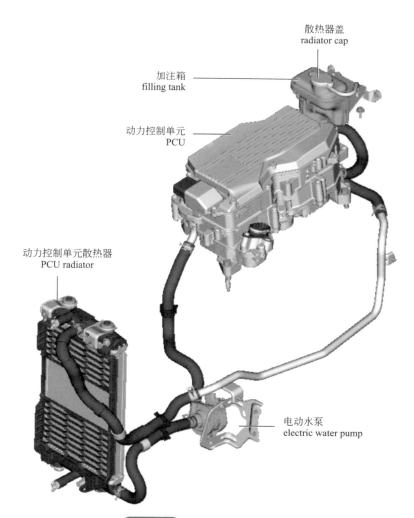

散热器盖
radiator cap

加注箱
filling tank

动力控制单元
PCU

动力控制单元散热器
PCU radiator

电动水泵
electric water pump

图5-128　动力控制单元的冷却

5.2.5 雅阁混合动力汽车电子无级变速器

雅阁混合动力汽车采用电子无级变速器（Electric coupled CVT，E-CVT）。虽然名字还叫变速器，但其实它的功能就是耦合发动机和电机两种动力源，实质可以看做是离合器。在起步和低速阶段由电机直接驱动汽车，在电机效率不高的高速阶段，直接由发动机驱动汽车（图5-129）。

图5-129 电子无级变速器

（1）电子无级变速器组成

电子无级变速器内部集成发电机、驱动电机、扭转减振器、超越离合器、超越离合器齿轮、四根平行轴及齿轮等部件（图5-130）。发动机的动力通过输入轴与超越离合器连接。驱动电机通过主减速器、差速器、半轴将动力传给驱动轮，驱动汽车行驶。发动机转动时，通过常啮合齿轮传动带动发电机运转。雅阁混合动力汽车采用超越离合器，超越离合器为液压驱动的离合器（湿式多片式），位于输入轴的末端。通过超越离合器改变动力传递路径，从而实现在驱动发电机和驱动车轮之间切换发动机的动力。

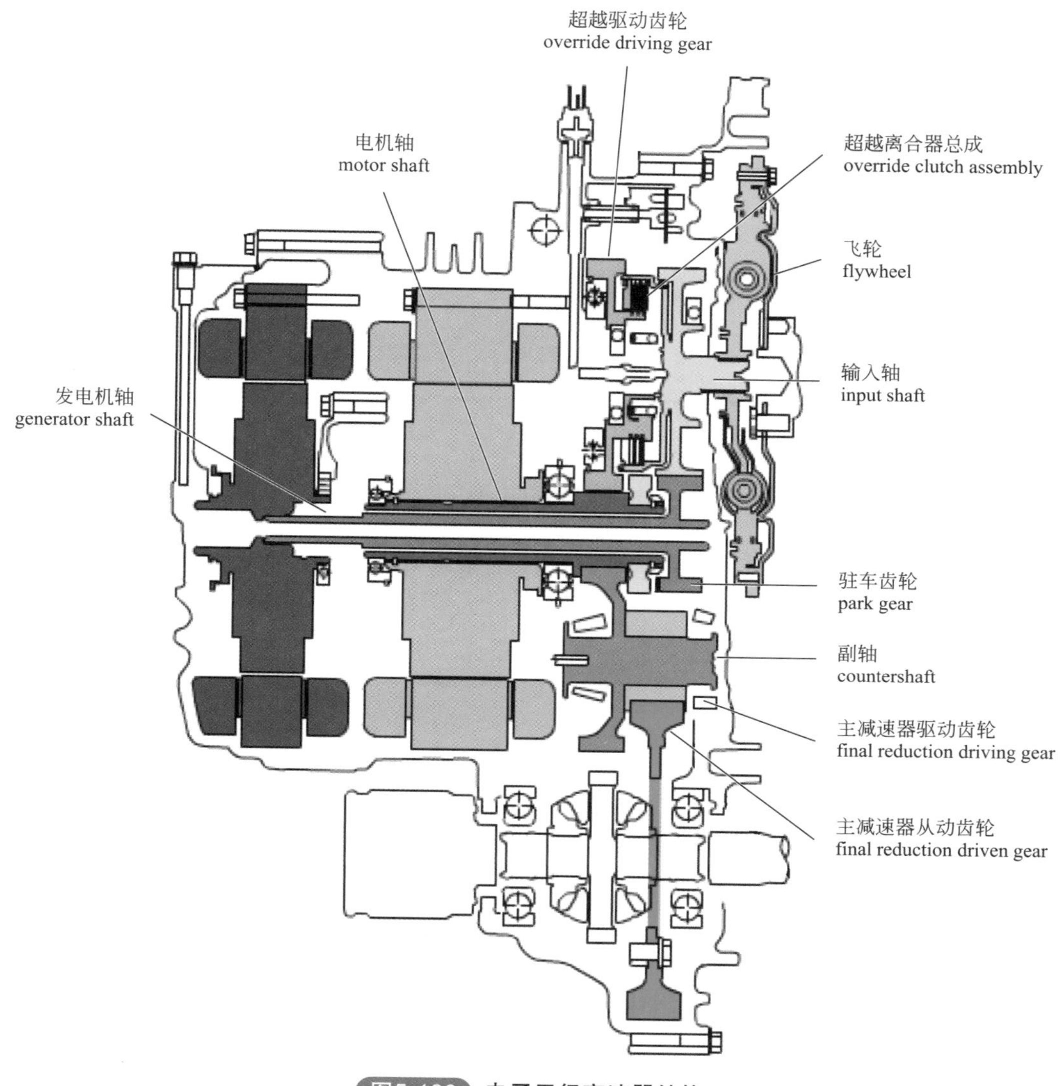
超越驱动齿轮
override driving gear
电机轴
motor shaft
超越离合器总成
override clutch assembly
飞轮
flywheel
发电机轴
generator shaft
输入轴
input shaft
驻车齿轮
park gear
副轴
countershaft
主减速器驱动齿轮
final reduction driving gear
主减速器从动齿轮
final reduction driven gear

图5-130　电子无级变速器结构

电子无级变速器工作原理如图5-131所示，通过组合使用发动机、齿轮和电机，提供无级前进速度和倒车。电子无级变速器允许汽车通过电动动力或发动机动力驱动。两种动力均通过变速器内的齿轮传送到输出轴。电子无级变速器能够实现并联和混联两种模式的切换，其关键是采用超越离合器。当超越离合器分离时，发动机和电机即为典型的串联模式，发动机转动带动发电机充电，同时电能驱动电机转动带动车轮运转，对负荷较低的市区工况来说，通过发动机直接驱动车轮往往效率较低，通过串联模式则可以使发动机维持在高效状态下运行，多余的电能将储存在电池中。而当超越离合器结合、发电机切断时，发动机和电机又变为典型的并联模式，此时发动机和电机的动力通过不同的减速比减速之后共同传给驱动轴。此时汽车有两个动力源，发动机燃烧汽油，电机的能量来源为之前通过动能回收和发动机发电储存的电能，动力更为强劲。此外，电子无级变速器也提供了制动充电模式，以及发动机单独驱动和电机单独驱动的模式。

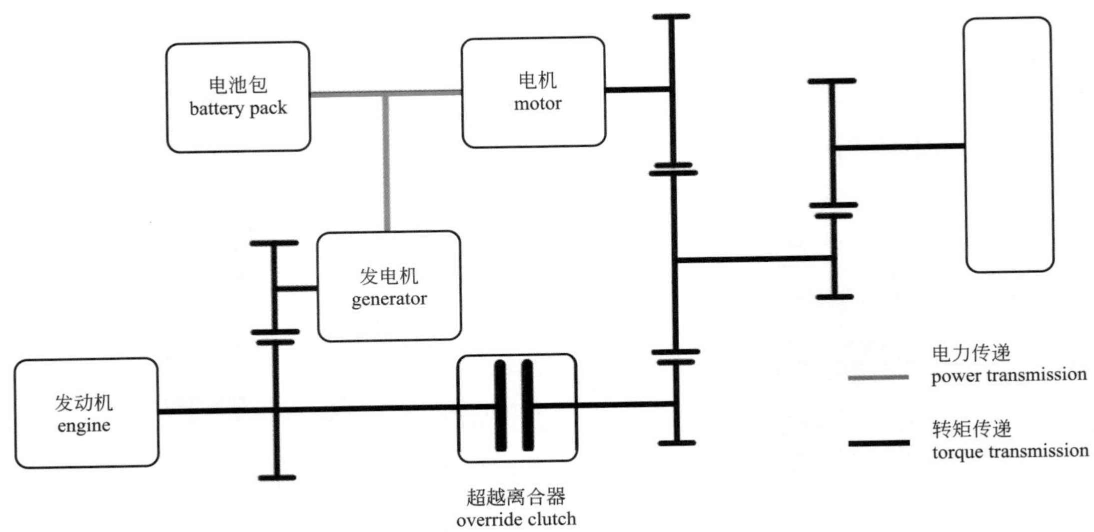
电池包
battery pack
电机
motor
发电机
generator
发动机
engine
超越离合器
override clutch
电力传递
power transmission
转矩传递
torque transmission

图5-131 电子无级变速器工作原理框图

（2）电子无级变速器原理

❶ 动力源。通过齿轮和轴从电机和发动机两个不同的动力来源传输动力（图5-132）。

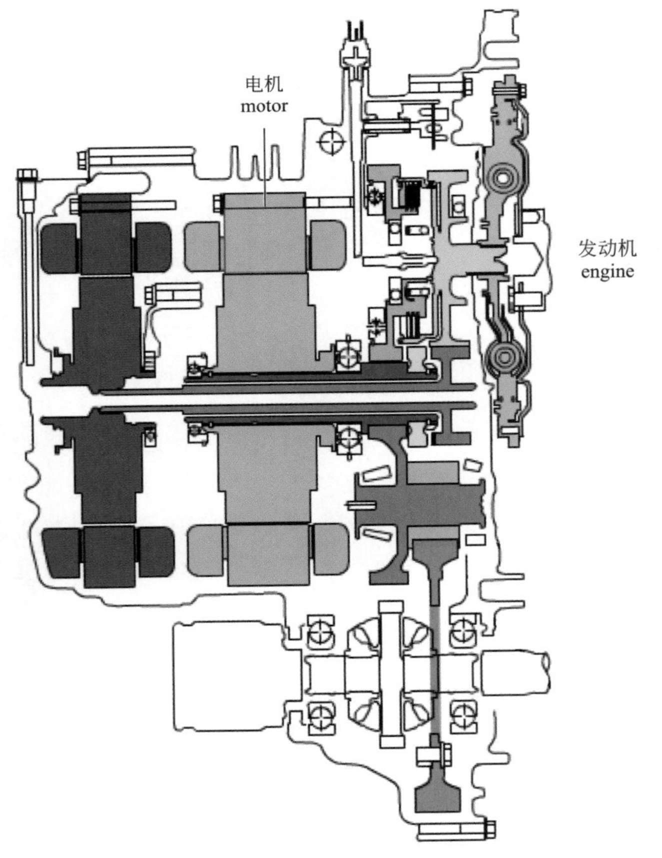
电机
motor
发动机
engine

图5-132 电子无级变速器动力输入端

❷ 发电模式。超越离合器改变动力流向路径，在驱动发电机和驱动车轮之间切换发动机动力。图5-133表示不应用超越离合器时的情况。当超越离合器不工作（分离）时，若发动机运行，发动机动力将通过扭转减振器→输入轴→输入轴齿轮→发电机轴齿轮→发电机轴→发电机进行传输，实现发动机驱动发电机发电。

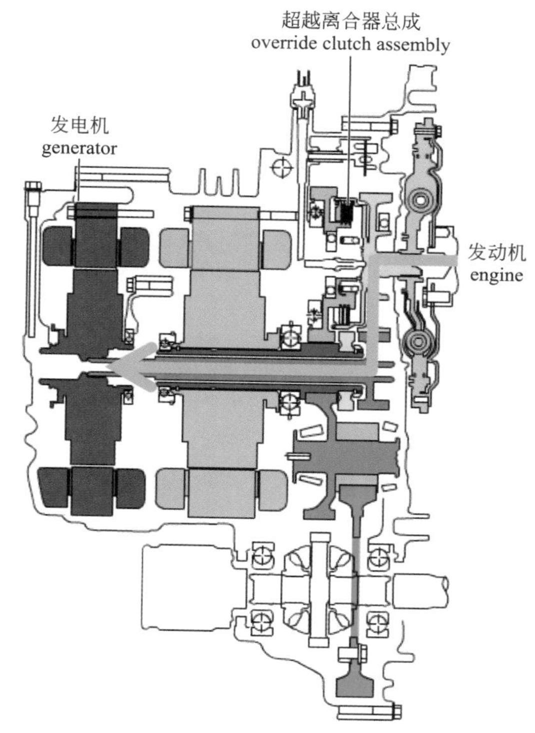
超越离合器总成
override clutch assembly
发电机
generator
发动机
engine
图5-133 电子无级变速器发电模式

❸ 发动机驱动模式。图5-134表示应用超越离合器时的情况。发动机驱动车轮，发电机不工作。纯发动机驱动汽车的动力传递路线为：发动机→飞轮及扭转减振器→输入轴→超越离合器（结合）→超越驱动齿轮—副轴常啮合齿轮→副轴→主减速器驱动齿轮→主减速器从动齿轮→差速器→半轴→前轮（驱动轮）。

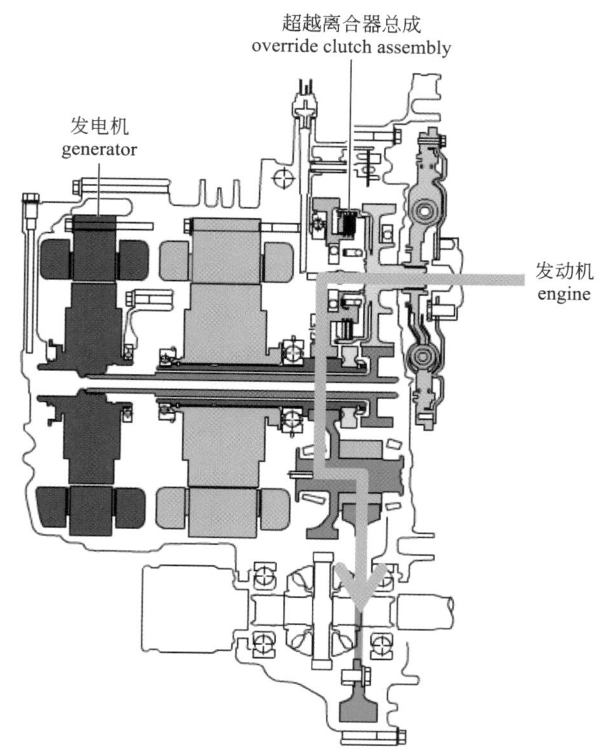
超越离合器总成
override clutch assembly
发电机
generator
发动机
engine
图5-134 电子无级变速器发动机驱动模式

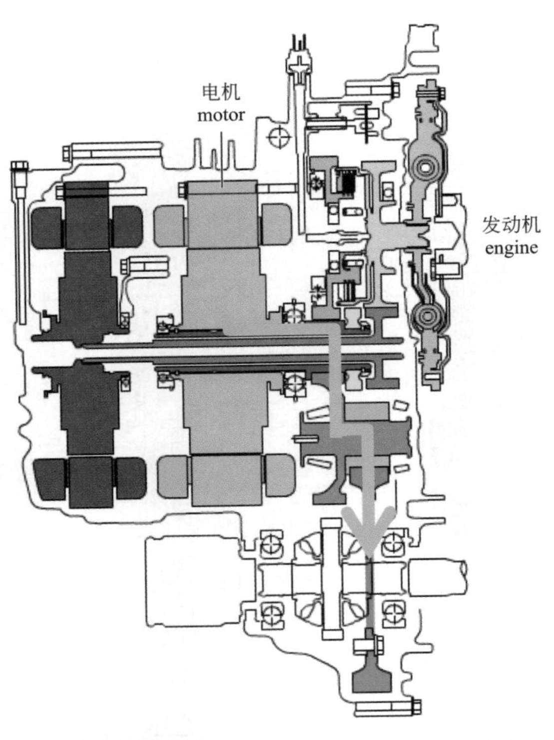
电机
motor
发动机
engine

图5-135 电子无级变速器纯电动驱动模式

❹ 纯电动驱动模式。图5-135表示仅电机运行期间，流经变速器用于前进挡的动力。动力传递路线为：驱动电机→驱动电机轴→驱动电机轴常啮合齿轮→副轴常啮合齿轮→主减速器驱动齿轮→主减速器从动齿轮→差速器→半轴—前轮（驱动轮）。

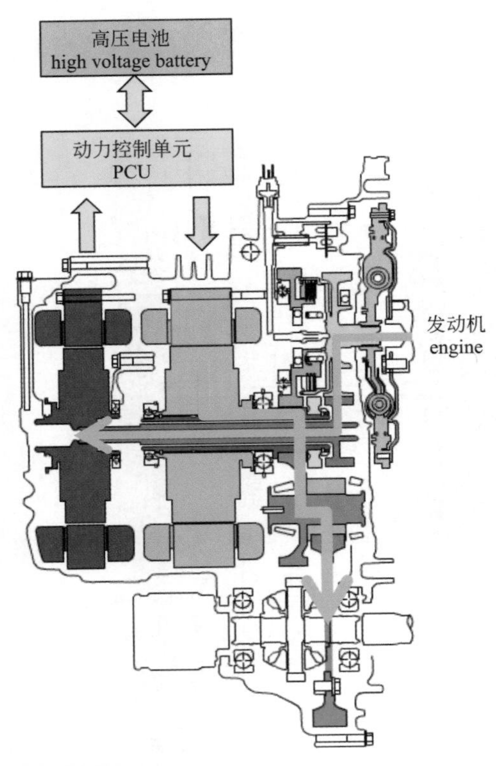
高压电池
high voltage battery
动力控制单元
PCU
发动机
engine

图5-136 电子无级变速器混合动力驱动模式

❺ 混合动力驱动模式。如图5-136所示，发动机驱动发电机的动力传递路线为：发动机→飞轮及扭转减振器→输入轴→输入轴常啮合齿轮→发电机轴常啮合齿轮→发电机轴→发电机。驱动电机驱动汽车的动力传递路线为：驱动电机→驱动电机轴→驱动电机轴常啮合齿轮→副轴常啮合齿轮→主减速器驱动齿轮→主减速器从动齿轮→差速器→半轴→前轮。

❻ 发动机驱动模式。图5-137表示仅发动机运行期间，流经变速器用于前进挡的动力。动力传递路线为：发动机→飞轮→输入轴→超越离合器→超越齿轮→副轴→主减速器驱动齿轮→主减速器从动齿轮。

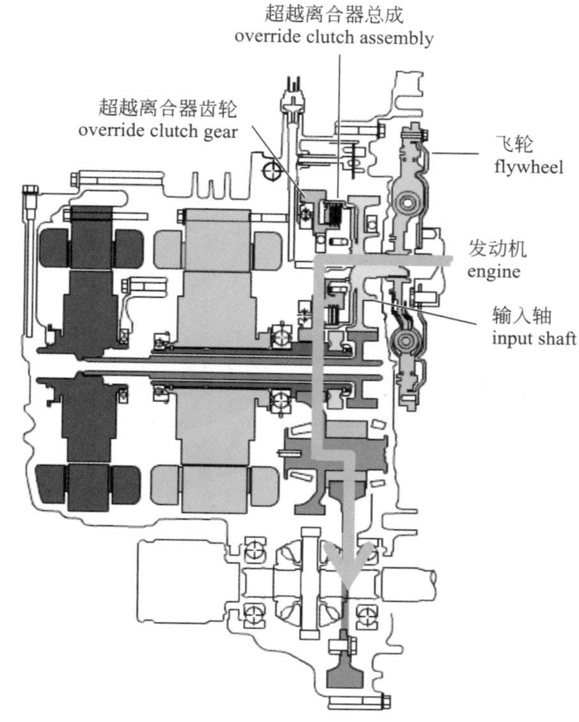
超越离合器总成
override clutch assembly
超越离合器齿轮
override clutch gear
飞轮
flywheel
发动机
engine
输入轴
input shaft

图5-137 电子无级变速器发动机驱动模式

❼ 倒挡模式。图5-138表示当高压电池电力充足时，流经变速器用于倒挡的动力与前进挡相同。通过使电机反向运行，启用倒挡操作。动力传递路线为：电机→电机轴→副轴→主减速器驱动齿轮→主减速器从动齿轮。

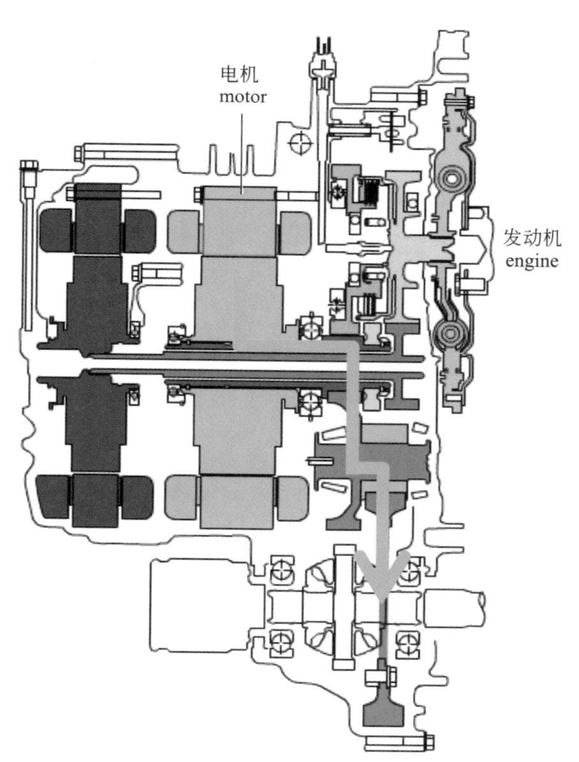
电机
motor
发动机
engine

图5-138 电子无级变速器倒挡模式

5.2.6 雅阁混合动力汽车线控换挡

雅阁混合动力汽车配备线控换挡系统，无需在换挡杆和变速器之间接线，即可使变速器换挡。换挡按钮总成如图5-139所示。换挡操作是通过按、扳按钮执行的（取消了传统车型的换挡杆），P挡（驻车挡）、N挡（空挡）和D挡（前进挡）按钮采用按动操作，而R挡（倒挡）按钮则采用扳动操作。如果拉动“R”按钮，蜂鸣器将仅鸣响一次。另外，换挡按钮总成上还有运动模式、电子驻车制动及制动保持等按钮。

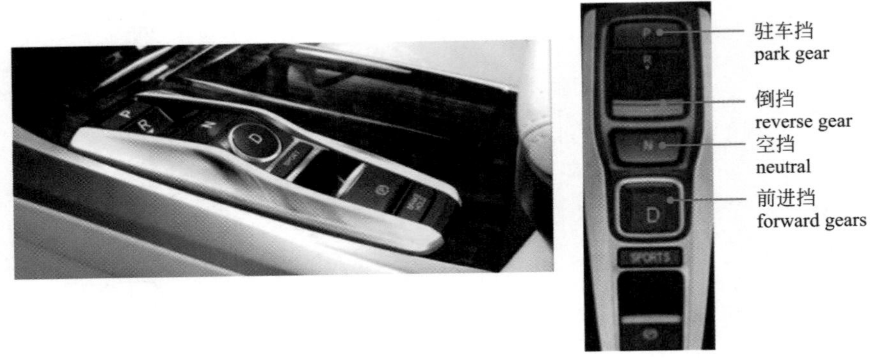
驻车挡
park gear
倒挡
reverse gear
空挡
neutral
前进挡
forward gears

图5-139 线控换挡系统

线控换挡ECU集成于中央控制台的电子挡位选择器中（图5-140）。

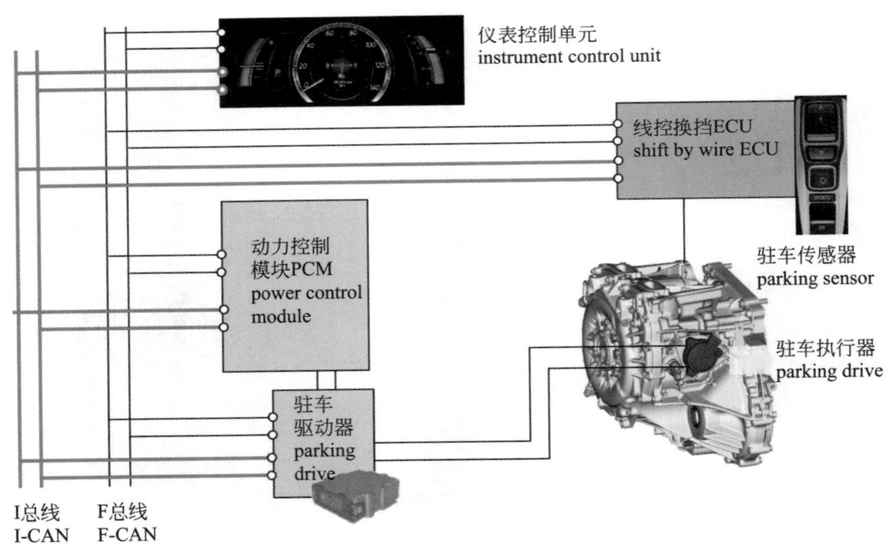
仪表控制单元
instrument control unit
线控换挡ECU
shift by wire ECU
驻车传感器
parking sensor
动力控制
模块PCM
power control
module
驻车执行器
parking drive
驻车
驱动器
parking
drive
I总线
I-CAN
F总线
F-CAN

图5-140 线控换挡系统图

5.2.7 雅阁混合动力汽车制动系统

（1）电动伺服制动简介

电动伺服制动（ESB）用于在减速期间确保高效制动能量再生，包括踏板感觉模拟器、串联式电机气缸等（图5-141）。

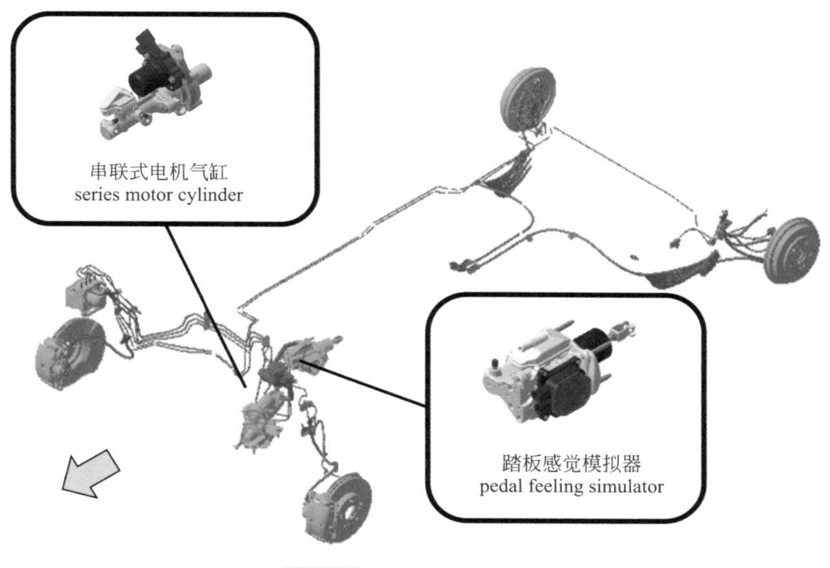
串联式电机气缸
series motor cylinder
踏板感觉模拟器
pedal feeling simulator

图5-141 电动伺服制动器

当制动开始时，电动伺服会减少通过制动系统产生的制动转矩，并增加通过电机再生产生的制动转矩，从而再生能量。当车速下降时，通过制动系统产生的制动转矩增加，且通过电机再生产生的制动转矩减少，使总的制动转矩保持不变（图5-142）。

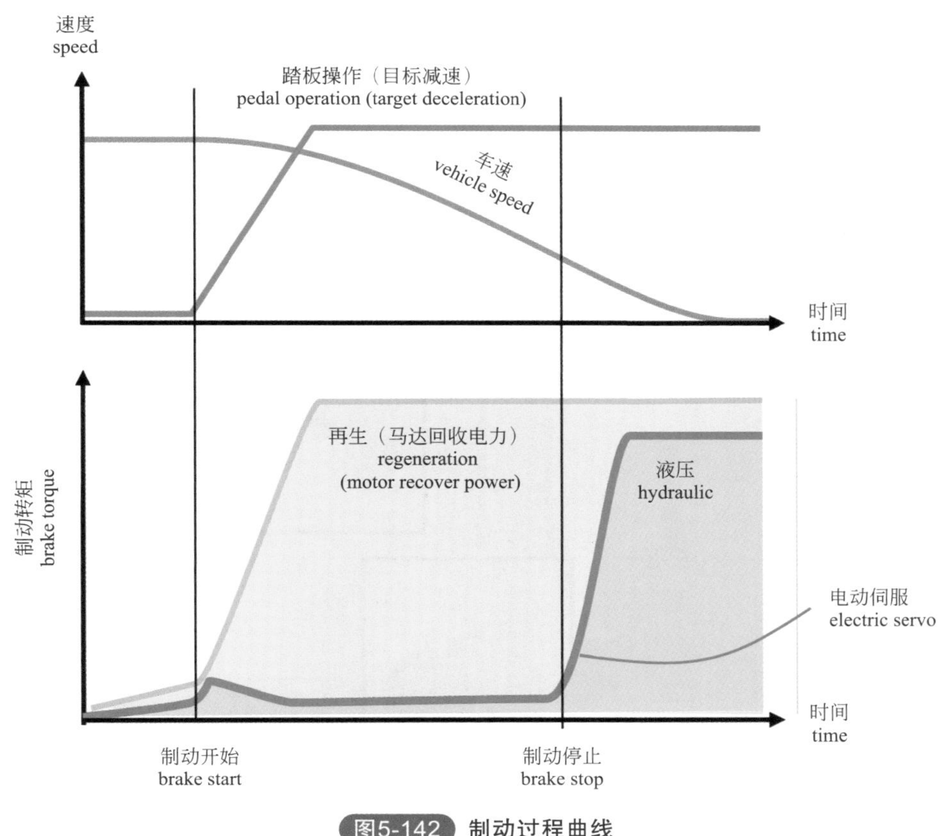
速度
speed
踏板操作（目标减速）
pedal operation (target deceleration)
车速
vehicle speed
时间
time
制动转矩
brake torque
再生（马达回收电力）
regeneration
(motor recover power)
液压
hydraulic
电动伺服
electric servo
时间
time
制动开始
brake start
制动停止
brake stop

图5-142 制动过程曲线

（2）电动伺服制动部件

图5-143为电动伺服制动系统的部件。

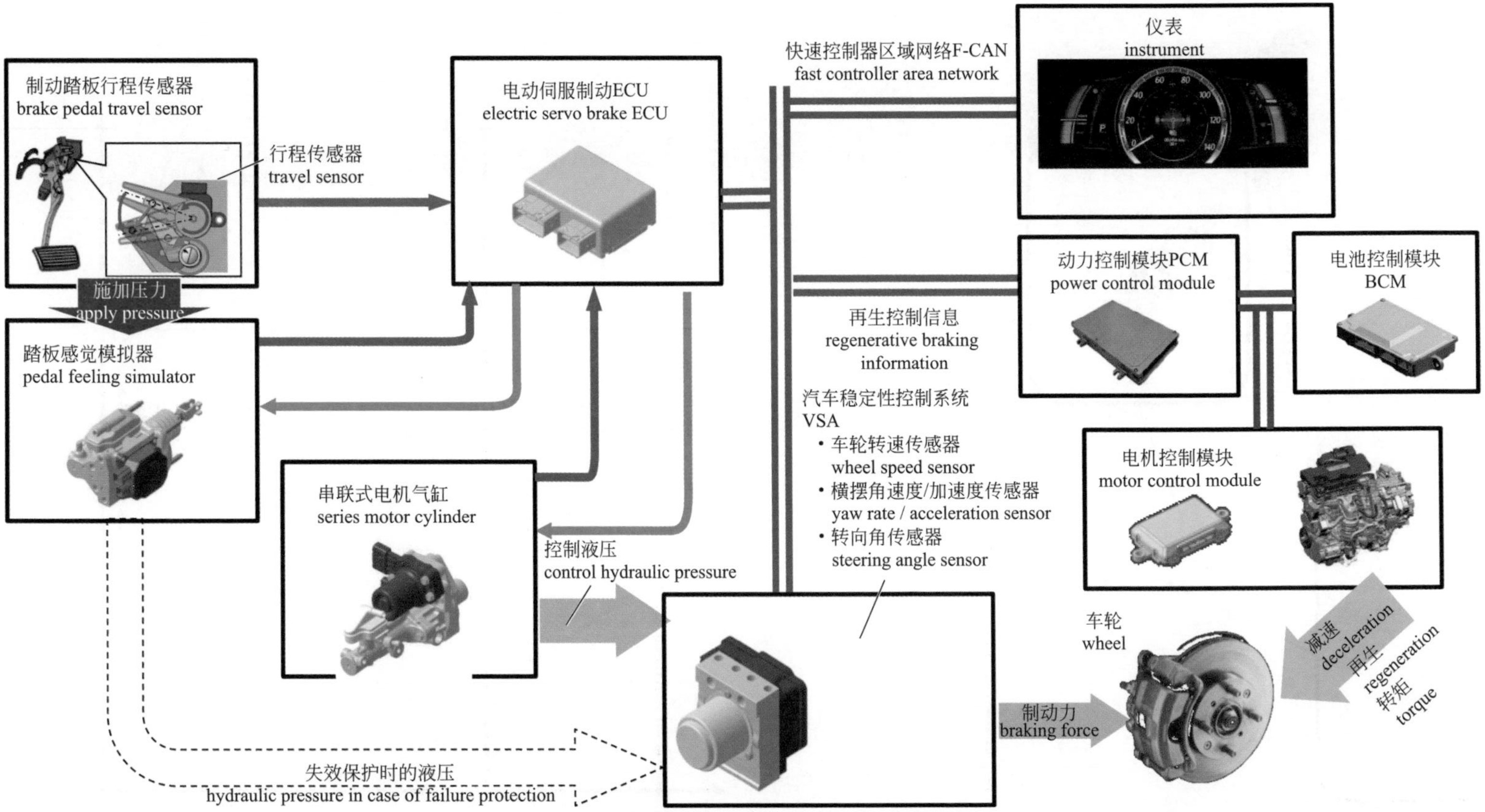

制动踏板行程传感器
brake pedal travel sensor
行程传感器
travel sensor
电动伺服制动ECU
electric servo brake ECU
快速控制器区域网络F-CAN
fast controller area network
仪表
instrument
施加压力
apply pressure
踏板感觉模拟器
pedal feeling simulator
动力控制模块PCM
power control module
电池控制模块
BCM
再生控制信息
regenerative braking
information
汽车稳定性控制系统
VSA
・车轮转速传感器
wheel speed sensor
・横摆角速度/加速度传感器
yaw rate / acceleration sensor
・转向角传感器
steering angle sensor
串联式电机气缸
series motor cylinder
电机控制模块
motor control module
控制液压
control hydraulic pressure
车轮
wheel
减速
deceleration
再生
regeneration
转矩
torque
制动力
braking force
失效保护时的液压
hydraulic pressure in case of failure protection

图5-143 电动伺服制动系统部件图

（3）电动伺服制动工作原理

❶ 制动系统未工作。当未踩下制动踏板时，两个总泵切断阀（MCV）打开，踏板力模拟器阀也打开，制动管路无压力，不产生制动（图5-144）。

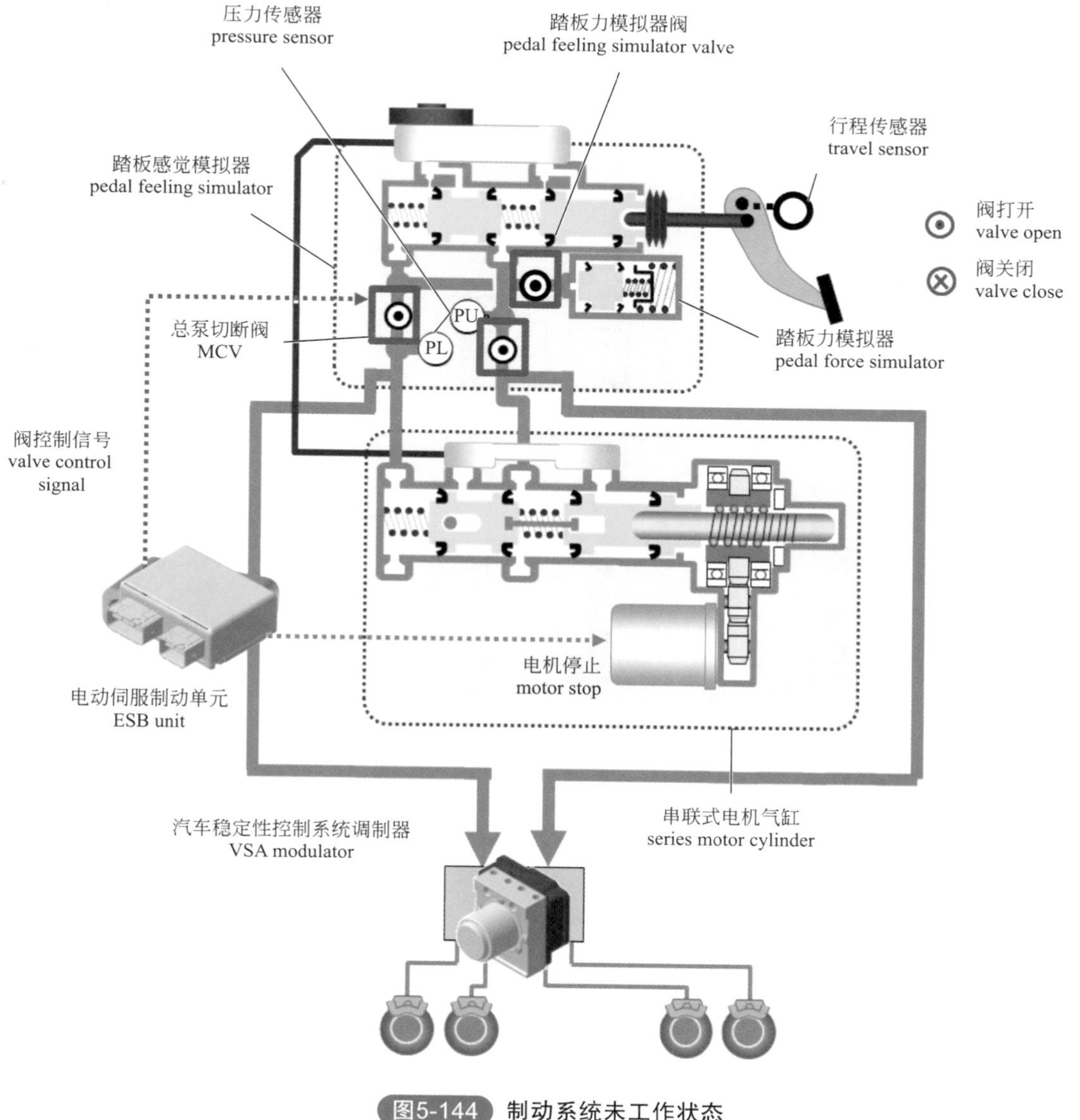
压力传感器
pressure sensor
踏板力模拟器阀
pedal feeling simulator valve
行程传感器
travel sensor
踏板感觉模拟器
pedal feeling simulator
阀打开
valve open
阀关闭
valve close
PU
PL
总泵切断阀
MCV
踏板力模拟器
pedal force simulator
阀控制信号
valve control
signal
电机停止
motor stop
电动伺服制动单元
ESB unit
汽车稳定性控制系统调制器
VSA modulator
串联式电机气缸
series motor cylinder

图5-144 制动系统未工作状态

❷ 正常制动。正常制动时，两个总泵切断阀（MCV）关闭，而踏板力模拟器阀打开。踏板力模拟器会产生踩下踏板的虚拟感觉。串联式电机气缸内的电机转动，推动分泵的活塞运动，对制动液产生压力，制动液经VSA调制器作用到车轮制动器，产生制动力。制动压力大小取决于电机的旋转角度，由ESB单元控制（图5-145）。

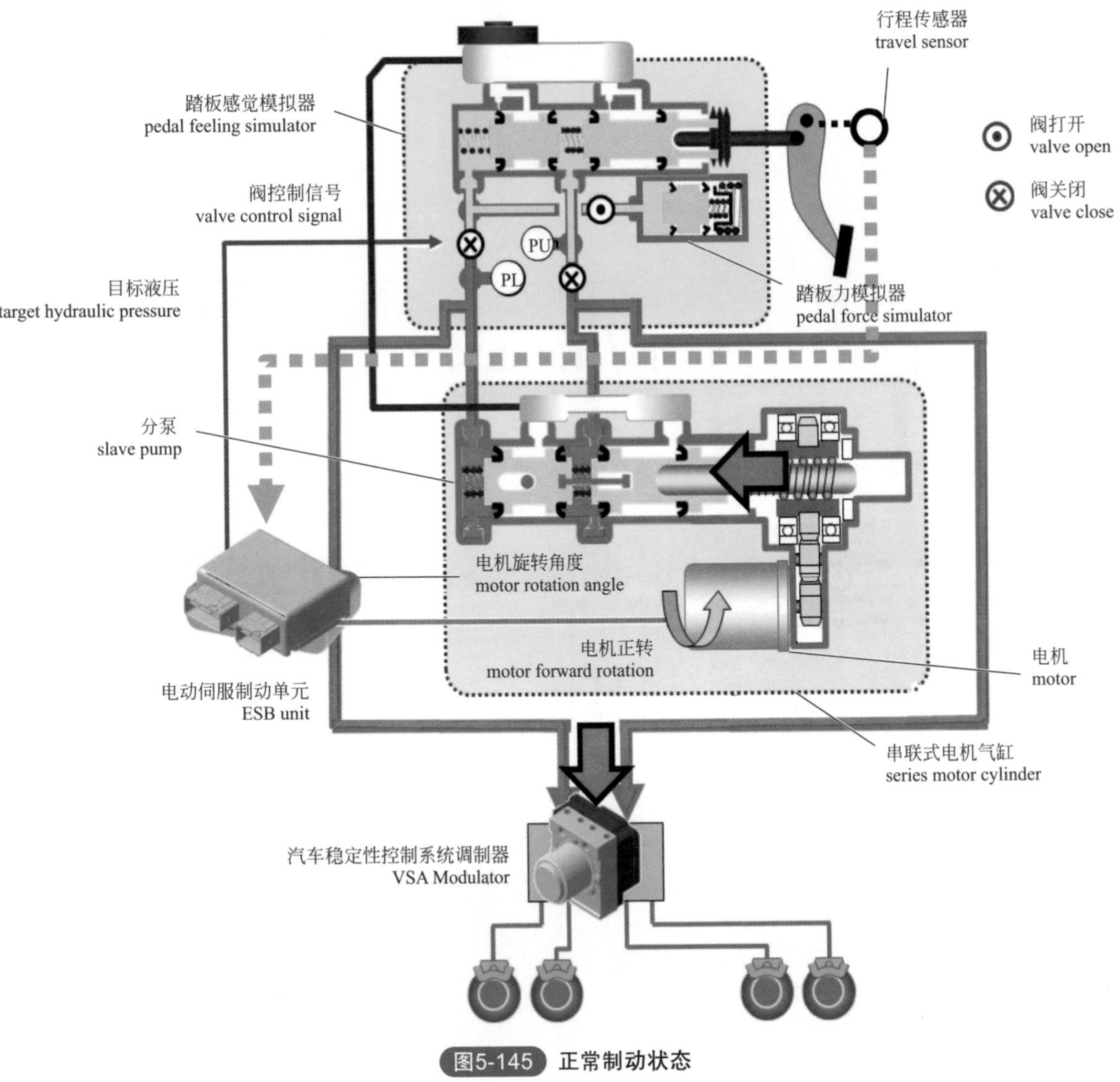
行程传感器
travel sensor
阀打开
valve open
阀关闭
valve close
踏板感觉模拟器
pedal feeling simulator
阀控制信号
valve control signal
PU
PL
目标液压
target hydraulic pressure
踏板力模拟器
pedal force simulator
分泵
slave pump
电机旋转角度
motor rotation angle
电机正转
motor forward rotation
电机
motor
电动伺服制动单元
ESB unit
串联式电机气缸
series motor cylinder
汽车稳定性控制系统调制器
VSA Modulator

图5-145 正常制动状态

❸ 再生制动。再生制动时，车轮倒拖驱动电机转动，驱动电机发电并向高压电池充电，实现制动时回收部分能量，并产生制动。两个总泵切断阀（MCV）关闭、踏板力模拟器阀（PFSV）打开。ESB单元根据再生制动信息控制车轮机械制动力的大小（图5-146）。

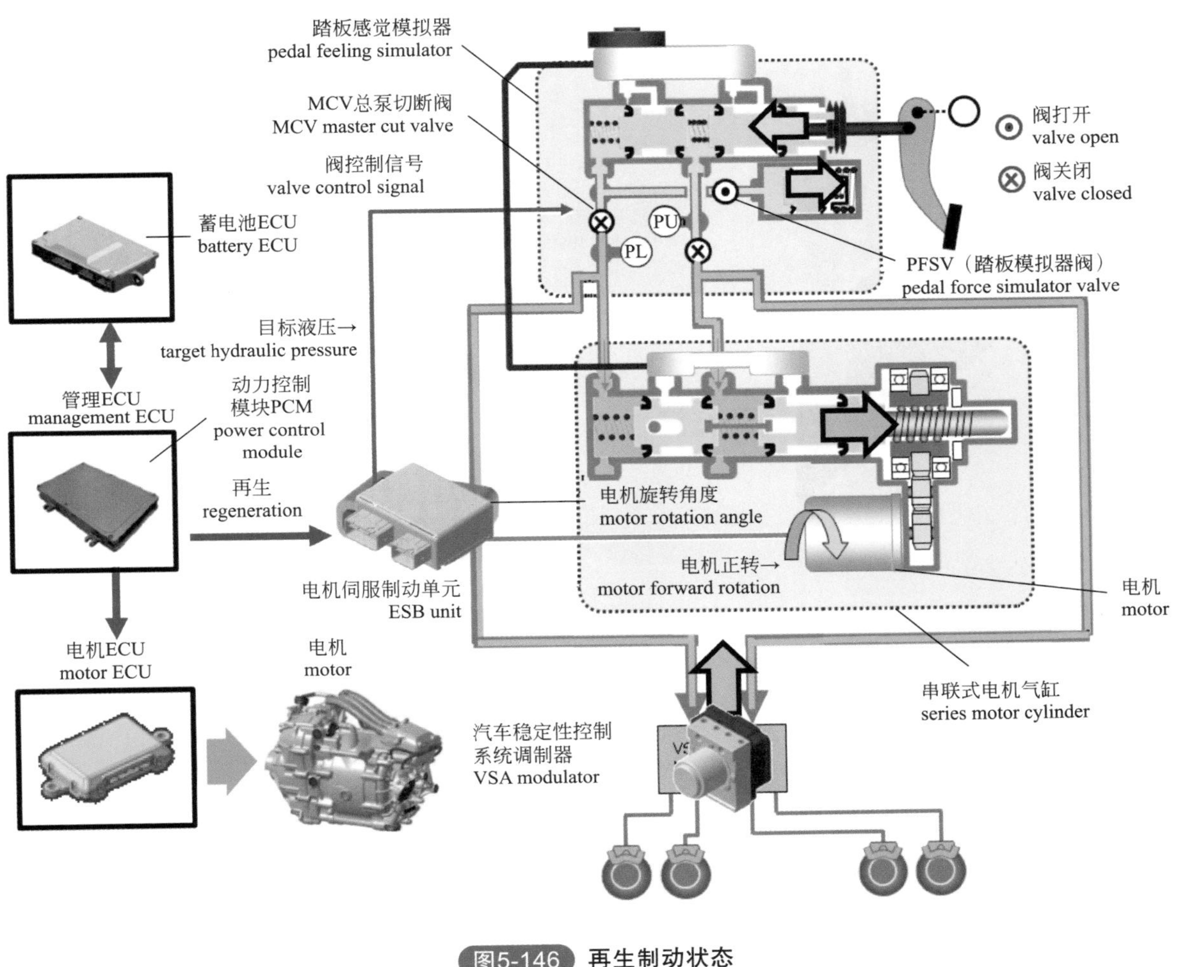
踏板感觉模拟器
pedal feeling simulator
MCV总泵切断阀
MCV master cut valve
阀控制信号
valve control signal
阀打开
valve open
阀关闭
valve closed
蓄电池ECU
battery ECU
PU
PL
PFSV（踏板模拟器阀）
pedal force simulator valve
目标液压→
target hydraulic pressure
管理ECU
management ECU
动力控制
模块PCM
power control
module
再生
regeneration
电机旋转角度
motor rotation angle
电机正转→
motor forward rotation
电机伺服制动单元
ESB unit
电机
motor
电机ECU
motor ECU
电机
motor
串联式电机气缸
series motor cylinder
汽车稳定性控制
系统调制器
VSA modulator

图5-146 再生制动状态

5.2.8 雅阁混合动力汽车电动空调

与传统车型不同，雅阁混动车采用电动空调系统（图5-147），空调压缩机由高压电机驱动。若采用传统车型的空调压缩机由发动机驱动的方式，当混动汽车纯电行驶时，由于发动机停机，空调系统将无法工作。雅阁混动车电动压缩机要求使用型号为ND-OIL 11的专用润滑油，该润滑油具有很高的绝缘性能。若不使用上述规定的润滑油，可能会引起压缩机电机短路，甚至会造成触电的危险。

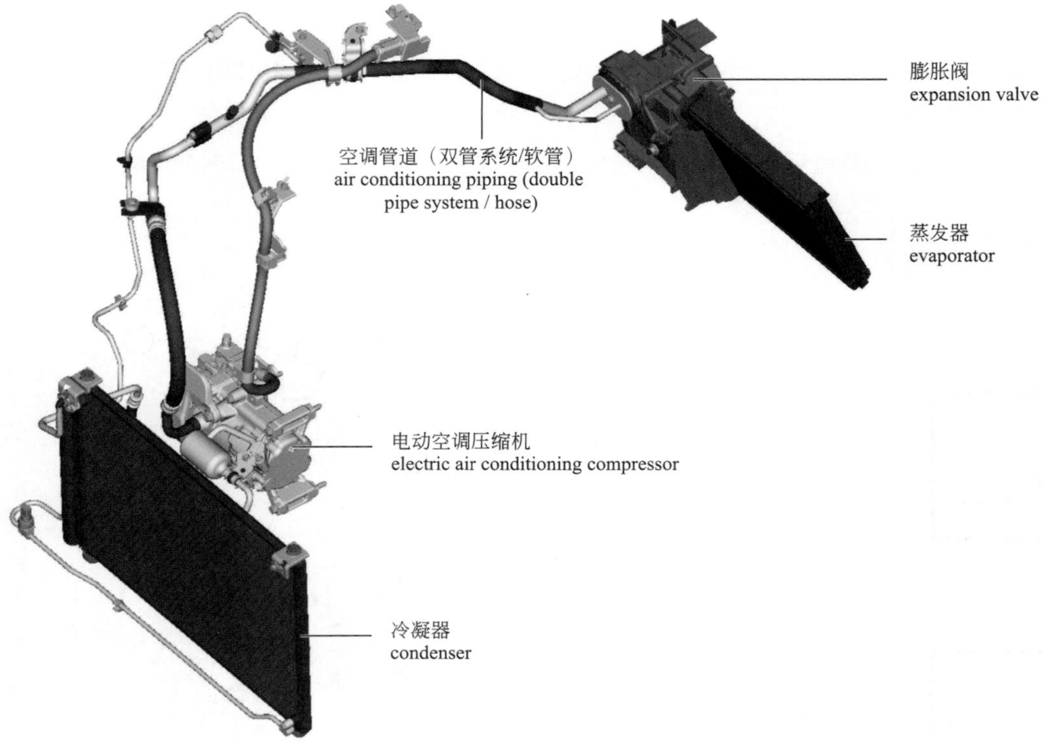

膨胀阀
expansion valve

空调管道（双管系统/软管）
air conditioning piping (double pipe system / hose)

蒸发器
evaporator

电动空调压缩机
electric air conditioning compressor

冷凝器
condenser

图5-147 电动空调系统

如同传统汽车，发动机冷却液流经加热器芯以加热和提供热量。为了避免冷却液温度较低时热量不足的情况，加热器芯前方添加了一个PTC加热器（图5-148）。

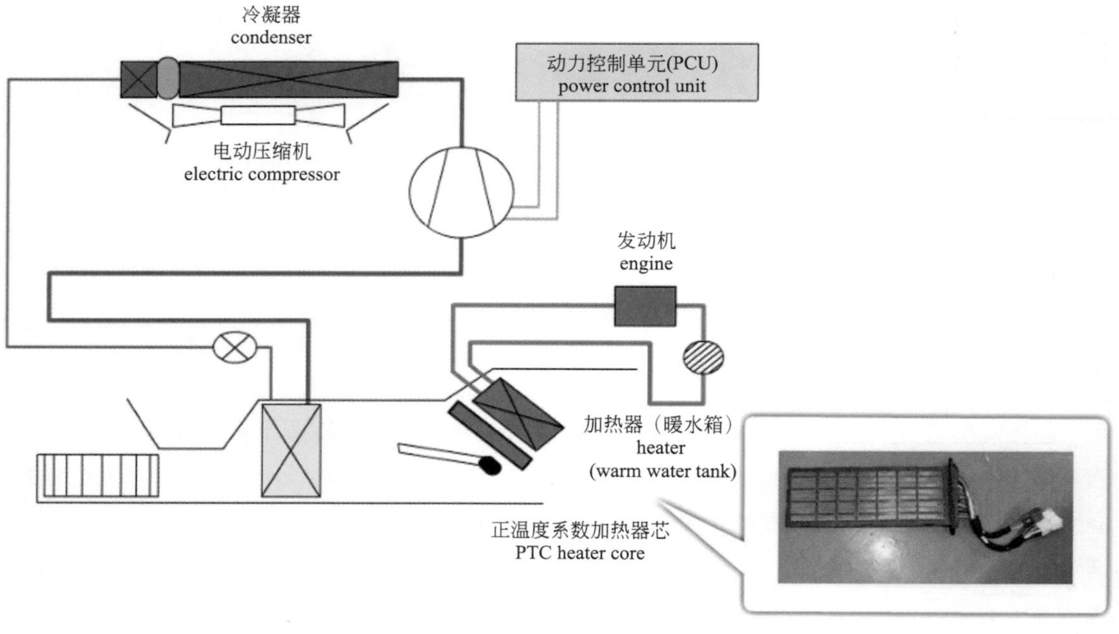
冷凝器
condenser
动力控制单元(PCU)
power control unit
电动压缩机
electric compressor
发动机
engine
加热器（暖水箱）
heater
(warm water tank)
正温度系数加热器芯
PTC heater core

图5-148 电动空调结构图

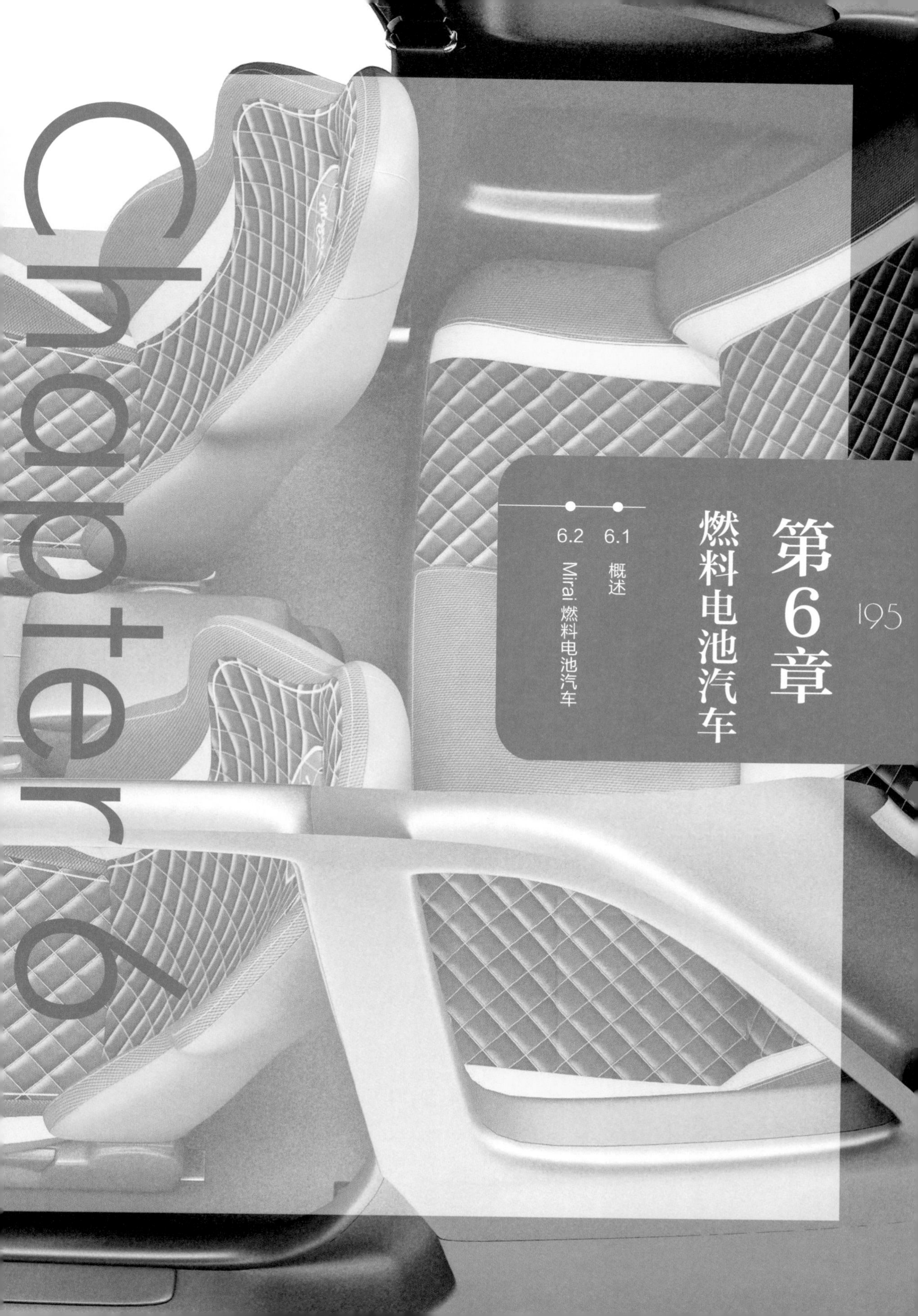

第6章 燃料电池汽车

Chapter 6

6.1 概述

燃料电池电动汽车（Fuel Cell Electric Vehicle，FCEV）是一种用车载燃料电池装置产生的电力作为动力的汽车。车载燃料电池装置所使用的燃料为高纯度氢气。奥迪h-tron quattro燃料电池汽车动力系统如图6-1所示，主要由燃料电池、电机、动力电池、功率电子装置等部件组成。

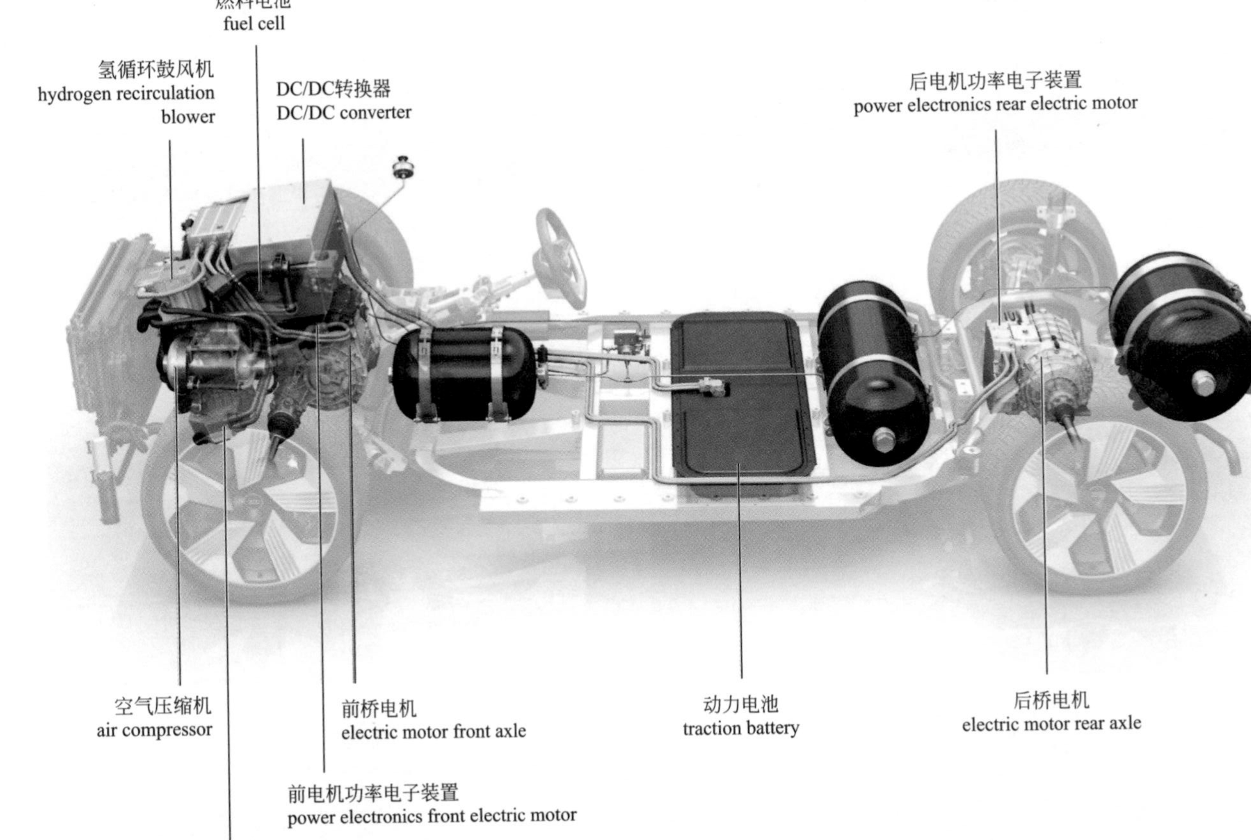
燃料电池
fuel cell
氢循环鼓风机
hydrogen recirculation blower
DC/DC转换器
DC/DC converter
后电机功率电子装置
power electronics rear electric motor
空气压缩机
air compressor
前桥电机
electric motor front axle
动力电池
traction battery
后桥电机
electric motor rear axle
前电机功率电子装置
power electronics front electric motor
空气压缩机功率电子装置
power electronics air compressor

图6-1 奥迪h-tron quattro动力系统

6.2 Mirai燃料电池汽车

丰田Mirai（未来）氢燃料汽车主要由燃料电池堆、氢气瓶、电池、升压器、电机等组成（图6-2）。

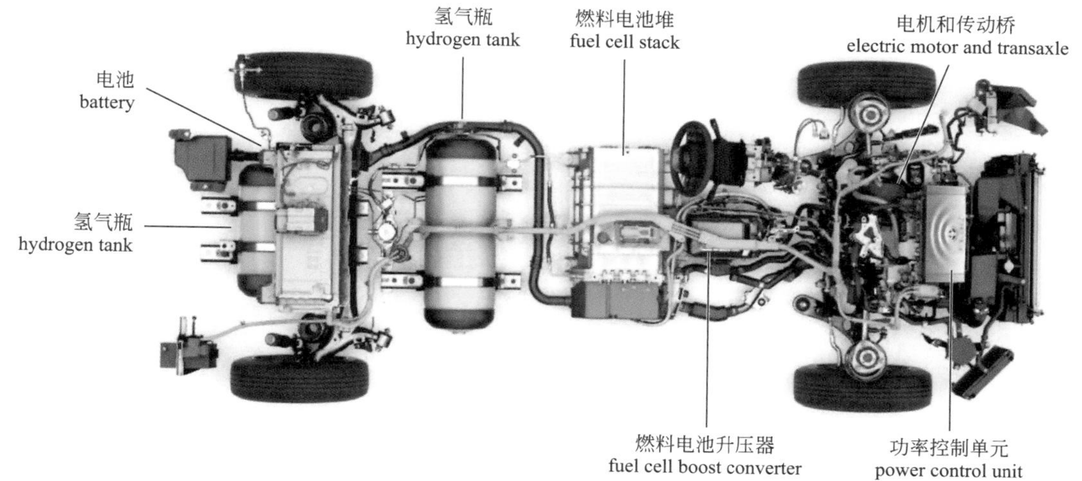
氢气瓶
hydrogen tank
燃料电池堆
fuel cell stack
电机和传动桥
electric motor and transaxle
电池
battery
氢气瓶
hydrogen tank
燃料电池升压器
fuel cell boost converter
功率控制单元
power control unit

图6-2 燃料电池汽车主要部件

Mirai的动力电源包括燃料电池和高压电池（图6-3）。功率控制单元根据汽车的工作状态，精确地控制燃料电池输出功率和高压电池的充放电。燃料电池与功率控制单元、电机的连接方式为串联，以便使汽车在运行的大部分时间里具有较高效率。高压电池与燃料电池串联，在燃料电池响应迟缓或汽车满负荷时提供辅助动力。

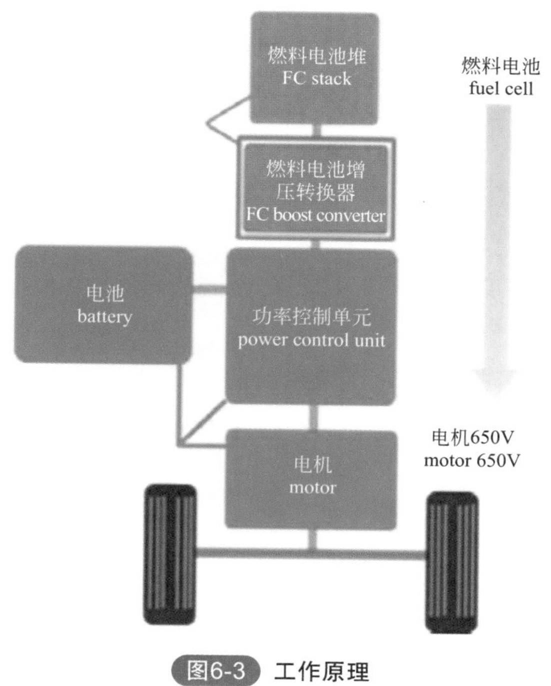
燃料电池堆
FC stack
燃料电池
fuel cell
燃料电池增
压转换器
FC boost converter
电池
battery
功率控制单元
power control unit
电机650V
motor 650V
电机
motor

图6-3 工作原理

6.2.1 燃料电池

Mirai燃料电池由370个电芯叠加组成，每个电芯发电的电压范围约为0.6 ~ 0.8V。Mirai燃料电池由燃料电池堆和燃料电池辅助系统组成（图6-4）。

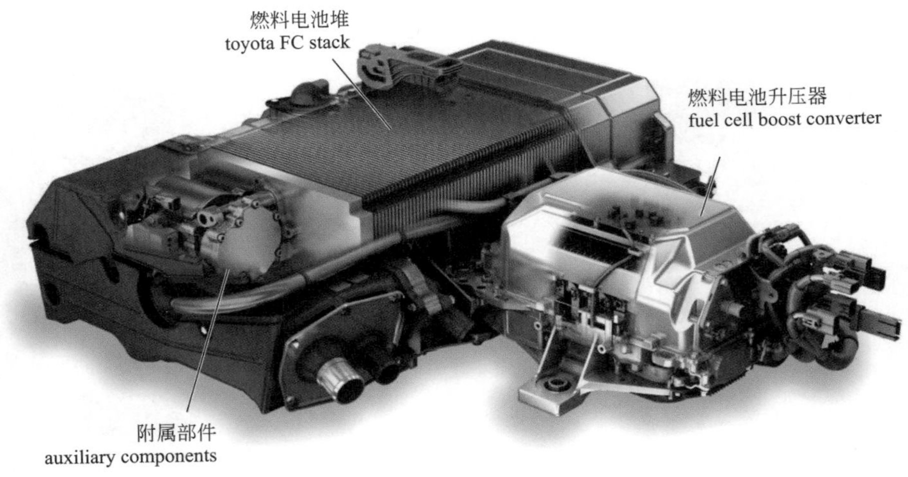
燃料电池堆
toyota FC stack
燃料电池升压器
fuel cell boost converter
附属部件
auxiliary components

图6-4 燃料电池

6.2.2 燃料电池堆

燃料电池堆包括质子交换膜、催化剂层、气体扩散层等（图6-5）。燃料电池是利用氢气跟氧气化学反应过程中的电荷转移来形成电流，这一过程最关键的技术就是利用质子交换膜将氢气拆分。因为氢分子体积小，可以透过薄膜的微小孔洞游离到对面去，但是在穿越孔洞的过程中，电子被从分子上剥离，只留下带正电的氢质子通过。

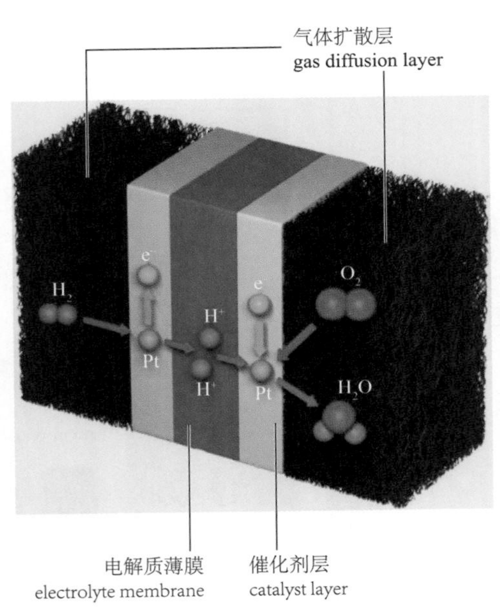
气体扩散层
gas diffusion layer
e
H2
Pt
H+
H+
e
Pt
O2
H2O
电解质薄膜
electrolyte membrane
催化剂层
catalyst layer

图6-5 燃料电池堆原理

6.2.3 燃料电池辅助系统

燃料电池辅助系统包括氢气泵、空气滤清器、空气压缩机、排水管等。

（1）氢气泵

氢气泵经常与燃料电池壳体集成在一起，用于向燃料电池供给充足的氢气，其进气压力较低，大约为1bar[1]（图6-6）。

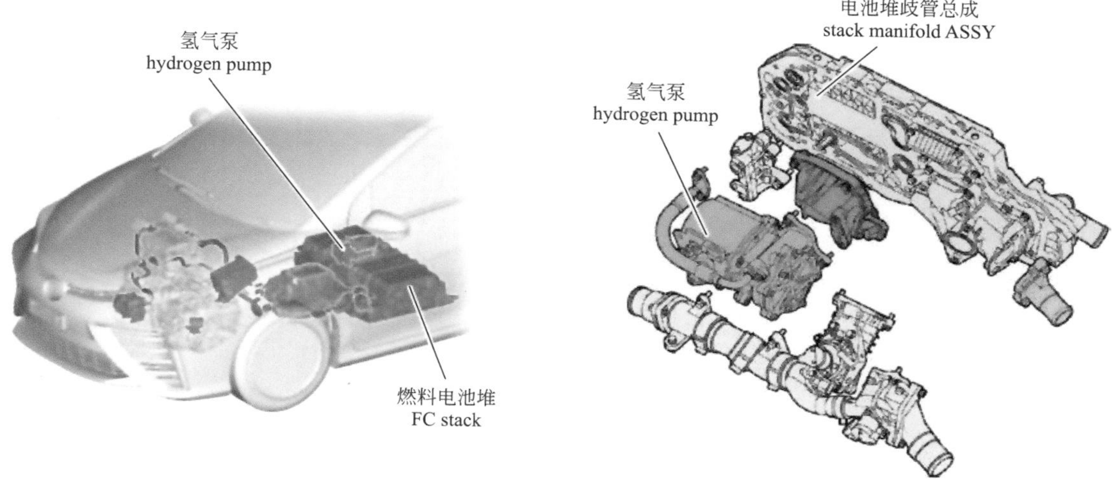
氢气泵
hydrogen pump
燃料电池堆
FC stack
电池堆歧管总成
stack manifold ASSY
氢气泵
hydrogen pump

图6-6 氢气泵

（2）空气滤清器

空气滤清器用于过滤进入燃料电池的杂质，如图6-7所示。电池内的化学反应需要活性的表面，任何污染物会降低燃料电池的效率。

空气滤清器
air cleaner

图6-7 空气滤清器

[1] 1bar=100kPa。

（3）空气压缩机

空气压缩机用于确保电流所需的空气流量（图6-8）。所需的电流越大，送入燃料电池的空气和氢气越多。

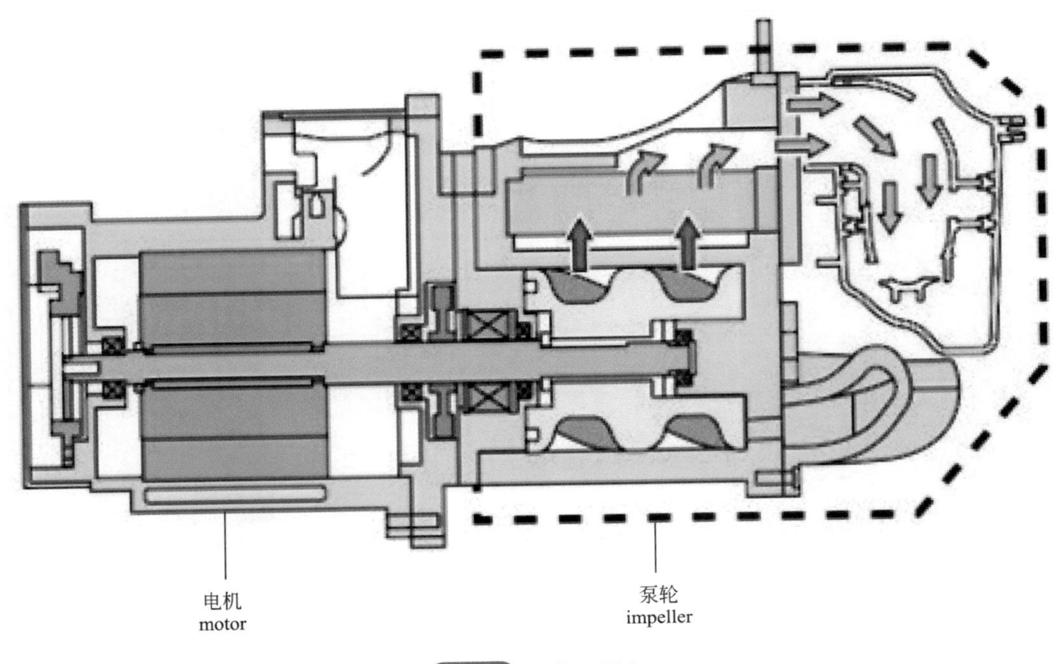
电机
motor
泵轮
impeller

图6-8 空气压缩机

（4）排水管

燃料电池的排水管用于排出燃料电池产生的水（图6-9）。

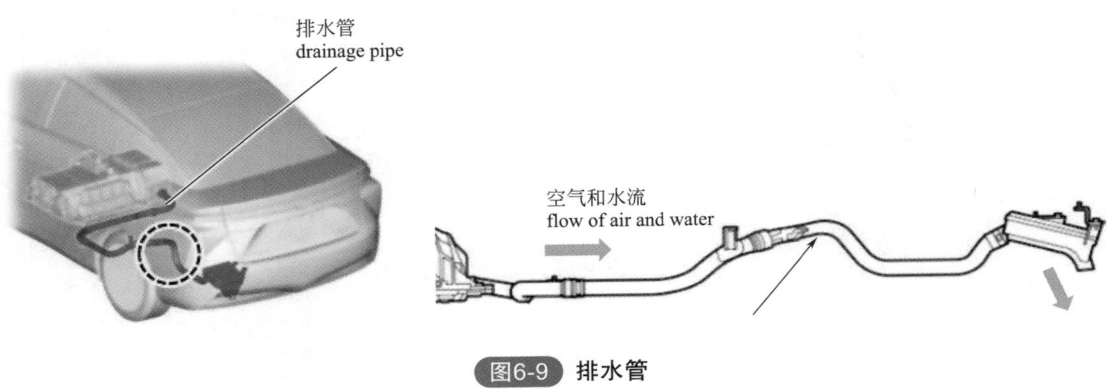
排水管
drainage pipe
空气和水流
flow of air and water

图6-9 排水管

6.2.4 高压储氢罐

储氢罐是气态氢的储存装置，用于给燃料电池提供氢气。图6-10为丰田Mirai氢燃料电动汽车的储气瓶结构，罐体采用碳纤维加凯夫拉复合材质，其强度可以抵挡轻型枪械的攻击。

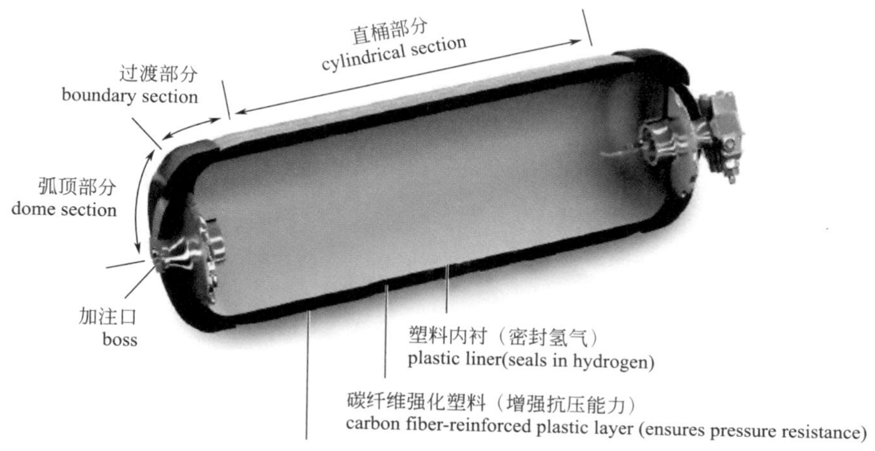
直桶部分
cylindrical section
过渡部分
boundary section
弧顶部分
dome section
加注口
boss
塑料内衬（密封氢气）
plastic liner(seals in hydrogen)
碳纤维强化塑料（增强抗压能力）
carbon fiber-reinforced plastic layer (ensures pressure resistance)
玻璃纤维强化塑料（保护表面）
glass fiber-reinforced plastic layer(protects surface)

图6-10 高压储氢罐

6.2.5 高压电池

丰田Mirai采用镍氢电池作为辅助动力源，与丰田混合动力汽车所用的高压电池结构相同（图6-11）。

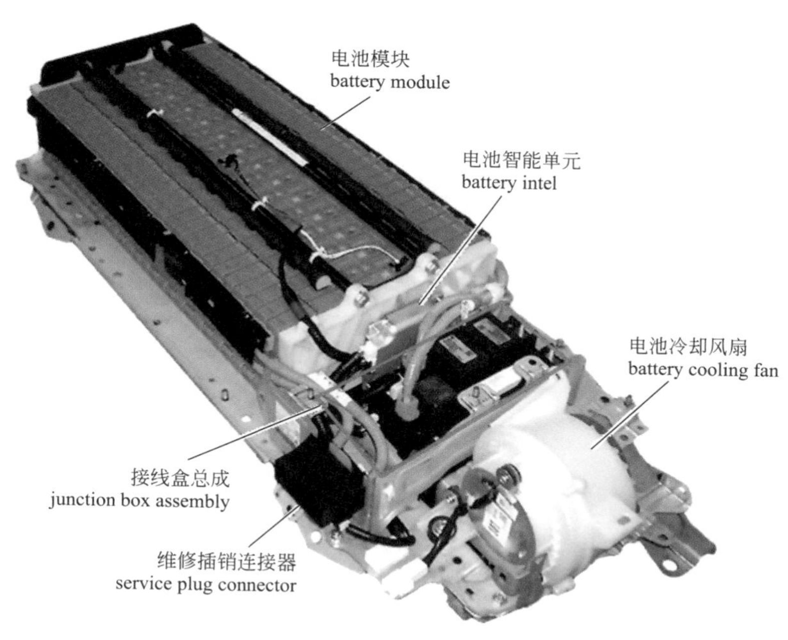
电池模块
battery module
电池智能单元
battery intel
电池冷却风扇
battery cooling fan
接线盒总成
junction box assembly
维修插销连接器
service plug connector

图6-11 高压电池

6.2.6 升压器

升压器，也称燃料电池DC/DC转换器（FC DC/DC converter，FDC），将燃料电池产生的222 ~ 296V之间的电压升压到650V，以便更好地驱动电机（图6-12）。

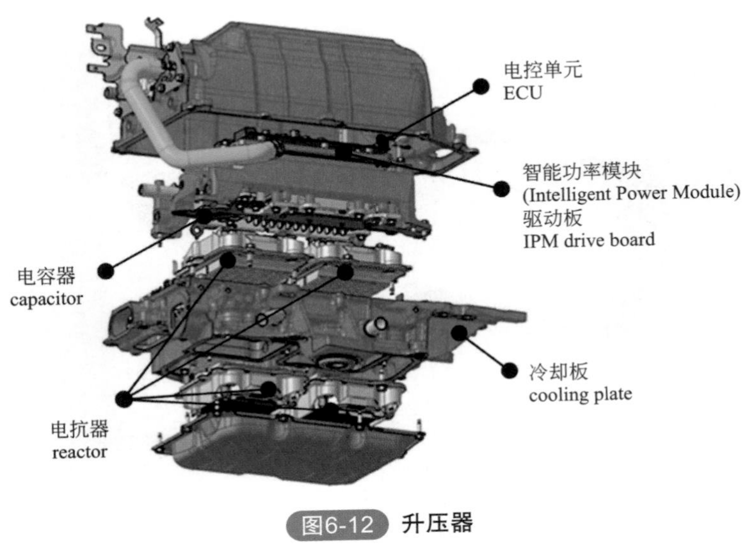
电控单元
ECU
智能功率模块
(Intelligent Power Module)
驱动板
IPM drive board
电容器
capacitor
冷却板
cooling plate
电抗器
reactor

图6-12 升压器

6.2.7 驱动电机

丰田Mirai采用交流永磁同步驱动电机，如图6-13所示。

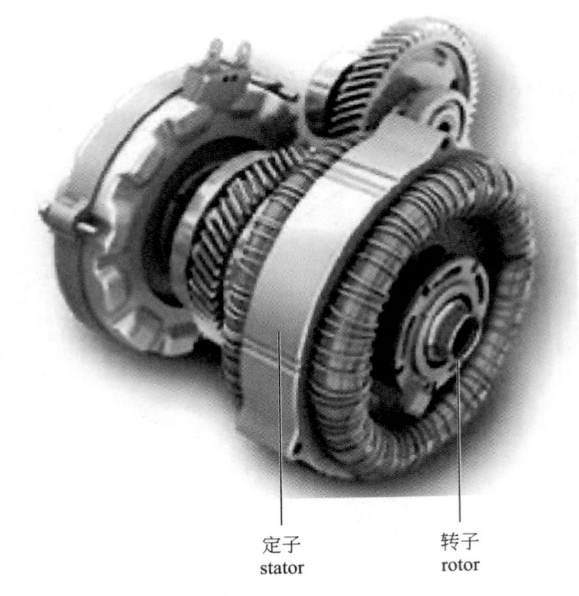
定子
stator
转子
rotor

图6-13 驱动电机

6.2.8 工作原理

空气（氧气）通过车辆前方的空气压缩机压入到燃料电池堆中，在高压氢气瓶中储存的氢气也同时输送到燃料电池中。氢气和空气中的氧气在燃料电池堆中进行反应，产生电能和水。产生的电通过升压转换器后，提供给电机，驱动车辆行驶。唯一的产物——水，将通过水管排出车外（图6-14）。

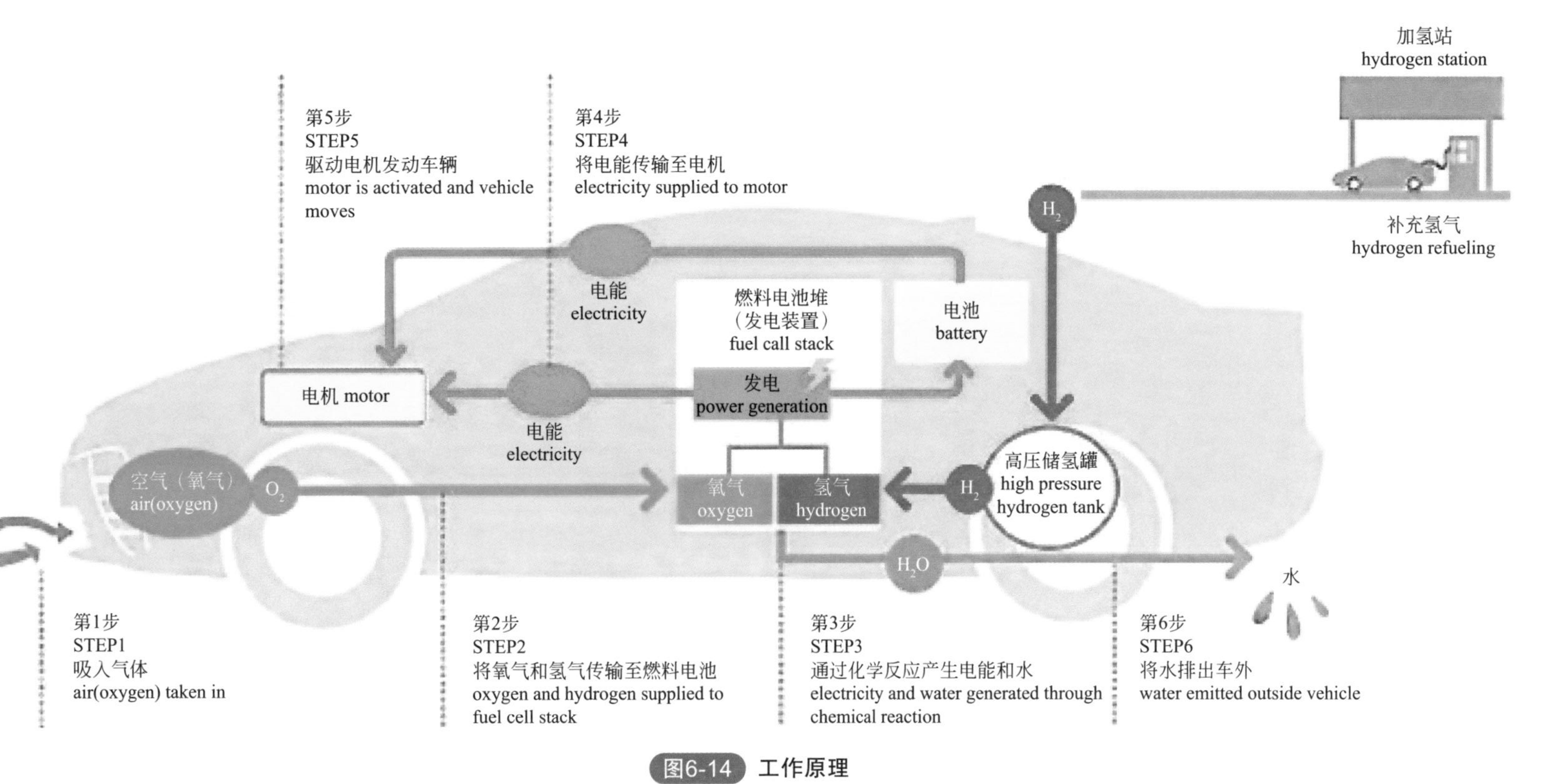
第5步
STEP5
驱动电机发动车辆
motor is activated and vehicle
moves
第4步
STEP4
将电能传输至电机
electricity supplied to motor
加氢站
hydrogen station
H_2
补充氢气
hydrogen refueling
电能
electricity
燃料电池堆
（发电装置）
fuel call stack
电池
battery
电机 motor
发电
power generation
电能
electricity
空气（氧气）
air(oxygen)
O_2
氧气
oxygen
氢气
hydrogen
H_2
高压储氢罐
high pressure
hydrogen tank
H_2O
水
第1步
STEP1
吸入气体
air(oxygen) taken in
第2步
STEP2
将氧气和氢气传输至燃料电池
oxygen and hydrogen supplied to
fuel cell stack
第3步
STEP3
通过化学反应产生电能和水
electricity and water generated through
chemical reaction
第6步
STEP6
将水排出车外
water emitted outside vehicle

图6-14　工作原理

第7章 天然气汽车

Chapter 7

7.1 概述

天然气是从天然气田直接开采出来的，其主要成分是甲烷。目前大都将其压缩充入车用气瓶中储存和供汽车使用，即所谓的压缩天然气（CNG）。沃尔沃汽车压缩天然气供给系统如图7-1所示，天然气从气瓶出来，经过压力调节器进入燃气分配器，由ECM根据发动机运行工况精确控制喷气嘴的喷气量。

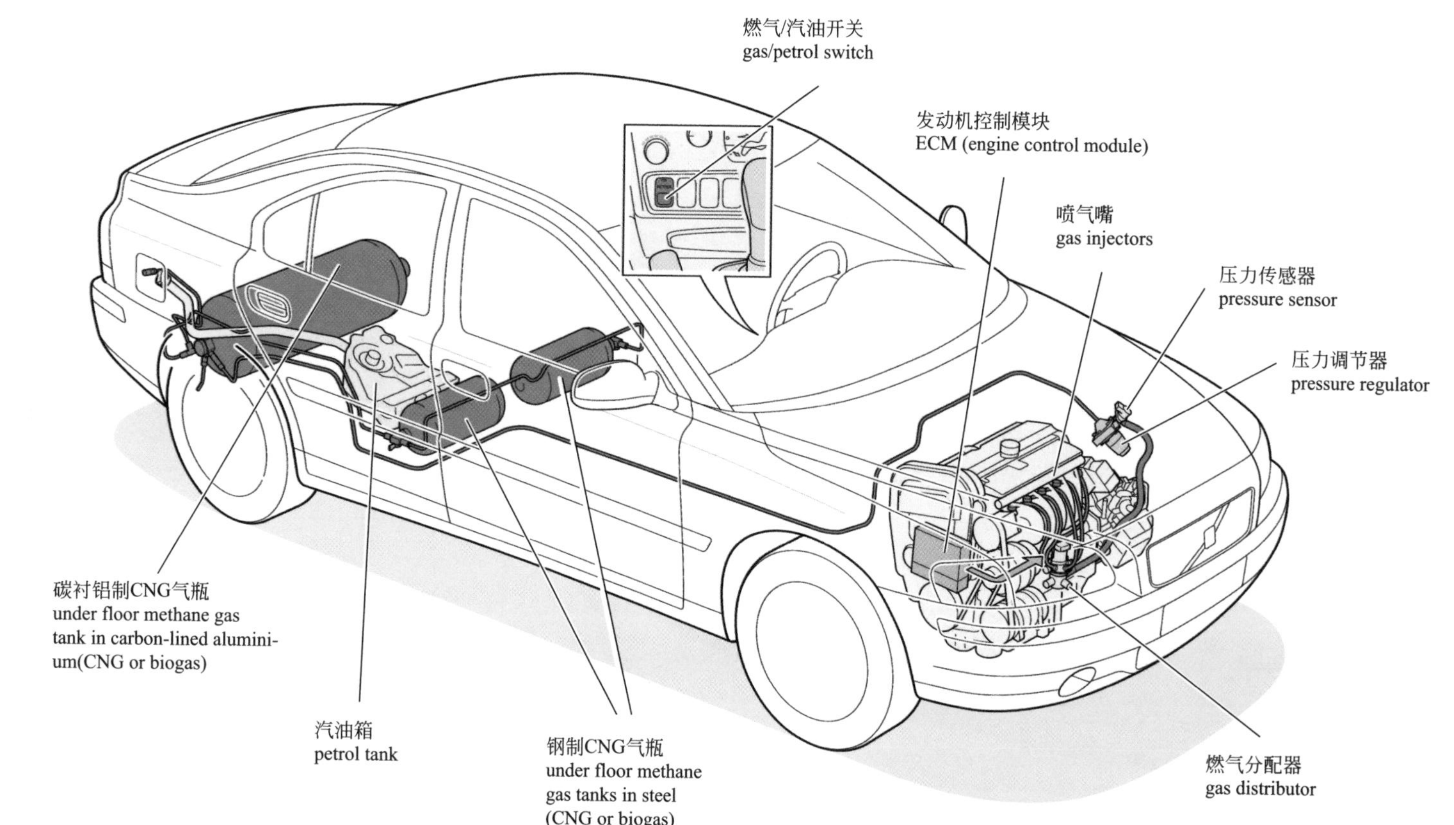
燃气/汽油开关
gas/petrol switch
发动机控制模块
ECM (engine control module)
喷气嘴
gas injectors
压力传感器
pressure sensor
压力调节器
pressure regulator
碳衬铝制CNG气瓶
under floor methane gas
tank in carbon-lined alumini-
um(CNG or biogas)
汽油箱
petrol tank
钢制CNG气瓶
under floor methane
gas tanks in steel
(CNG or biogas)
燃气分配器
gas distributor

图7-1 沃尔沃汽车压缩天然气供给系统

7.2 奥迪A4 Avant g-tron天然气汽车

奥迪A4 Avant g-tron为天然气汽油两用燃料汽车，搭载2.0 TFSI发动机，具有较高燃烧效率（图7-2）。A4 Avant g-tron每百公里仅消耗4kg的天然气。当天然气气瓶压力下降到10bar时，发动机会无缝切换到汽油燃烧模式。

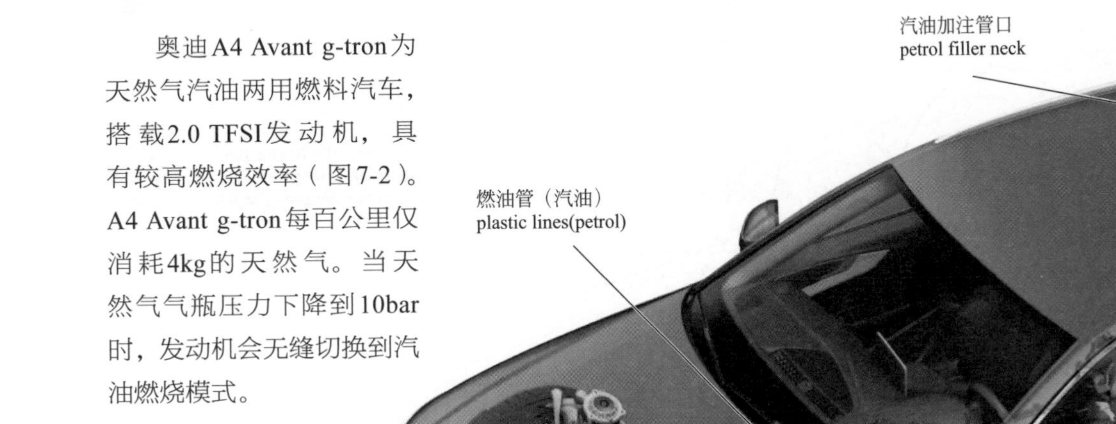
天然气加注管口
CNG filler neck
汽油加注管口
petrol filler neck
燃油管（汽油）
plastic lines(petrol)
天然气气瓶
CNG tank
燃油箱（汽油）
fuel tank (petrol)
高压天然气管
high pressure CNG line
天然气气瓶
CNG tank
气体压力调节器、带有传感器模块和天然气模式高压阀
gas pressure regulator with sensor module and high pressure valve for gas operation

图7-2 奥迪A4 Avant g-tron天然气汽车

7.2.1 加注管口

在车右侧的油箱盖下面，有CNG加注管口和汽油加注管口（图7-3）。

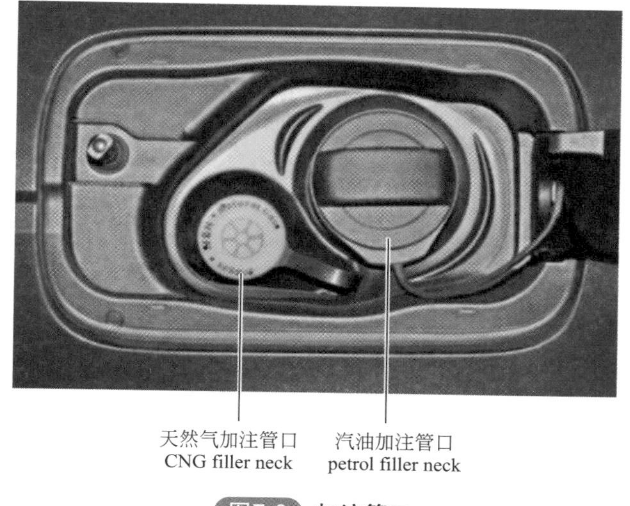
天然气加注管口
CNG filler neck
汽油加注管口
petrol filler neck

图7-3 加注管口

7.2.2 带有滤清器的止回阀

在CNG加注管口加入一个带滤清器的止回阀。加注的天然气会打开这个止回阀，天然气以最大260 bar的压力进入CNG气瓶（图7-4）。天然气中的较粗的杂质会被滤清器滤掉。

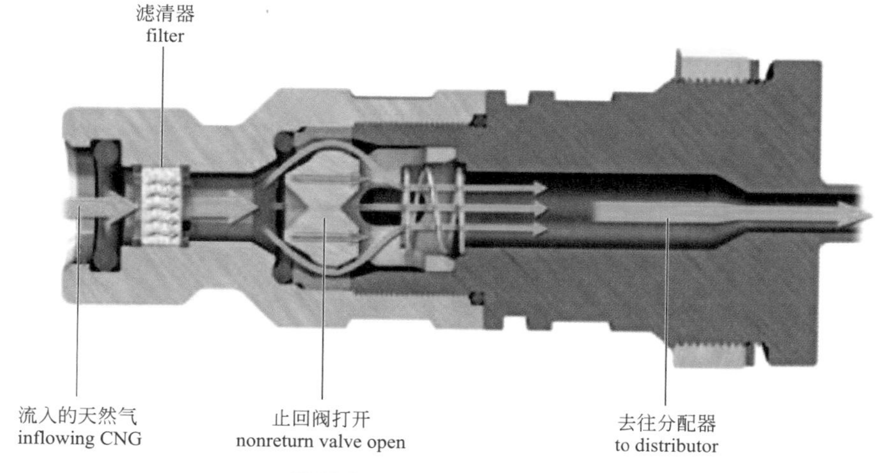
滤清器
filter
流入的天然气
inflowing CNG
止回阀打开
nonreturn valve open
去往分配器
to distributor

图7-4 带有滤清器的止回阀

7.2.3 气瓶和汽油箱

4个圆筒形CNG气瓶布置在车辆的后部（图7-5）。每个气瓶的尺寸各不相同，这是为了适应其所处的空间位置要求。所有CNG气瓶（其中还包含有一个25L的汽油燃油箱）直接固定到车身上。

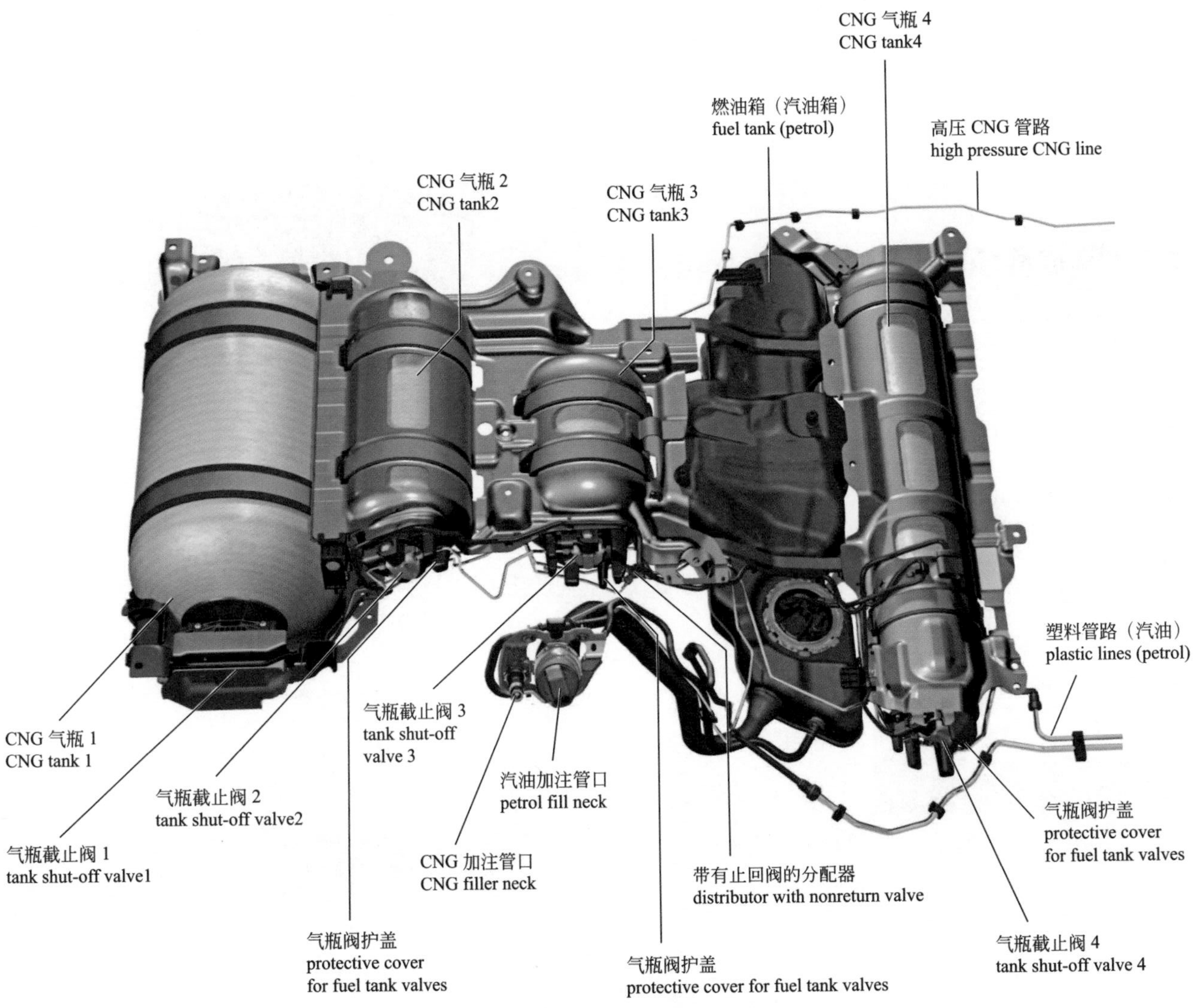
CNG 气瓶 4
CNG tank4
燃油箱（汽油箱）
fuel tank (petrol)
高压 CNG 管路
high pressure CNG line
CNG 气瓶 2
CNG tank2
CNG 气瓶 3
CNG tank3
塑料管路（汽油）
plastic lines (petrol)
CNG 气瓶 1
CNG tank 1
气瓶截止阀 3
tank shut-off
valve 3
汽油加注管口
petrol fill neck
气瓶截止阀 2
tank shut-off valve2
气瓶截止阀 1
tank shut-off valve1
CNG 加注管口
CNG filler neck
带有止回阀的分配器
distributor with nonreturn valve
气瓶阀护盖
protective cover
for fuel tank valves
气瓶阀护盖
protective cover
for fuel tank valves
气瓶阀护盖
protective cover for fuel tank valves
气瓶截止阀 4
tank shut-off valve 4

图7-5 天然气气瓶和汽油箱

7.2.4　压缩天然气气瓶

CNG气瓶采用复合材质制成。为了保证气密性，使用聚酰胺基体构成内层。外层使用玻璃纤维增强塑料制成。使用高强度环氧树脂作为纤维材料的黏合剂（图7-6）。

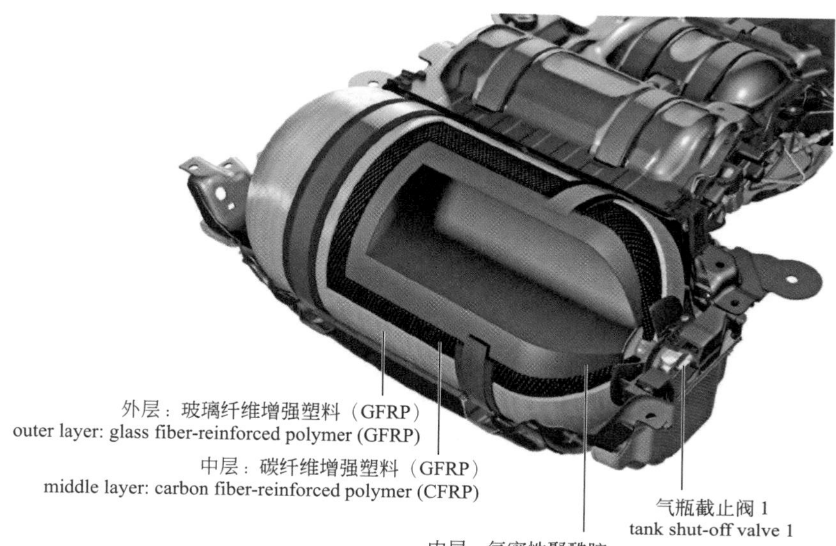
外层：玻璃纤维增强塑料（GFRP）
outer layer: glass fiber-reinforced polymer (GFRP)
中层：碳纤维增强塑料（GFRP）
middle layer: carbon fiber-reinforced polymer (CFRP)
气瓶截止阀 1
tank shut-off valve 1
内层：气密性聚酰胺
inner layer: impermeable polyamide

图7-6　气瓶

7.2.5　气瓶截止阀总成

气瓶截止阀总成包括电动气瓶截止阀、手动气瓶截止装置、热熔保险装置、流量限制阀、天然气管接口等。截止阀总成被安装在气瓶上（图7-7）。

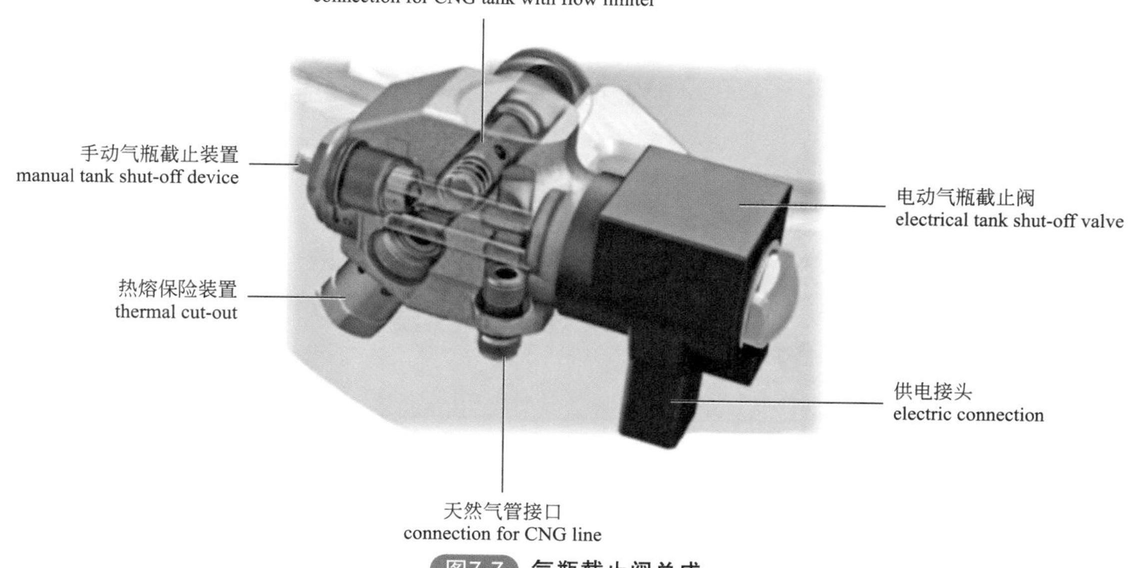
天然气气瓶接口，带有流量限制器
connection for CNG tank with flow limiter
手动气瓶截止装置
manual tank shut-off device
电动气瓶截止阀
electrical tank shut-off valve
热熔保险装置
thermal cut-out
供电接头
electric connection
天然气管接口
connection for CNG line

图7-7　气瓶截止阀总成

（1）电动气瓶截止阀

在未通电时，阀弹簧将阀压靠在阀座上，阀关闭。此时气瓶内向外流的天然气被切断（图 7-8）。如果电磁线圈通电，阀将克服弹簧的压力开启，天然气又可以流出。电动阀由发动机 ECU 来控制。

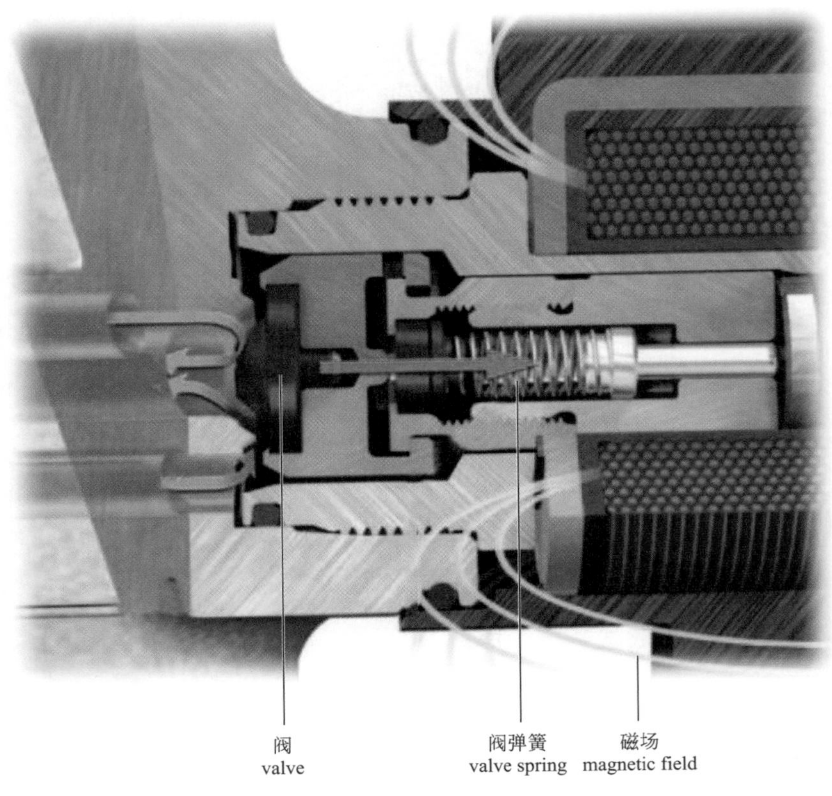
阀
valve
阀弹簧
valve spring
磁场
magnetic field

图7-8 电动气瓶截止阀

（2）手动气瓶截止装置

通过手动气瓶截止装置可以关闭气瓶截止阀（图 7-9）。气瓶截止阀关闭时，天然气不能驱动汽车行驶。

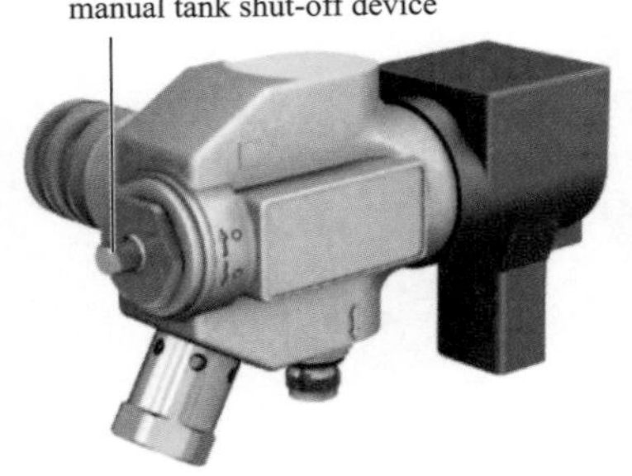
手动气瓶截止装置
manual tank shut-off device

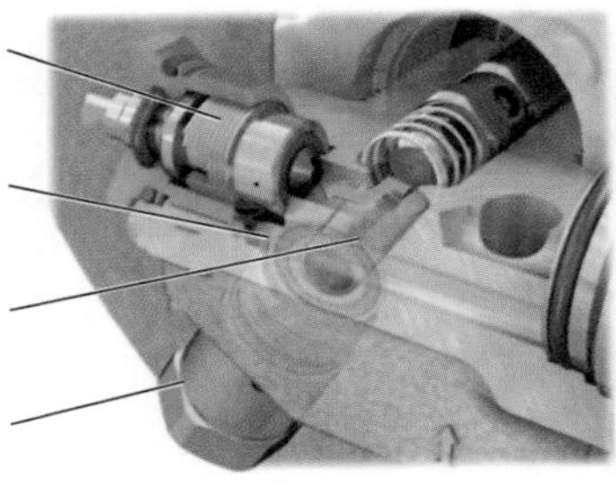
手动气瓶截止阀已关闭
manual tank shut-off valve closed
通向电动气瓶截止阀的通道已关闭
channel to electrical tank shut-off valve closed
通向热熔保险装置的通道
channel to thermal cut-out
热熔保险装置
thermal cut-out

图7-9 手动气瓶截止装置

（3）热熔保险装置

气瓶截止阀总成中有热熔保险装置（Thermal Cut-out）。熔化材料封住通向大气的通道[图7-10(a)]。如果热熔保险装置在一定时间内持续受到高于110℃的加热，熔化材料就熔化，通道被打开，天然气将溢出气瓶而进入大气[图7-10(b)]。热熔保险装置可防止气瓶在受热温度过高时破裂。

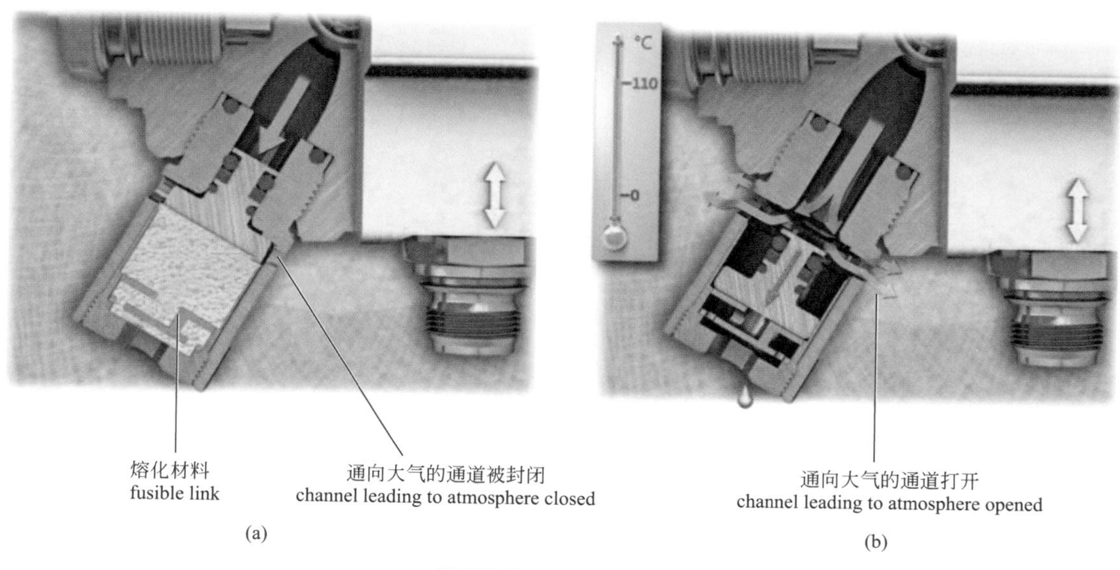
°C
110
0
熔化材料
fusible link
通向大气的通道被封闭
channel leading to atmosphere closed
(a)
通向大气的通道打开
channel leading to atmosphere opened
(b)

图7-10 热熔保险装置

（4）流量限制阀

流量限制是气瓶截止阀的机械式安全功能。当高压一侧的压力突然降低时，流量限制功能可以防止天然气从气瓶不受控地流出（图7-11）。如果高压一侧的压力突然降低，比如天然气管断裂，压力差就会让阀关闭。

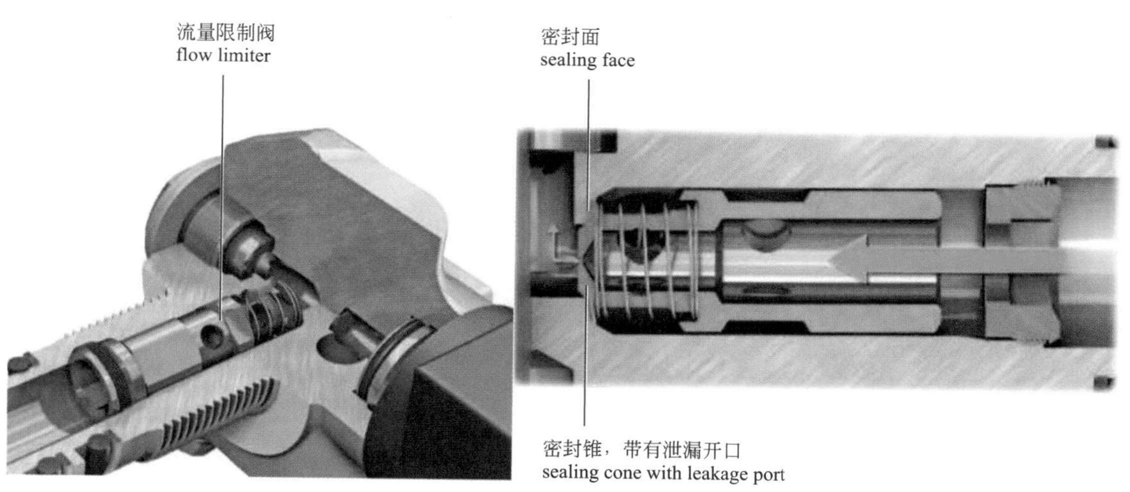
流量限制阀
flow limiter
密封面
sealing face
密封锥，带有泄漏开口
sealing cone with leakage port

图7-11 流量限制阀

7.2.6 气体压力调节器

气体压力调节器是二级式的，将天然气压力从约200bar减至约5 ~ 10bar。气体压力调节器接口与剖面如图7-12、图7-13所示。传感器安装在气体压力调节器上，其功能是获取高压侧天然气压力值。高压天然气在减压过程中需要吸收大量的热量，为防止减压器结冰，将发动机冷却液引出到调节器对燃气进行加热。

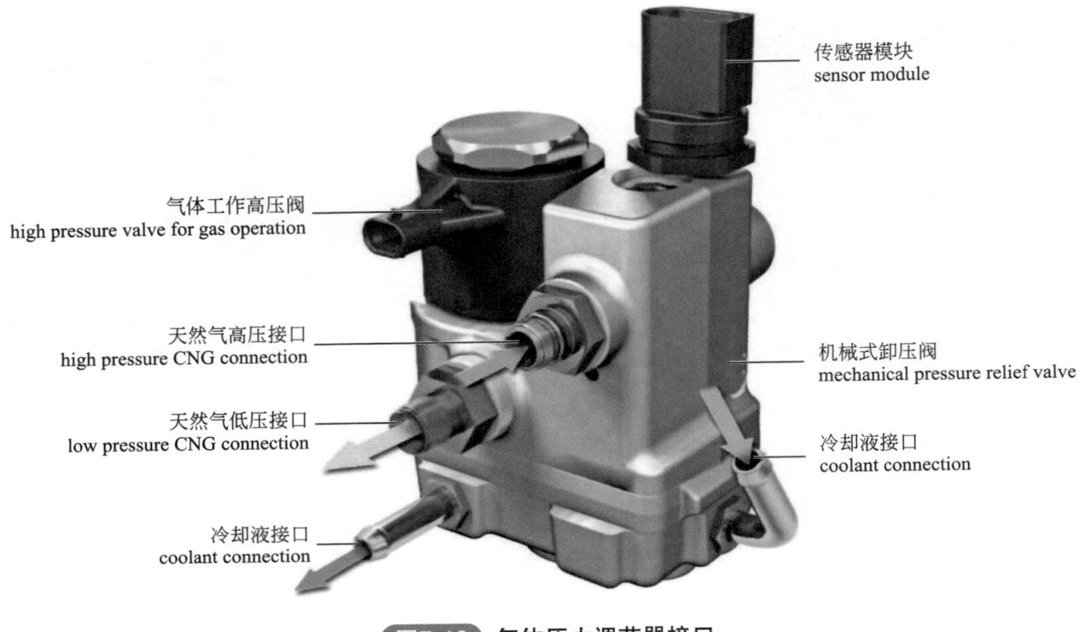
传感器模块
sensor module
气体工作高压阀
high pressure valve for gas operation
天然气高压接口
high pressure CNG connection
机械式卸压阀
mechanical pressure relief valve
天然气低压接口
low pressure CNG connection
冷却液接口
coolant connection
冷却液接口
coolant connection

图7-12 气体压力调节器接口

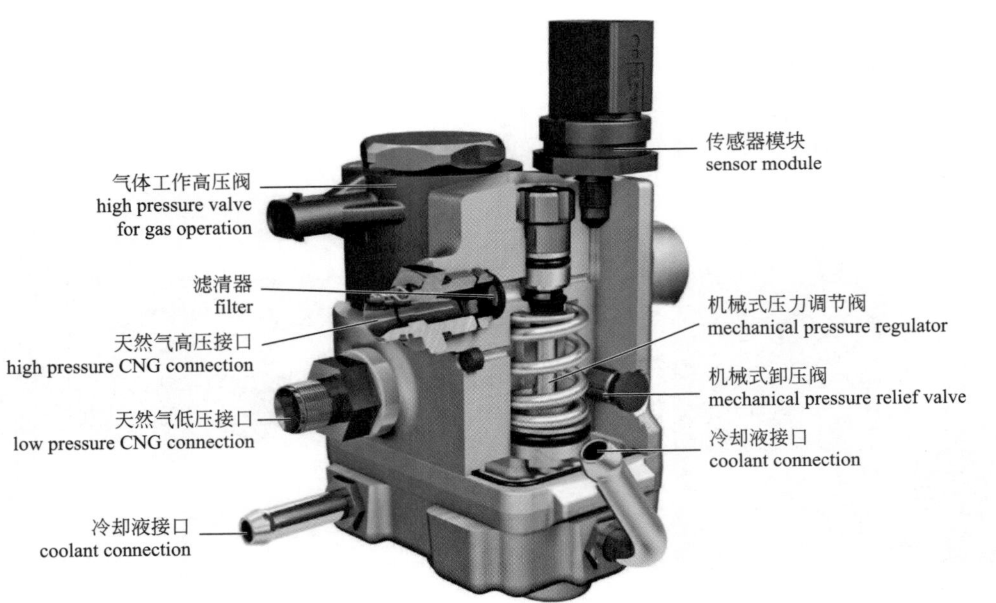
传感器模块
sensor module
气体工作高压阀
high pressure valve
for gas operation
滤清器
filter
机械式压力调节阀
mechanical pressure regulator
天然气高压接口
high pressure CNG connection
机械式卸压阀
mechanical pressure relief valve
天然气低压接口
low pressure CNG connection
冷却液接口
coolant connection
冷却液接口
coolant connection

图7-13 气体压力调节器剖面图

（1）第一级压力调节

第一级压力调节为机械式压力调节。调节活塞将天然气压力调节至约20bar。天然气从气瓶经过高压接口进入调压通道，发动机不工作时，弹簧将中间空心的活塞推离密封座，然后天然气从活塞空腔流到中间腔。发动机工作时，作用在活塞头部的压力若超过20bar，天然气的压力会克服弹簧力产生位移，直到活塞顶到密封座，将气道关闭，天然气不再流到中间腔（图7-14）。

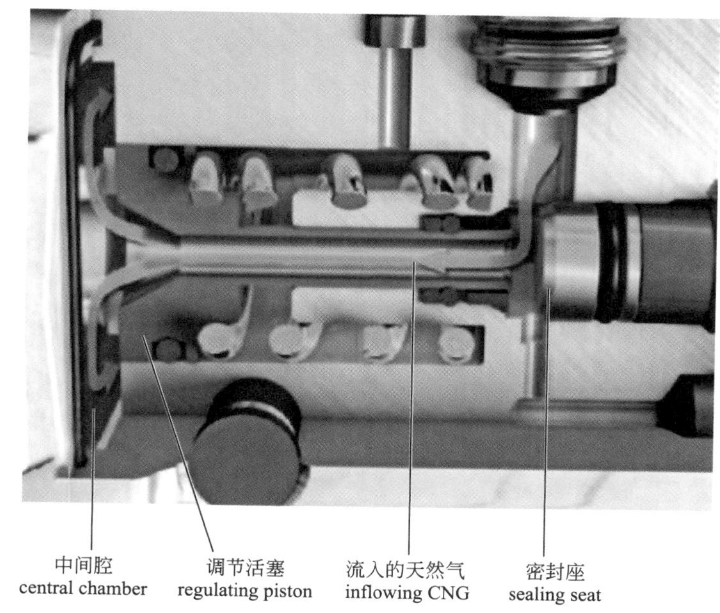
中间腔
central chamber
调节活塞
regulating piston
流入的天然气
inflowing CNG
密封座
sealing seat

图7-14 调节活塞

（2）第二级压力调节

在第二级压力调节中，气体工作高压阀以电子调节方式将天然气压力调节至约5 ~ 10bar。已在第一级调节至约20bar的天然气压力作用到气体工作高压阀的针阀上。如果发动机ECU关闭气体工作高压阀，针阀关闭，通向低压接口的通道封闭[图7-15(a)]。若发动机ECU开启气体工作高压阀，衔铁连同阀针就被拉入电磁线圈内，针阀打开一条缝。天然气就以约5 ~ 10bar的压力进入到低压区[图7-15(b)]。

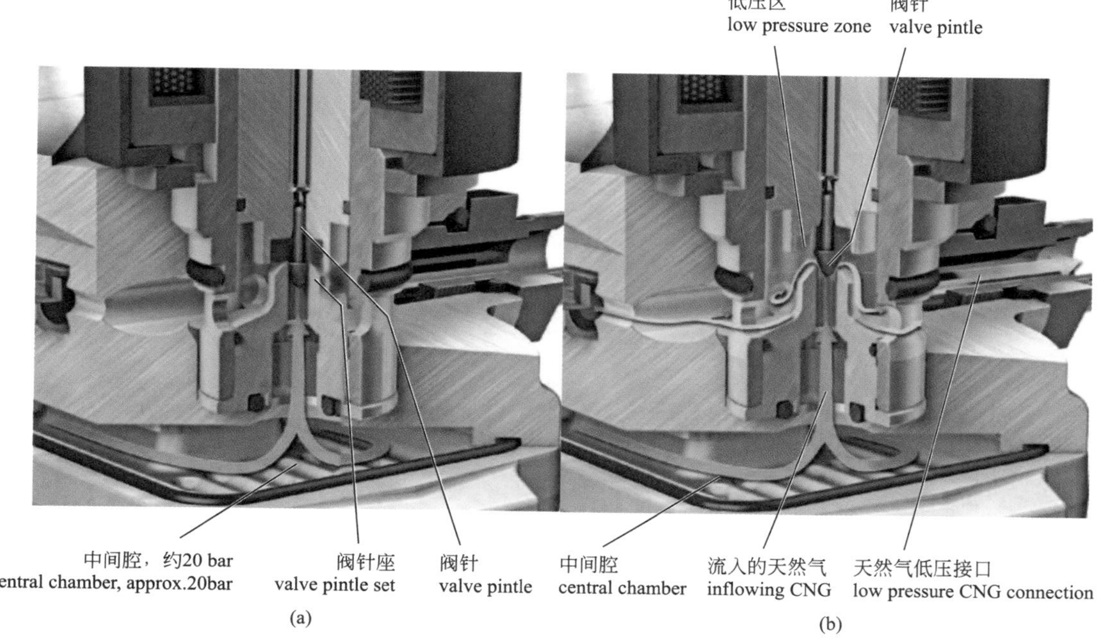
低压区
low pressure zone
阀针
valve pintle
中间腔，约20 bar
central chamber, approx.20bar
阀针座
valve pintle set
阀针
valve pintle
(a)
中间腔
central chamber
流入的天然气
inflowing CNG
天然气低压接口
low pressure CNG connection
(b)

图7-15 气体工作高压阀

7.2.7 机械式卸压阀

天然气供给系统中，在低压侧的气体压力调节器内，还另有一个安全部件，就是机械式卸压阀。在出现故障时如果低压侧的天然气压力超过约14bar，卸压阀就会打开，这样就可防止天然气以很高的压力流入低压区（那可能会造成损坏）（图7-16）。

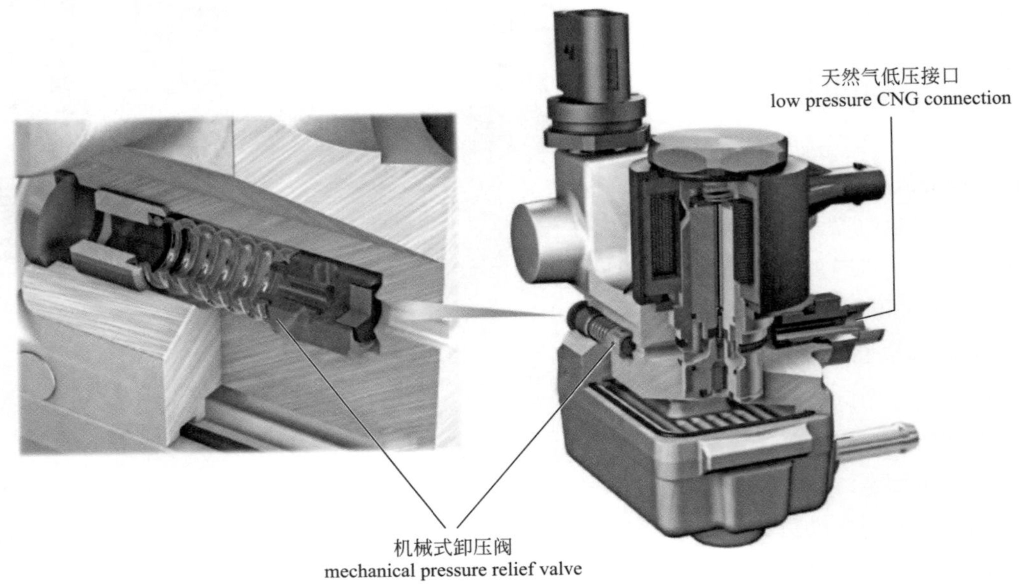
天然气低压接口
low pressure CNG connection
机械式卸压阀
mechanical pressure relief valve

图7-16 机械式卸压阀

7.2.8 喷气嘴

四个喷气嘴插在进气歧管上，将天然气喷入进气歧管内的进气门前端（图7-17）。

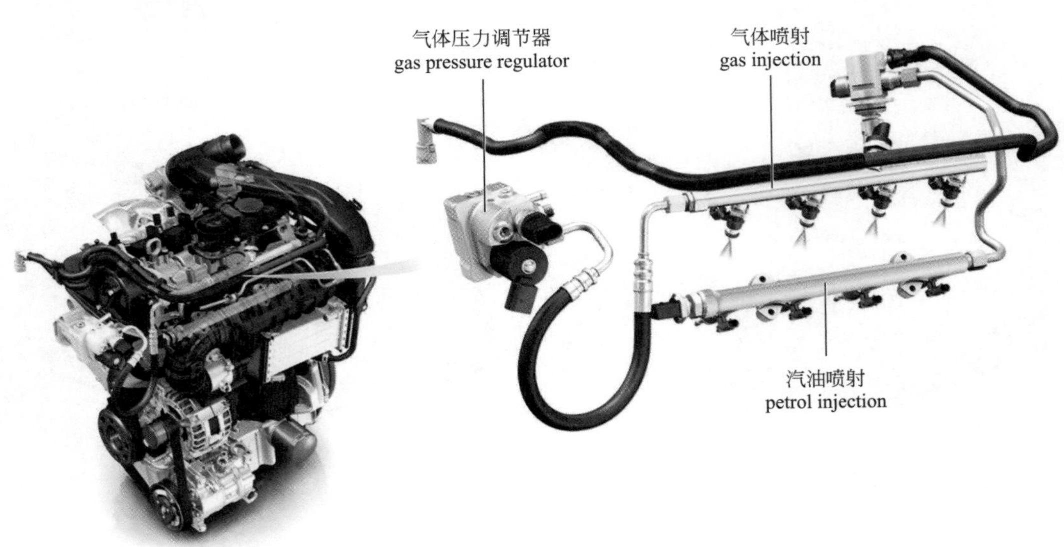
气体压力调节器
gas pressure regulator
气体喷射
gas injection
汽油喷射
petrol injection

图7-17 喷气嘴

喷气嘴在气体分配轨上的安装位置如图 7-18 所示

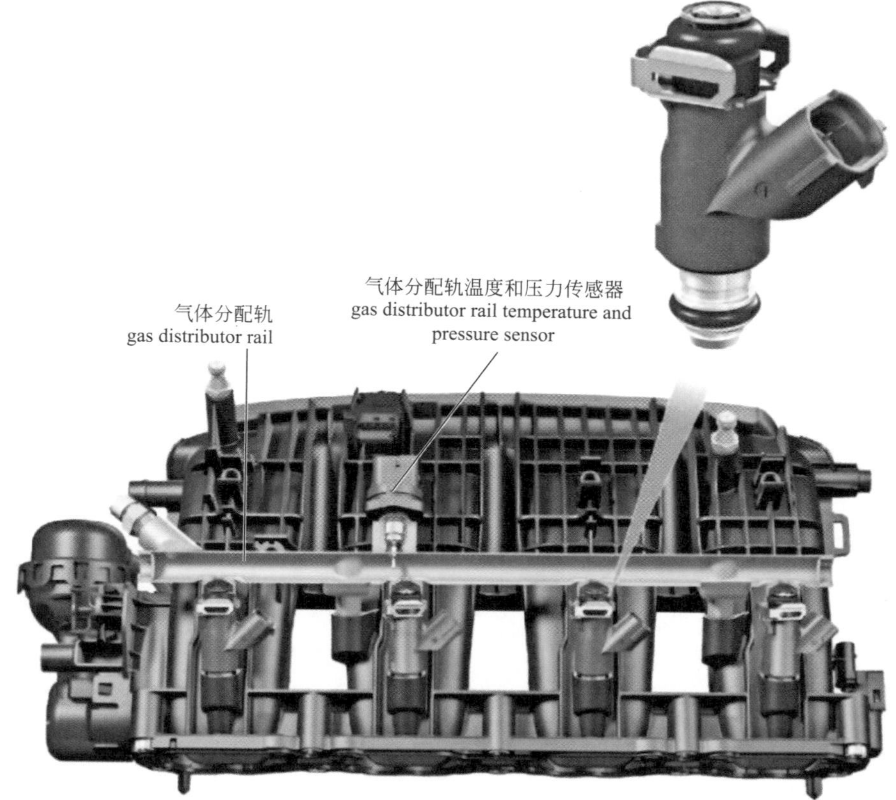
气体分配轨
gas distributor rail
气体分配轨温度和压力传感器
gas distributor rail temperature and
pressure sensor

图7-18　喷气嘴安装位置

Chapter 8

第8章 液化石油气汽车

8.1 概述

液化石油气（Liquefied Petroleum Gas，LPG）是一种在常温常压下为气态的烃类混合物。液化石油气汽车具有两套燃料供应系统，一套供给液化石油气，另一套供给汽油或柴油。LPG供给系统主要部件如图8-1所示。

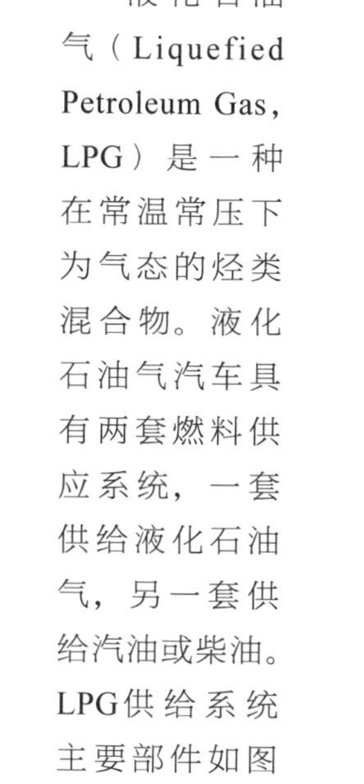

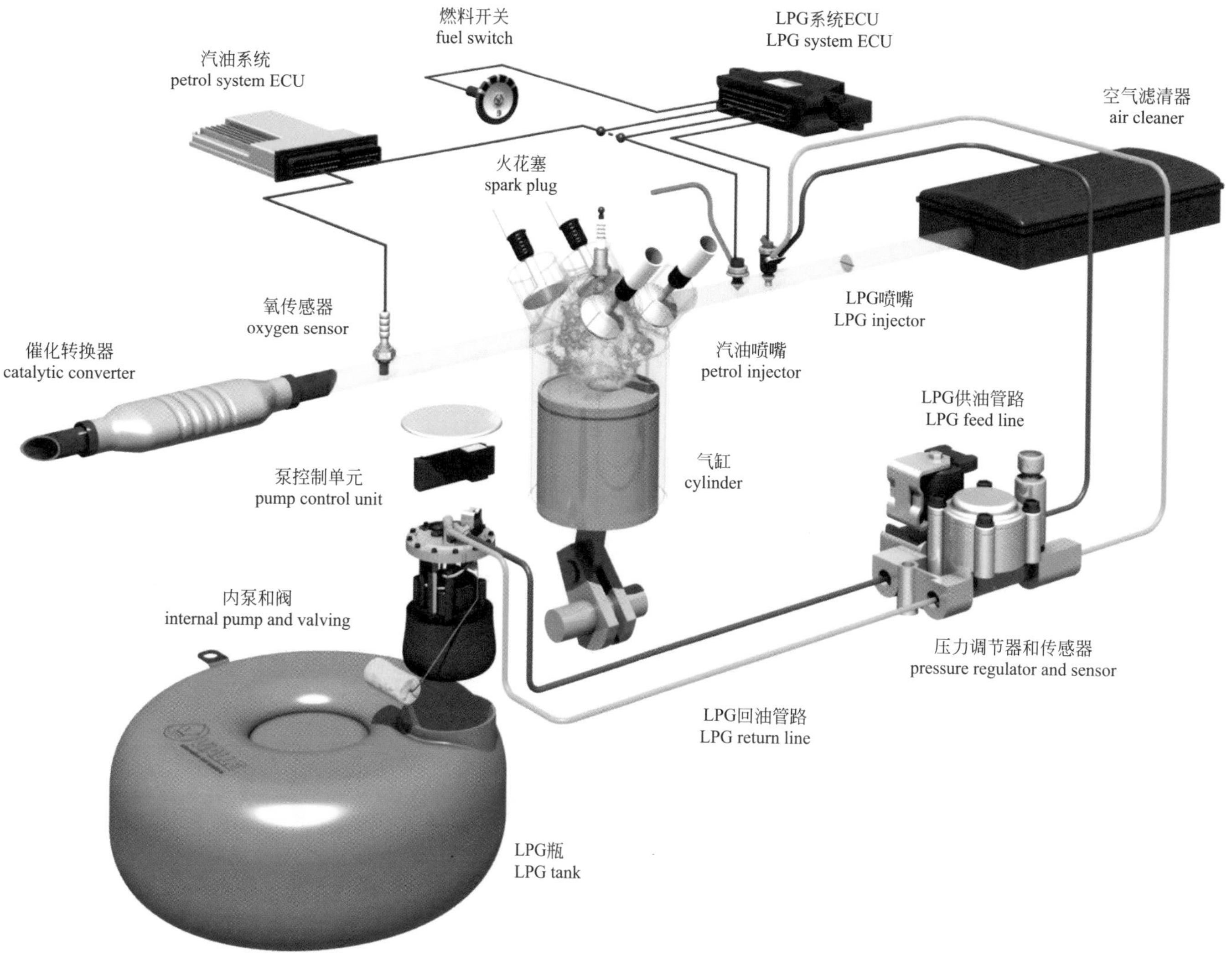

汽油系统
petrol system ECU
燃料开关
fuel switch
LPG系统ECU
LPG system ECU
空气滤清器
air cleaner
火花塞
spark plug
氧传感器
oxygen sensor
催化转换器
catalytic converter
LPG喷嘴
LPG injector
汽油喷嘴
petrol injector
LPG供油管路
LPG feed line
泵控制单元
pump control unit
气缸
cylinder
内泵和阀
internal pump and valving
压力调节器和传感器
pressure regulator and sensor
LPG回油管路
LPG return line
LPG瓶
LPG tank

图8-1 LPG供给系统部件

8.2 高尔夫液化石油气汽车

大众高尔夫液化石油气汽车有两套燃料供给系统，由储气瓶、加气管、燃料转换开关、蒸发器、滤清器、燃气轨和喷嘴等组成（图8-2）。

8.2.1 LPG供给系统

当燃料转换开关拨到LPG位置时，气瓶电磁阀通电。LPG液体从储气瓶出来，经过气瓶电磁阀到达蒸发器，经过降压、汽化变为接近大气压的气体。LPG气体流经滤清器到达燃气轨，燃气轨上的喷气嘴将适量的燃气喷入进气歧管（图8-3）。

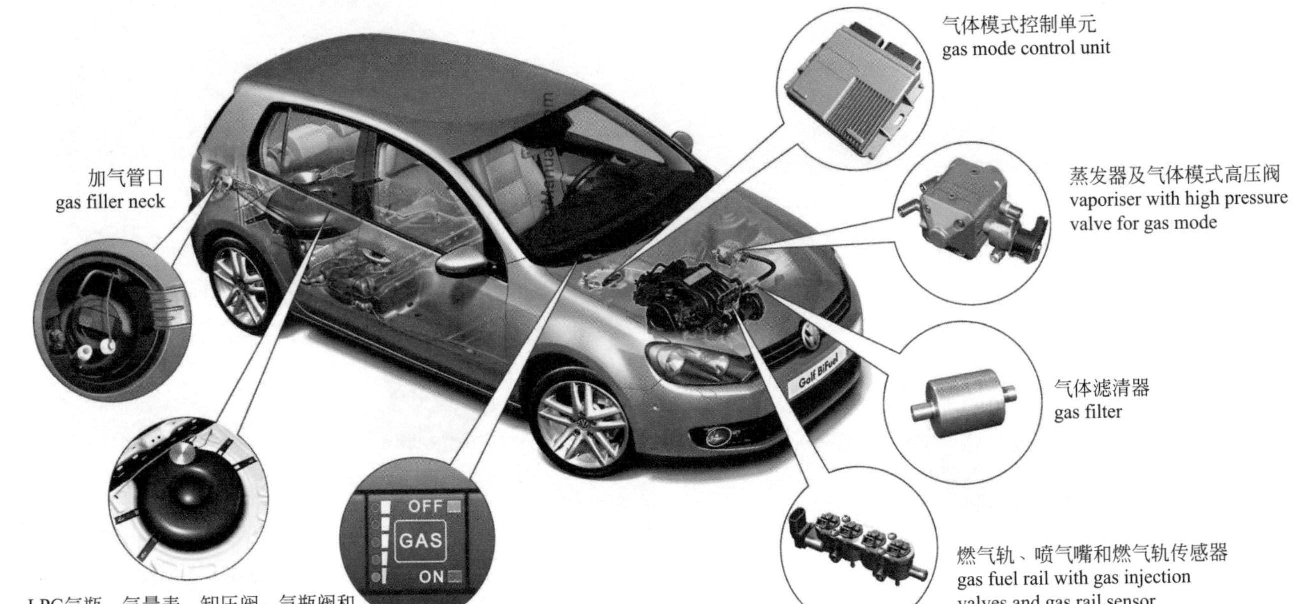
加气管口
gas filler neck
LPG气瓶、气量表、卸压阀、气瓶阀和自动限充阀
LPG tank with gas gauge senderG707, pressure relief valve, gas tank valve N495 and automatic fill limiter
OFF
GAS
ON
选择按钮、气量表、汽油或燃气选择开关
selection button with gas gauge G706 and petrol or gas fuel selection switch
Golf BiFuel
气体模式控制单元
gas mode control unit
蒸发器及气体模式高压阀
vaporiser with high pressure valve for gas mode
气体滤清器
gas filter
燃气轨、喷气嘴和燃气轨传感器
gas fuel rail with gas injection valves and gas rail sensor

图8-2 大众高尔夫液化石油气汽车主要部件

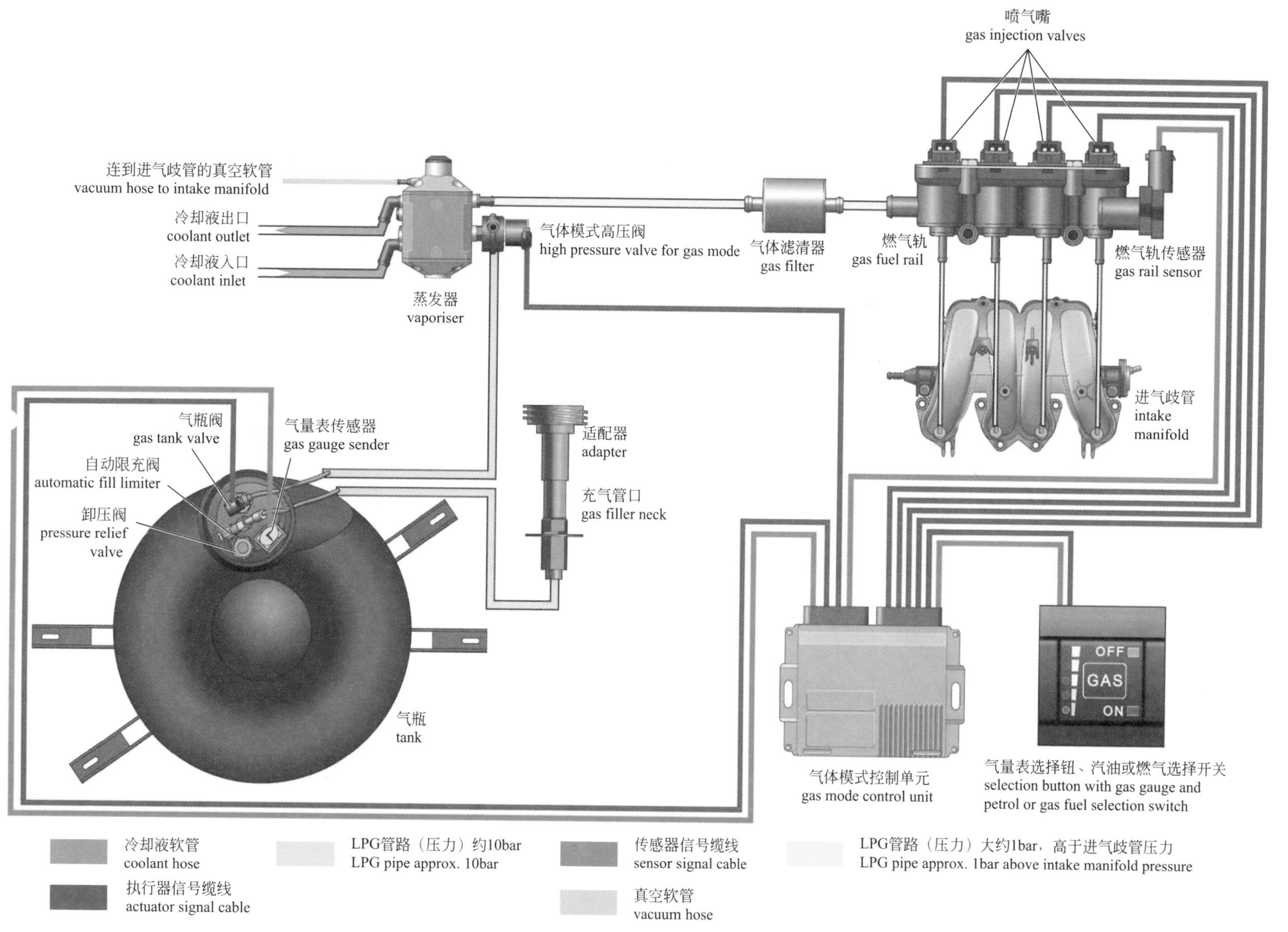

喷气嘴
gas injection valves
连到进气歧管的真空软管
vacuum hose to intake manifold
冷却液出口
coolant outlet
冷却液入口
coolant inlet
蒸发器
vaporiser
气体模式高压阀
high pressure valve for gas mode
气体滤清器
gas filter
燃气轨
gas fuel rail
燃气轨传感器
gas rail sensor
进气歧管
intake
manifold
气瓶阀
gas tank valve
自动限充阀
automatic fill limiter
卸压阀
pressure relief
valve
气量表传感器
gas gauge sender
适配器
adapter
充气管口
gas filler neck
气瓶
tank
OFF
GAS
ON
气体模式控制单元
gas mode control unit
气量表选择钮、汽油或燃气选择开关
selection button with gas gauge and
petrol or gas fuel selection switch
冷却液软管
coolant hose
执行器信号缆线
actuator signal cable
LPG管路（压力）约10bar
LPG pipe approx. 10bar
传感器信号缆线
sensor signal cable
真空软管
vacuum hose
LPG管路（压力）大约1bar，高于进气歧管压力
LPG pipe approx. 1bar above intake manifold pressure

图8-3 高尔夫LPG供给系统示意图

8.2.2 储气瓶

储气瓶安装在车尾部的行李厢内，其作用是储存LPG（图8-4）。

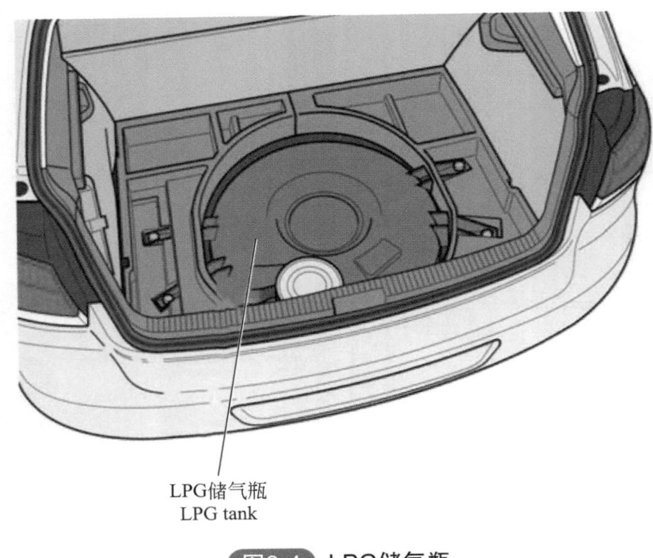
LPG储气瓶
LPG tank

图8-4 LPG储气瓶

8.2.3 LPG气瓶集成阀

储气瓶上面安装了多个阀，用于保证储气瓶和燃料供给系统的安全使用，如图8-5所示。

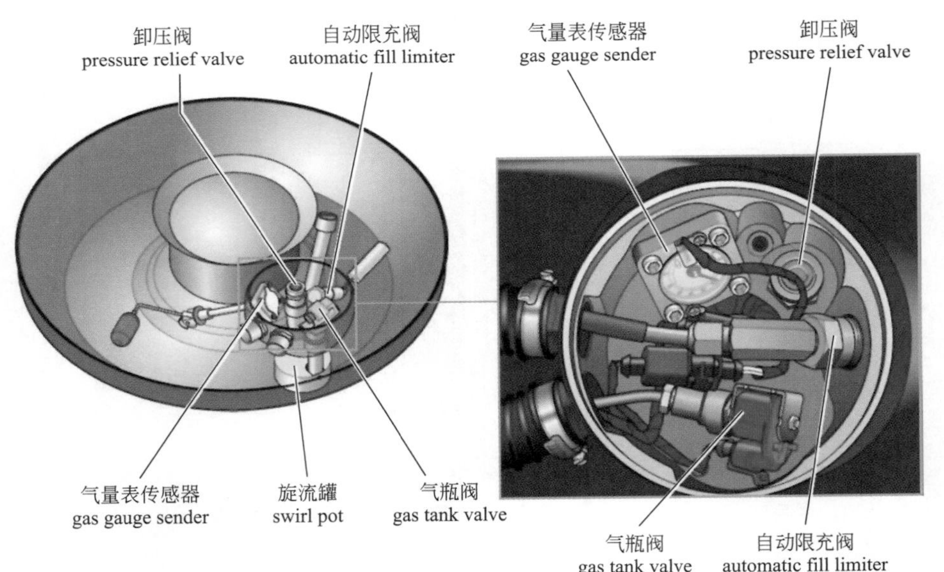
卸压阀
pressure relief valve
自动限充阀
automatic fill limiter
气量表传感器
gas gauge sender
卸压阀
pressure relief valve
气量表传感器
gas gauge sender
旋流罐
swirl pot
气瓶阀
gas tank valve
气瓶阀
gas tank valve
自动限充阀
automatic fill limiter

图8-5 LPG气瓶集成阀

（1）气瓶阀

气瓶阀（Gas Tank Valve）的作用是接通（或切断）气瓶到蒸发器的通道（图8-6）。

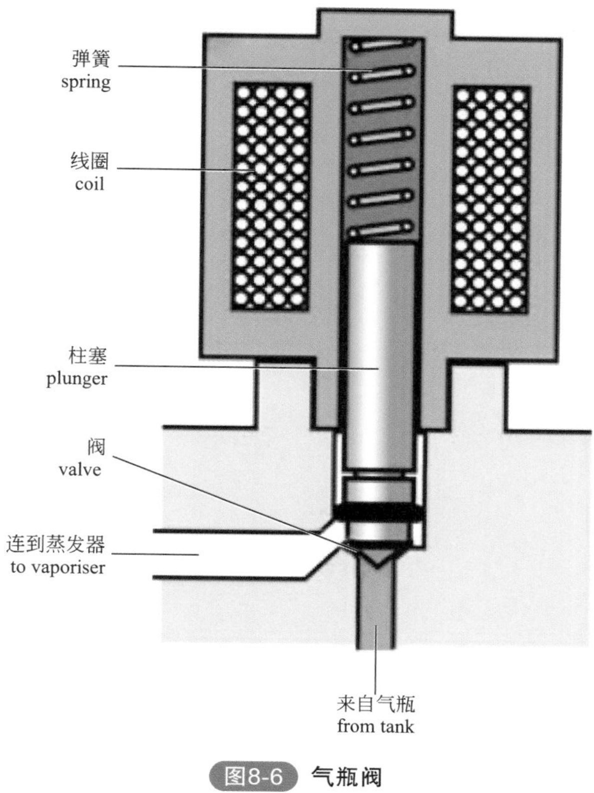
弹簧
spring
线圈
coil
柱塞
plunger
阀
valve
连到蒸发器
to vaporiser
来自气瓶
from tank

图8-6　气瓶阀

（2）自动限充阀

充加LPG时，限充浮子随着LPG液面增加逐渐上浮[图8-7(a)]。当储气瓶内LPG达到设定的液面高度（约75%～80%）时，自动限充阀（Automatic Fill Limiter）关闭，限制LPG继续充装，从而提供了由于温度升高所必需的LPG的膨胀空间[图8-7(b)]。

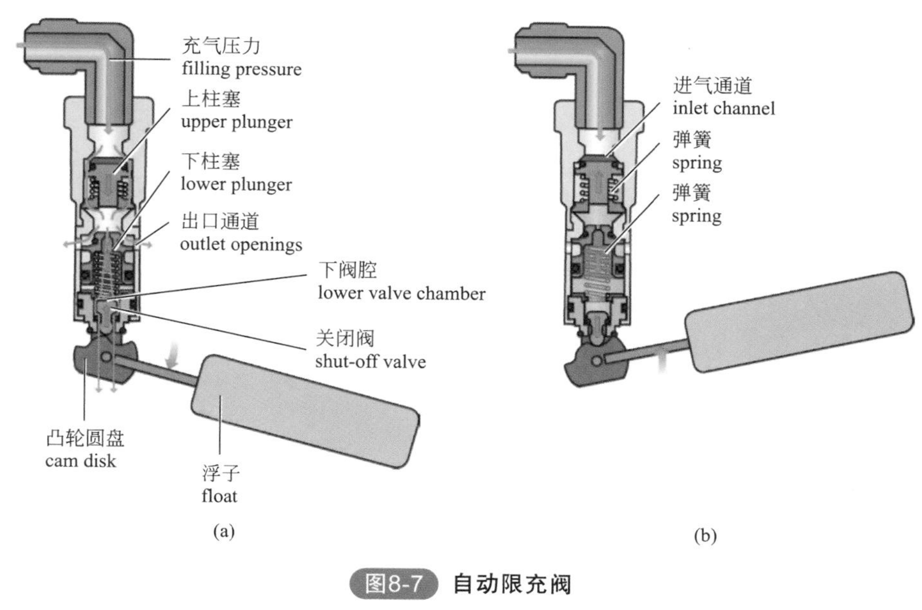
充气压力
filling pressure
上柱塞
upper plunger
下柱塞
lower plunger
出口通道
outlet openings
下阀腔
lower valve chamber
关闭阀
shut-off valve
凸轮圆盘
cam disk
浮子
float
(a)
进气通道
inlet channel
弹簧
spring
弹簧
spring
(b)

图8-7　自动限充阀

（3）卸压阀

当储气瓶内压力低于设定的压力时，卸压阀（Pressure Relief Valve）保持关闭[图8-8(a)]；当压力超过设定的安全极限压力时，卸压阀自动打开释放LPG[图8-8(b)]，防止因压力过高而发生安全事故。

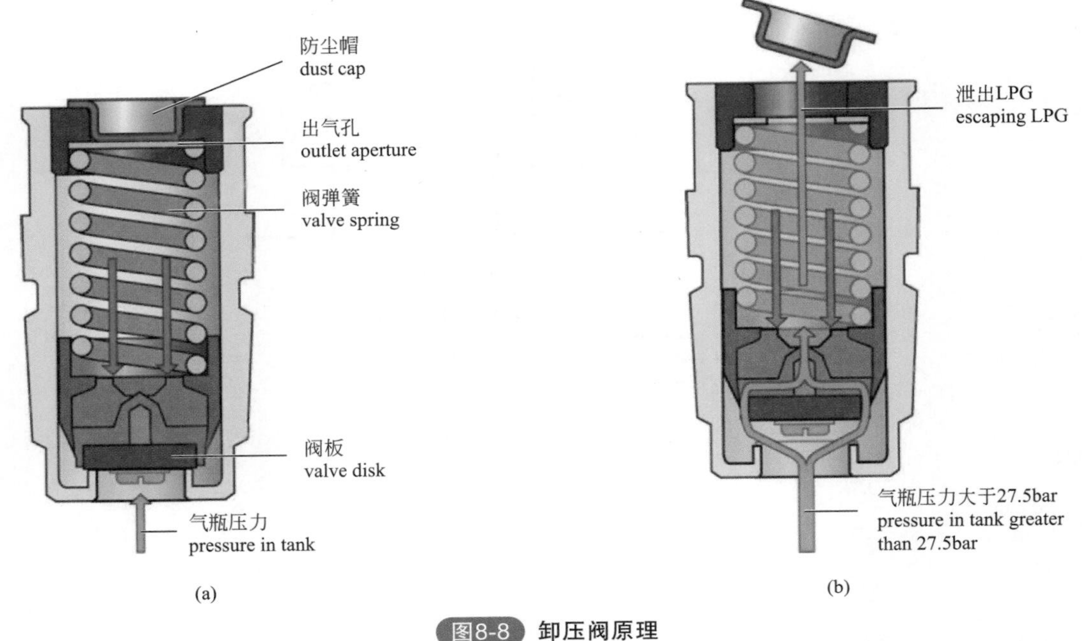
防尘帽
dust cap
出气孔
outlet aperture
阀弹簧
valve spring
阀板
valve disk
气瓶压力
pressure in tank
(a)
泄出LPG
escaping LPG
气瓶压力大于27.5bar
pressure in tank greater than 27.5bar
(b)

图8-8 卸压阀原理

（4）气量表传感器

气量表传感器（Gas Gauge Sender）用于感知储气瓶内的液面高度，并将液面高度信号传到驾驶室内的气量表（图8-9）。

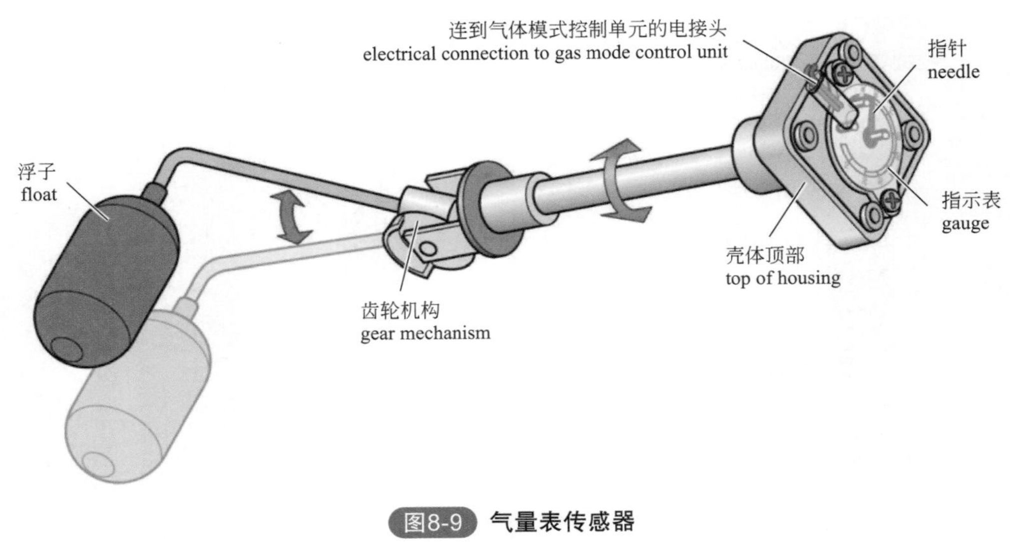
连到气体模式控制单元的电接头
electrical connection to gas mode control unit
指针
needle
浮子
float
指示表
gauge
壳体顶部
top of housing
齿轮机构
gear mechanism

图8-9 气量表传感器

气量表指示系统包括气量表、气量表传感器和气体模式控制单元，如图8-10所示。

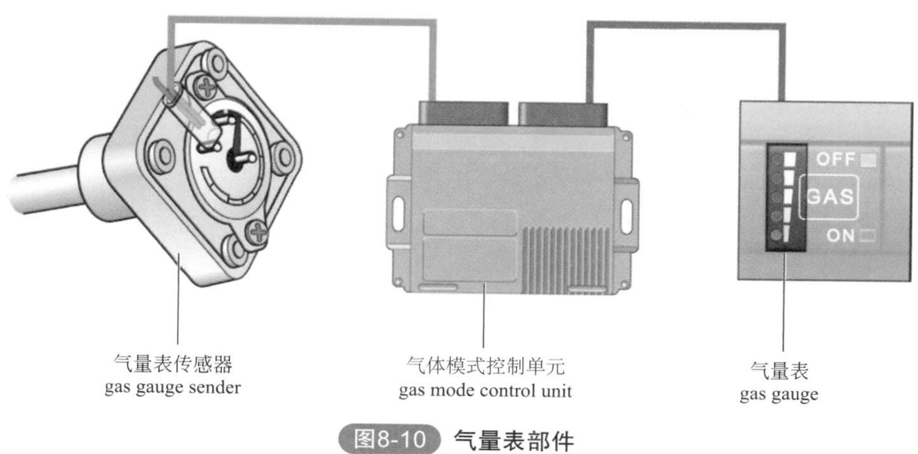
OFF
GAS
ON
气量表传感器
gas gauge sender
气体模式控制单元
gas mode control unit
气量表
gas gauge

图8-10 气量表部件

8.2.4 蒸发器

(1)蒸发器的接口

蒸发器(Vaporiser,又称调压器、汽化器)通过进气歧管真空接口与进气管连接,目的是根据工况控制调压器出口压力(图8-11)。通过两根水管与发动机的冷却水循环水管路连通,利用发动机循环热水,提供液态燃气进行汽化所需的汽化热。

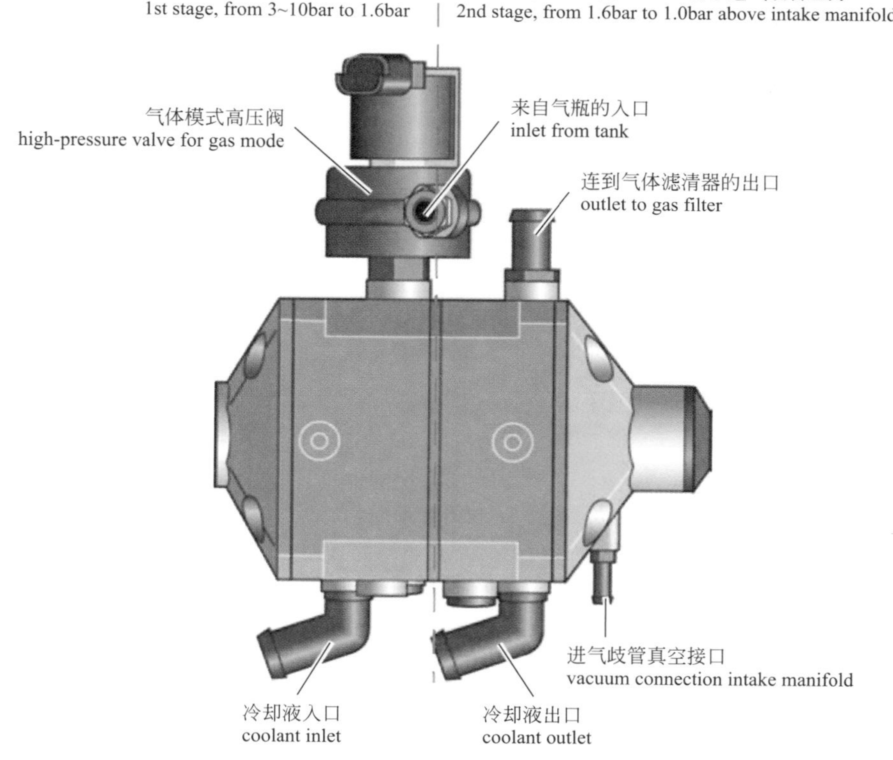
第1级,从3~10bar到1.6bar
1st stage, from 3~10bar to 1.6bar
第2级,从1.6bar到1.0bar,高于进气歧管压力
2nd stage, from 1.6bar to 1.0bar above intake manifold pressure
气体模式高压阀
high-pressure valve for gas mode
来自气瓶的入口
inlet from tank
连到气体滤清器的出口
outlet to gas filter
进气歧管真空接口
vacuum connection intake manifold
冷却液入口
coolant inlet
冷却液出口
coolant outlet

图8-11 蒸发器接口

（2）蒸发器结构

蒸发器为两级减压器，主气路经过两级减压后出气。蒸发器的每级均由一个内腔、一个外腔和一个控制腔组成（图8-12）。LPG通过溢流通道从第一级流到第二级，每级都有一个阀门和柱塞，柱塞由螺栓固定到膜片上。每个弹簧腔中都有一个弹簧。第一级弹簧腔压力为大气压，第二级的弹簧腔压力为进气歧管压力。在第一级和第二级之间有一个橡胶密封垫，将LPG冷却管路隔开。

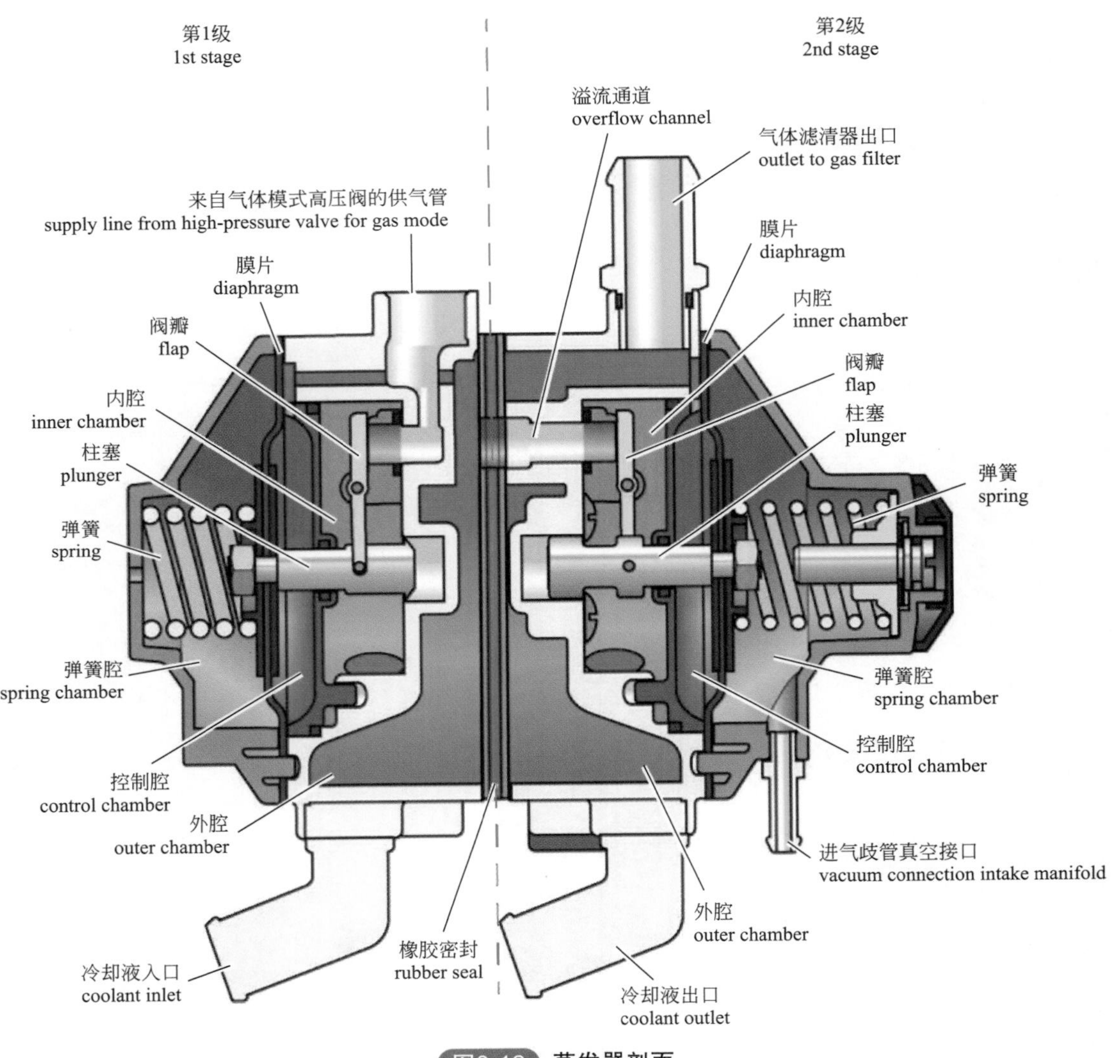
第1级
1st stage
第2级
2nd stage
溢流通道
overflow channel
气体滤清器出口
outlet to gas filter
来自气体模式高压阀的供气管
supply line from high-pressure valve for gas mode
膜片
diaphragm
膜片
diaphragm
内腔
inner chamber
阀瓣
flap
阀瓣
flap
内腔
inner chamber
柱塞
plunger
柱塞
plunger
弹簧
spring
弹簧
spring
弹簧腔
spring chamber
弹簧腔
spring chamber
控制腔
control chamber
控制腔
control chamber
外腔
outer chamber
进气歧管真空接口
vacuum connection intake manifold
外腔
outer chamber
橡胶密封
rubber seal
冷却液入口
coolant inlet
冷却液出口
coolant outlet

图8-12 蒸发器剖面

（3）蒸发器工作原理

蒸发器通过启闭阀门的节流，将进口压力减至某一需要的出口压力，并使出口压力保持稳定。天然气通过高压阀进入一级减压腔使一级膜片逐步左移，当一级减压腔气压达到一定值，膜片的推力完全克服一级弹簧的预紧力时，作用于杠杆的合力矩关闭阀瓣（图8-13）。燃气流量随发动机负荷变化而变化，在弹簧与膜片相互作用下，阀瓣随时变化开度，保证输出压力稳定，完成一级减压。

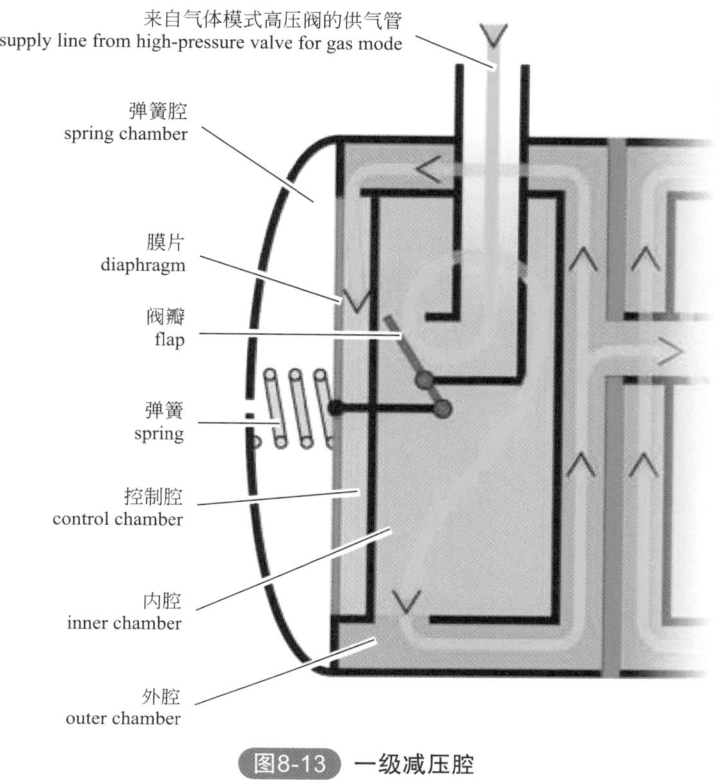
来自气体模式高压阀的供气管
supply line from high-pressure valve for gas mode
弹簧腔
spring chamber
膜片
diaphragm
阀瓣
flap
弹簧
spring
控制腔
control chamber
内腔
inner chamber
外腔
outer chamber

图8-13　一级减压腔

经过一级减压的气体进入二级减压腔，随发动机负荷的变化，膜片带动杠杆移动，调节阀瓣的开度（图8-14）。

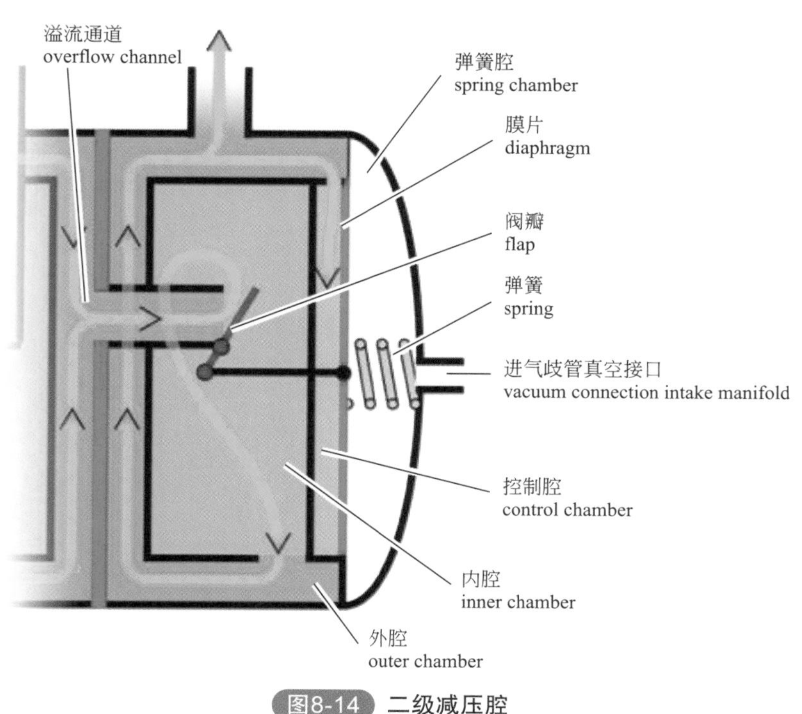
溢流通道
overflow channel
弹簧腔
spring chamber
膜片
diaphragm
阀瓣
flap
弹簧
spring
进气歧管真空接口
vacuum connection intake manifold
控制腔
control chamber
内腔
inner chamber
外腔
outer chamber

图8-14　二级减压腔

（4）蒸发器冷却管路

蒸发器冷却管路通过接头与发动机冷却系统连接（图8-15）。在蒸发器内部，橡胶密封将冷却管路分成一级和二级管路。通过两个溢流通道，LPG从一级管路流到二级管路。

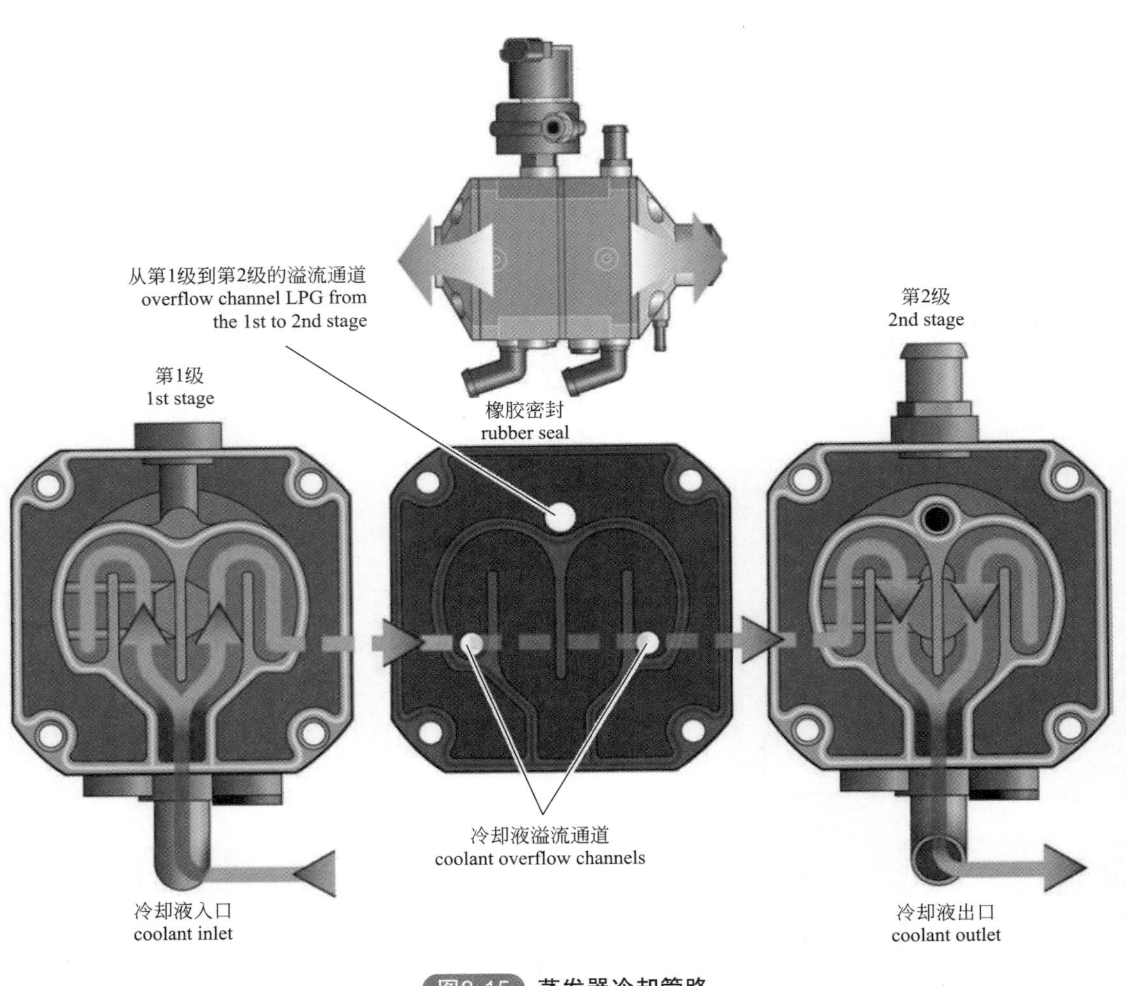
从第1级到第2级的溢流通道
overflow channel LPG from the 1st to 2nd stage
第2级
2nd stage
第1级
1st stage
橡胶密封
rubber seal
冷却液溢流通道
coolant overflow channels
冷却液入口
coolant inlet
冷却液出口
coolant outlet

图8-15 蒸发器冷却管路

8.2.5 气体模式高压阀

气体模式高压阀安装在蒸发器上，用于切断到蒸发器的供气，开闭由发动机ECU控制。当转换到汽油工作模式、关闭发动机、发生事故没有电时，高压阀自动关闭，不再向蒸发器供给LPG（图8-16）。

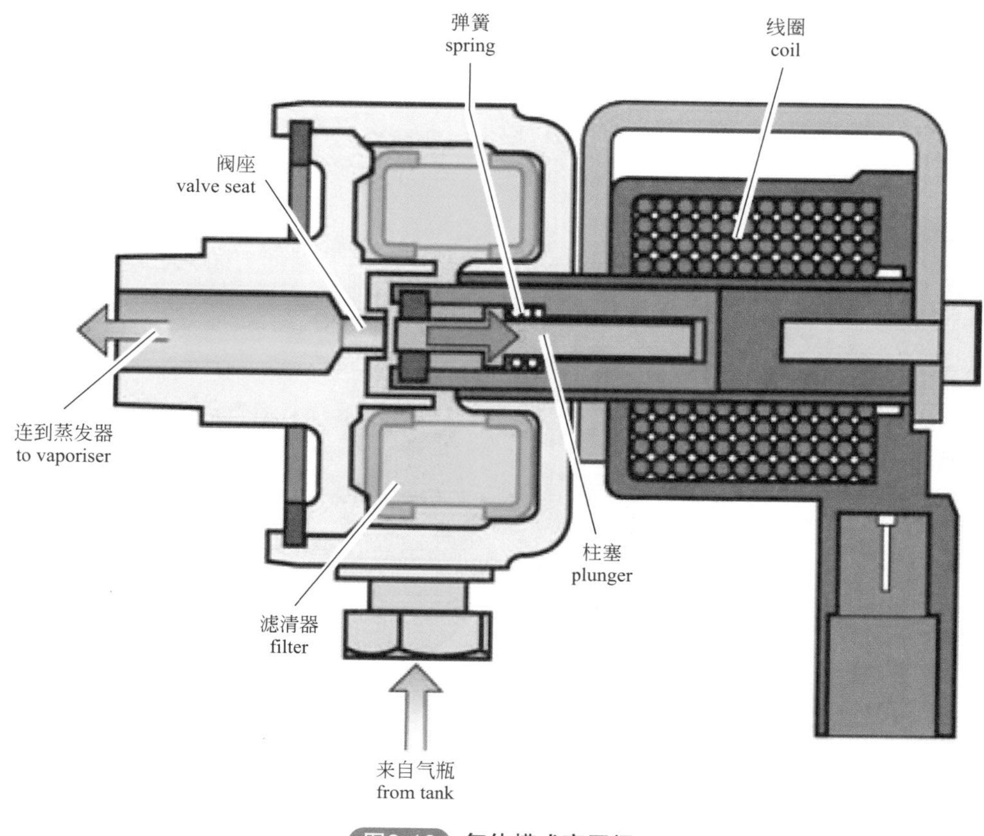
弹簧
spring
线圈
coil
阀座
valve seat
连到蒸发器
to vaporiser
柱塞
plunger
滤清器
filter
来自气瓶
from tank

图8-16　气体模式高压阀

8.2.6　燃气过滤器

安装在蒸发器和燃气轨之间，过滤掉杂质，保护喷气嘴（图8-17）。

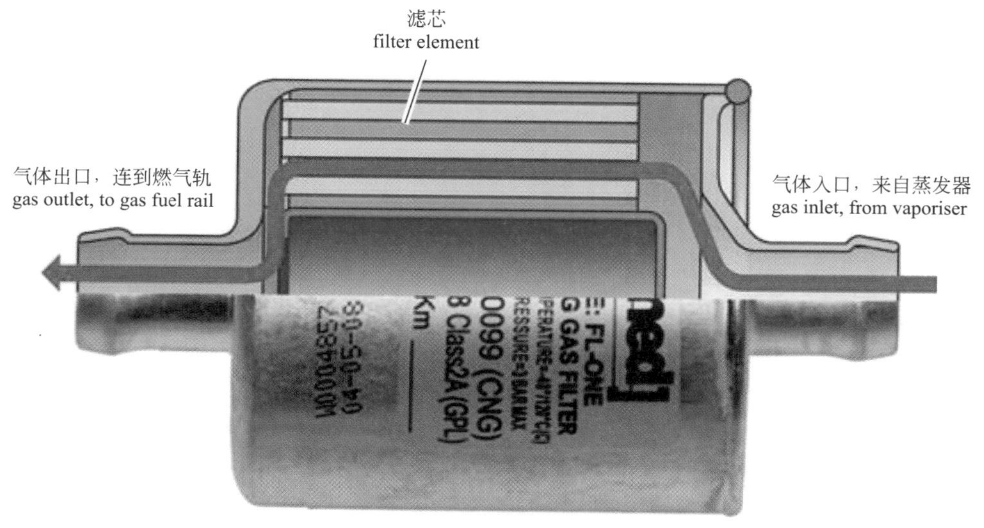
滤芯
filter element
气体出口，连到燃气轨
gas outlet, to gas fuel rail
气体入口，来自蒸发器
gas inlet, from vaporiser

图8-17　燃气过滤器

8.2.7 燃气轨

燃气轨安装在发动机进气歧管上，四个电控喷气嘴和燃气轨传感器集成在燃气轨上，传感器用于测量LPG的压力和温度（图8-18）。

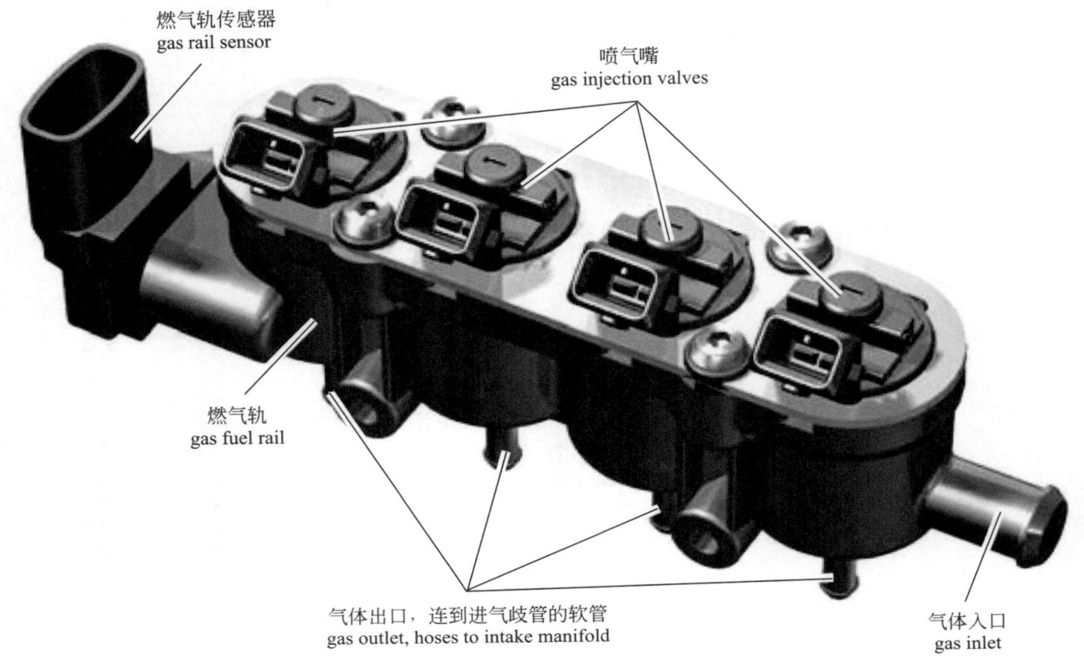
燃气轨传感器
gas rail sensor
喷气嘴
gas injection valves
燃气轨
gas fuel rail
气体出口，连到进气歧管的软管
gas outlet, hoses to intake manifold
气体入口
gas inlet

图8-18 燃气轨主要部件

来自滤清器的LPG流进燃气轨，喷气嘴将LPG喷入进气歧管（图8-19）。

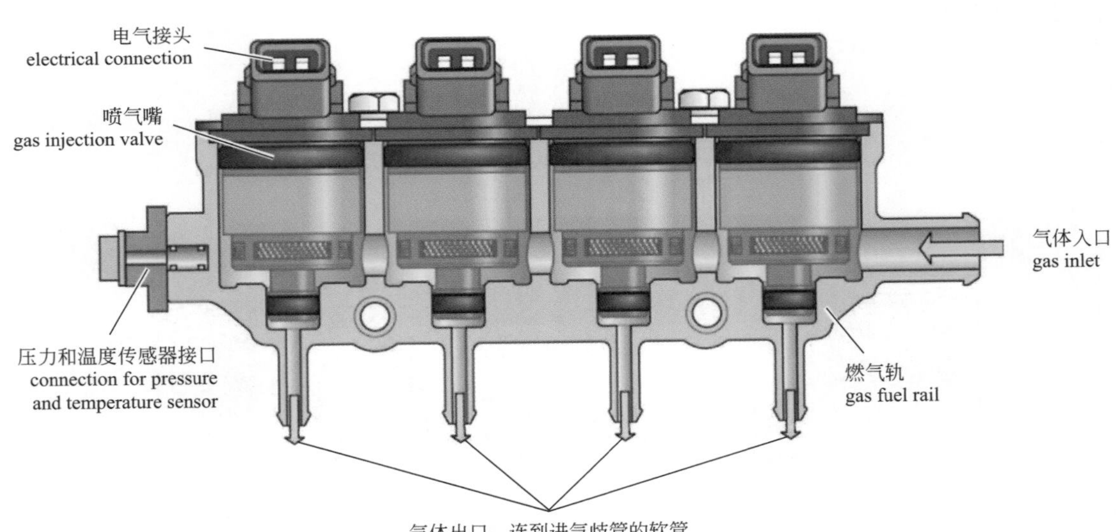
电气接头
electrical connection
喷气嘴
gas injection valve
压力和温度传感器接口
connection for pressure
and temperature sensor
气体入口
gas inlet
燃气轨
gas fuel rail
气体出口，连到进气歧管的软管
gas outlet, hoses to intake manifold

图8-19 燃气轨工作原理

8.2.8 喷气嘴

喷气嘴安装在燃气轨上，由发动机ECU控制喷气量（图8-20）。

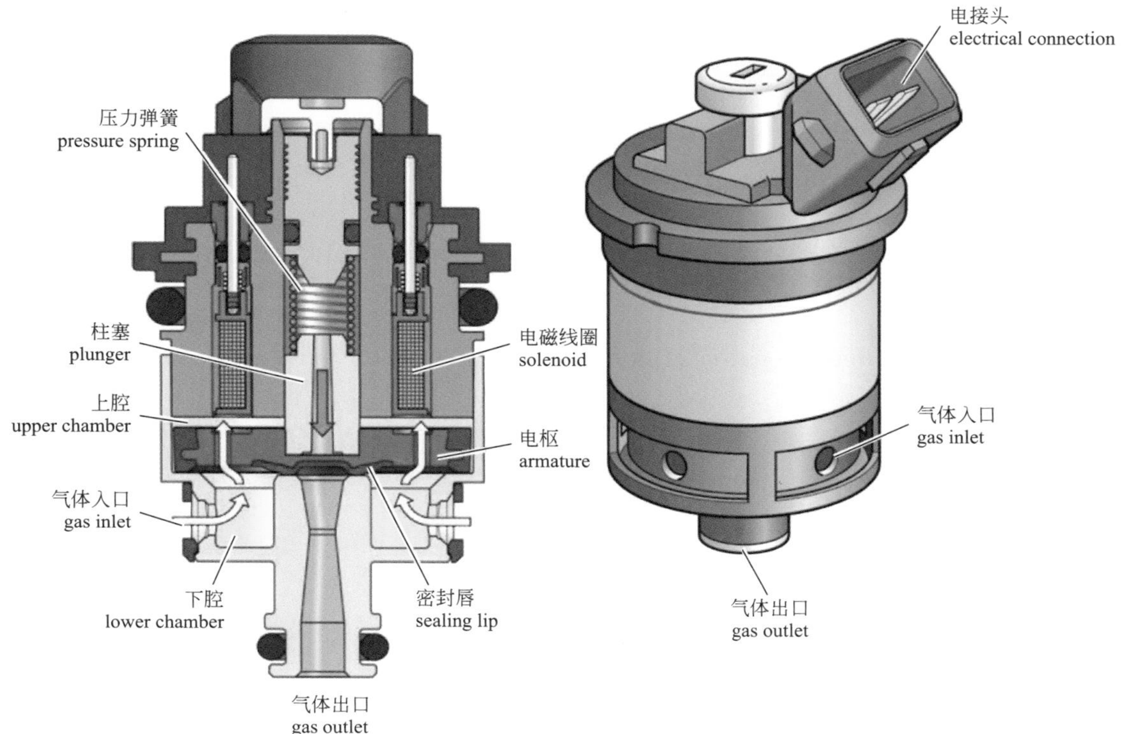
压力弹簧
pressure spring
柱塞
plunger
上腔
upper chamber
气体入口
gas inlet
下腔
lower chamber
气体出口
gas outlet
密封唇
sealing lip
电枢
armature
电磁线圈
solenoid
电接头
electrical connection
气体入口
gas inlet
气体出口
gas outlet

图8-20 喷气嘴

参考文献

[1] Denton T. Automobile Mechanical and Electrical Systems. Oxford: Butterworth Heinemann, 2018.

[2] Mehrdad Ehsani. Modern Electric, Hybrid Electric, and Fuel Cell Vehicles. 3rd ed. Boca Raton: CRC Press, 2018.